Die Klingen der Wächter

von Xu Xianzhe

Band 4

华瑞图书网
chinabooks.ch

Inhaltsverzeichnis

Was bisher geschah

Als Daoma und seine Weggefährten von den vier Familienklanen unter Führung von Heyi Xuan umzingelt und angegriffen werden, enthüllt Zhishilang gegenüber Heyi Xuan und allen Anwesenden, dass er über alle Ränkespiele Bescheid weiss, was Heyi Xuan so erschreckt, dass ihm der kalte Schweiss ausbricht.

Als die Kämpfe sich festgefahren haben, bricht plötzlich ein gewaltiger Sandsturm los.

Die zur Rache entschlossene Ayuya aber kehrt trotzdem beharrlich an den Schauplatz der Kämpfe zurück, denn sie hat sich geschworen, Blut mit Blut zu vergelten ...

Zweiter Akt:
Die weite Wüste

Kapitel 29:
Ahura Mazda

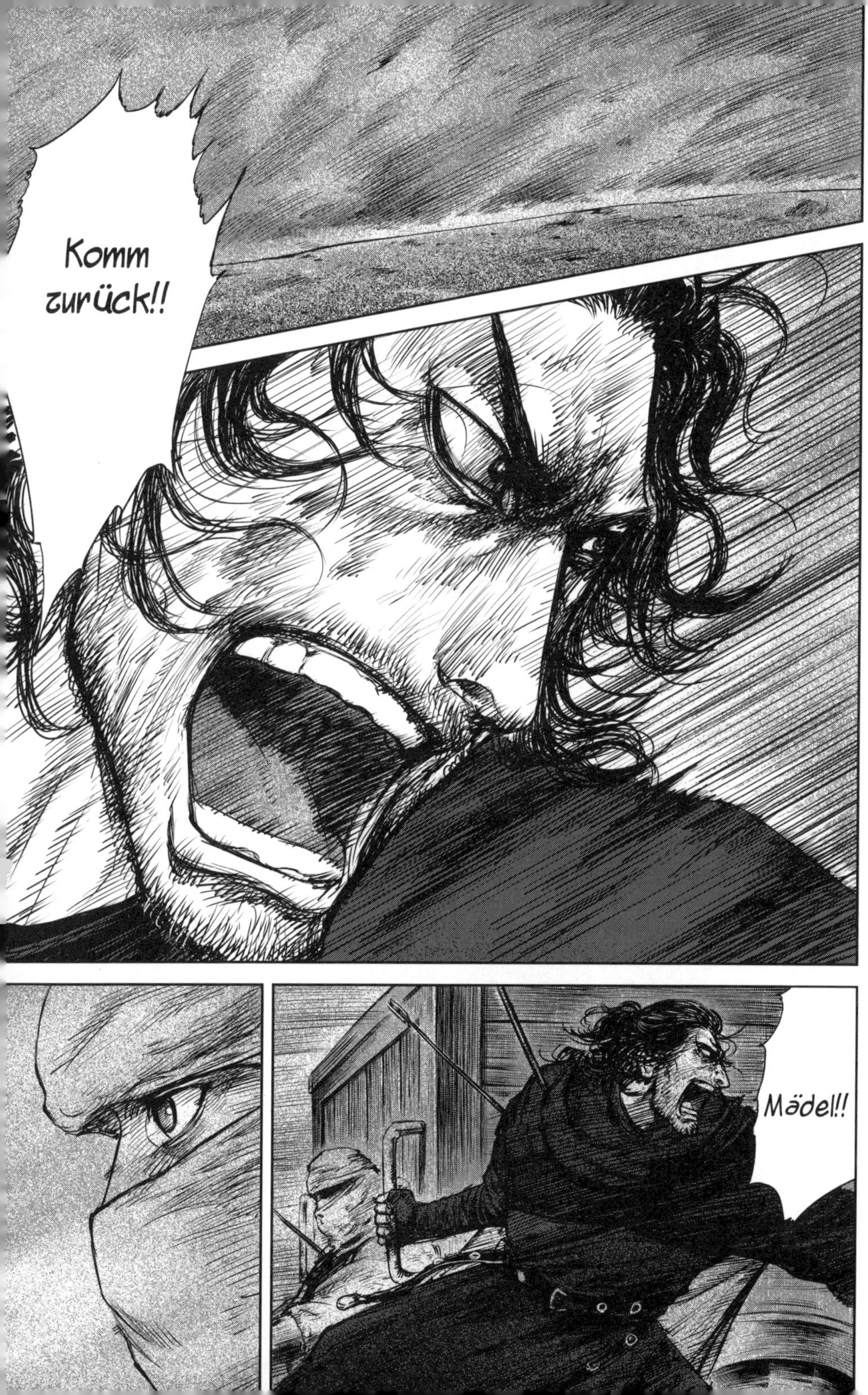
Komm zurück!!
Mädel!!

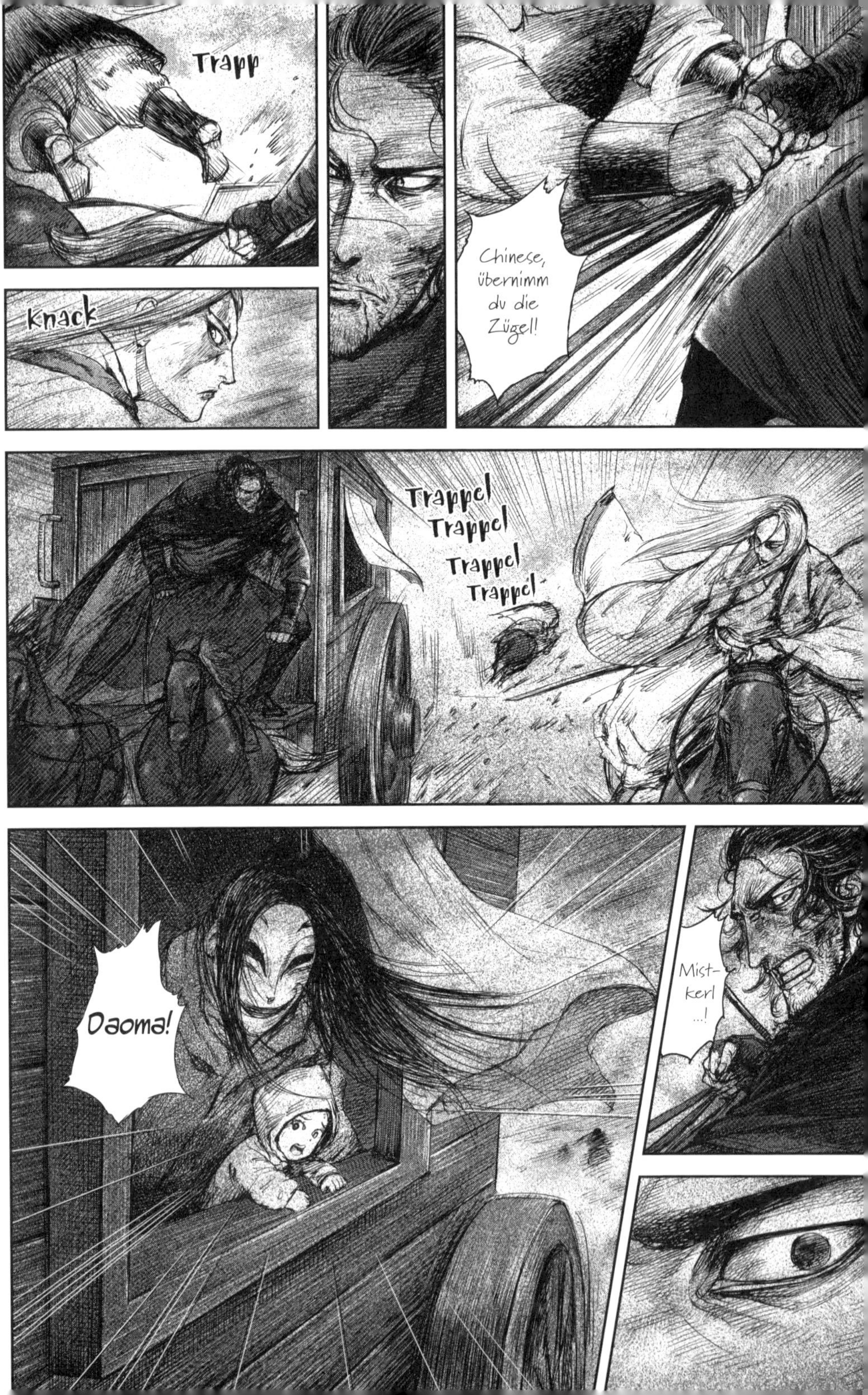
Trapp
Knack
Chinese, übernimm du die Zügel!
Trappel
Trappel
Trappel
Trappel
Daoma!
Mist-kerl ...!

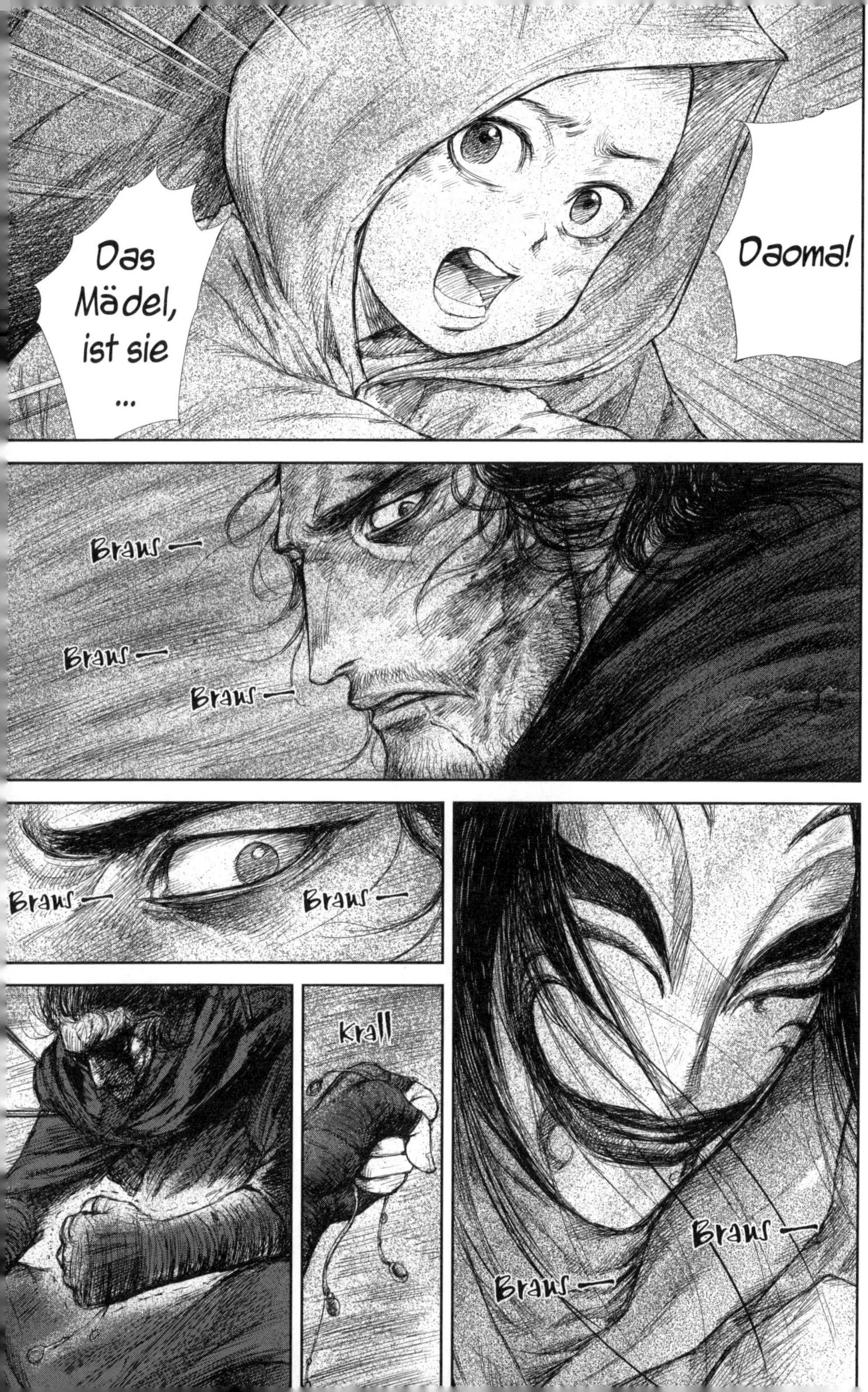
Daoma!
Das Mädel, ist sie ...
Braus —
Braus —
Braus —
Braus —
Braus —
Krall
Braus —
Braus —

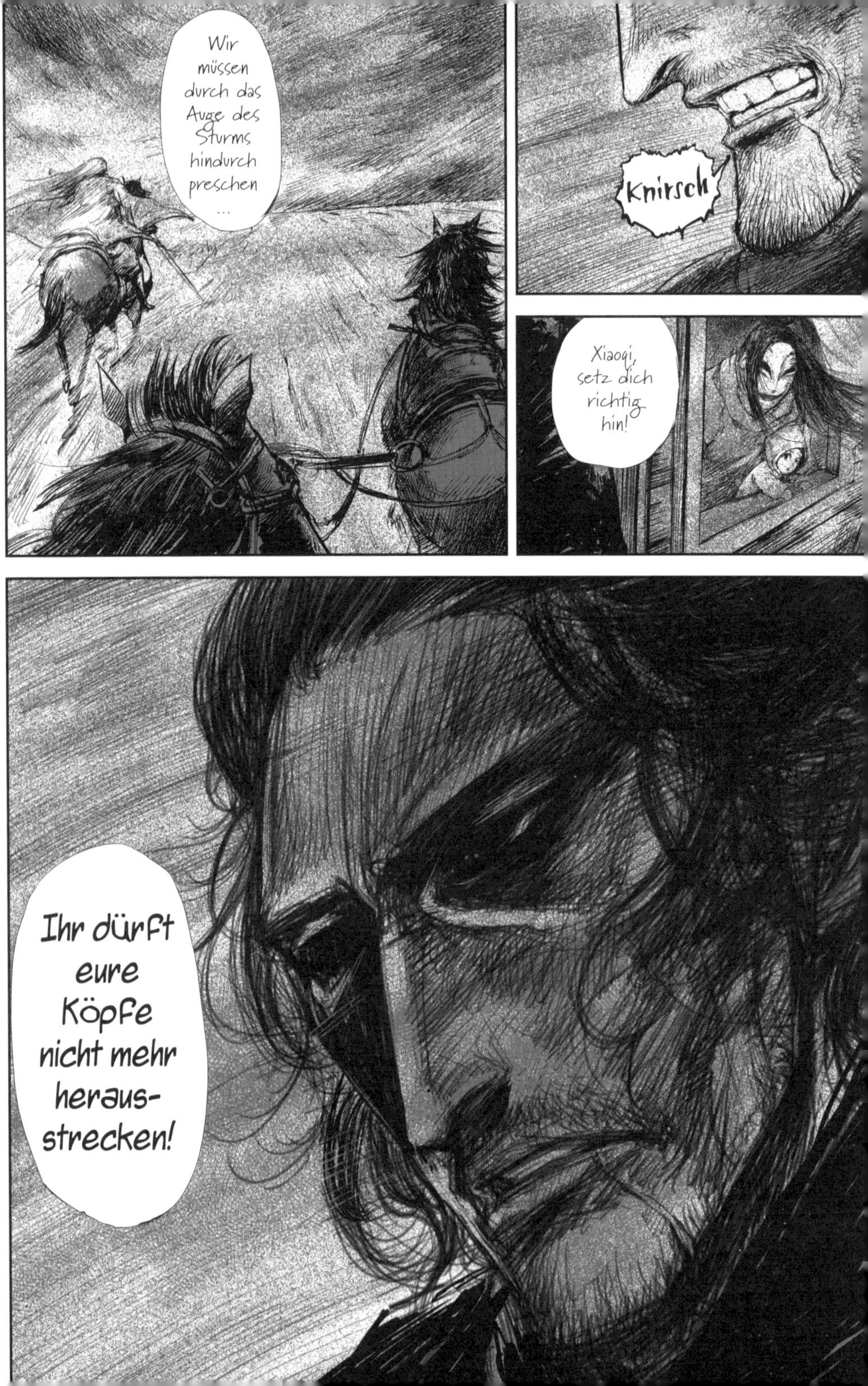
Wir müssen durch das Auge des Sturms hindurch preschen …
Knirsch
Xiaoqi, setz dich richtig hin!
Ihr dürft eure Köpfe nicht mehr heraus-strecken!

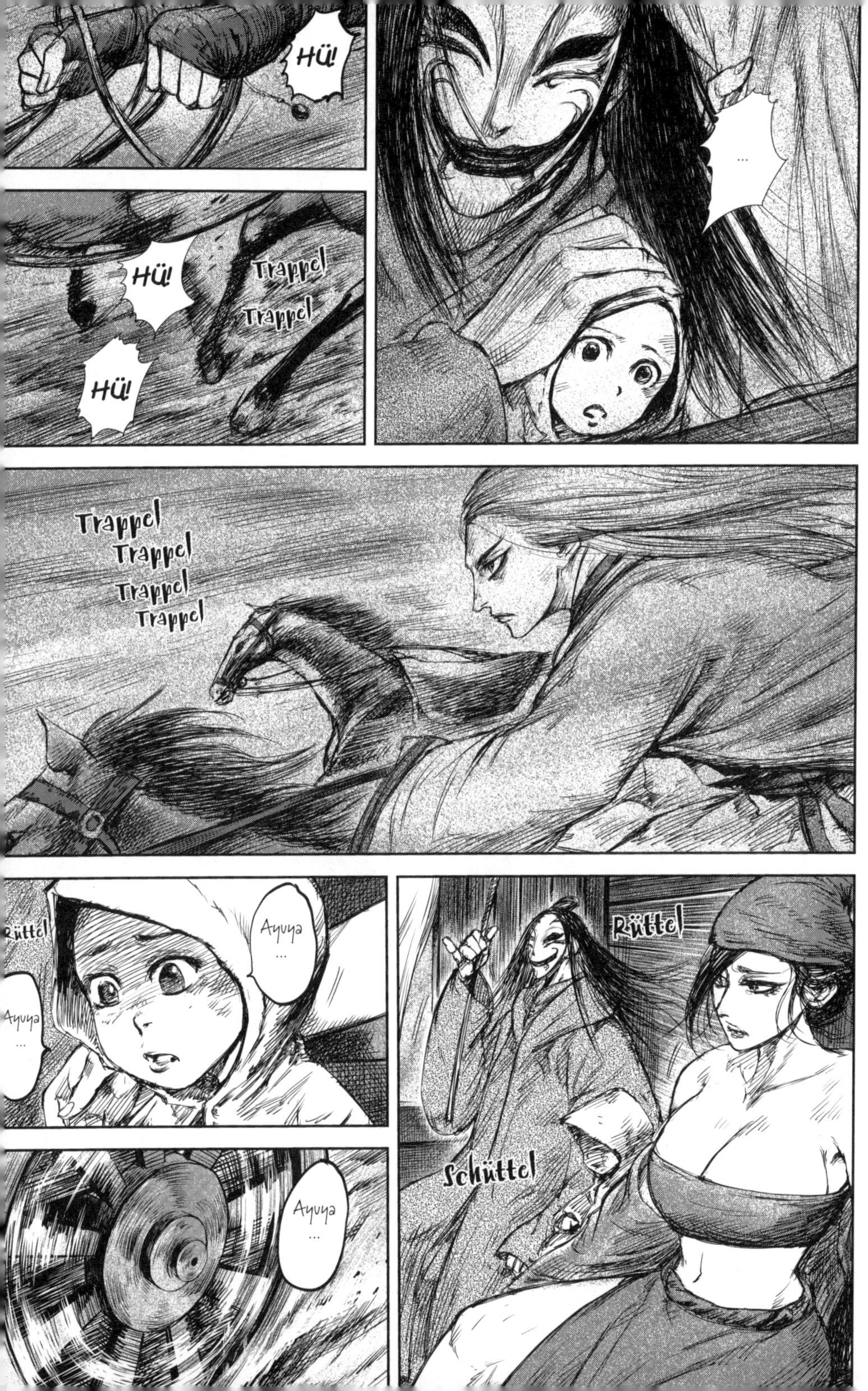

...
HÜ!
HÜ!
Trappel
Trappel
HÜ!
Trappel
Trappel
Trappel
Trappel
Rüttel
Schüttel
Rüttel
Ayuya ...
Ayuya ...
Ayuya ...

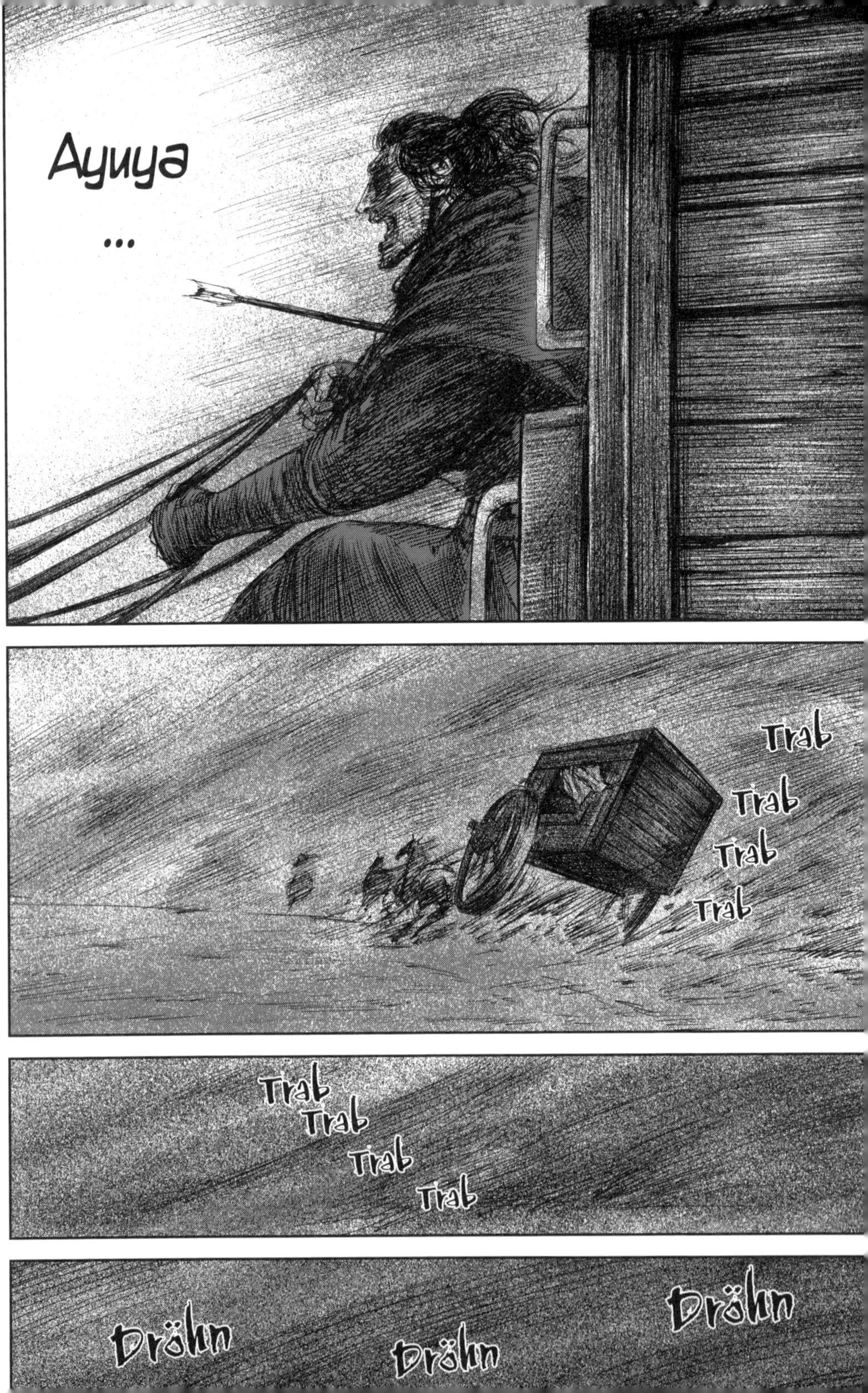

Ayuya
...
Trab
Trab
Trab
Trab
Trab
Trab
Trab
Trab
Dröhn
Dröhn
Dröhn

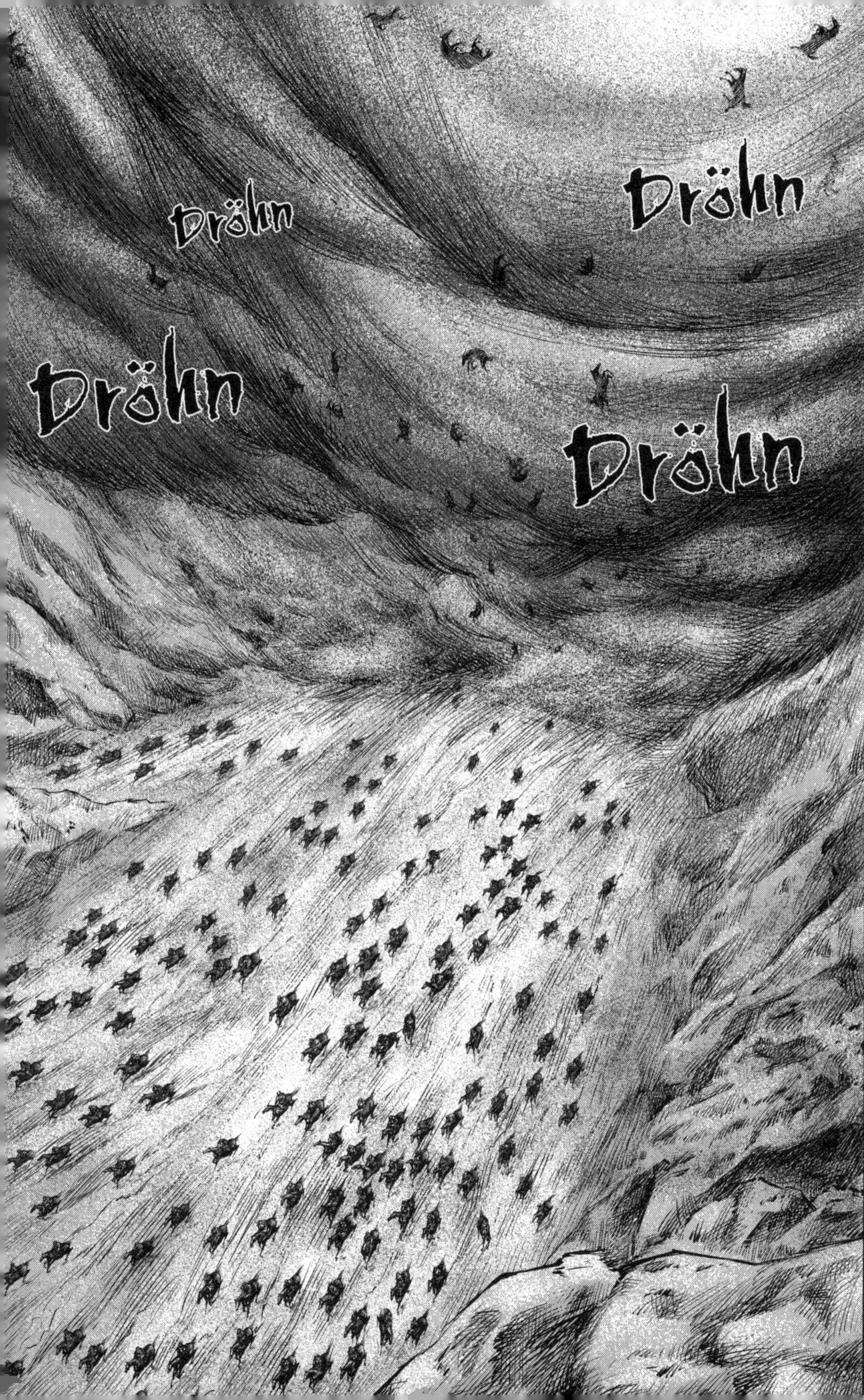
Dröhn
Dröhn
Dröhn
Dröhn

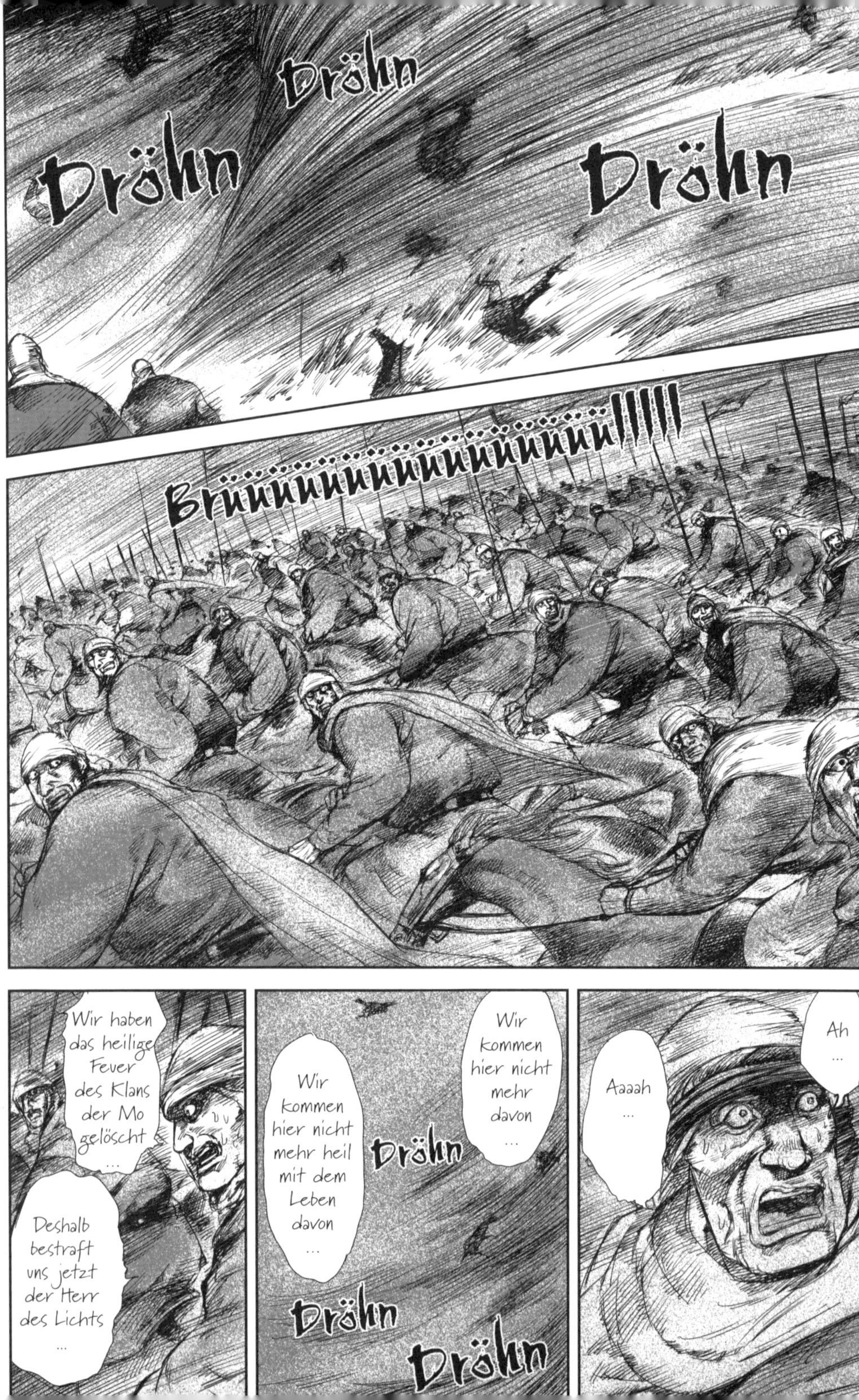
Dröhn
Dröhn
Dröhn
Brüüüüüüüüüüüüüüüüüü!!!!!
Wir haben das heilige Feuer des Klans der Mo gelöscht …
Deshalb bestraft uns jetzt der Herr des Lichts …
Wir kommen hier nicht mehr heil mit dem Leben davon …
Dröhn
Wir kommen hier nicht mehr davon …
Dröhn
Dröhn
Aaaah …
Ah …

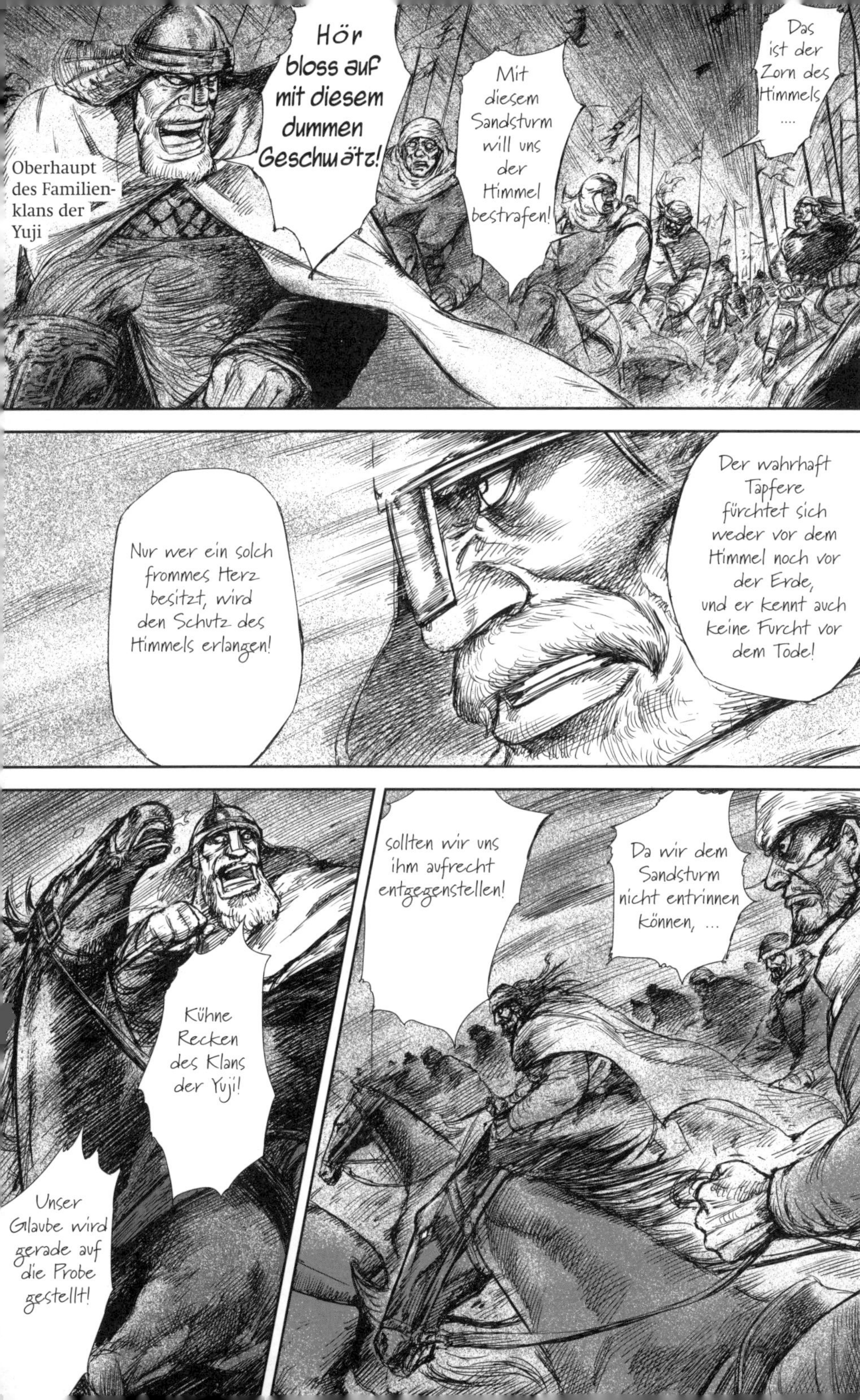

Das ist der Zorn des Himmels ....
Mit diesem Sandsturm will uns der Himmel bestrafen!
Hör bloss auf mit diesem dummen Geschwätz!
Oberhaupt des Familienklans der Yuji
Der wahrhaft Tapfere fürchtet sich weder vor dem Himmel noch vor der Erde, und er kennt auch keine Furcht vor dem Tode!
Nur wer ein solch frommes Herz besitzt, wird den Schutz des Himmels erlangen!
Da wir dem Sandsturm nicht entrinnen können, ...
sollten wir uns ihm aufrecht entgegenstellen!
Kühne Recken des Klans der Yuji!
Unser Glaube wird gerade auf die Probe gestellt!

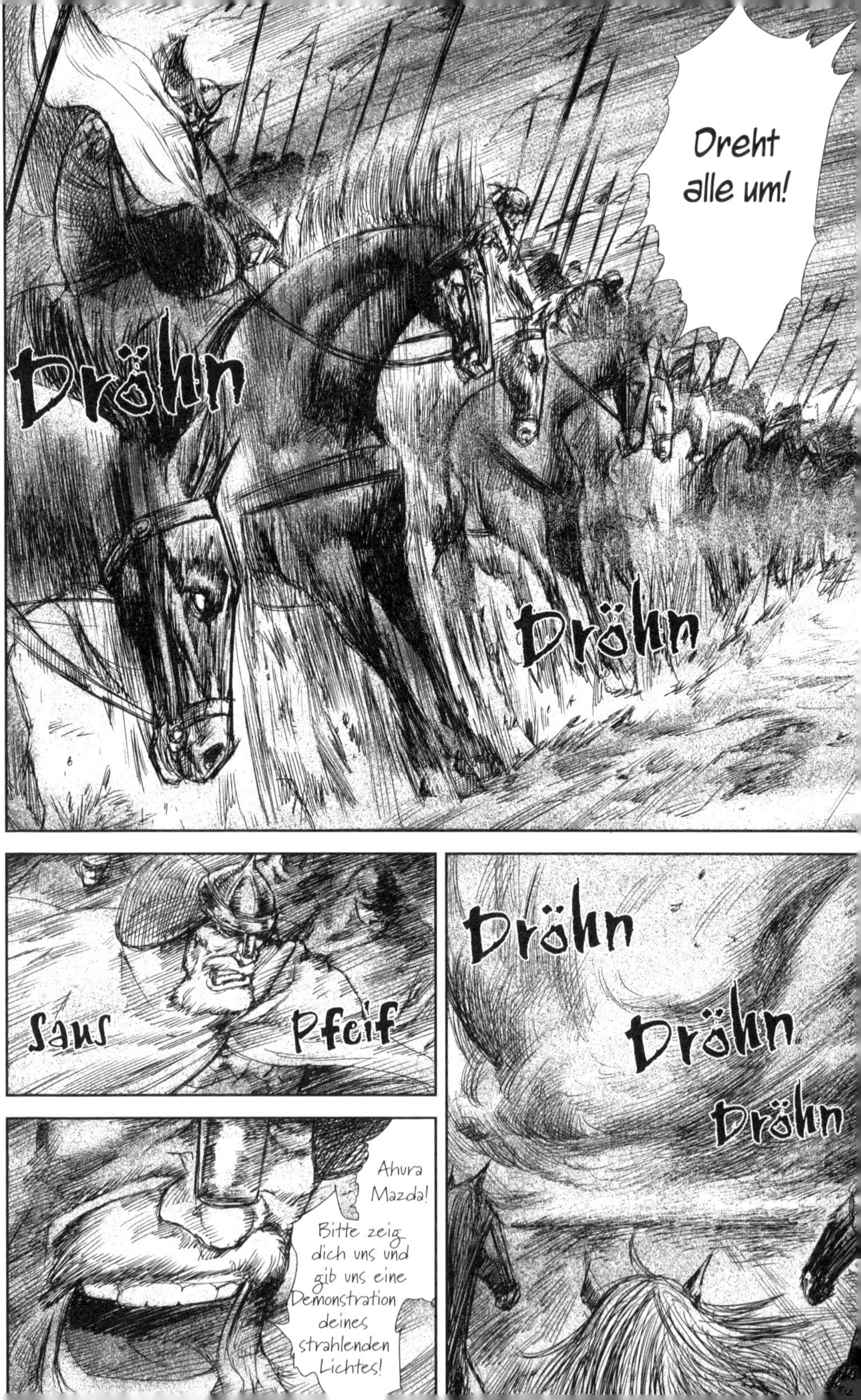
Dreht alle um!
Dröhn
Dröhn
Saus
Pfeif
Dröhn
Dröhn
Dröhn
Ahura Mazda!
Bitte zeig dich uns und gib uns eine Demonstration deines strahlenden Lichtes!

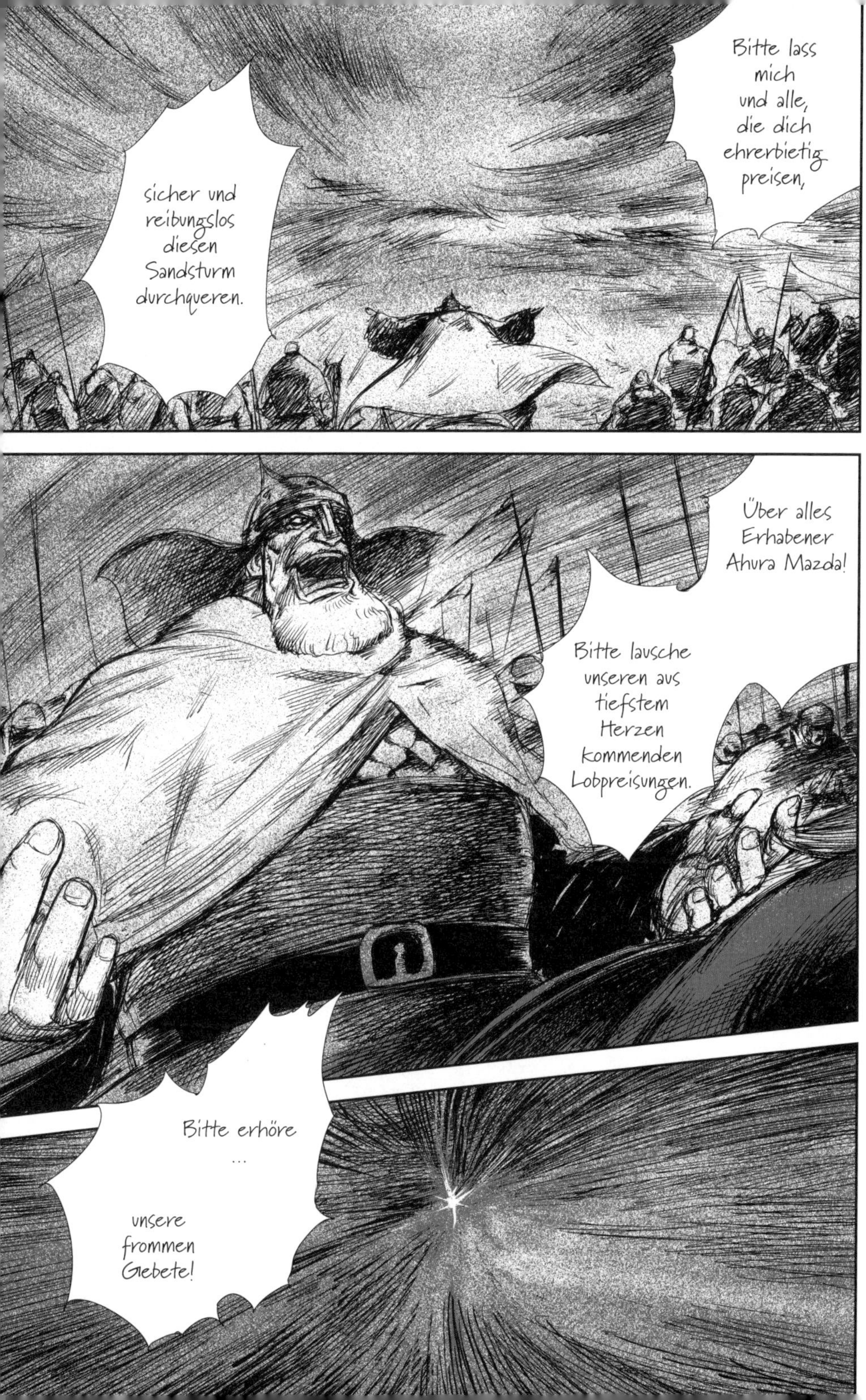
Bitte lass mich und alle, die dich ehrerbietig preisen,
sicher und reibungslos diesen Sandsturm durchqueren.
Über alles Erhabener Ahura Mazda!
Bitte lausche unseren aus tiefstem Herzen kommenden Lobpreisungen.
Bitte erhöre …
unsere frommen Gebete!

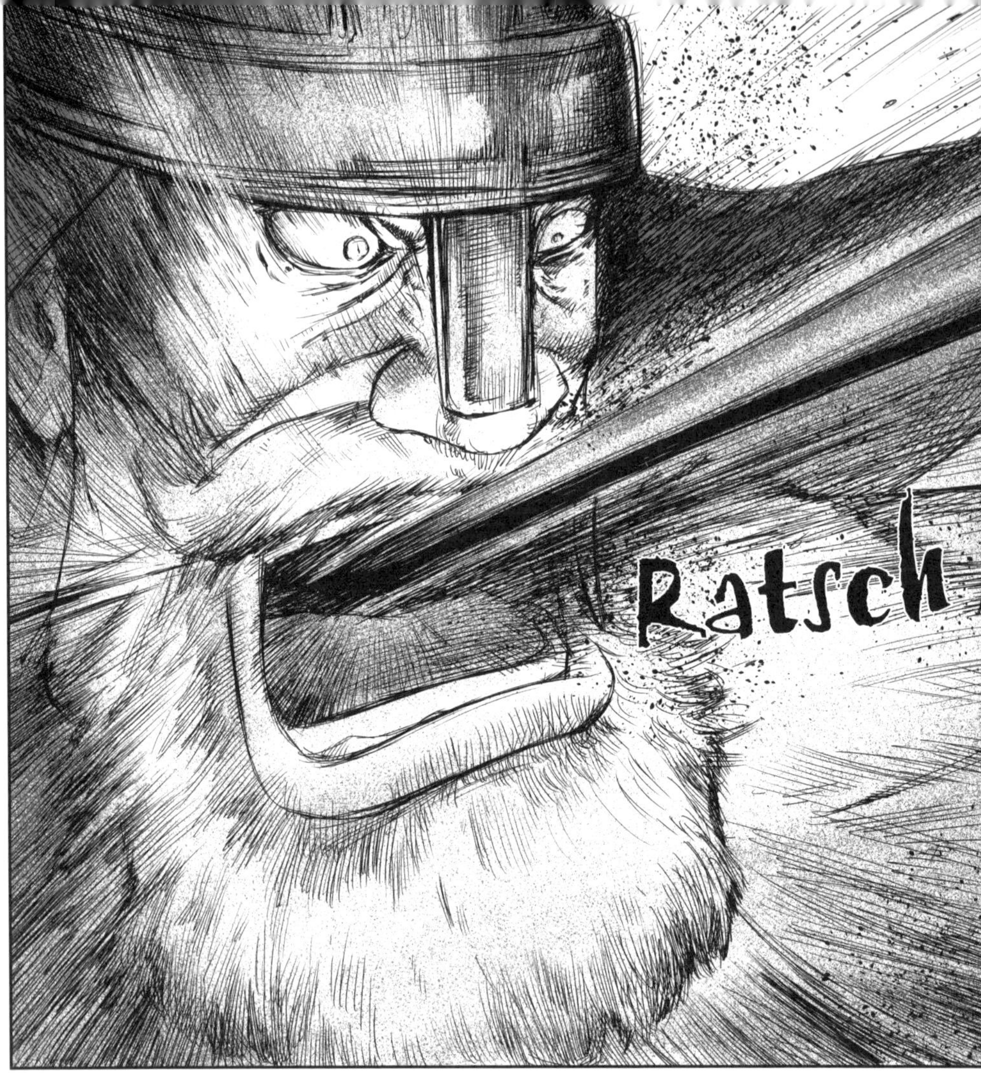
Ratsch

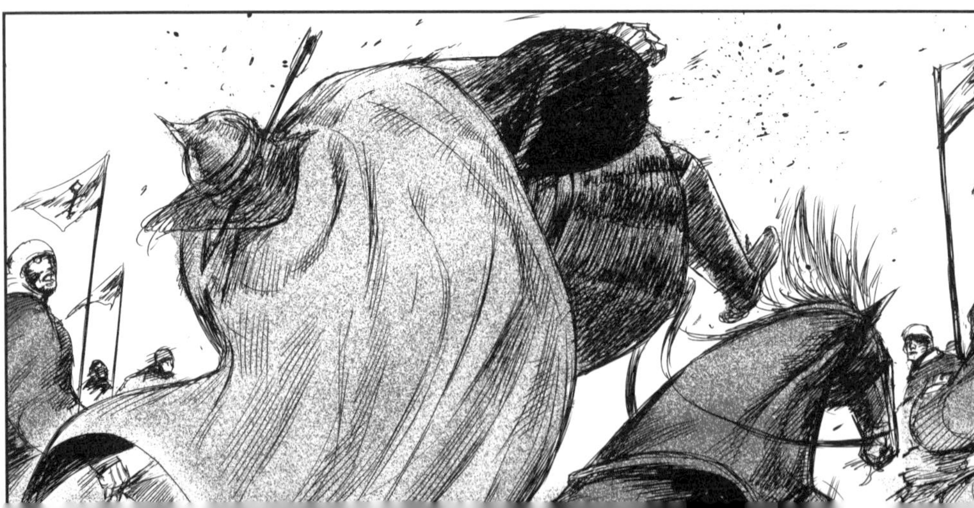

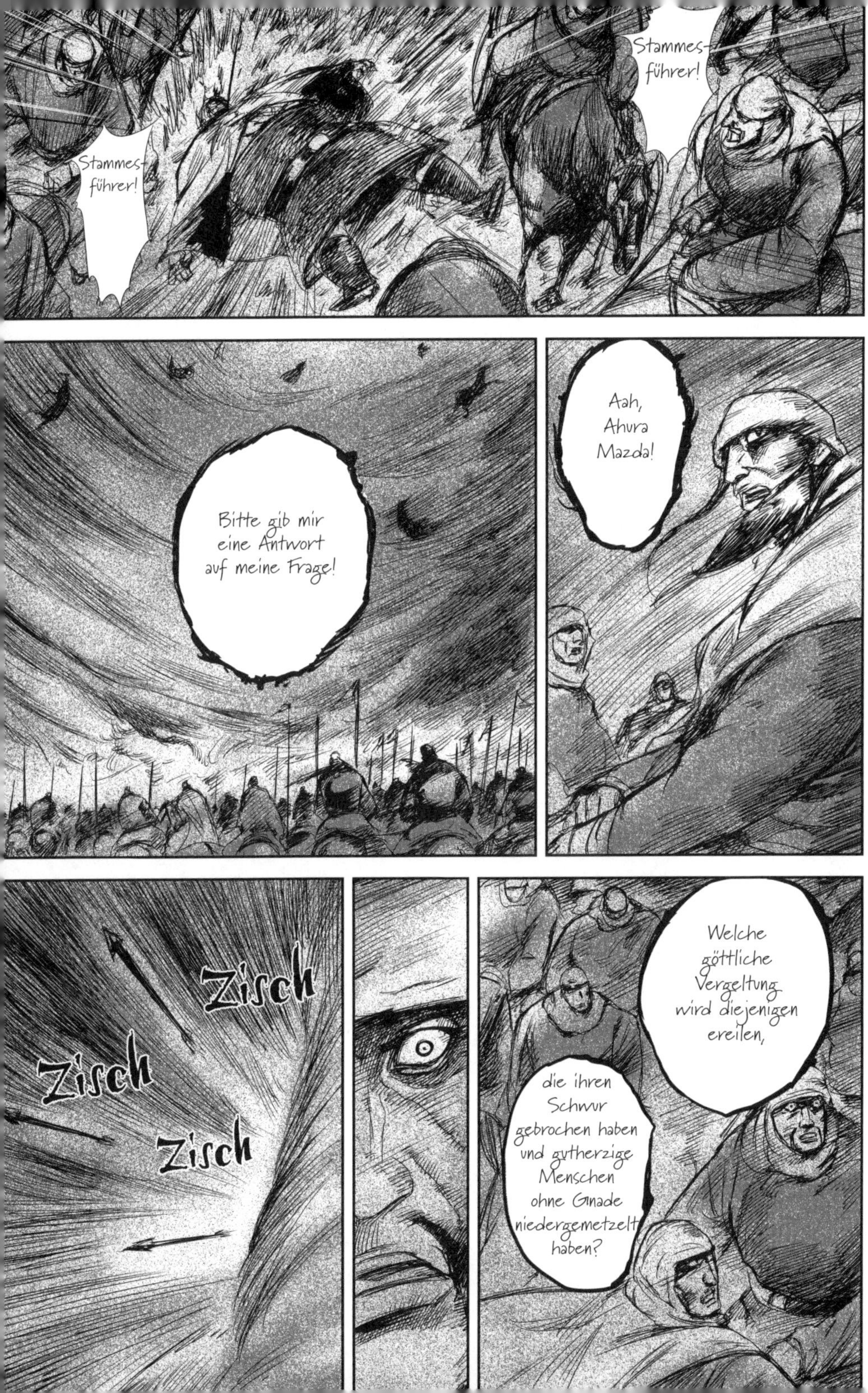
Stammes-
führer!
Stammes-
führer!
Aah,
Ahura
Mazda!
Bitte gib mir
eine Antwort
auf meine Frage!
Zisch
Zisch
Zisch
Welche
göttliche
Vergeltung
wird diejenigen
ereilen,
die ihren
Schwur
gebrochen haben
und gutherzige
Menschen
ohne Gnade
niedergemetzelt
haben?

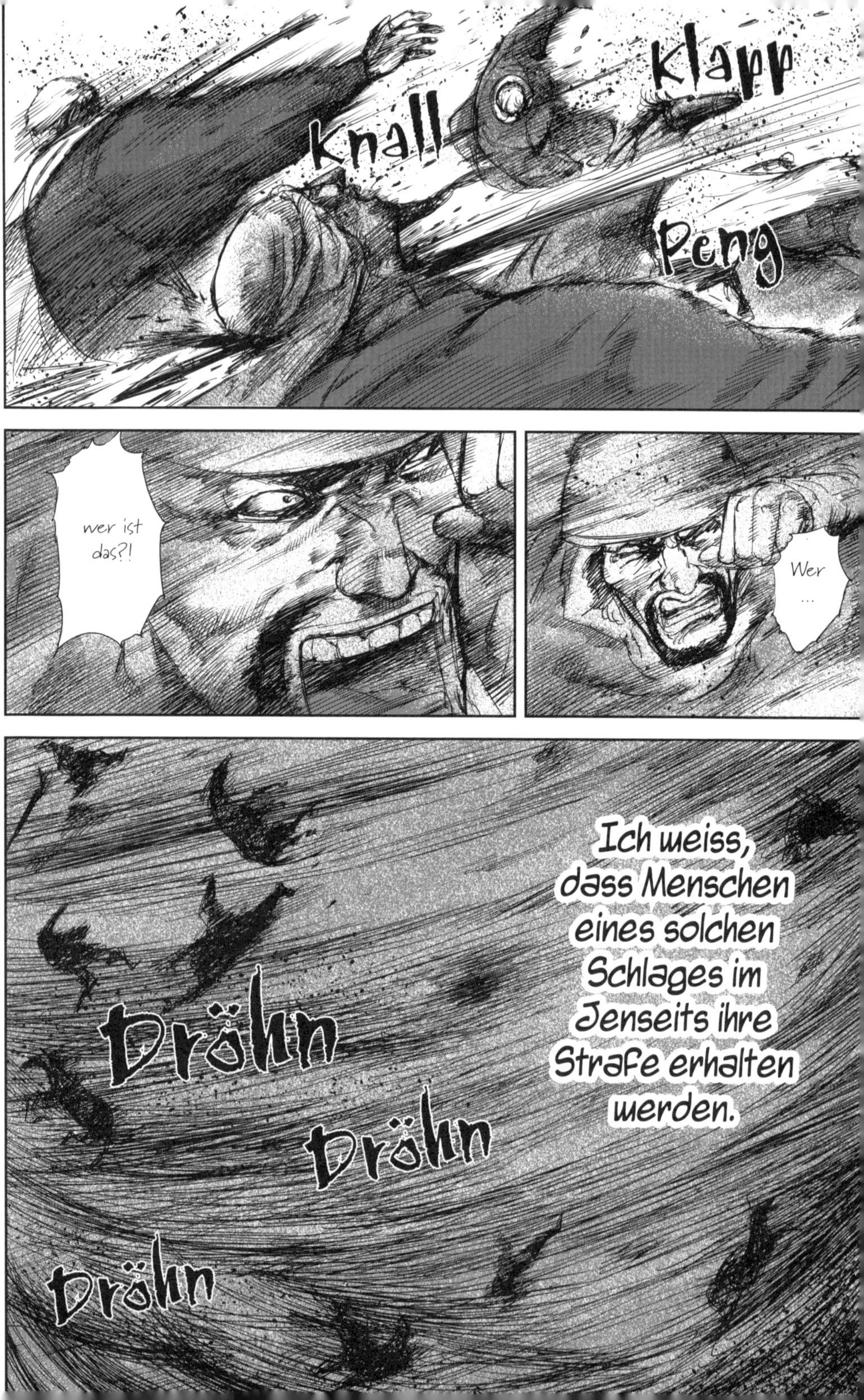
Klapp
Knall
Peng
Wer ...
wer ist das?!
Ich weiss, dass Menschen eines solchen Schlages im Jenseits ihre Strafe erhalten werden.
Dröhn
Dröhn
Dröhn

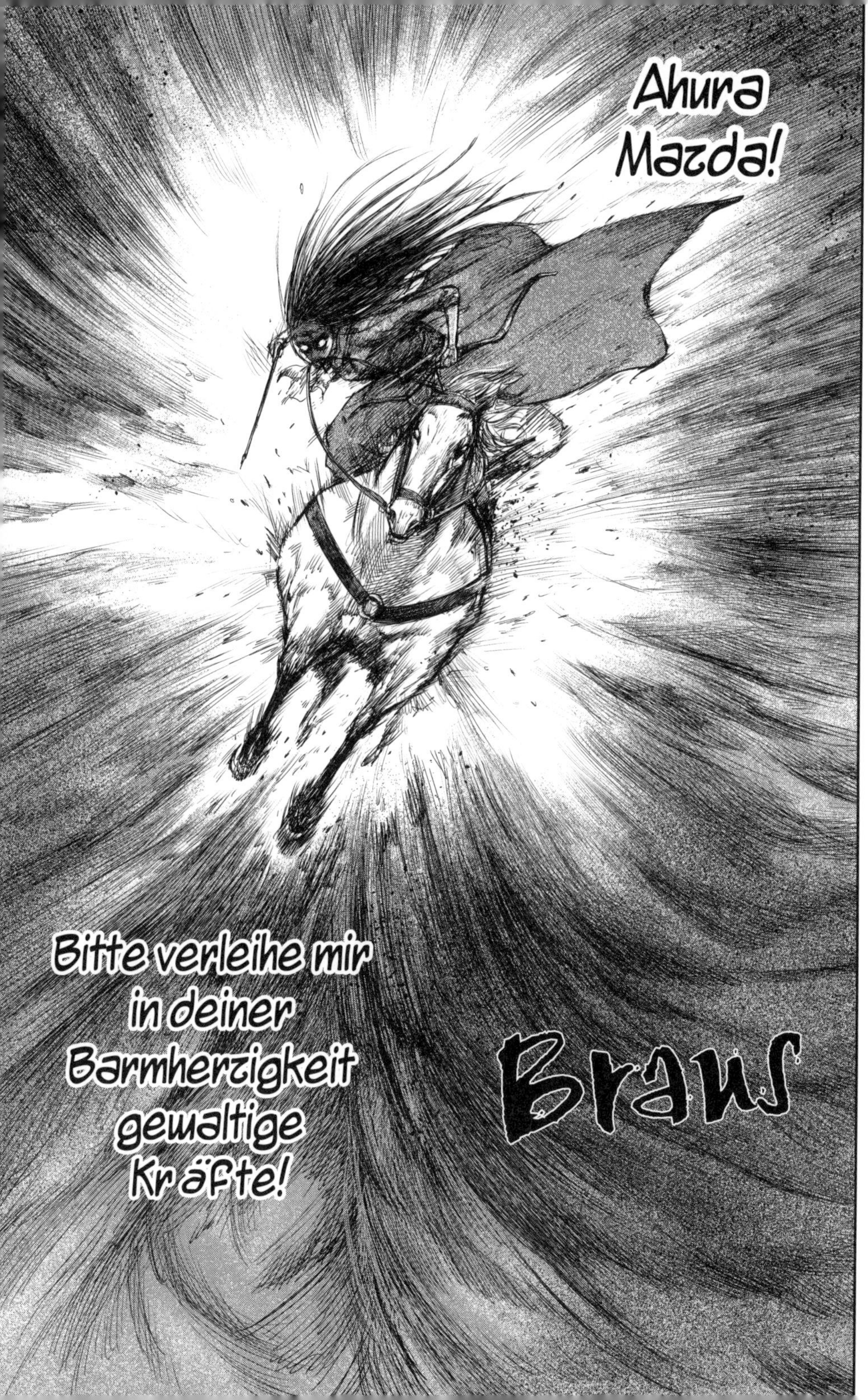
Ahura Mazda!
Bitte verleihe mir in deiner Barmherzigkeit gewaltige Kräfte!
Braus

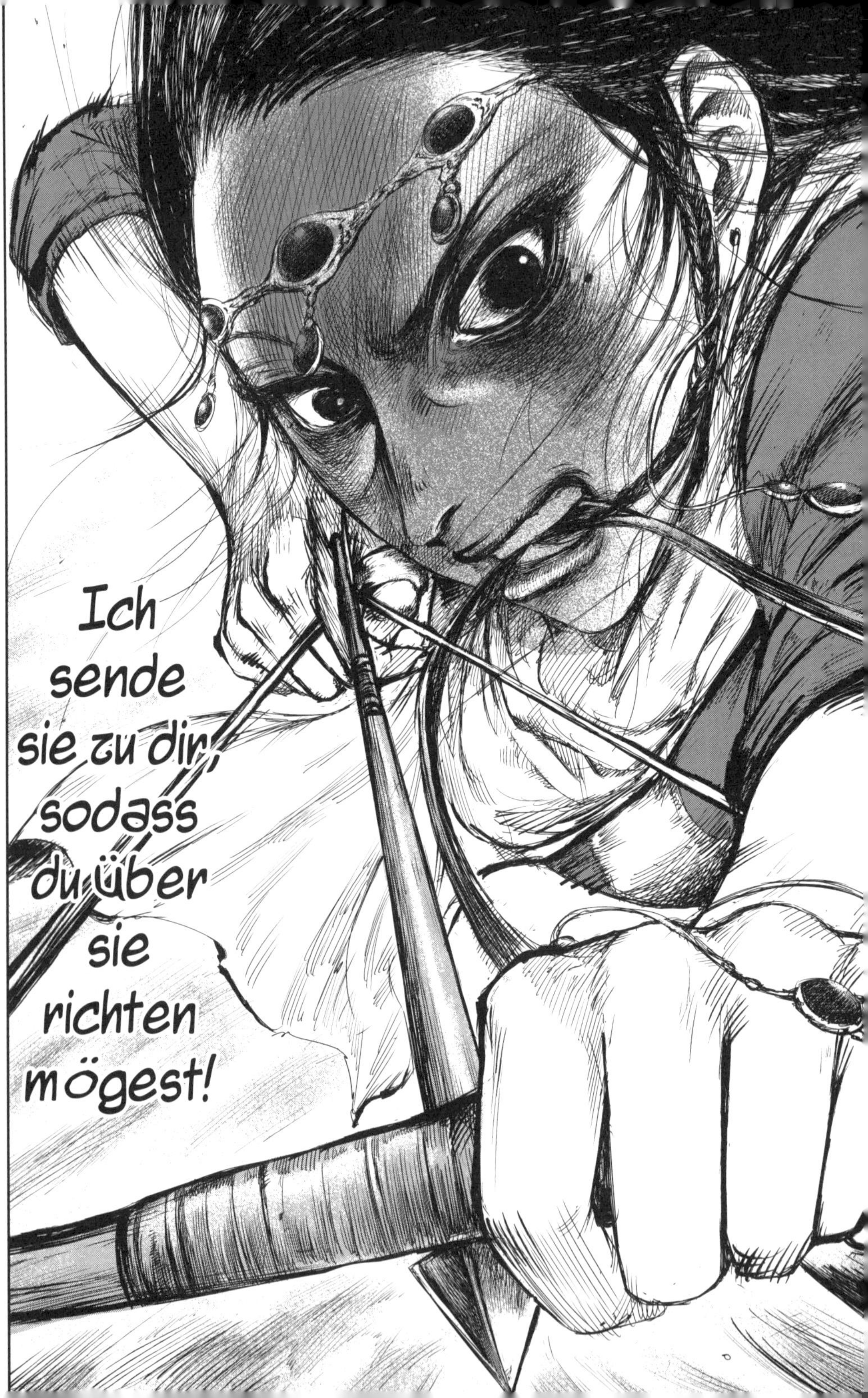
Ich sende sie zu dir, sodass du über sie richten mögest!

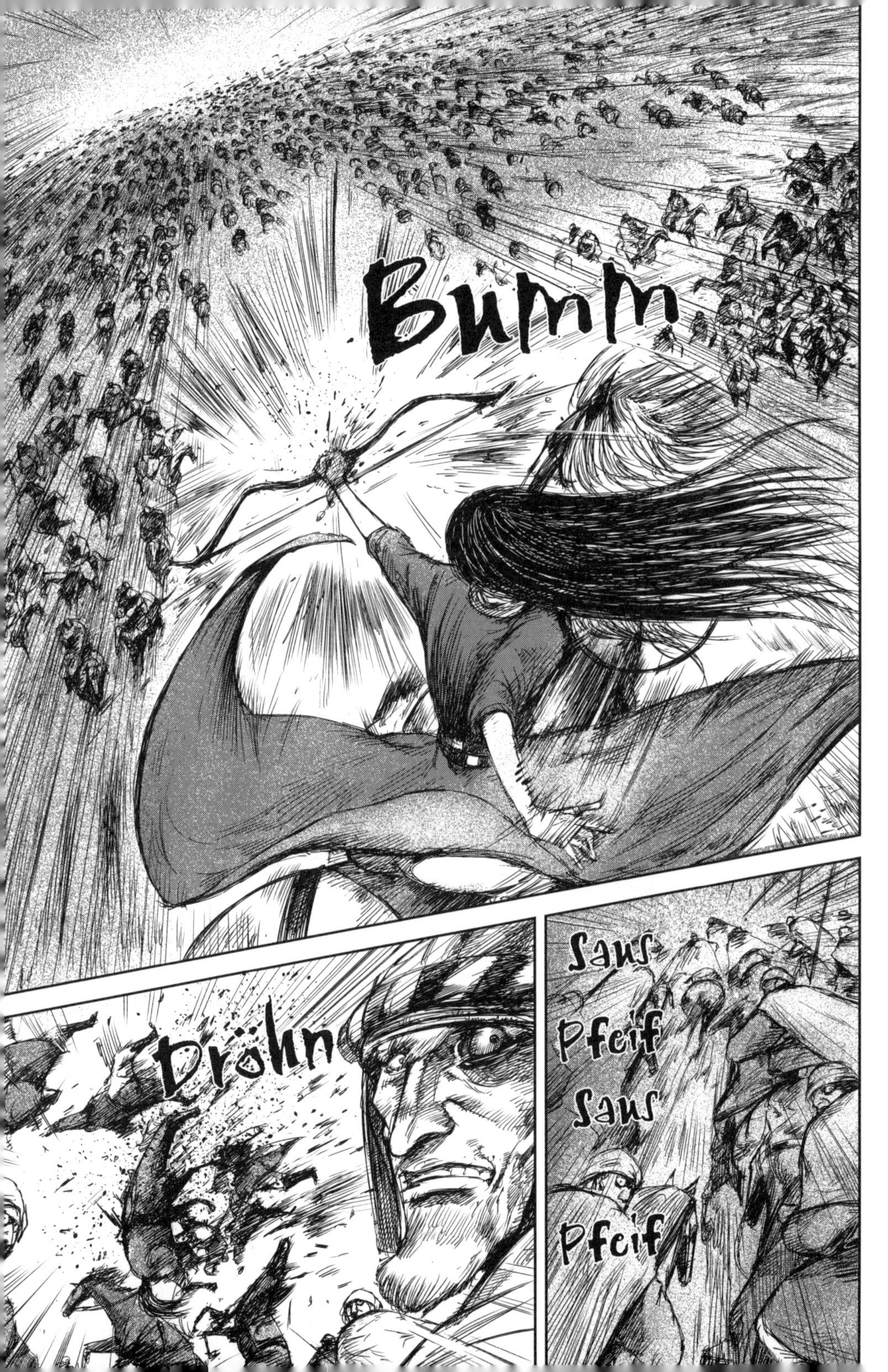
Bumm
Dröhn
Saus
Pfeif
Saus
Pfeif

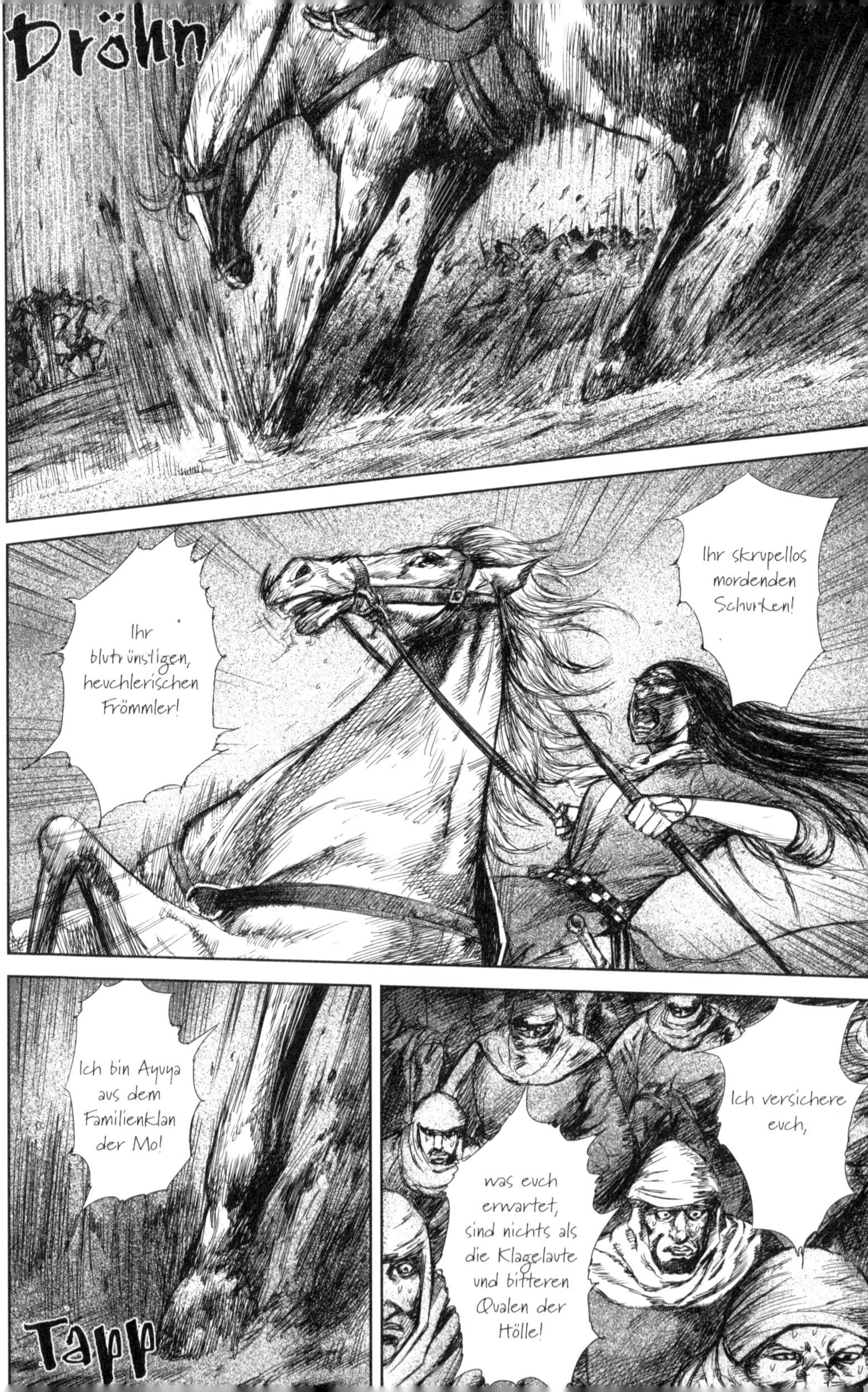
Dröhn
Ihr skrupellos mordenden Schurken!
Ihr blutrünstigen, heuchlerischen Frömmler!
Ich bin Ayuya aus dem Familienklan der Mo!
Tapp
Ich versichere euch,
was euch erwartet, sind nichts als die Klagelaute und bitteren Qualen der Hölle!

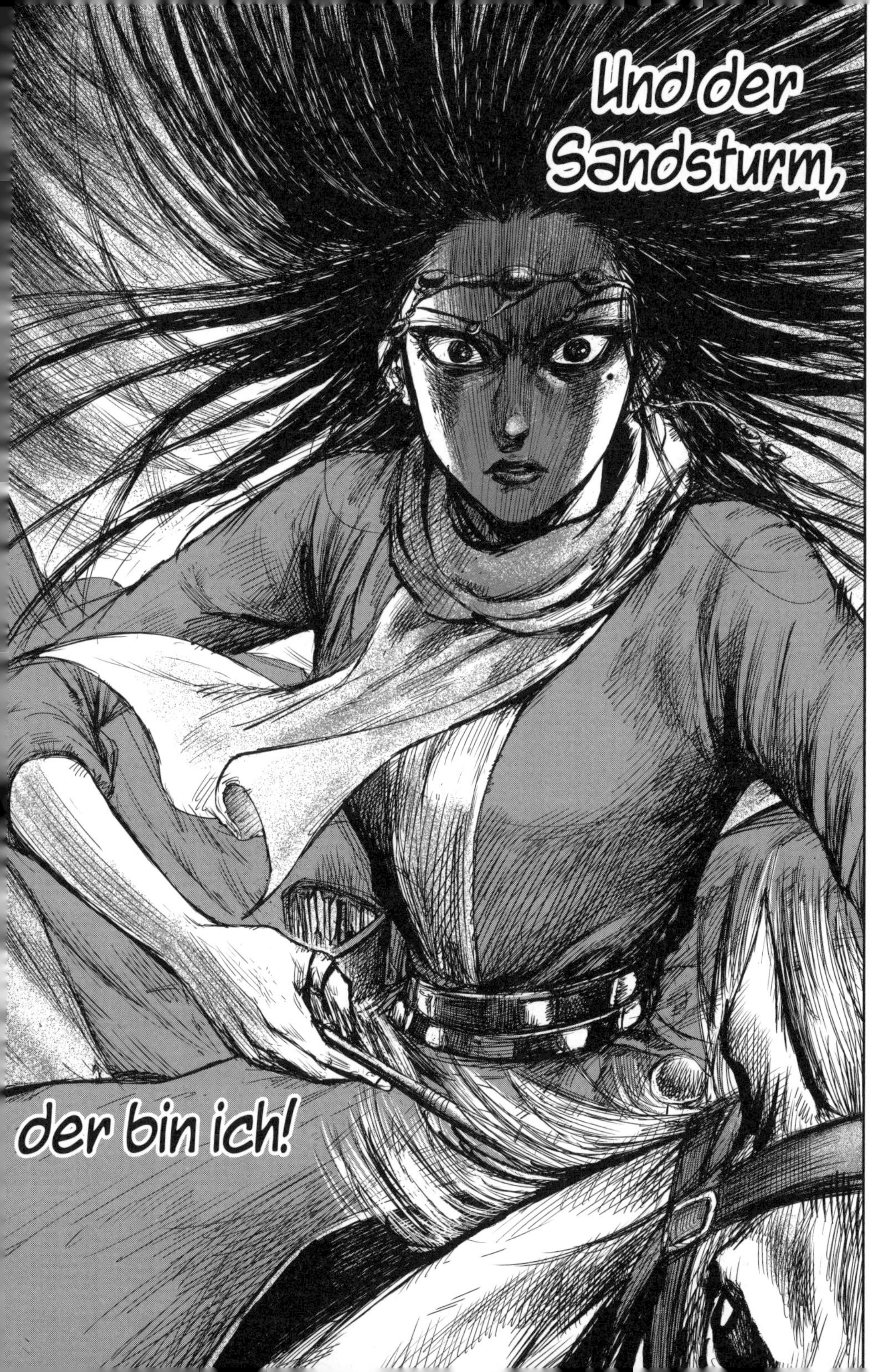
Und der Sandsturm,
der bin ich!

Zweiter Akt:
Die weite Wüste

Kapitel 30:
Die Jagd

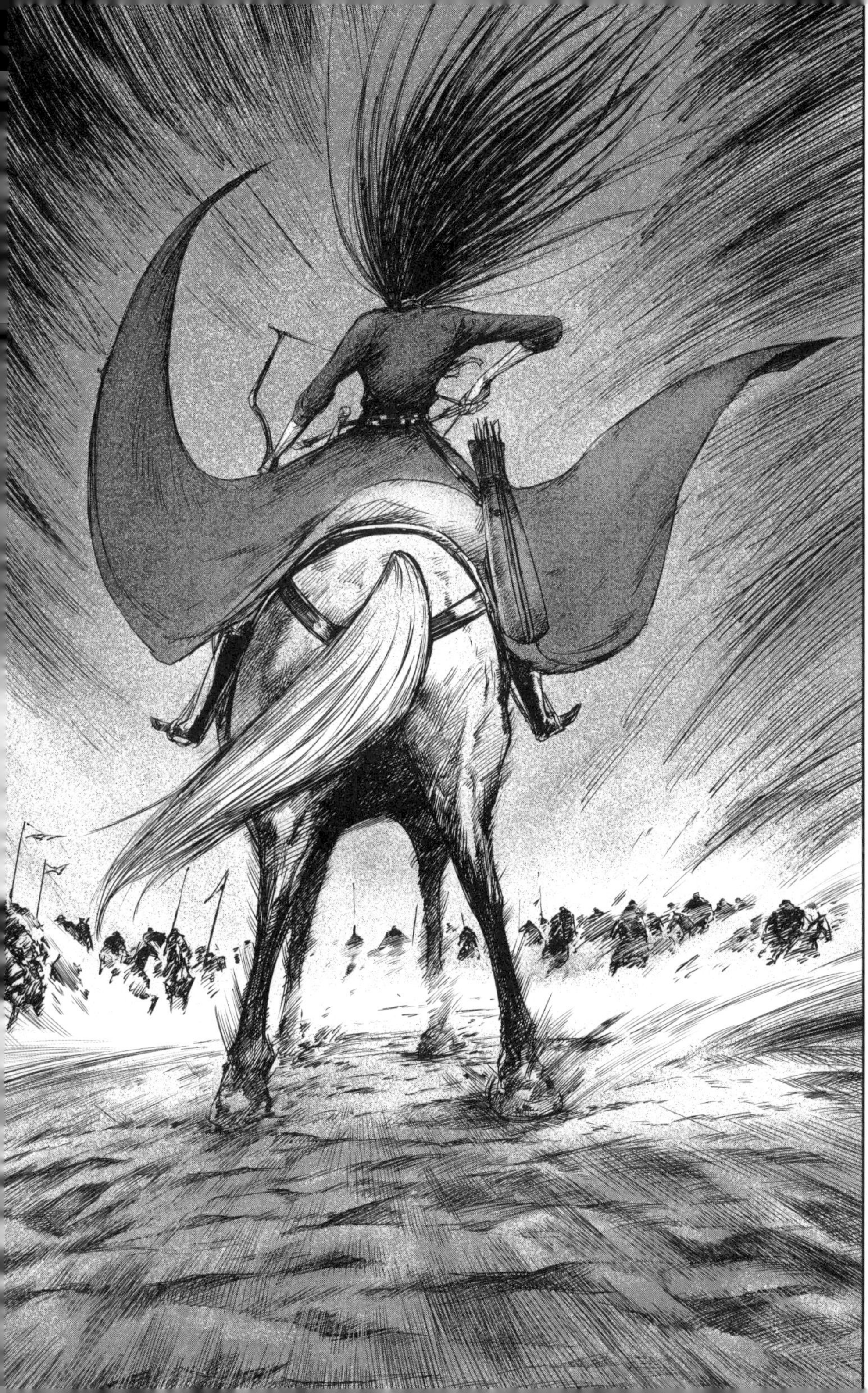

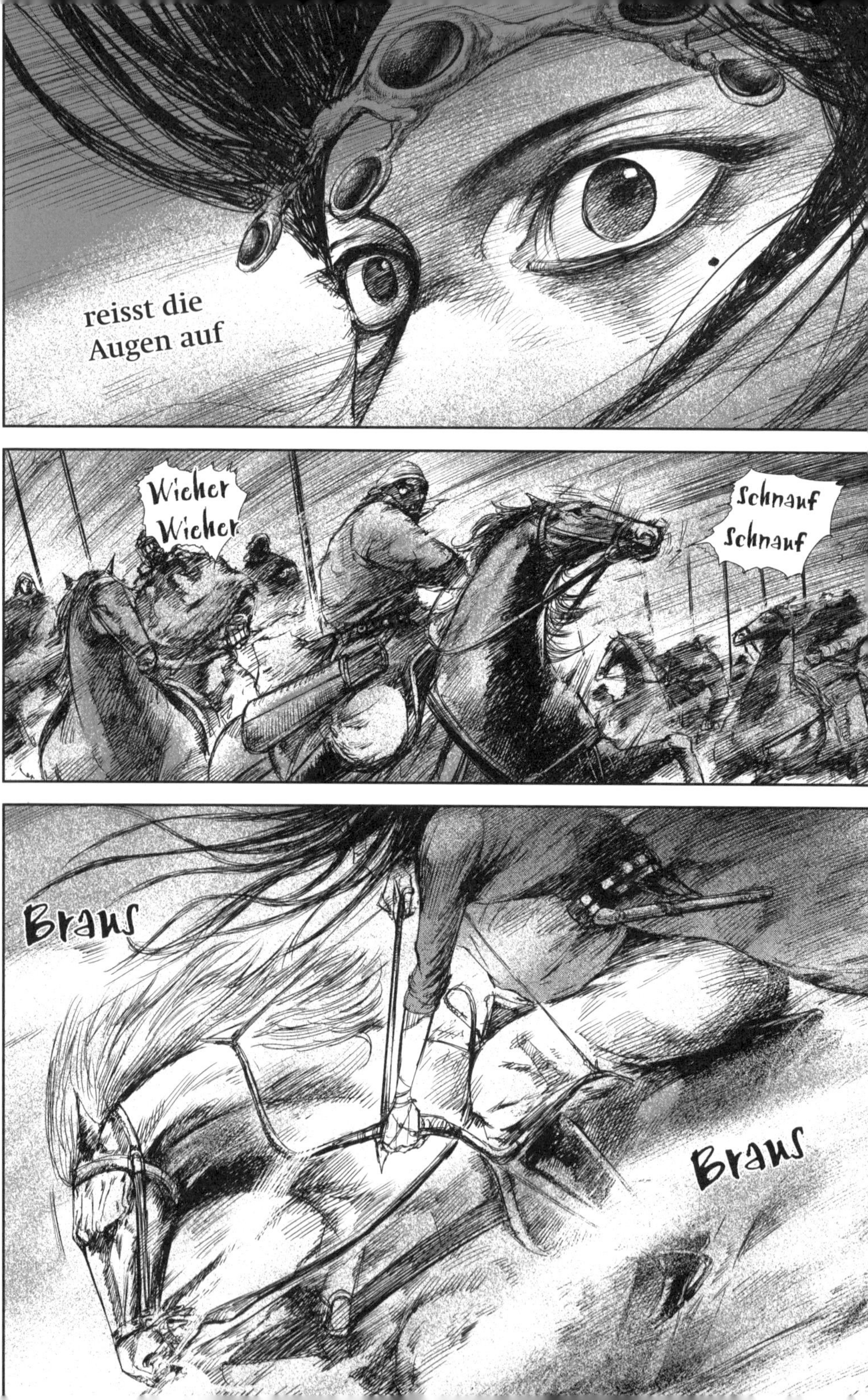
reisst die Augen auf
Schnauf Schnauf
Wieher Wieher
Braus
Braus

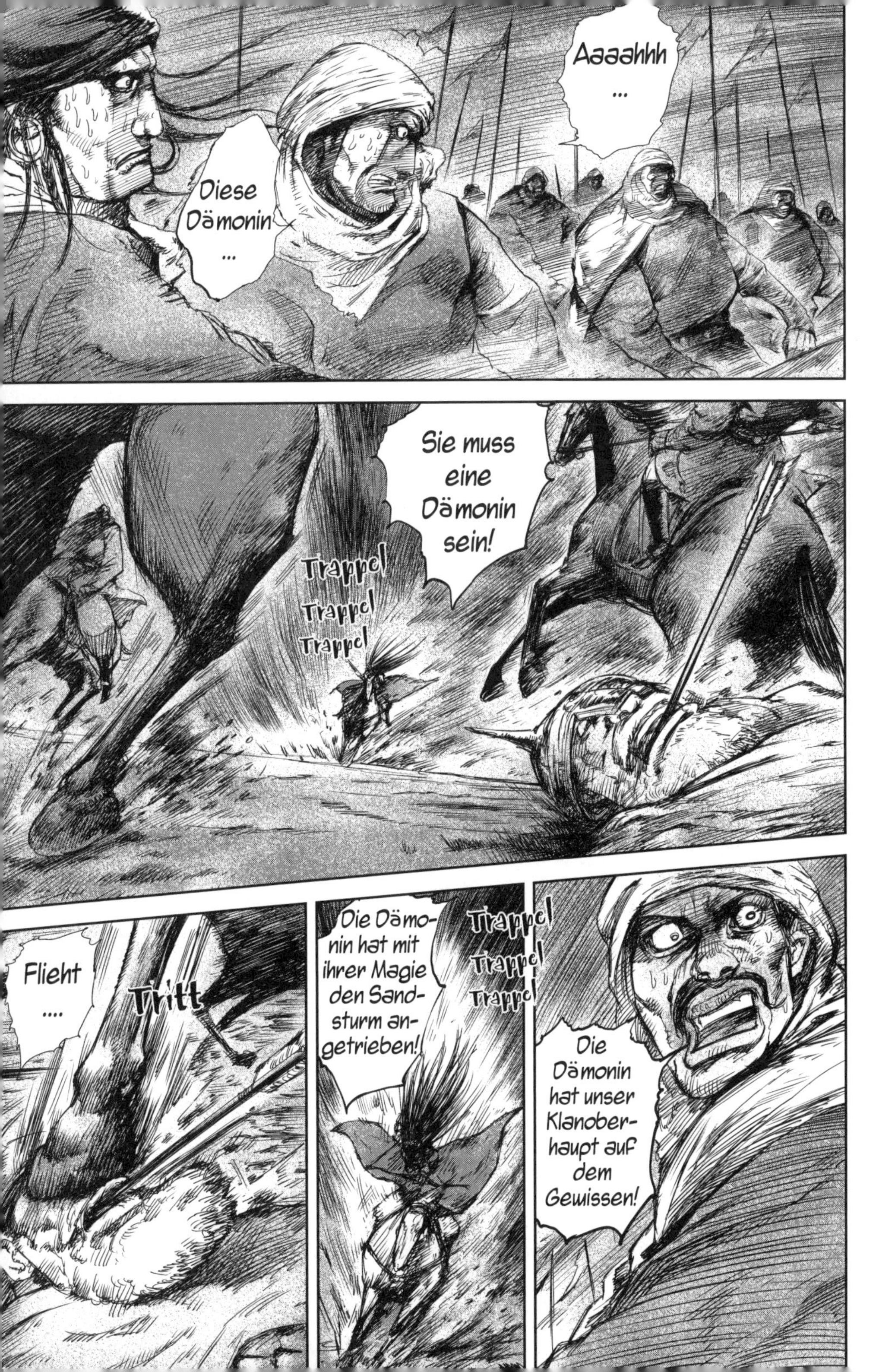
Aaaahhh ...
Diese Dämonin ...
Sie muss eine Dämonin sein!
Trappel Trappel Trappel
Flieht ....
Tritt
Die Dämonin hat mit ihrer Magie den Sandsturm angetrieben!
Trappel Trappel Trappel
Die Dämonin hat unser Klanoberhaupt auf dem Gewissen!

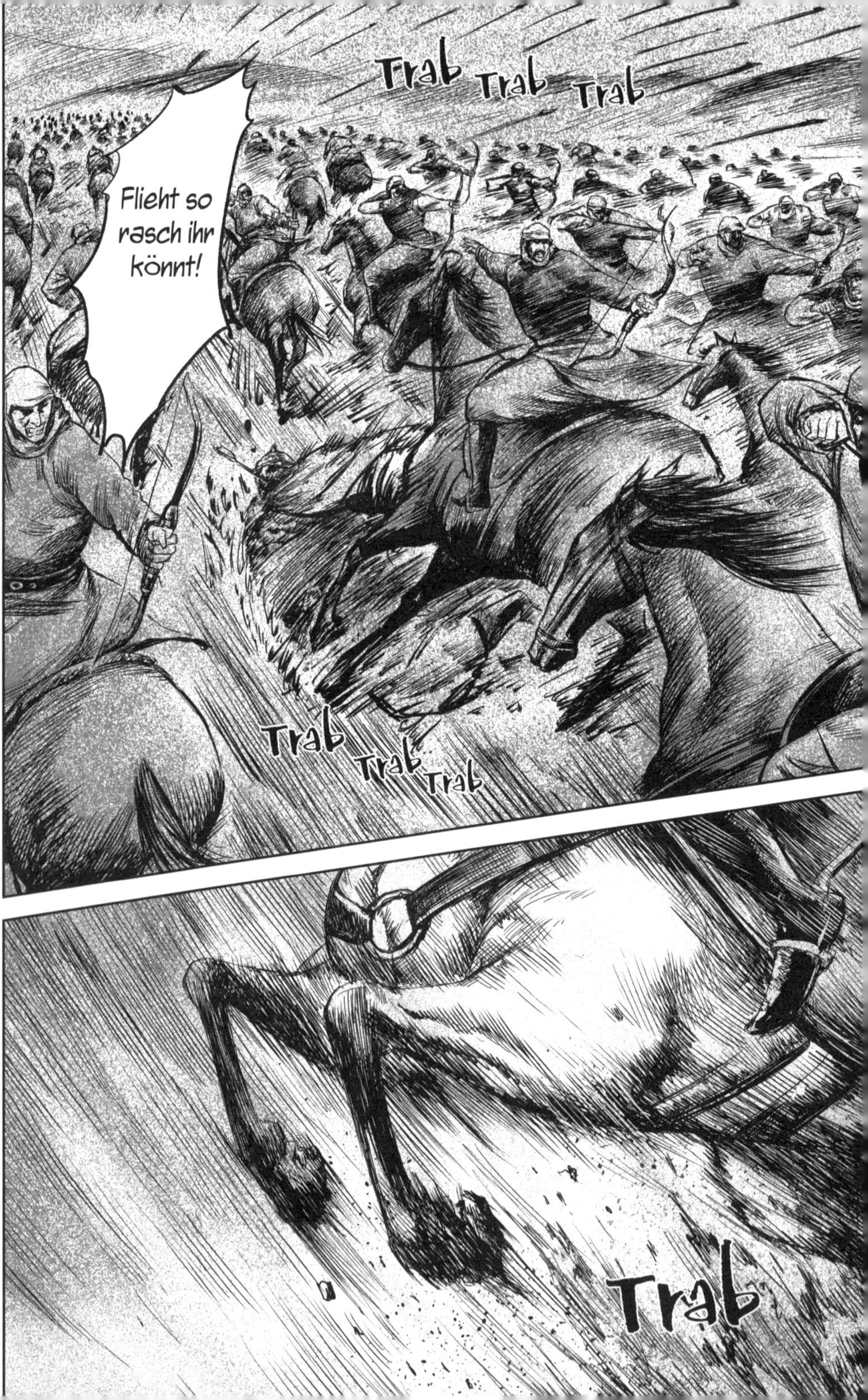

Trab Trab Trab
Flieht so rasch ihr könnt!
Trab Trab Trab
Trab

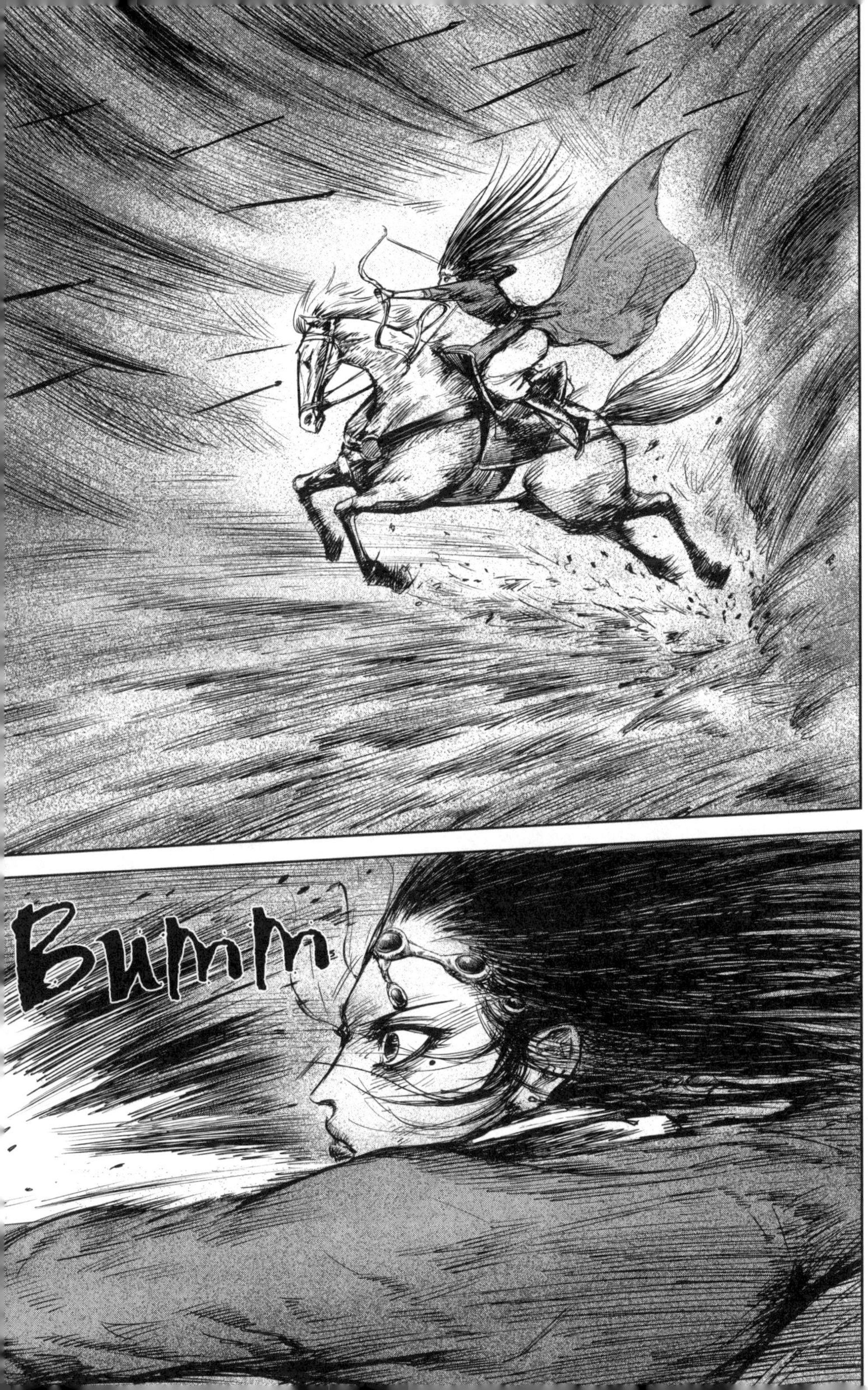
Bumm

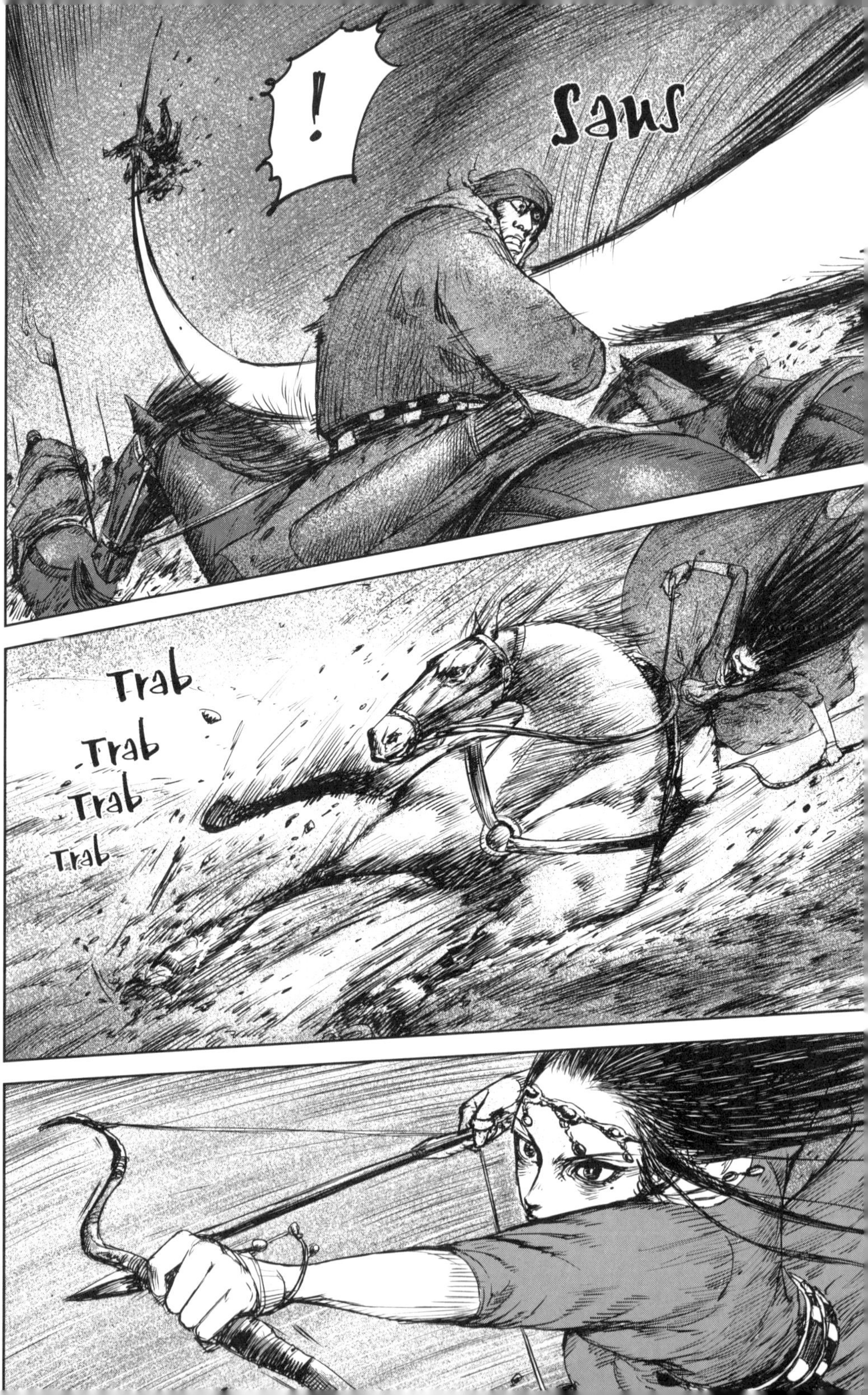

!
Saus
Trab
Trab
Trab
Trab

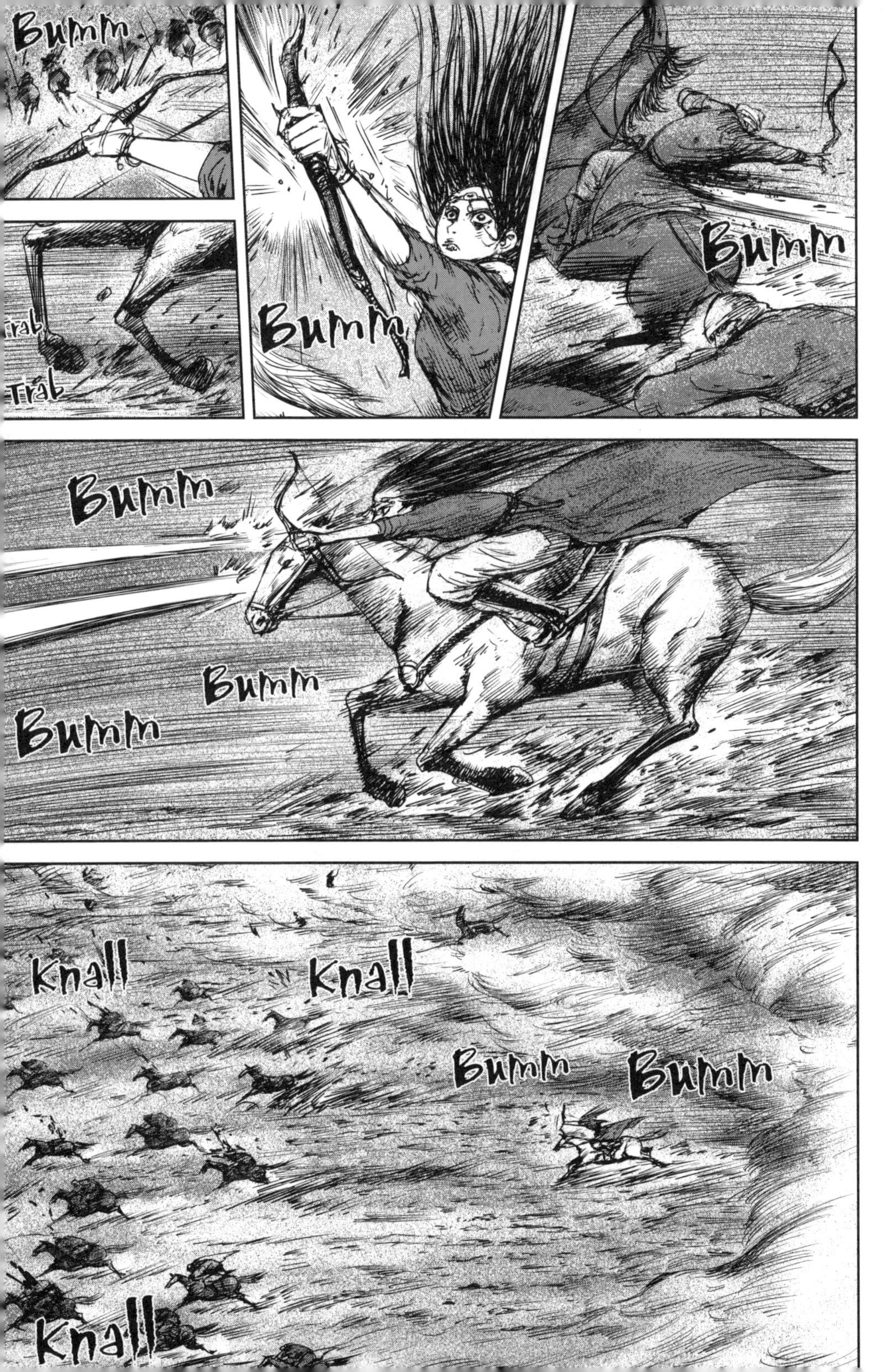
Bumm
Bumm
Bumm
Trab
Trab
Bumm
Bumm
Bumm
Knall
Knall
Bumm
Bumm
Knall

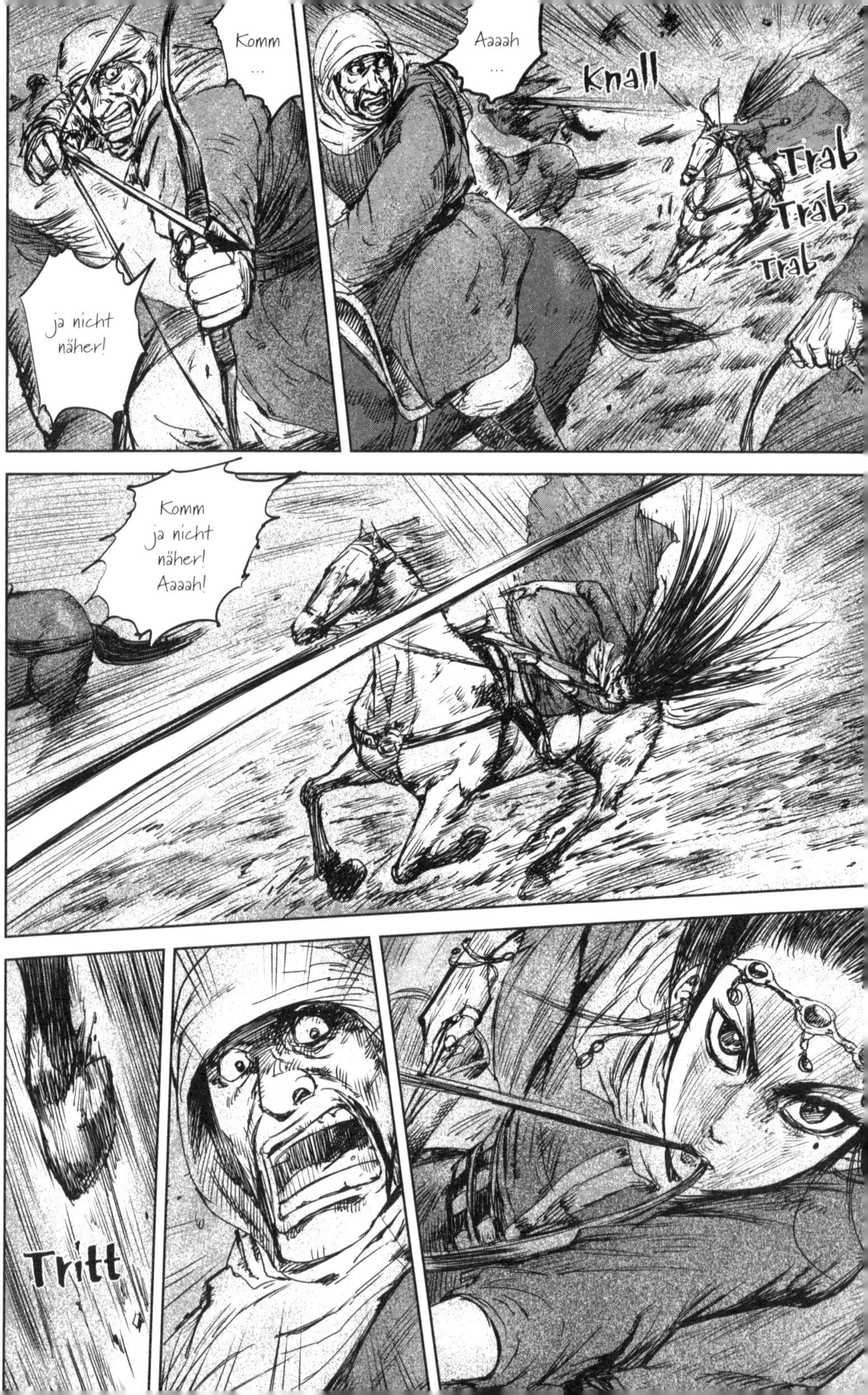
Aaaah …
Knall
Trab
Trab
Trab
Komm …
ja nicht näher!
Komm ja nicht näher! Aaaah!
Tritt

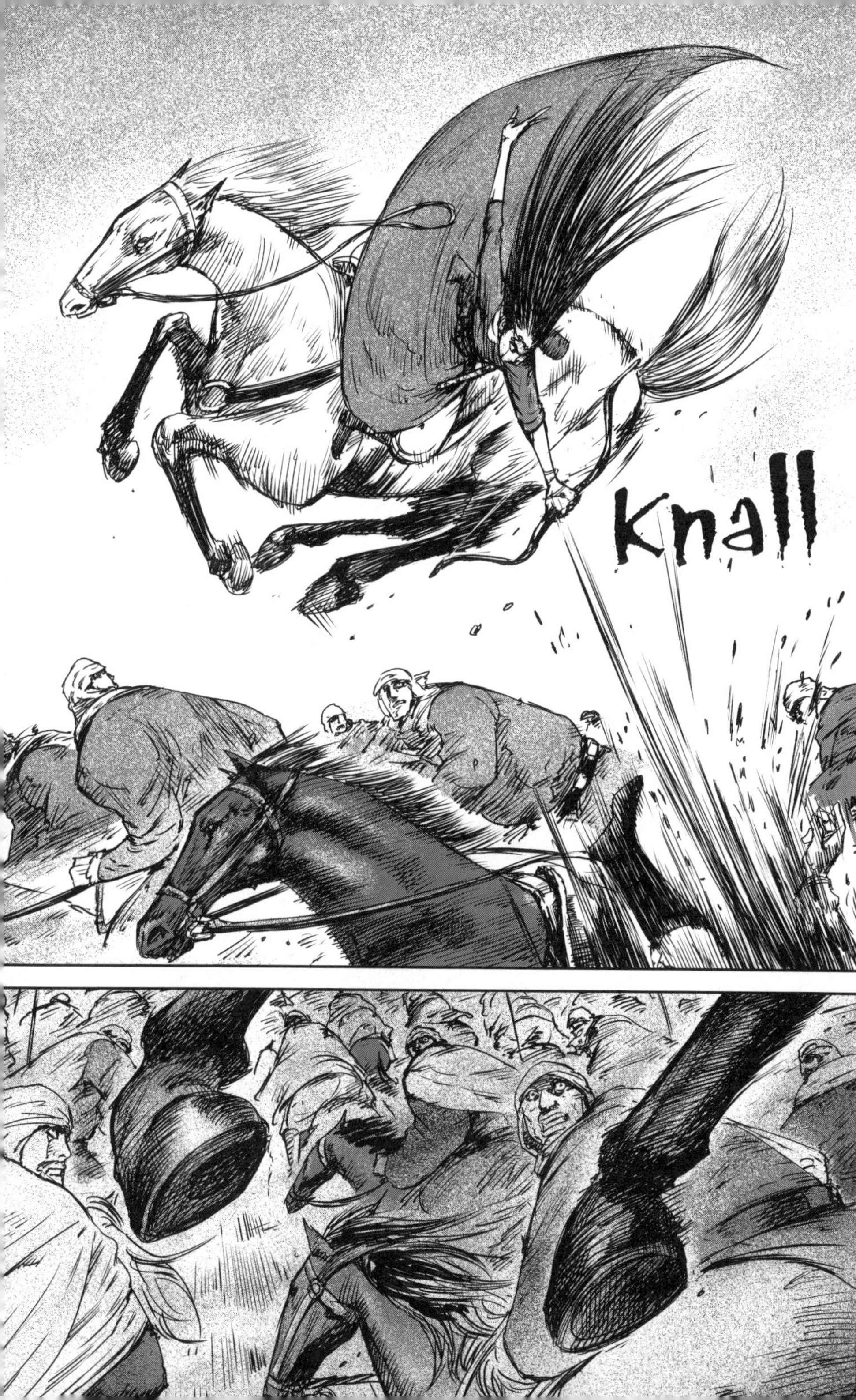
Knall

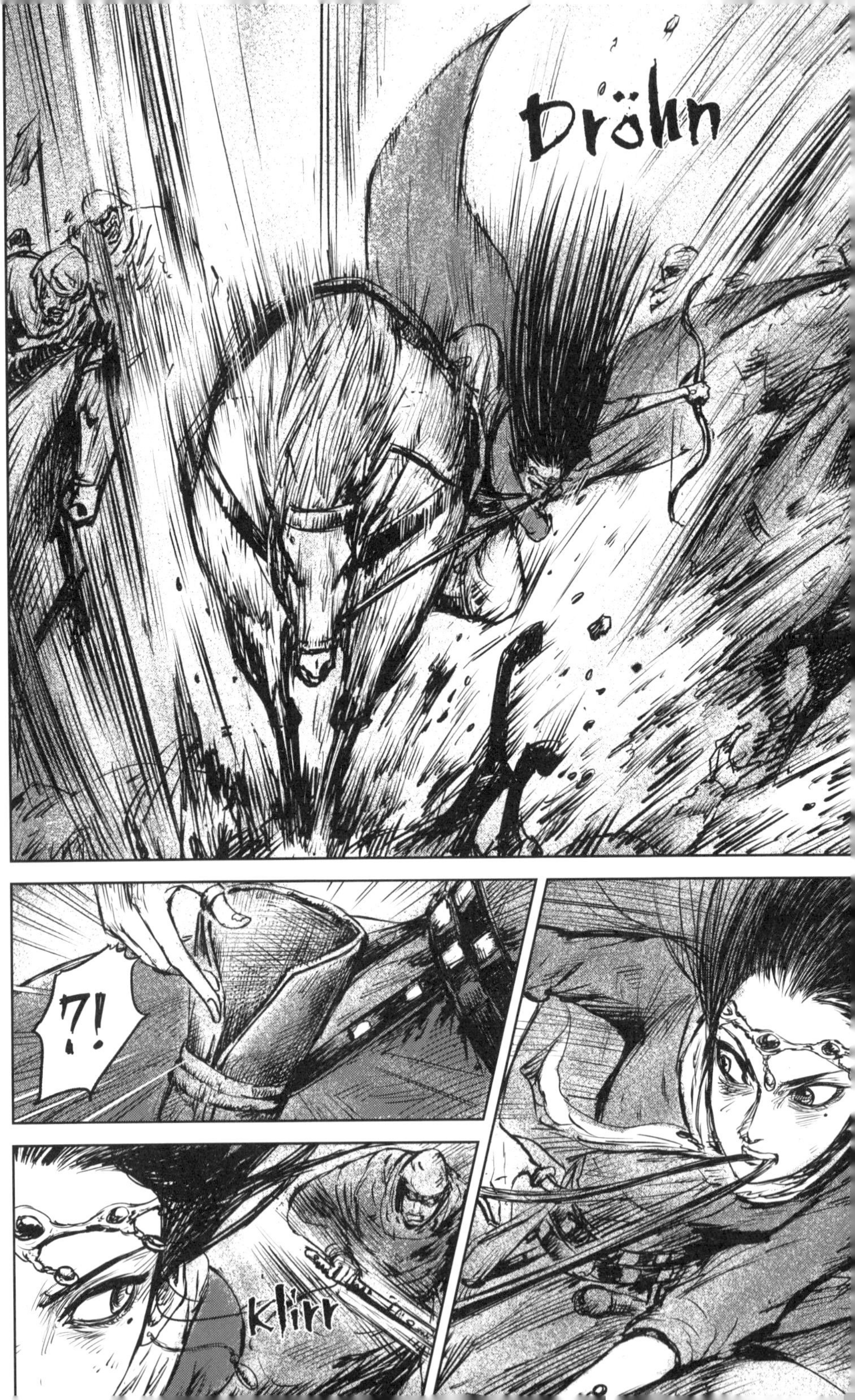
Dröhn
?!
Klirr

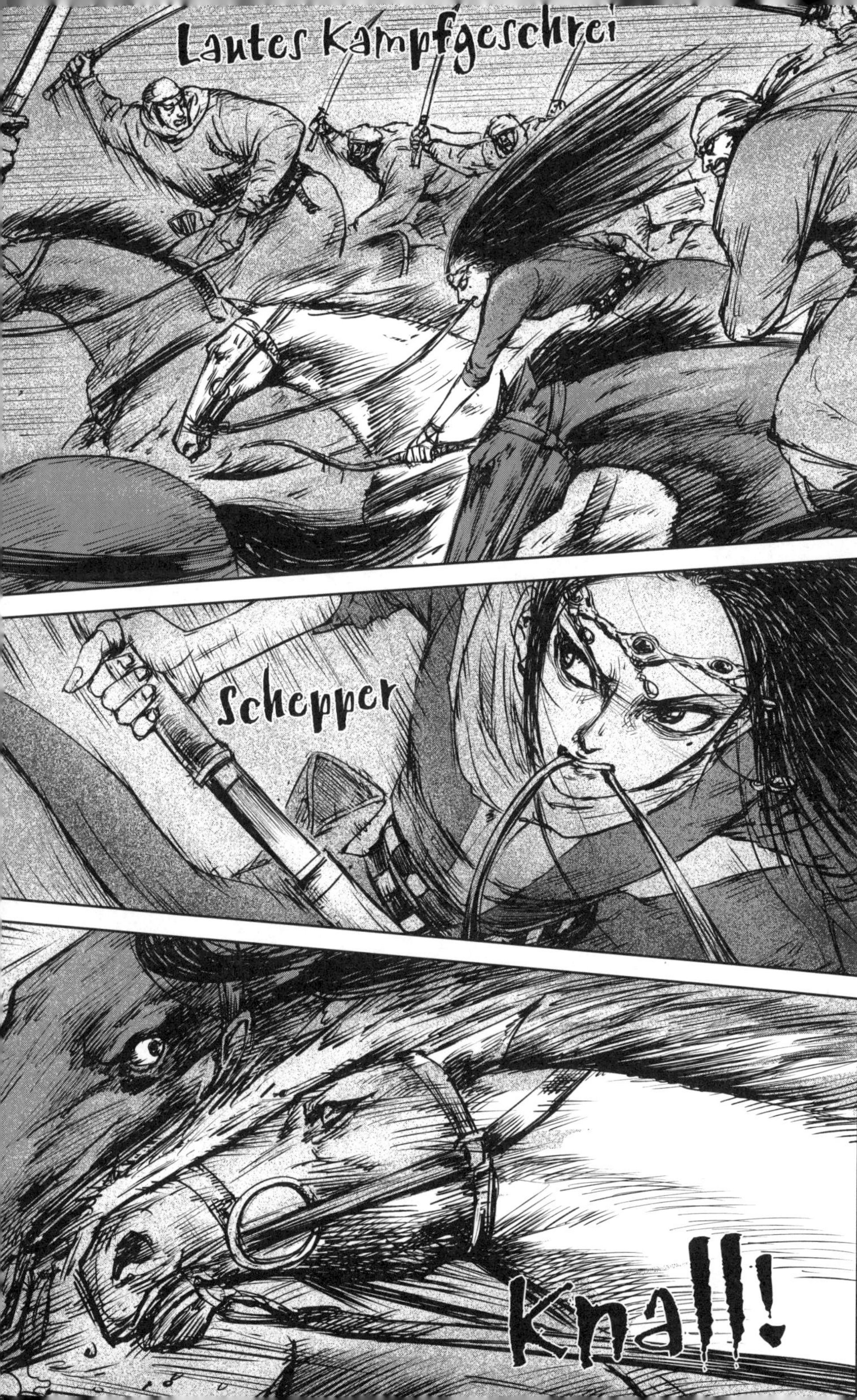
Lautes Kampfgeschrei
Schepper
Knall!

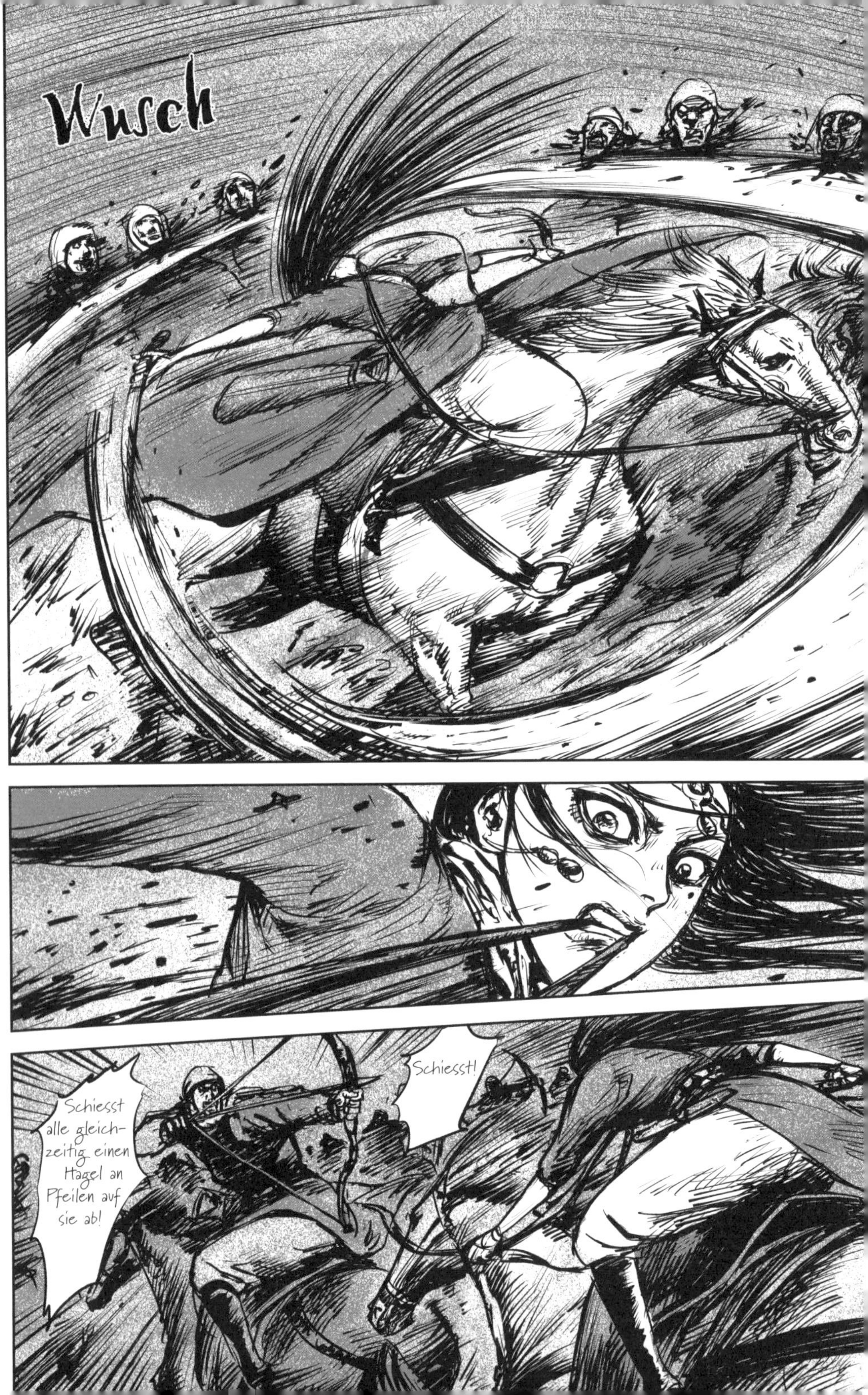
Wusch
Schiesst alle gleich-zeitig einen Hagel an Pfeilen auf sie ab!
Schiesst!

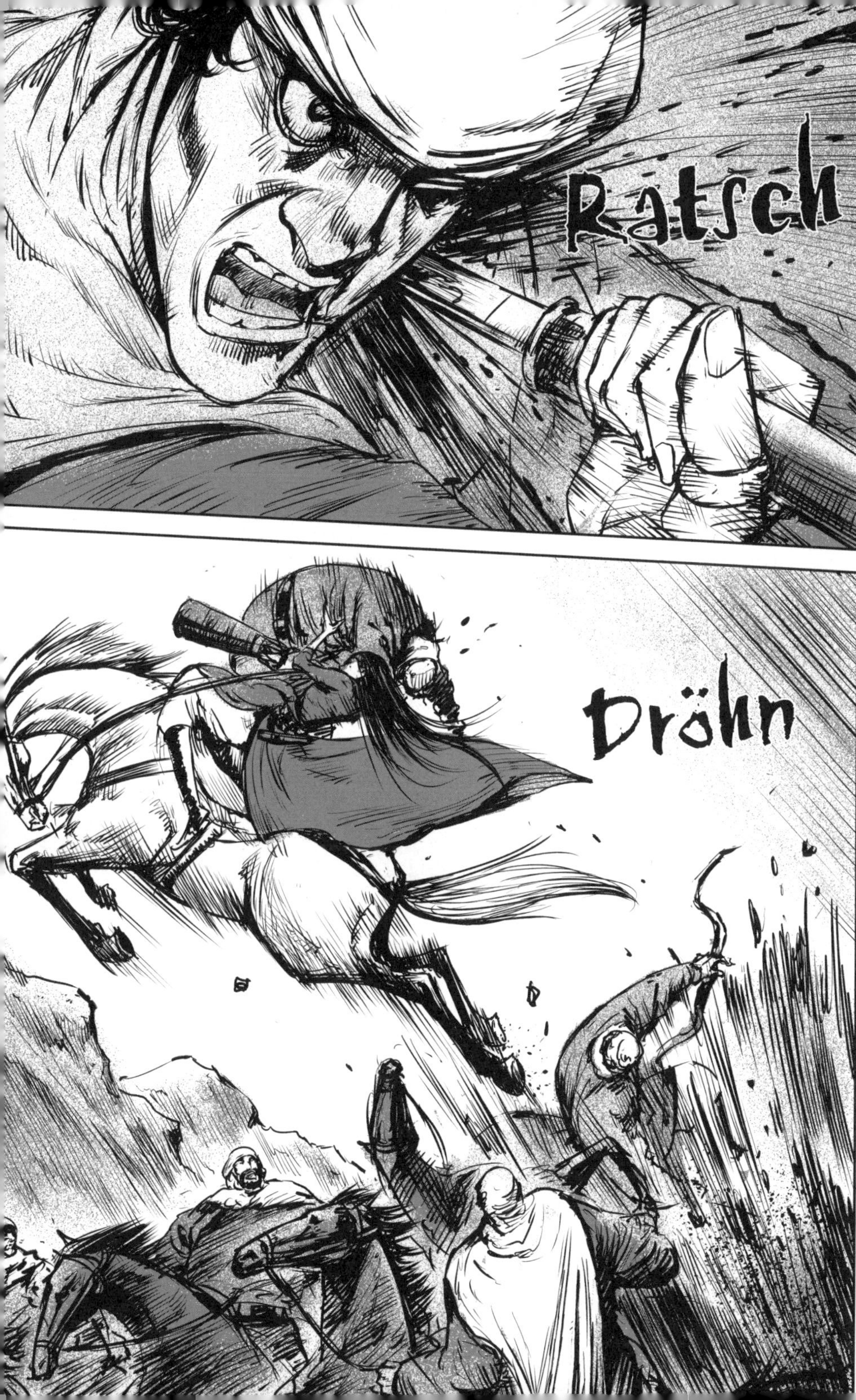
Ratsch
Dröhn

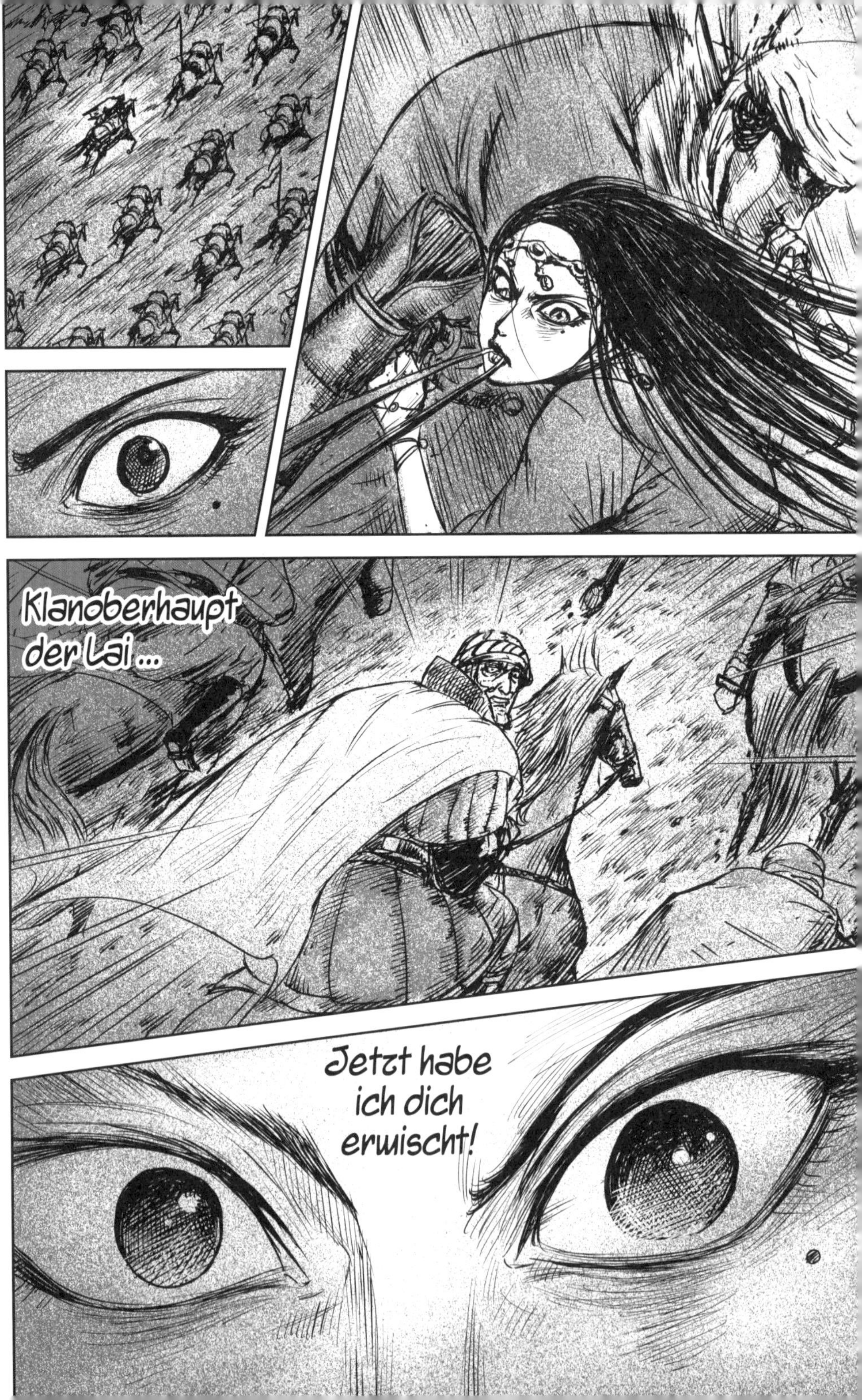
Klanoberhaupt der Lai ...
Jetzt habe ich dich erwischt!

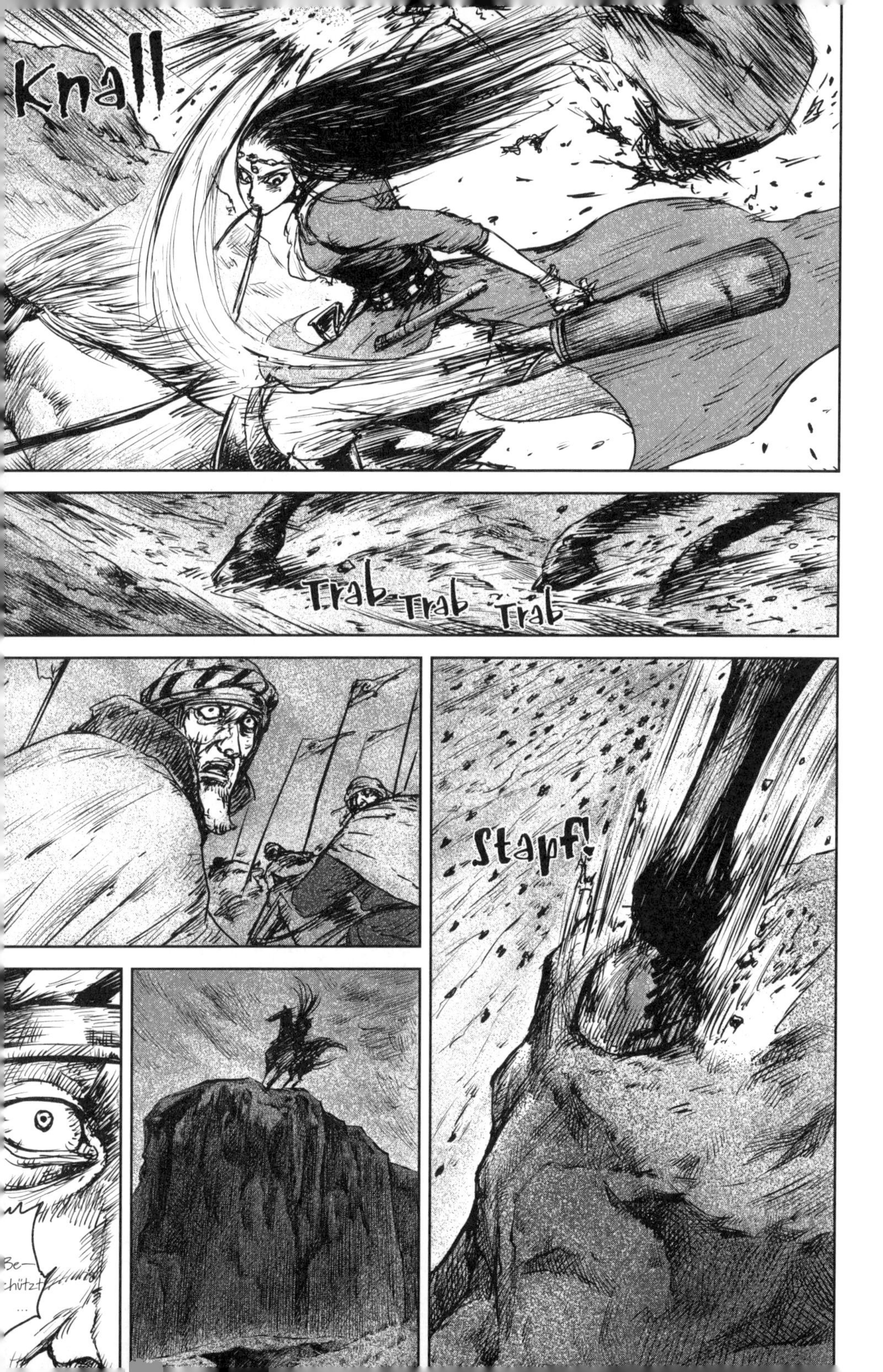
Knall
Trab Trab Trab
Stapf!
Be— chützt …

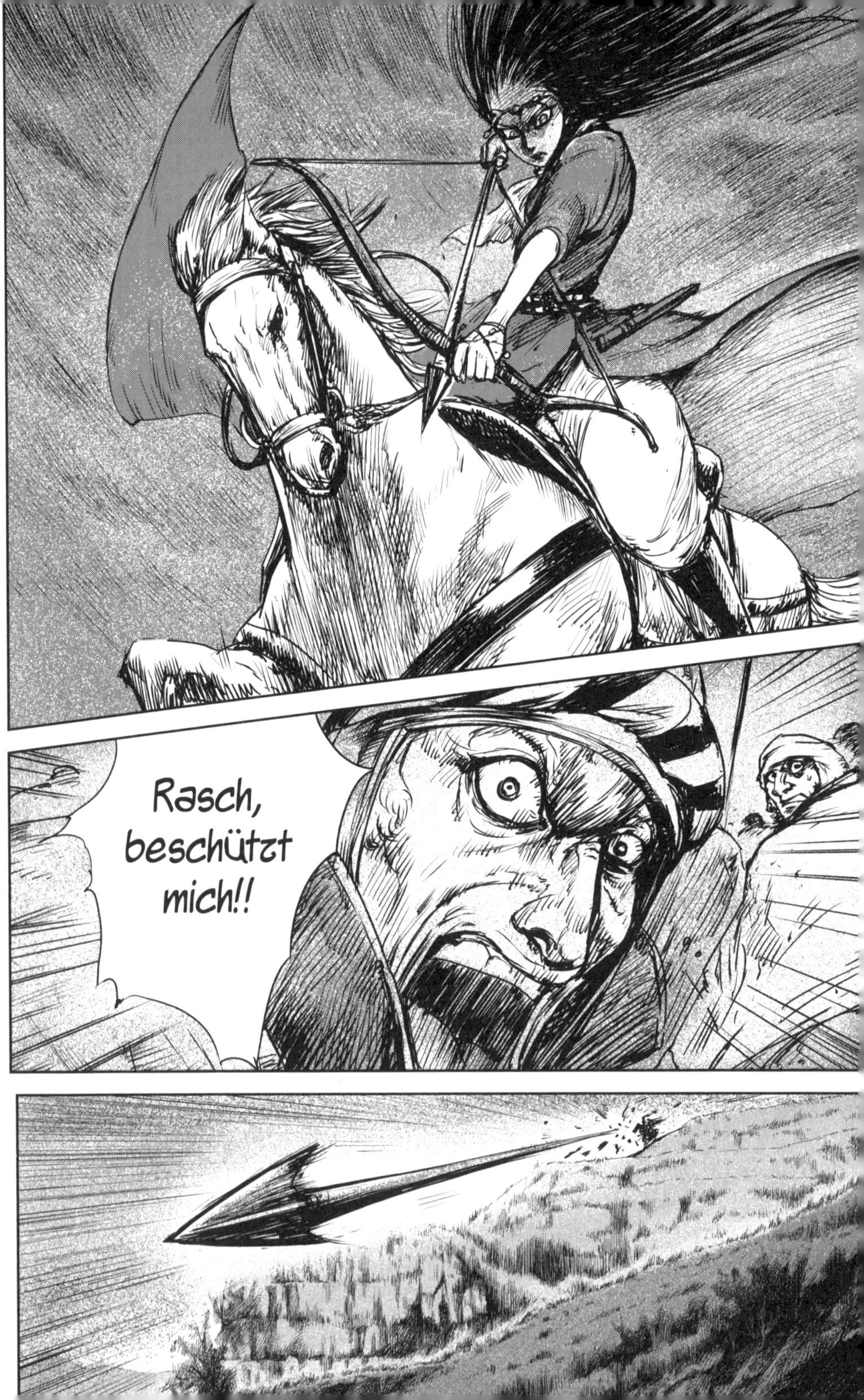
Rasch, beschützt mich!!

Zweiter Akt:
Die weite Wüste

Kapitel 31:
Die junge Herrin

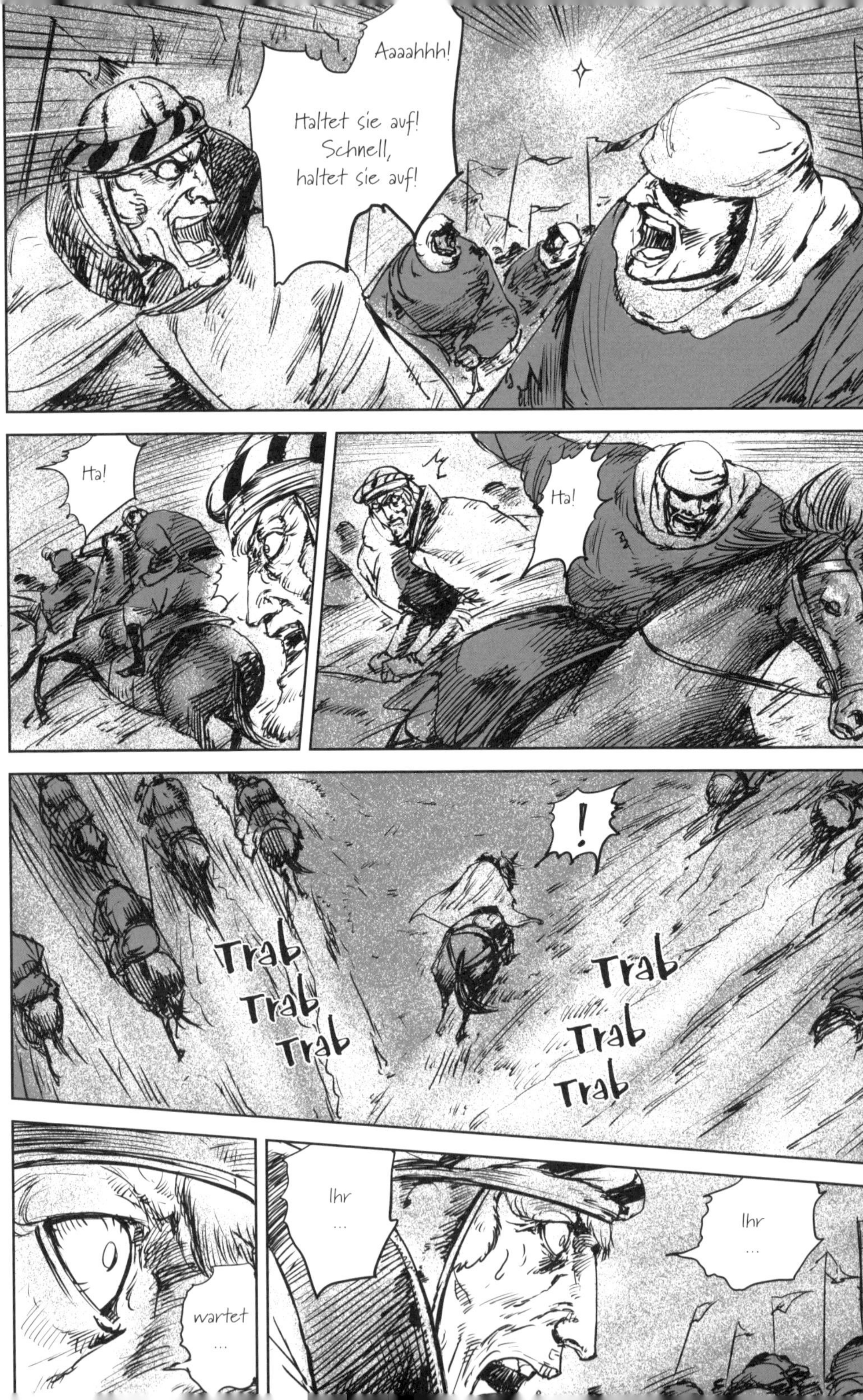

Aaaahhh!
Haltet sie auf! Schnell, haltet sie auf!
Ha!
Ha!
!
Trab Trab Trab
Trab Trab Trab
Ihr ...
Ihr ...
wartet ...

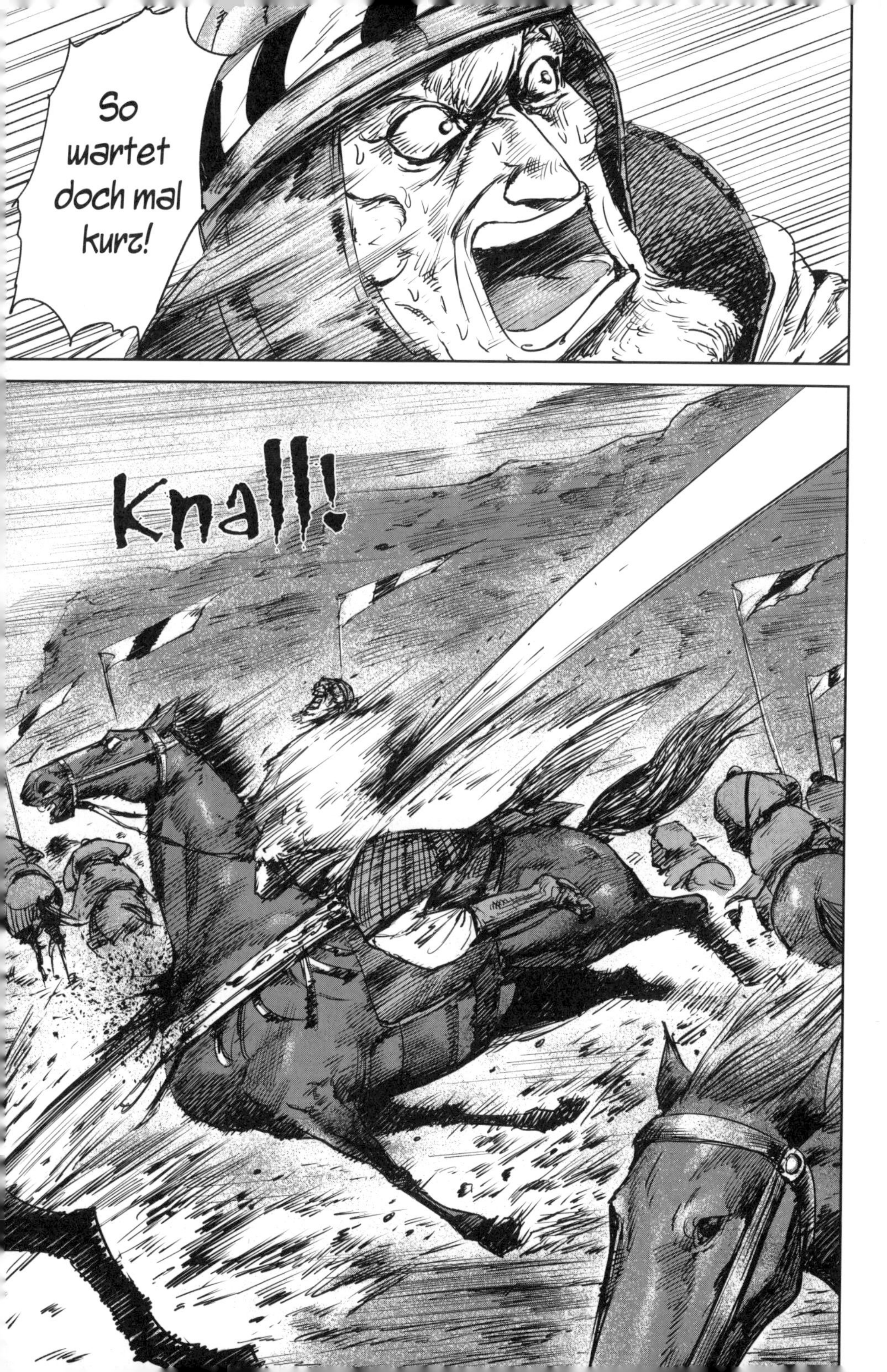
So wartet doch mal kurz!
Knall!

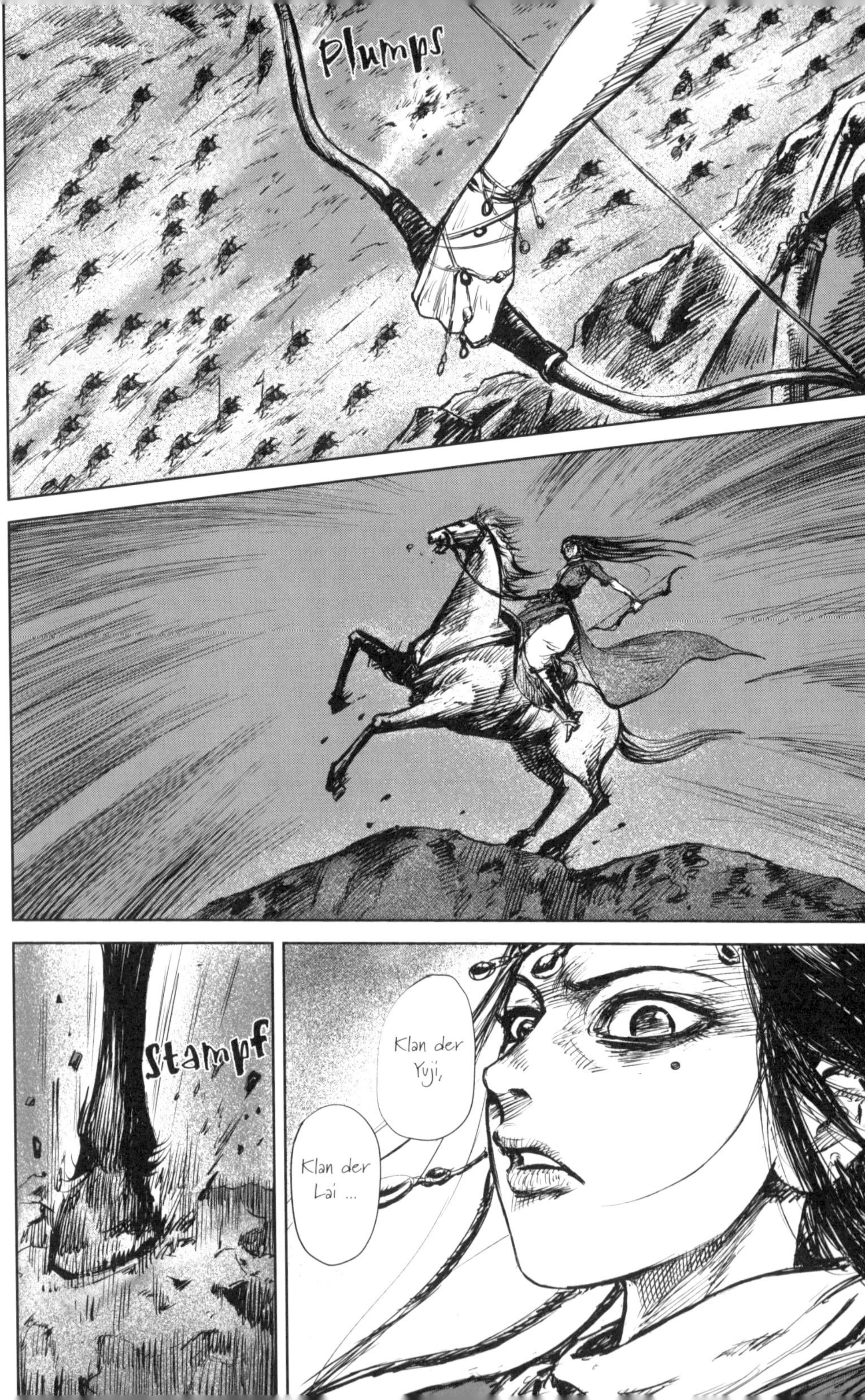
Plumps
Stampf
Klan der Yuji,
Klan der Lai ...

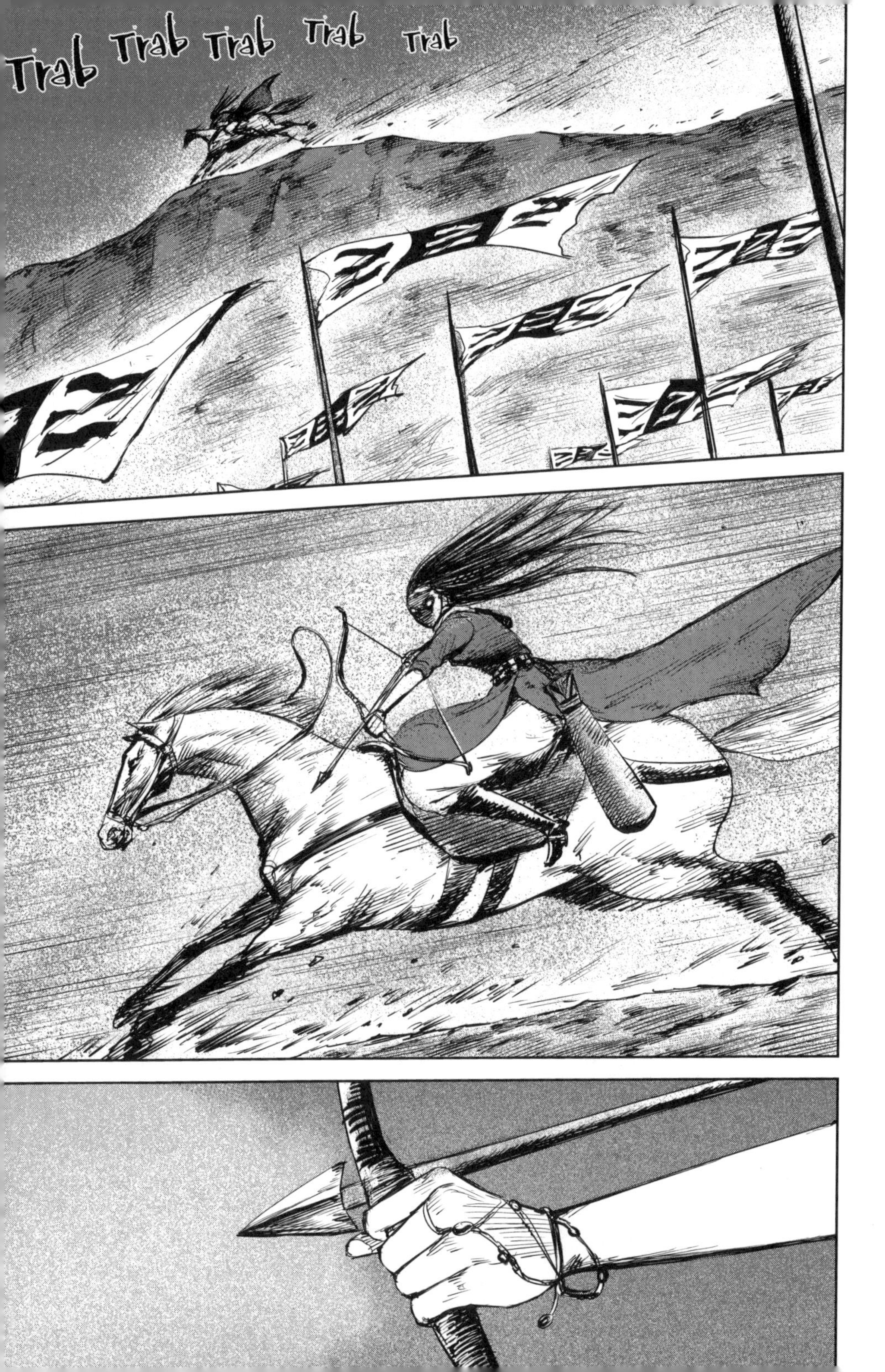
Trab Trab Trab Trab Trab

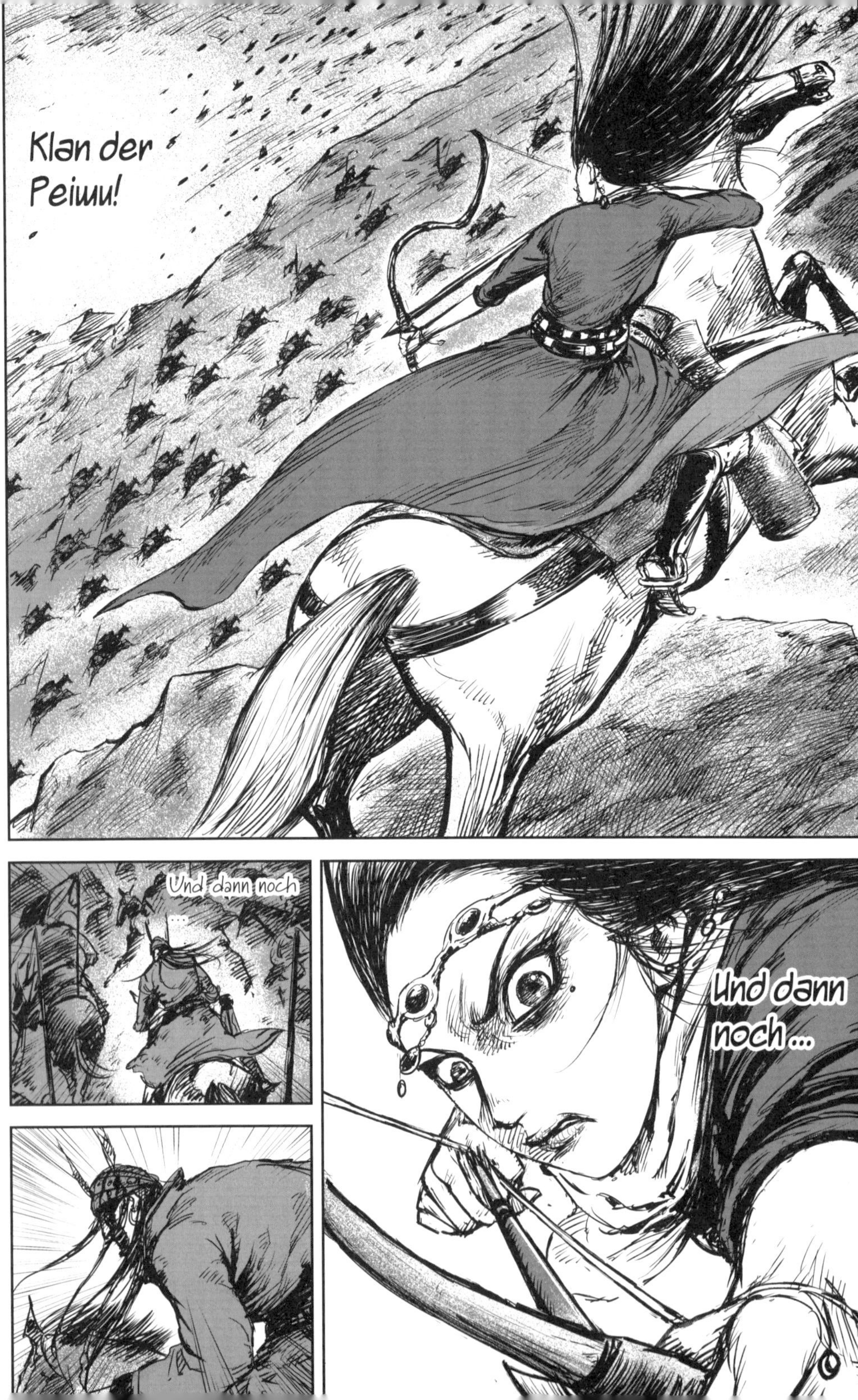
Klan der Peiwu!
Und dann noch ...
Und dann noch ...

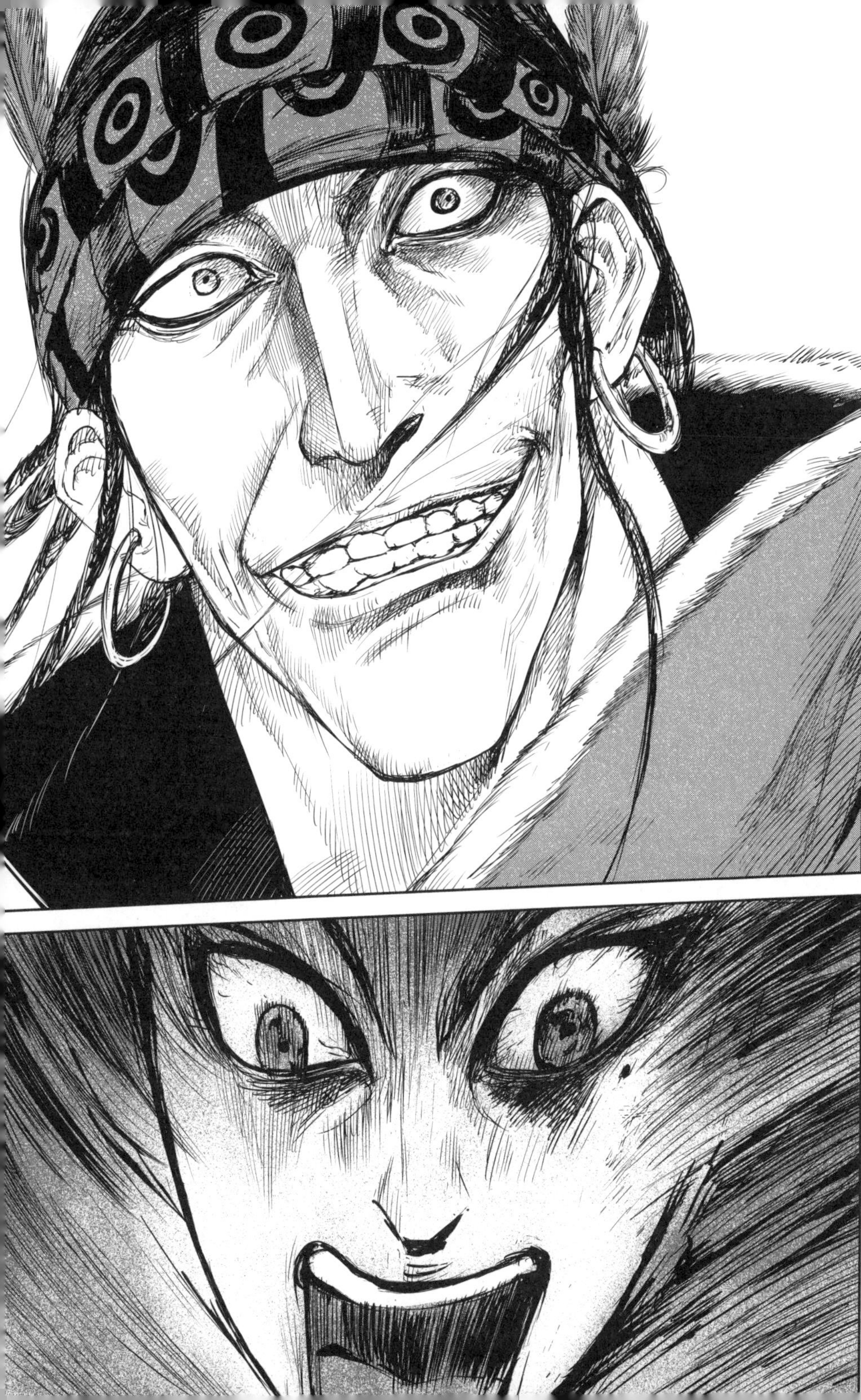

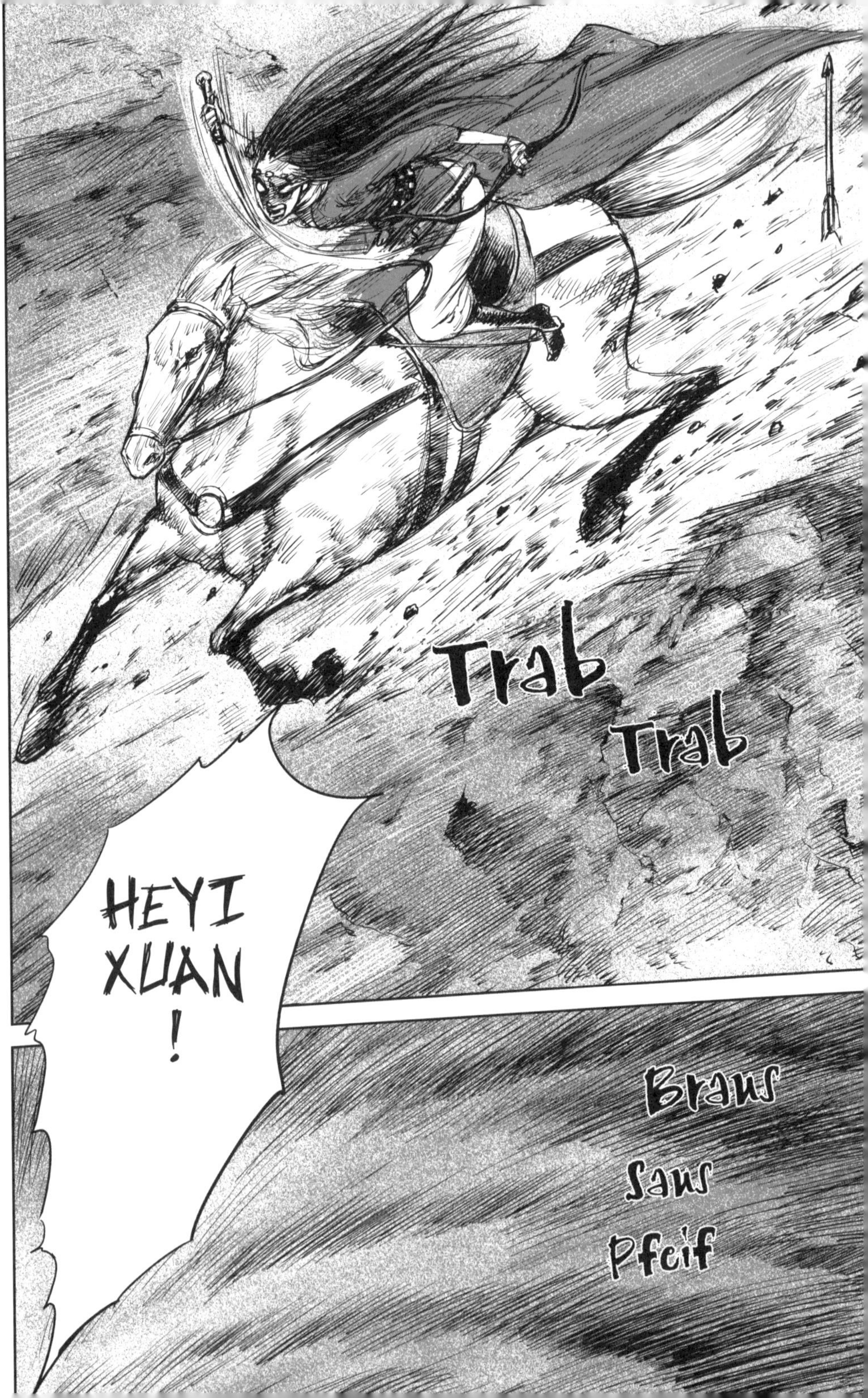
Trab
Trab
HEYI XUAN !
Braus
Saus
Pfeif

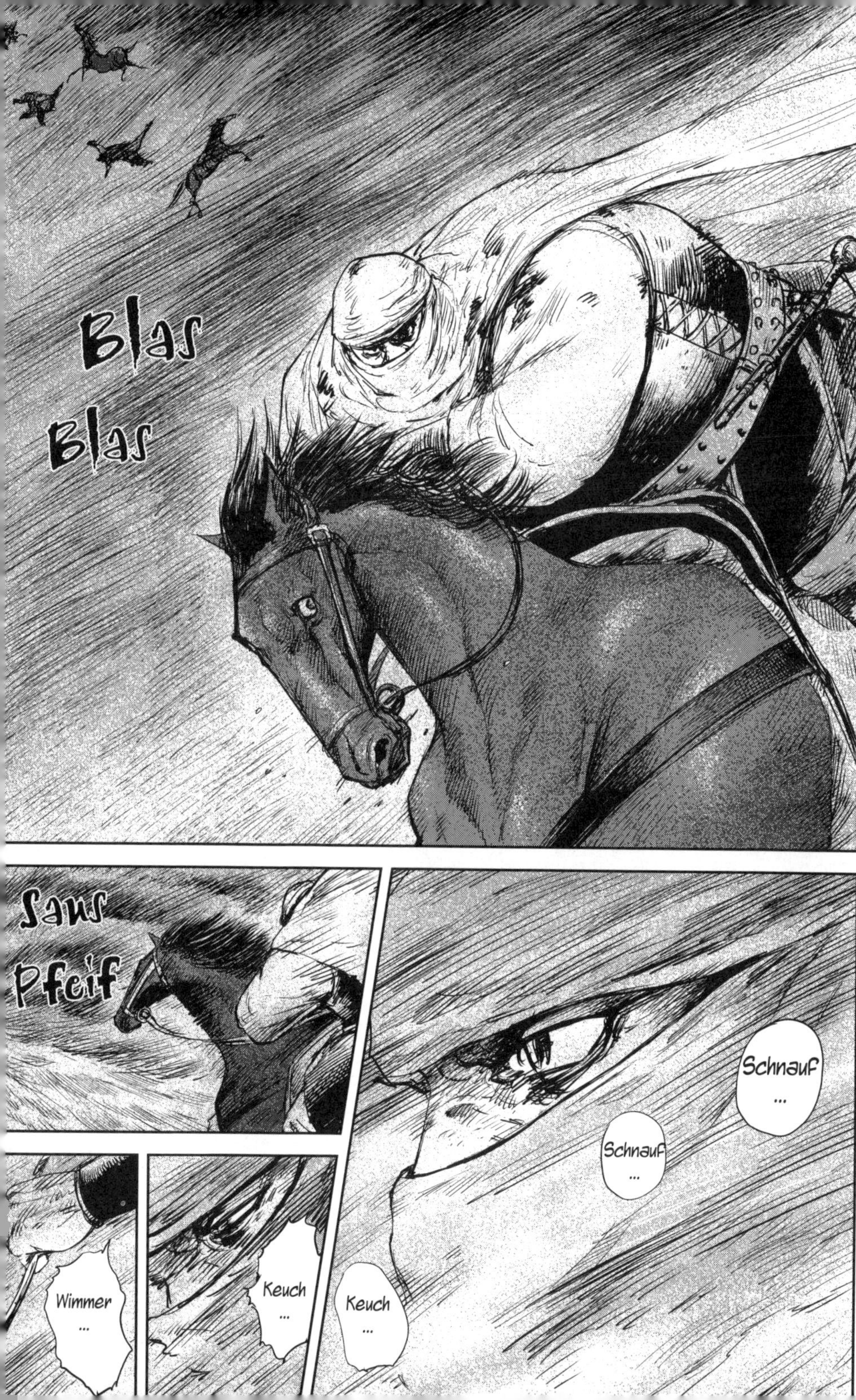

Blas
Blas
Saus
Pfeif
Schnauf ...
Schnauf ...
Keuch ...
Keuch ...
Wimmer ...

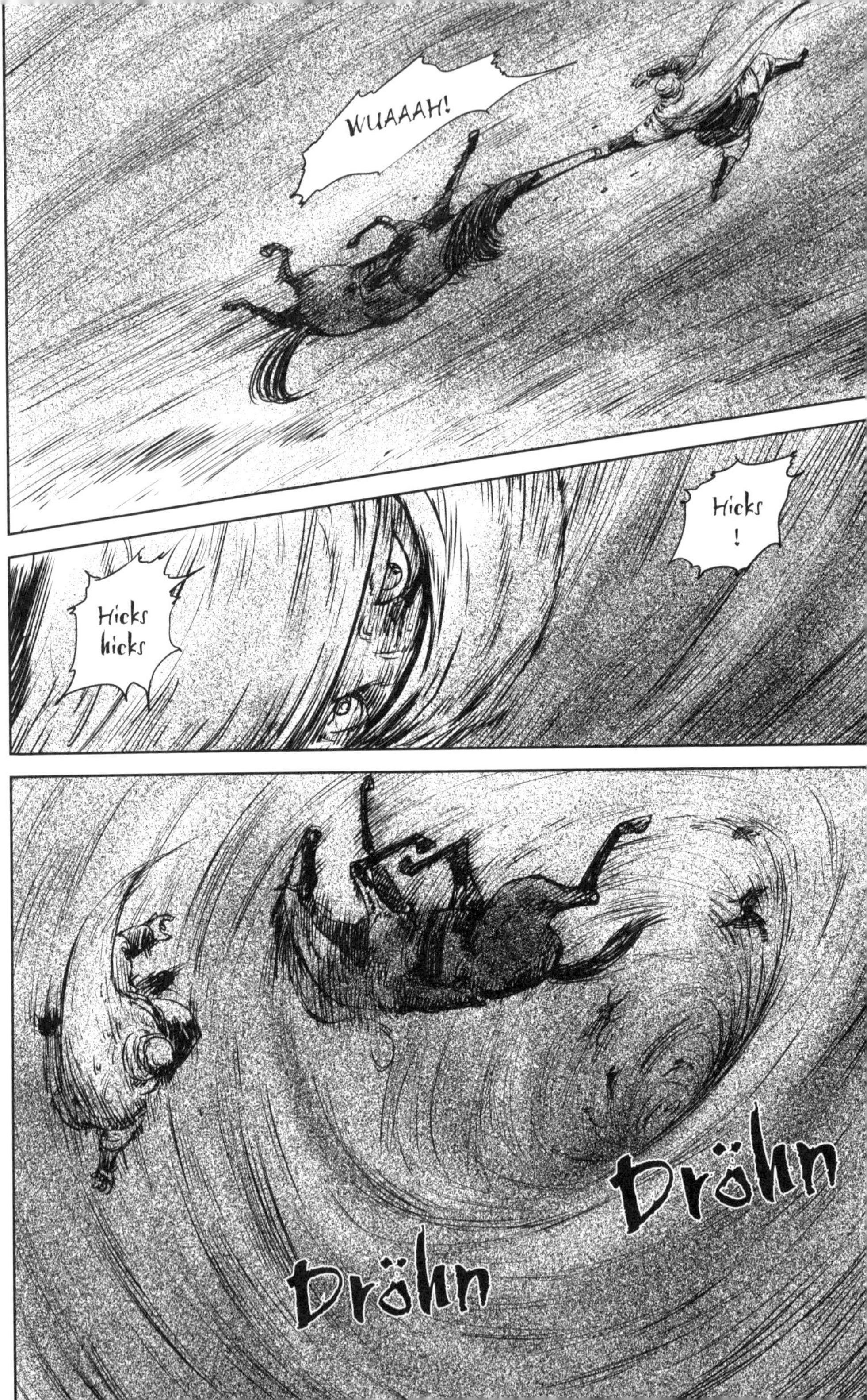
WUAAAH!
Hicks !
Hicks hicks
Dröhn
Dröhn

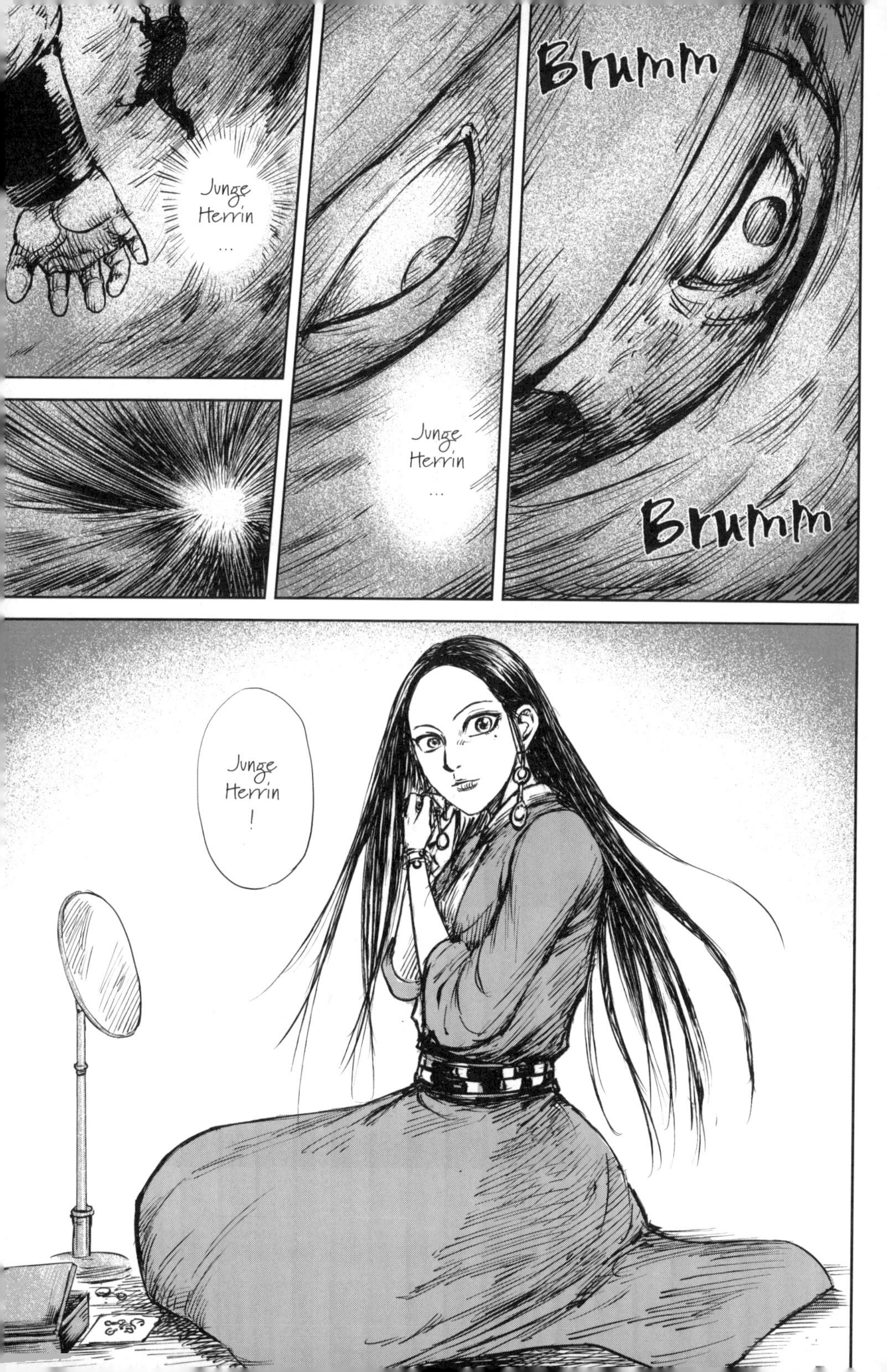
Junge Herrin …
Junge Herrin …
Brumm
Brumm
Junge Herrin !

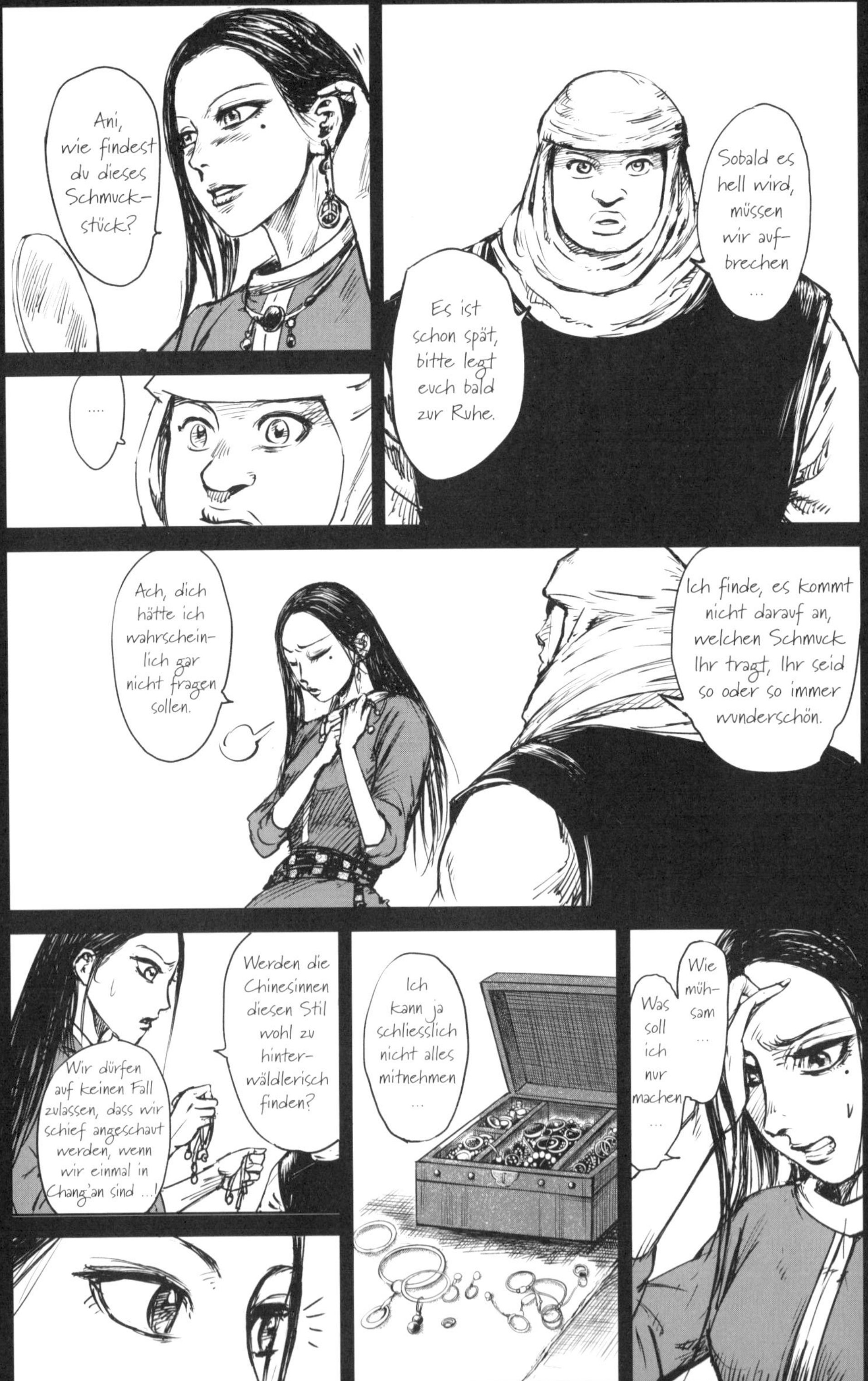

Ani, wie findest du dieses Schmuck-stück?
Sobald es hell wird, müssen wir auf-brechen …
Es ist schon spät, bitte legt euch bald zur Ruhe.
….
Ach, dich hätte ich wahrschein-lich gar nicht fragen sollen.
Ich finde, es kommt nicht darauf an, welchen Schmuck Ihr tragt, Ihr seid so oder so immer wunderschön.
Werden die Chinesinnen diesen Stil wohl zu hinter-wäldlerisch finden?
Wir dürfen auf keinen Fall zulassen, dass wir schief angeschaut werden, wenn wir einmal in Chang'an sind …!
Ich kann ja schliesslich nicht alles mitnehmen …
Wie müh-sam …
Was soll ich nur machen …

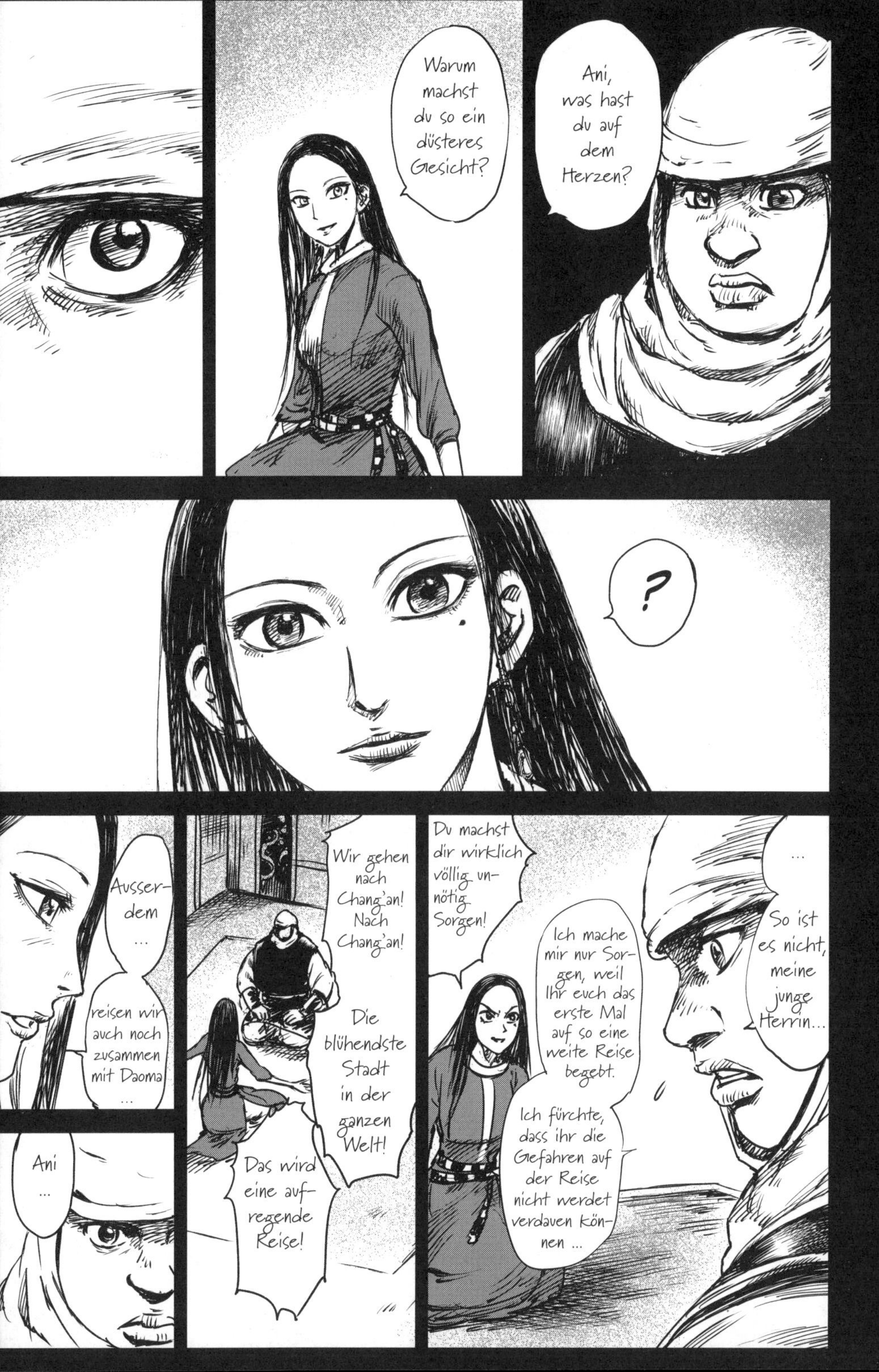

Warum machst du so ein düsteres Gesicht?
Ani, was hast du auf dem Herzen?
?
Ausser-dem ...
reisen wir auch noch zusammen mit Daoma ...
Ani ...
Wir gehen nach Chang'an! Nach Chang'an!
Die blühendste Stadt in der ganzen Welt!
Das wird eine auf-regende Reise!
Du machst dir wirklich völlig un-nötig Sorgen!
Ich mache mir nur Sor-gen, weil Ihr euch das erste Mal auf so eine weite Reise begebt.
Ich fürchte, dass ihr die Gefahren auf der Reise nicht werdet verdauen kön-nen ...
...
So ist es nicht, meine junge Herrin...

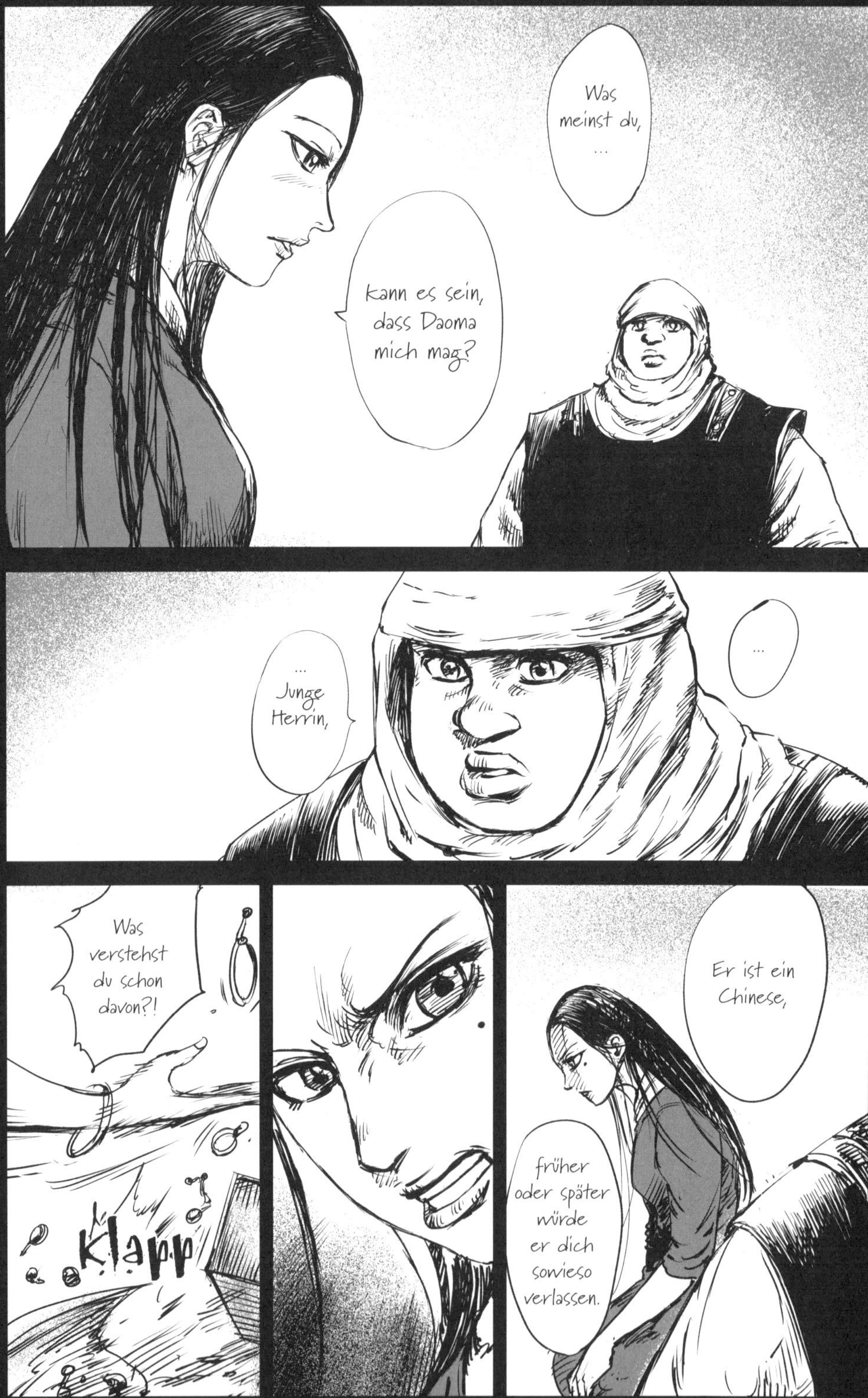
Was meinst du, ...
Kann es sein, dass Daoma mich mag?
...
... Junge Herrin,
Was verstehst du schon davon?!
Klapp
Er ist ein Chinese,
früher oder später würde er dich sowieso verlassen.

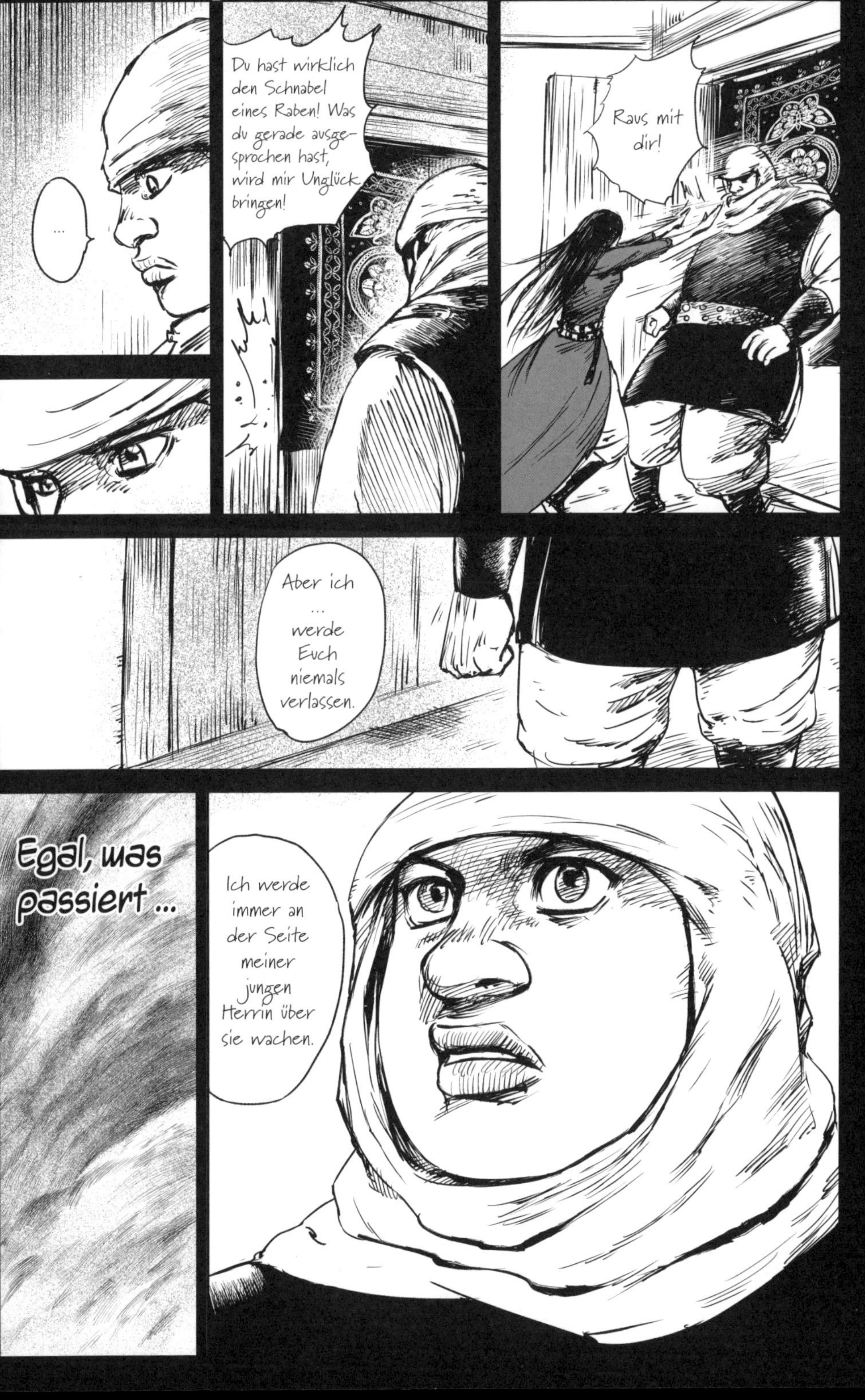
...
Du hast wirklich den Schnabel eines Raben! Was du gerade ausgesprochen hast, wird mir Unglück bringen!
Raus mit dir!
Aber ich ... werde Euch niemals verlassen.
Egal, was passiert ...
Ich werde immer an der Seite meiner jungen Herrin über sie wachen.

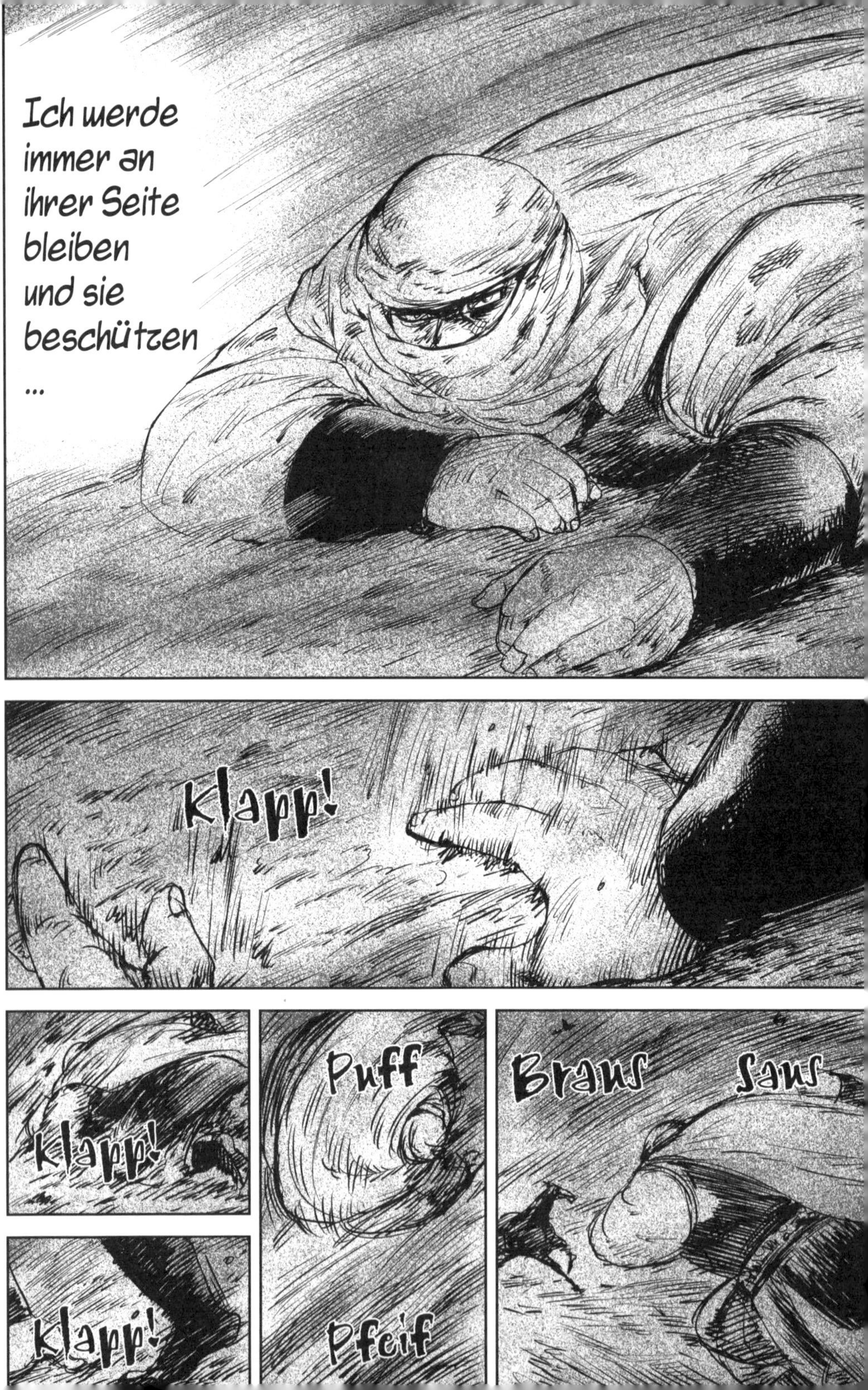
Ich werde immer an ihrer Seite bleiben und sie beschützen ...
klapp!
klapp!
klapp!
Puff
Pfeif
Braus
Saus

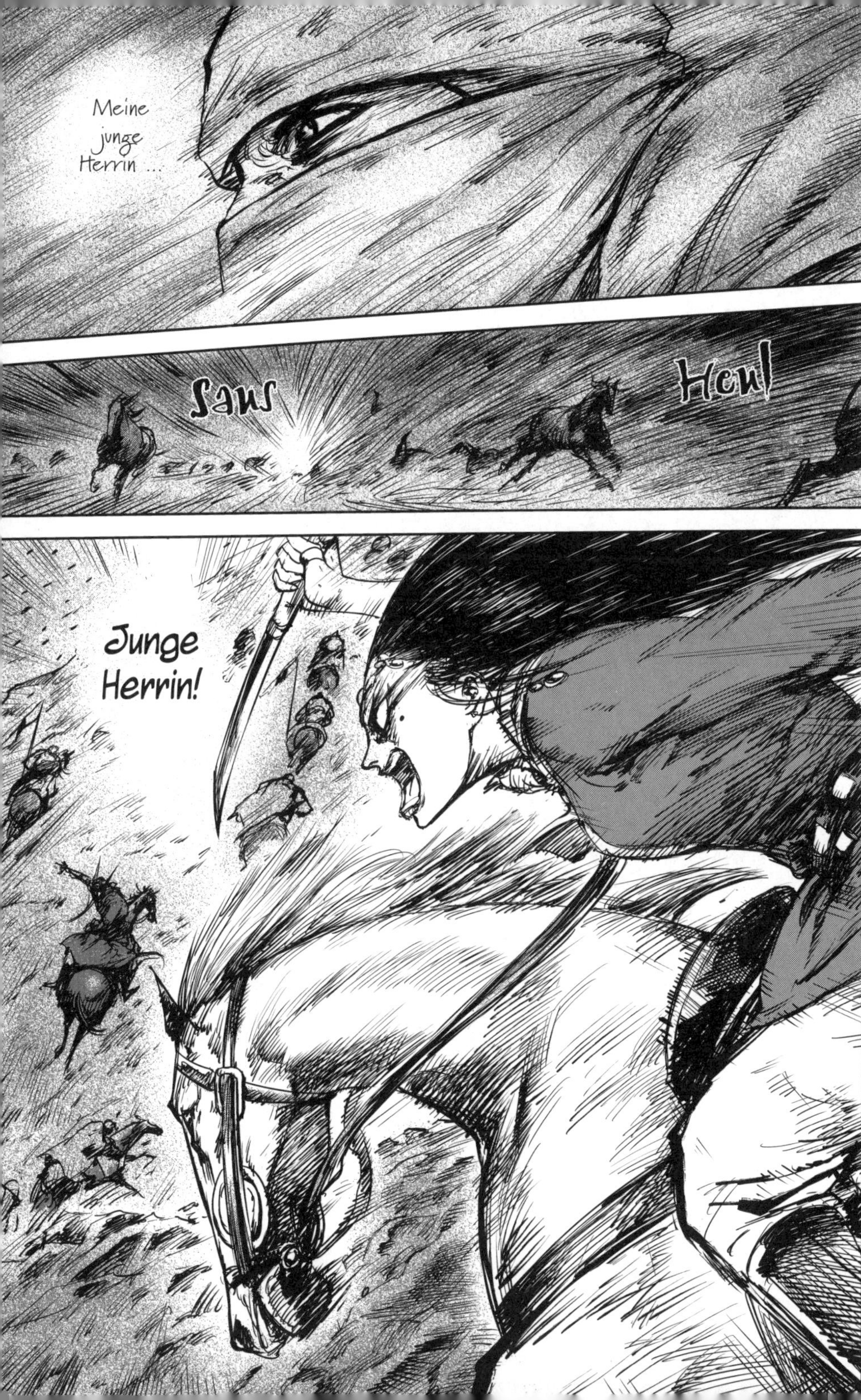
Meine junge Herrin ...
Saus
Heul
Junge Herrin!

Zweiter Akt:
Die weite Wüste

Kapitel 32:
Das Gebet

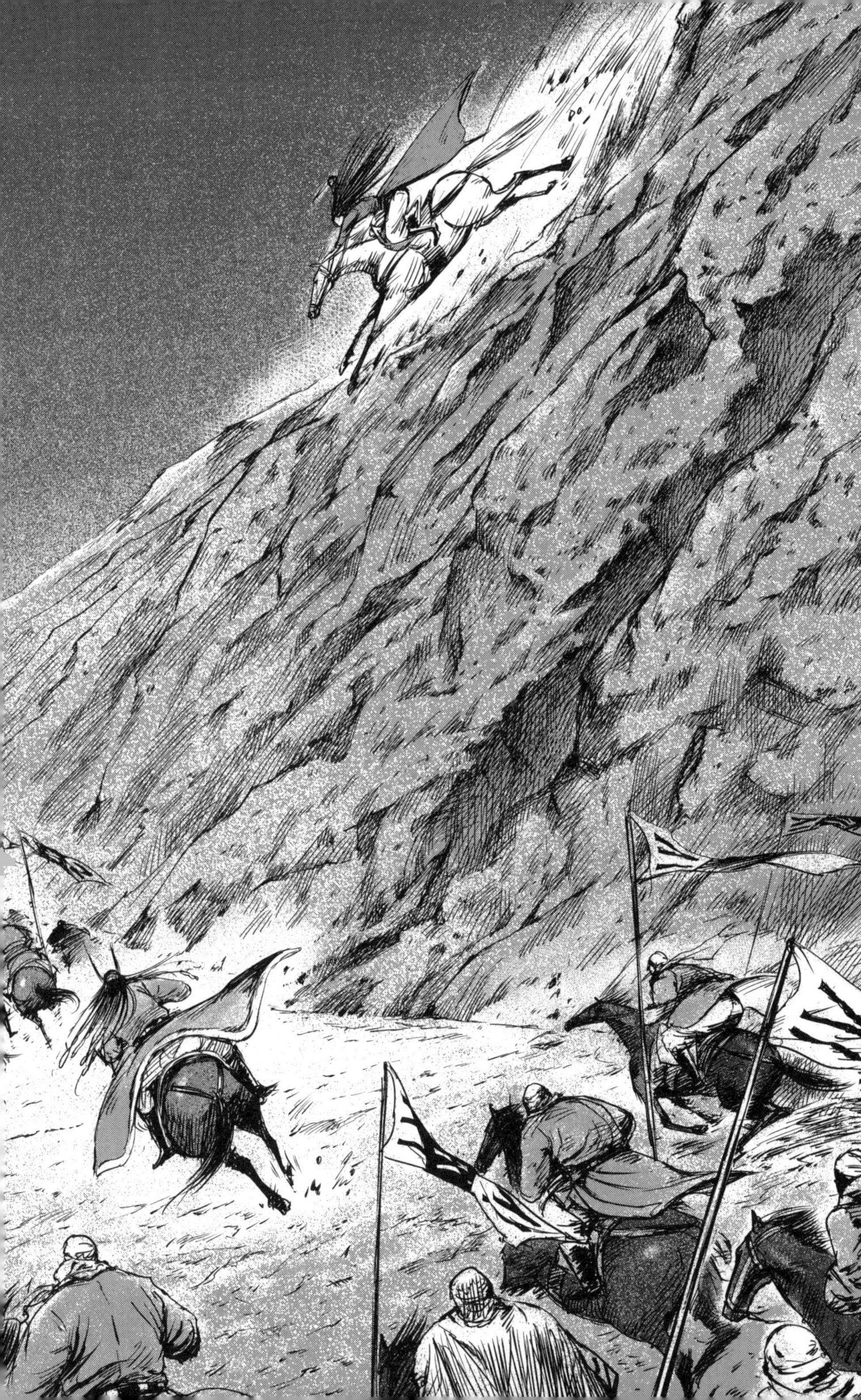
DO

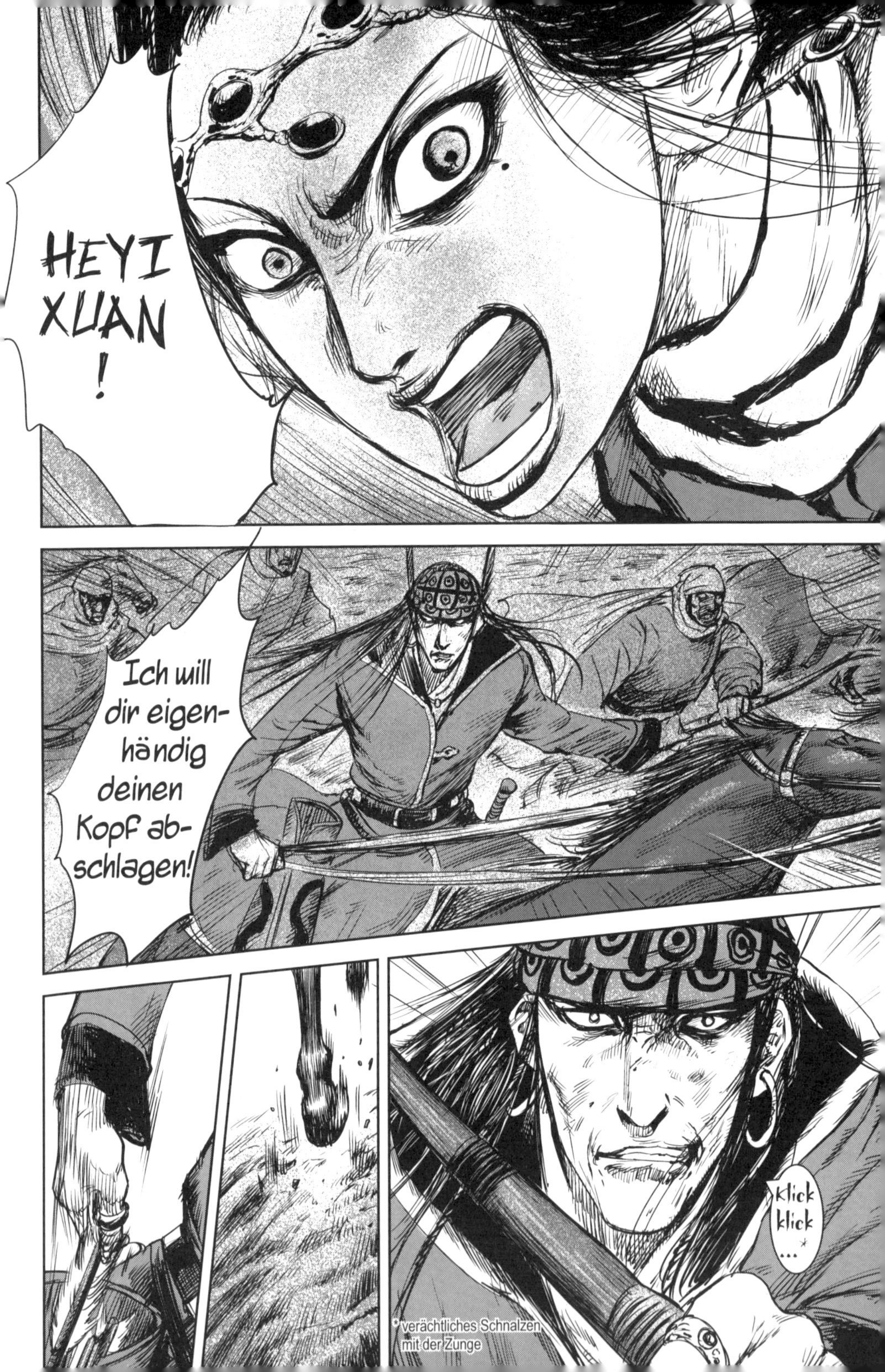
HEYI XUAN !
Ich will dir eigenhändig deinen Kopf abschlagen!
klick klick ...*
* verächtliches Schnalzen mit der Zunge

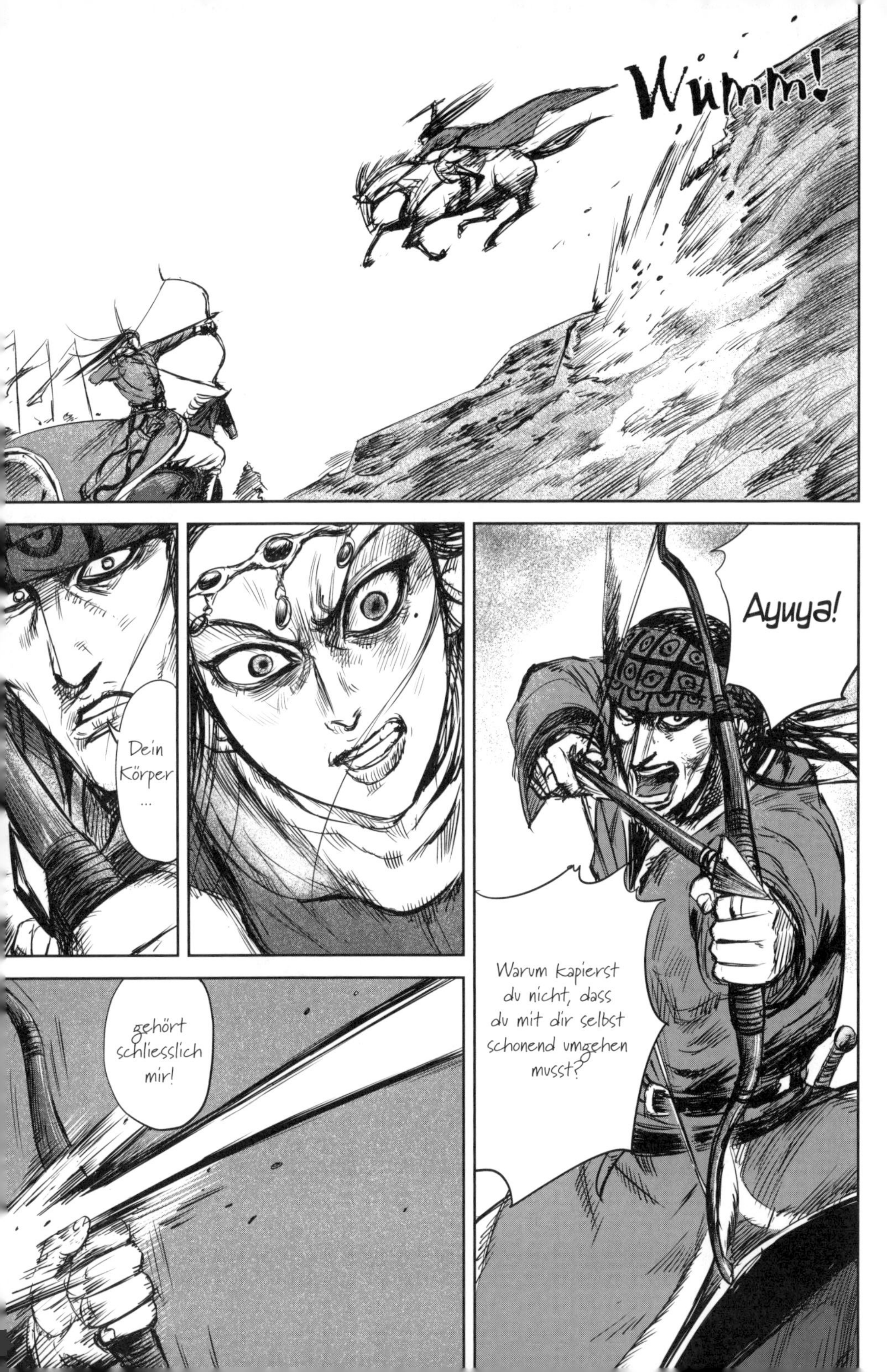
Wumm!
Dein Körper ...
gehört schliesslich mir!
Ayuya!
Warum kapierst du nicht, dass du mit dir selbst schonend umgehen musst?

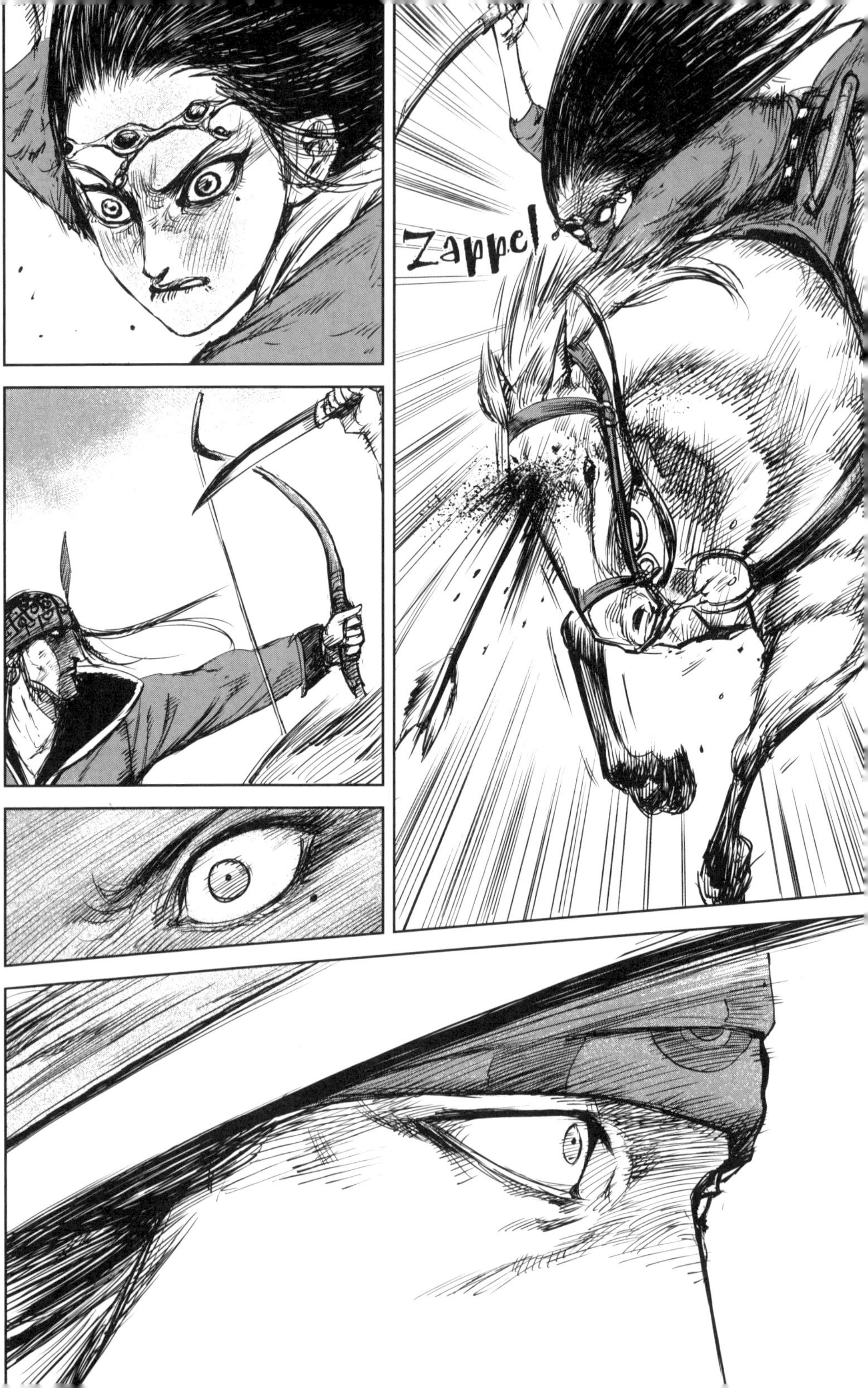
Zappel

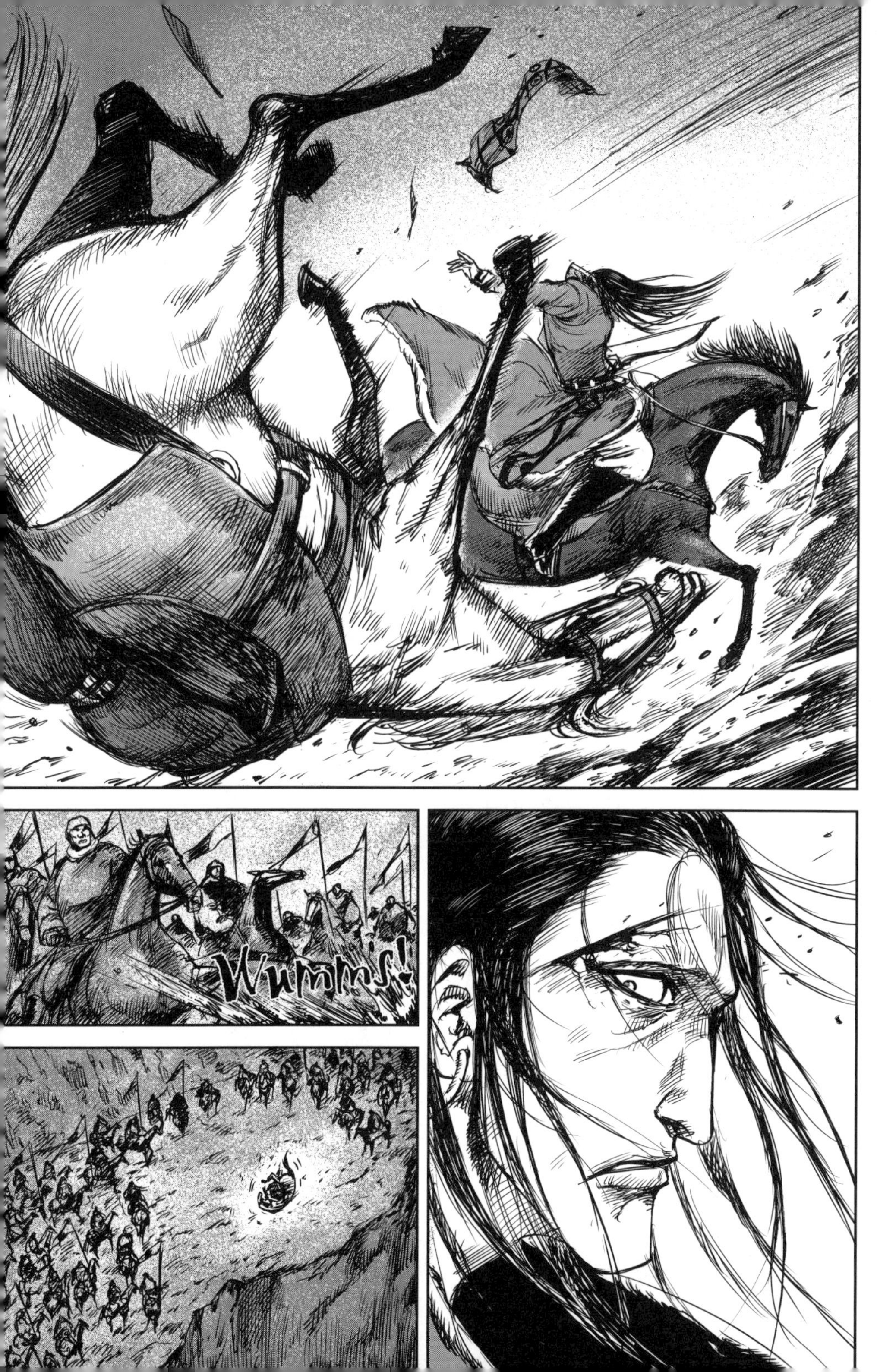
Wumms!

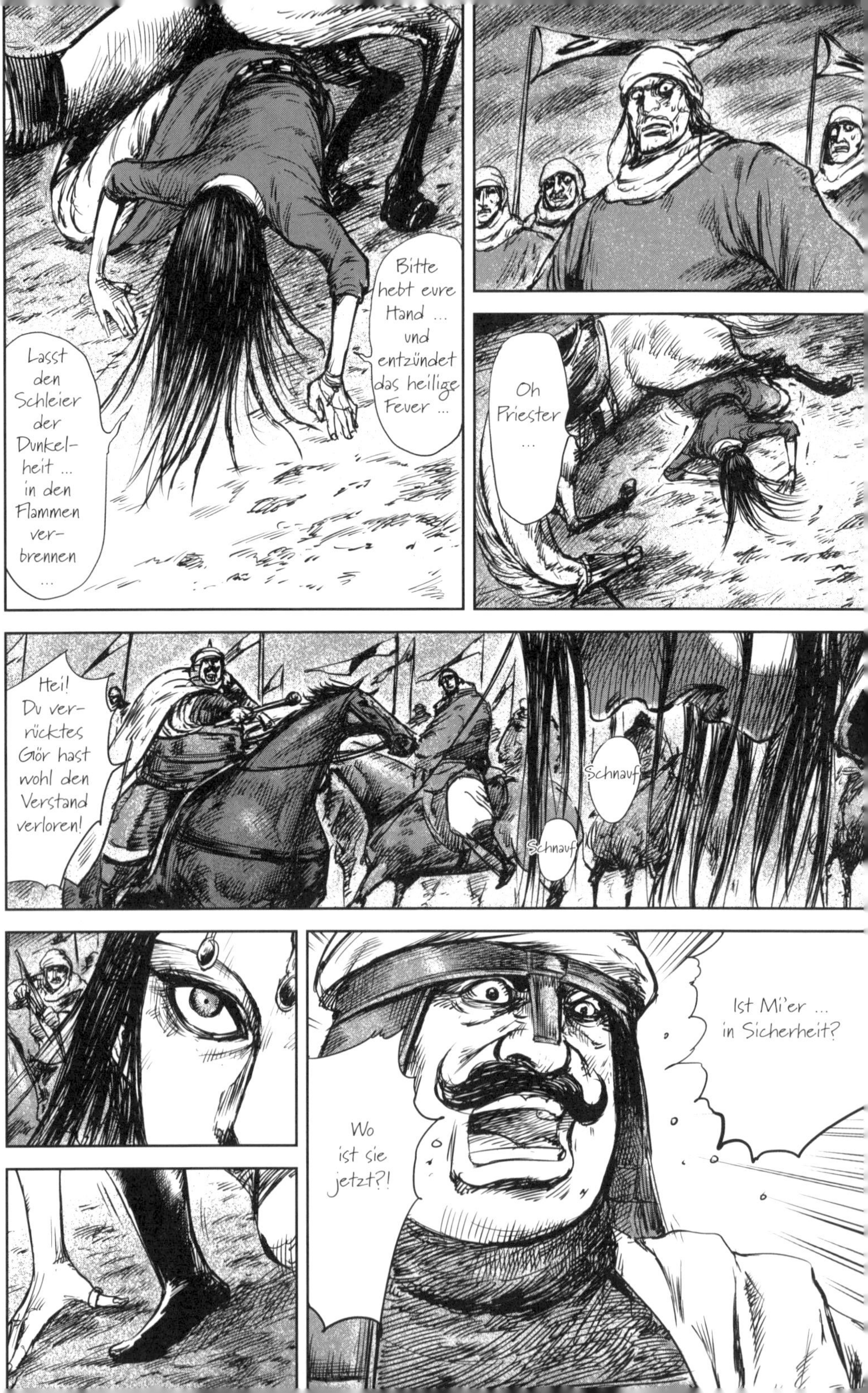
Oh Priester ...
Bitte hebt eure Hand ... und entzündet das heilige Feuer ...
Lasst den Schleier der Dunkelheit ... in den Flammen verbrennen ...
Schnauf
Schnauf
Hei! Du verrücktes Gör hast wohl den Verstand verloren!
Ist Mi'er ... in Sicherheit?
Wo ist sie jetzt?!

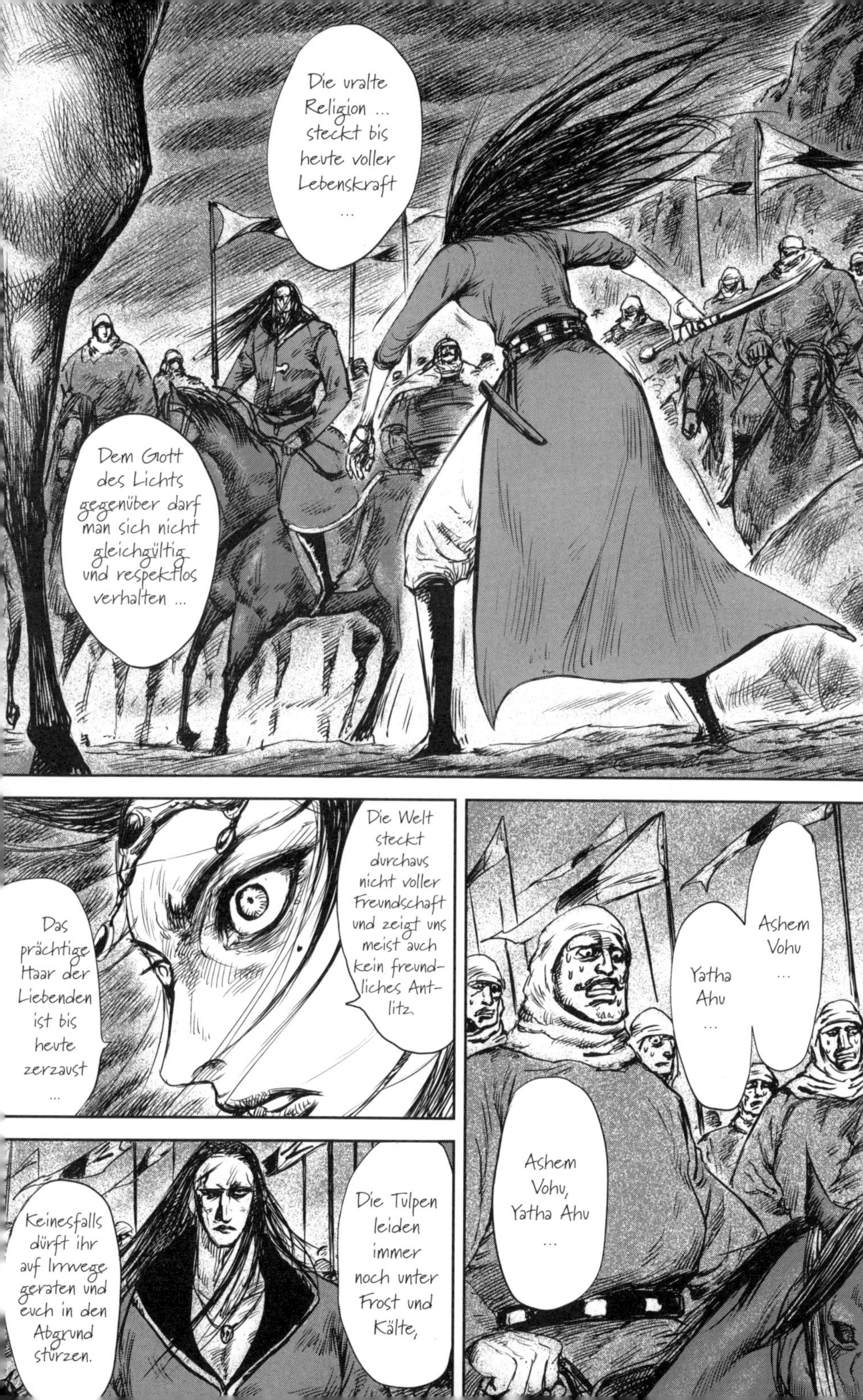
Die uralte Religion ... steckt bis heute voller Lebenskraft ...
Dem Gott des Lichts gegenüber darf man sich nicht gleichgültig und respektlos verhalten ...
Ashem Vohu ...
Yatha Ahu ...
Ashem Vohu, Yatha Ahu ...
Die Welt steckt durchaus nicht voller Freundschaft und zeigt uns meist auch kein freundliches Antlitz.
Das prächtige Haar der Liebenden ist bis heute zerzaust ...
Die Tulpen leiden immer noch unter Frost und Kälte,
Keinesfalls dürft ihr auf Irrwege geraten und euch in den Abgrund stürzen.

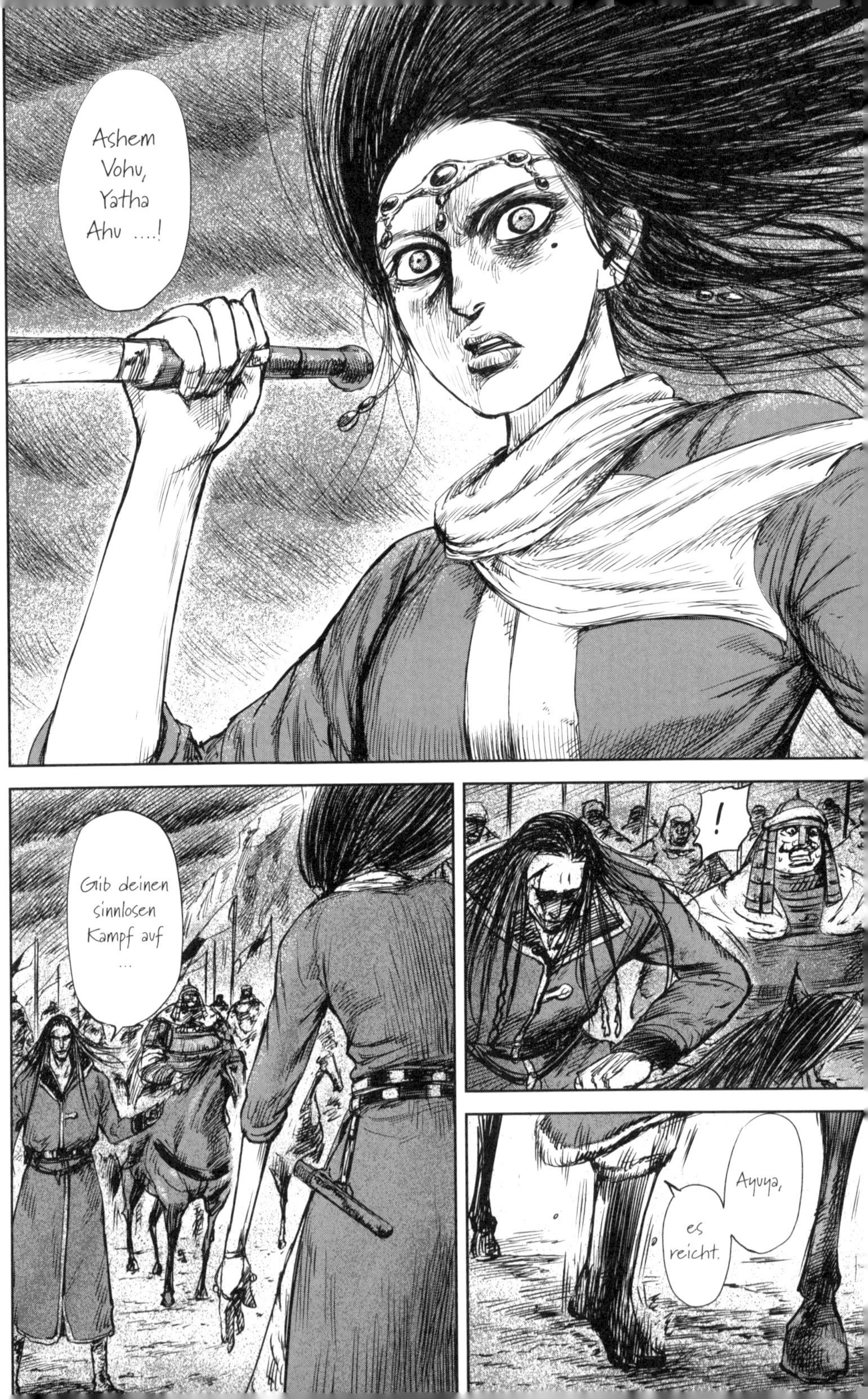
Ashem Vohu, Yatha Ahu ....!
Gib deinen sinnlosen Kampf auf ...
!
Ayuya, es reicht.

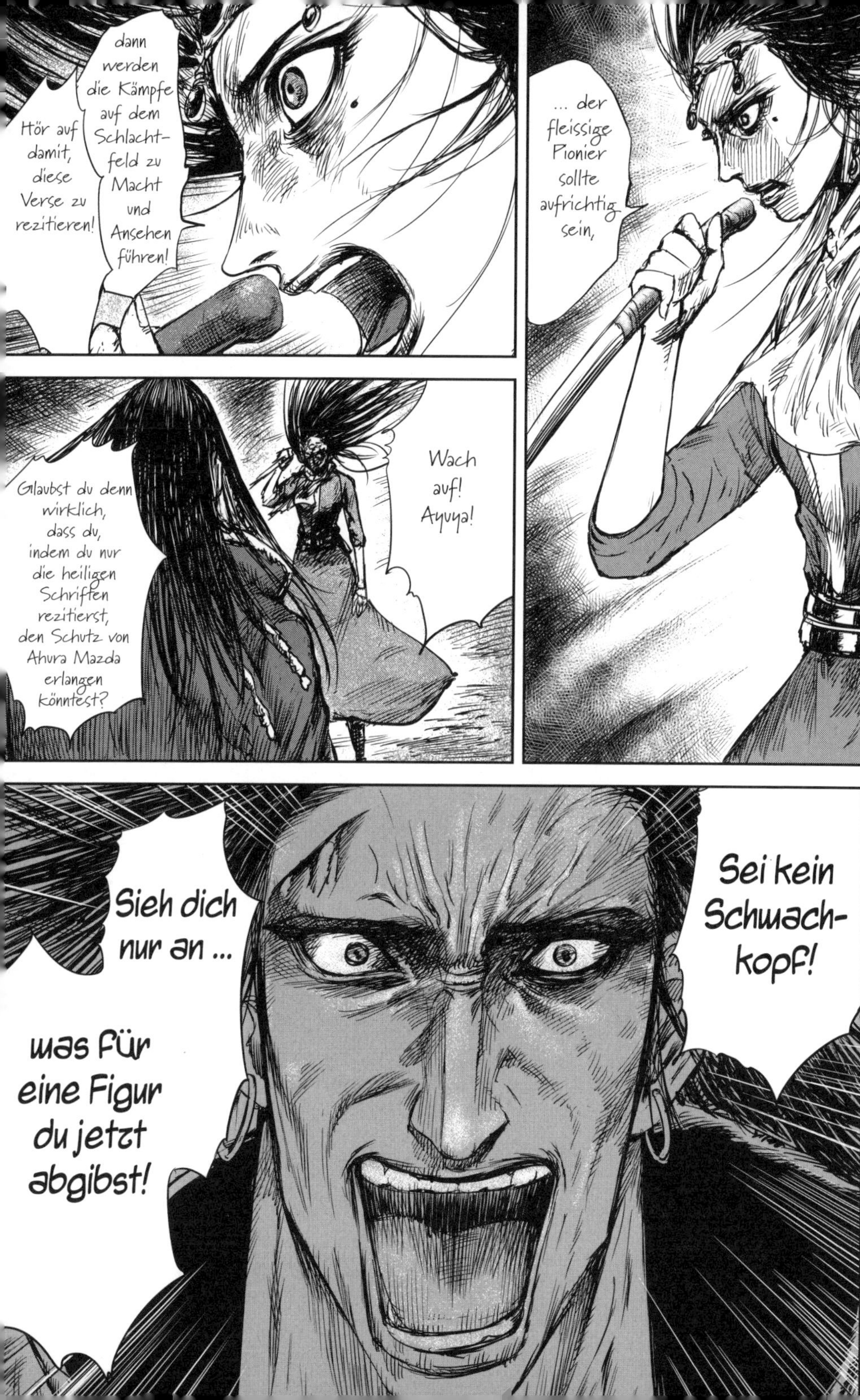

dann werden die Kämpfe auf dem Schlachtfeld zu Macht und Ansehen führen!
Hör auf damit, diese Verse zu rezitieren!
... der fleissige Pionier sollte aufrichtig sein,
Wach auf! Ayuya!
Glaubst du denn wirklich, dass du, indem du nur die heiligen Schriften rezitierst, den Schutz von Ahura Mazda erlangen könntest?
Sei kein Schwachkopf!
Sieh dich nur an ...
was für eine Figur du jetzt abgibst!

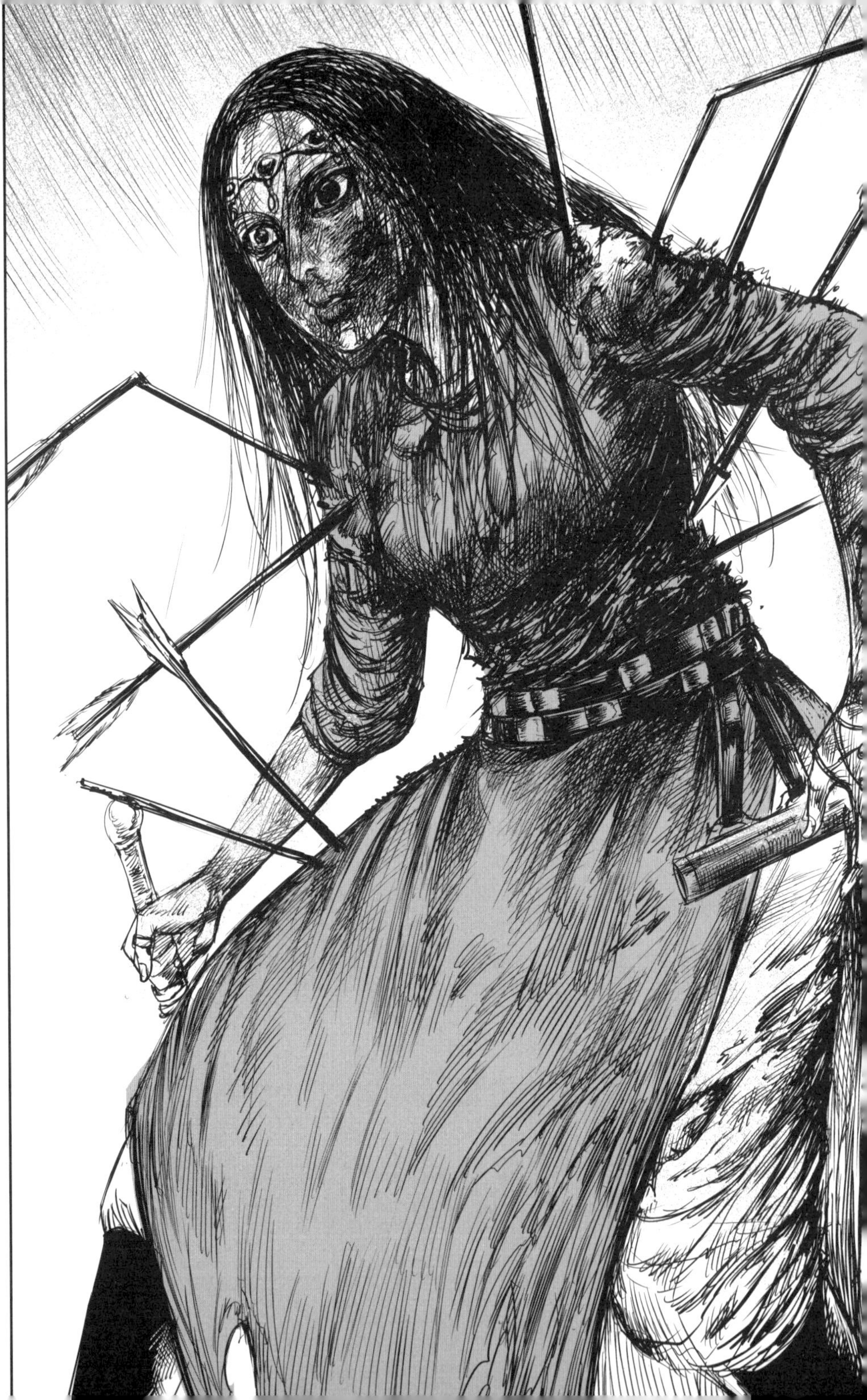

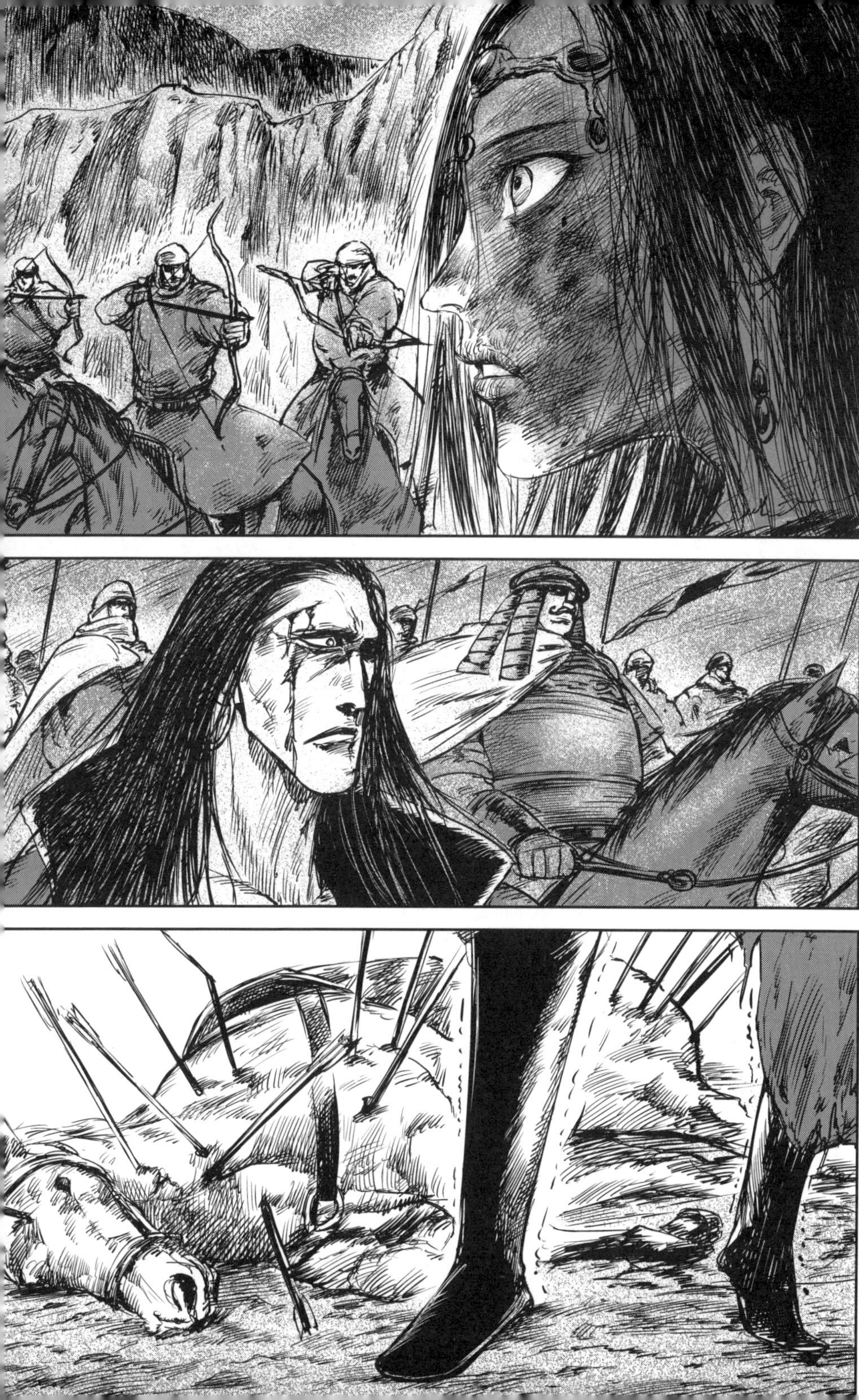

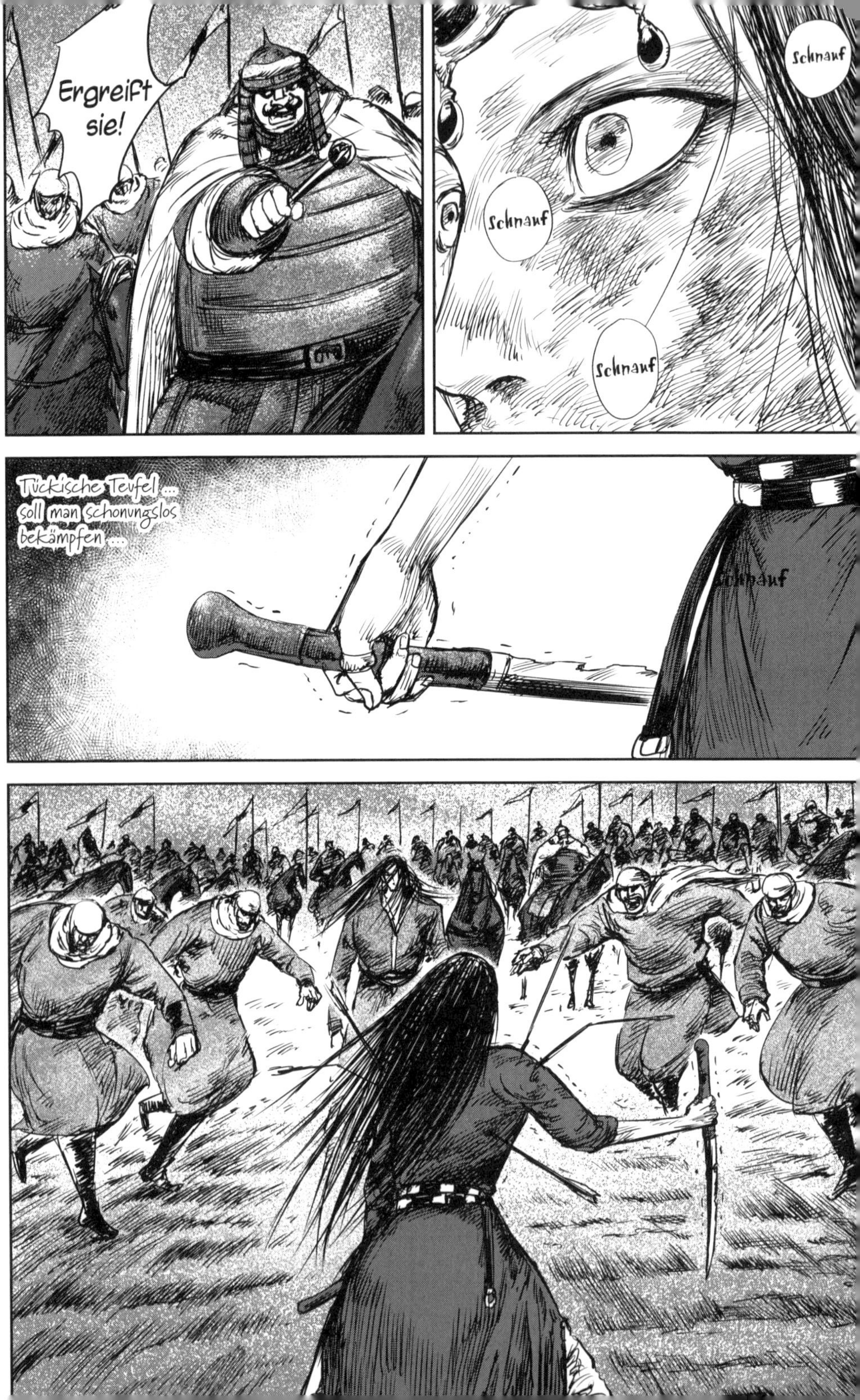

Ergreift sie!
Schnauf
Schnauf
Schnauf
Tückische Teufel … soll man schonungslos bekämpfen …
Schnauf

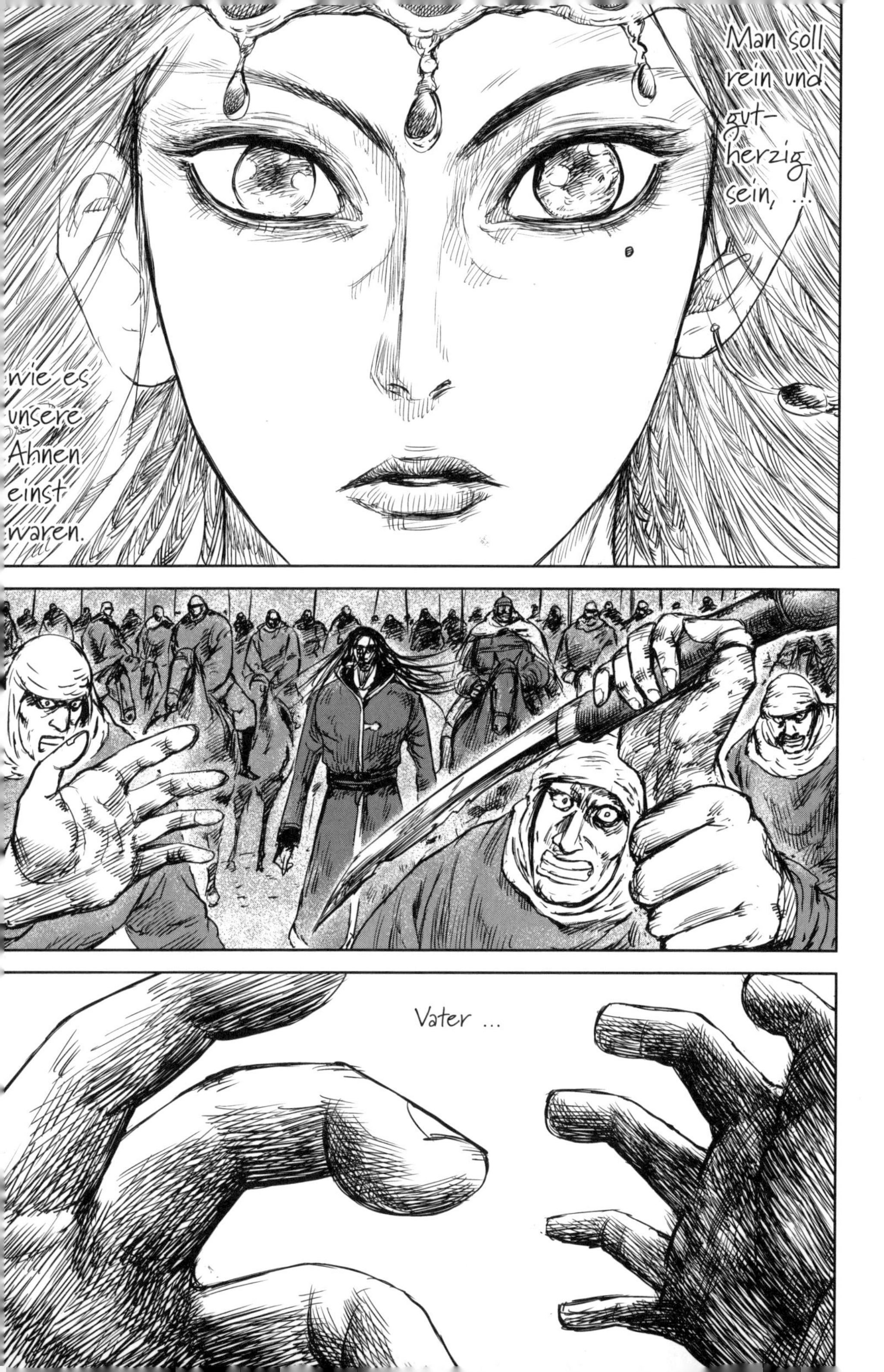
Man soll rein und gut-herzig sein, ...
wie es unsere Ahnen einst waren.
Vater ...

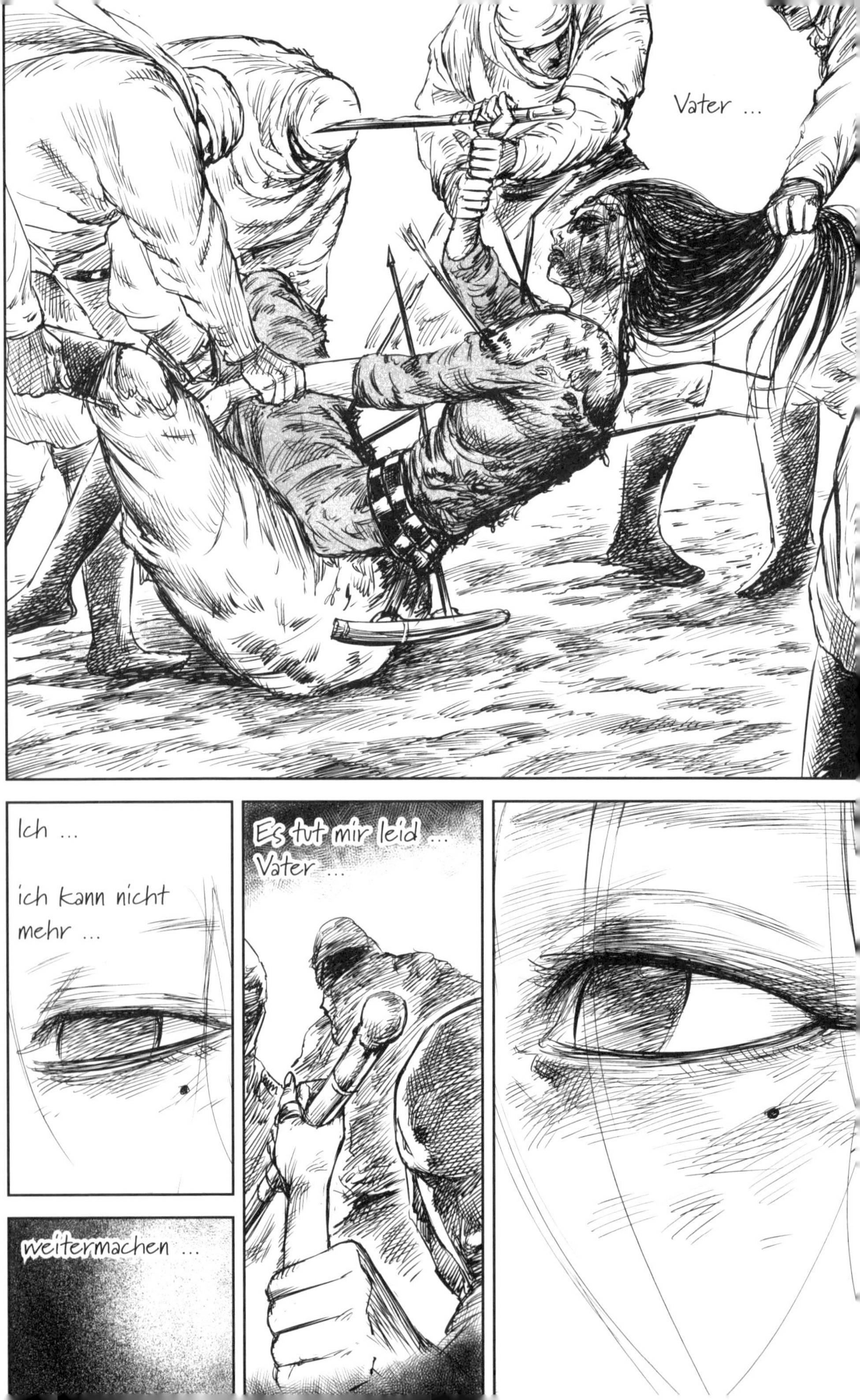
Vater ...
Ich ...
ich kann nicht mehr ...
weitermachen ...
Es tut mir leid ...
Vater ...

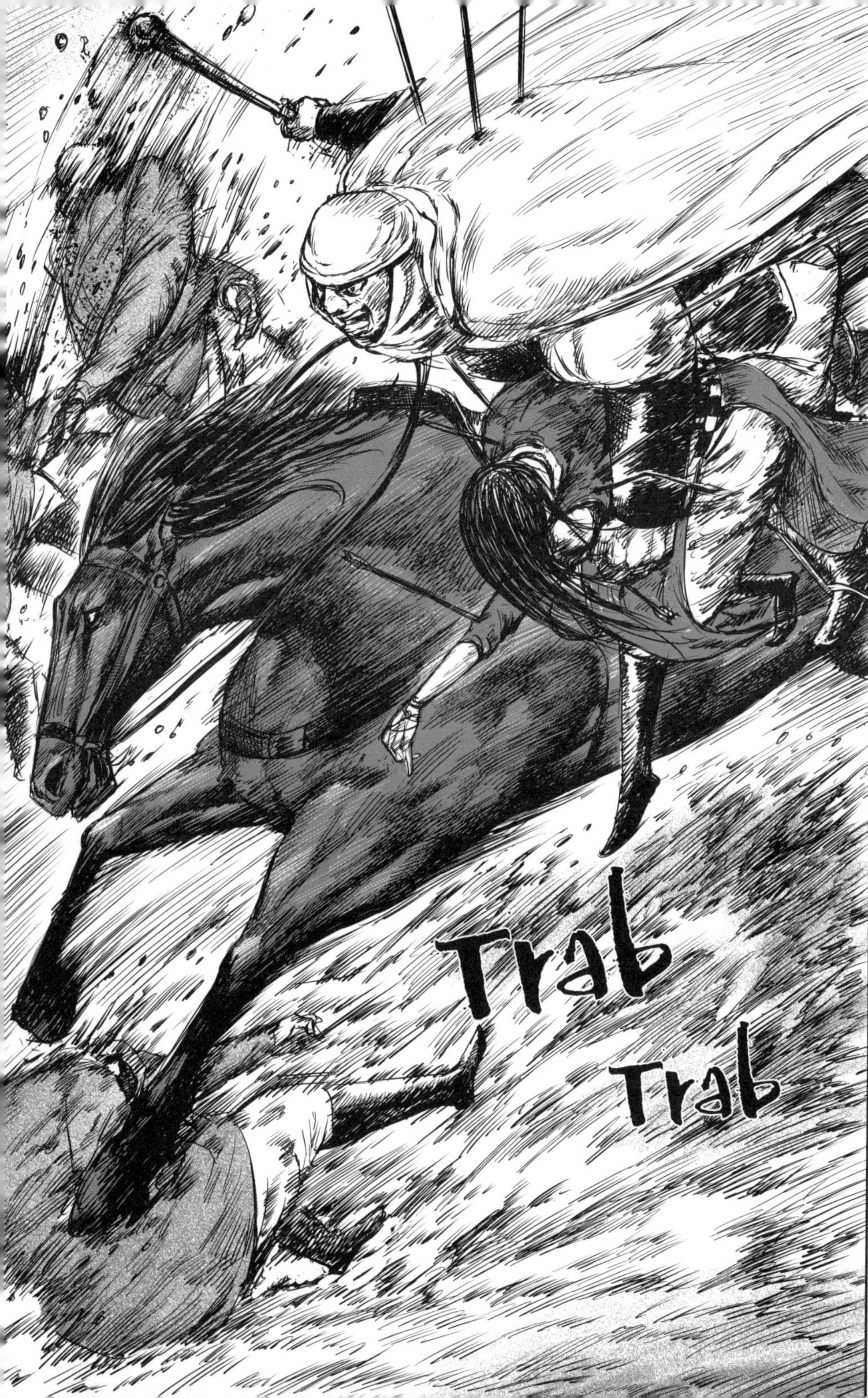
Trab
Trab

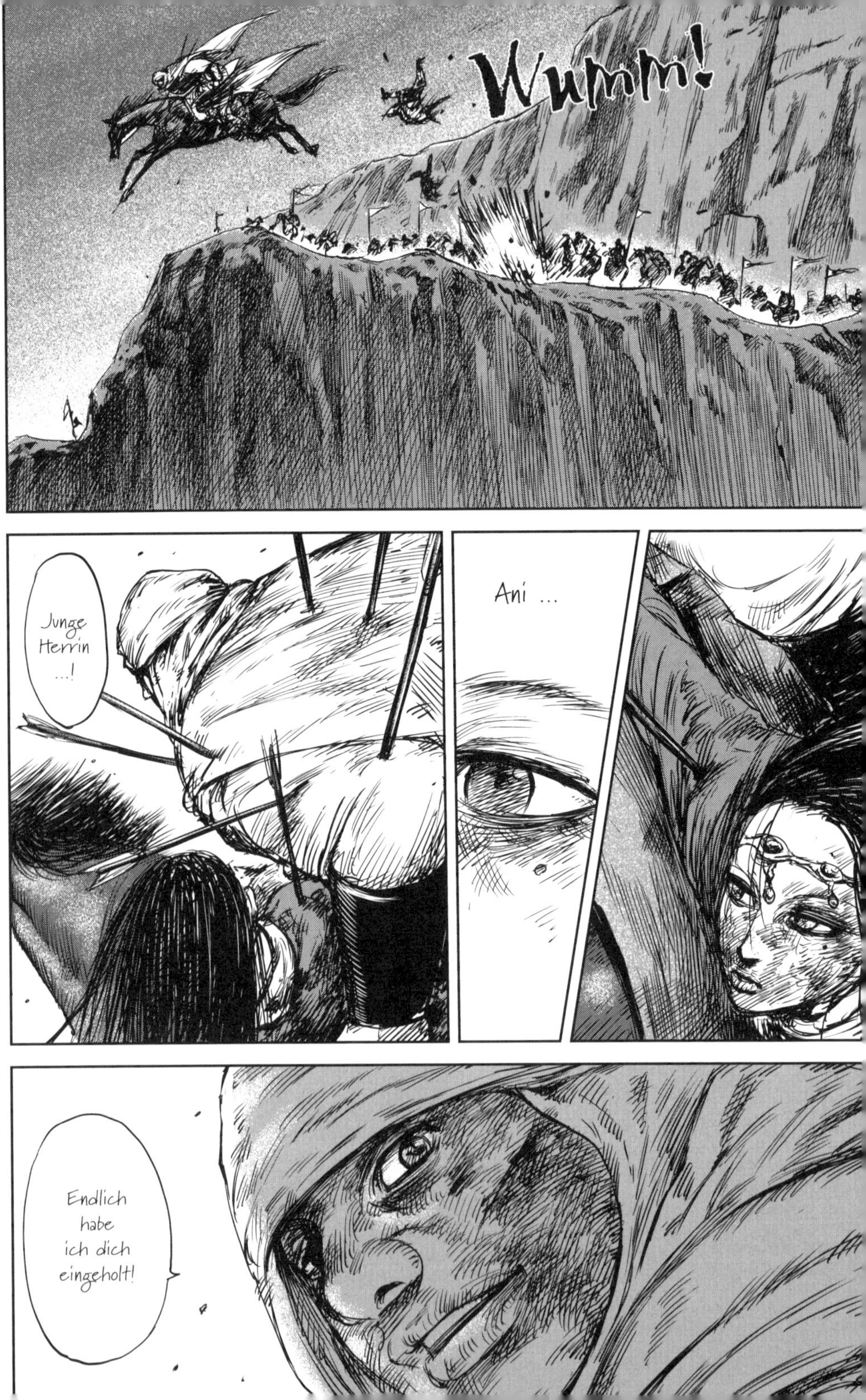
Wumm!
Junge Herrin ...!
Ani ...
Endlich habe ich dich eingeholt!

Erläuternde Anmerkung zu
Ashem Vohu, Yatha Ahu (Seite 65):
Bei *Yatha Ahu (Ahuna Vairya)* und *Ashem Vohu* handelt es sich um das jeweils wichtigste bzw. zweitwichtigste Gebet des Zoroastrismus. Der Zoroastrismus war vor der Entstehung des Islam die einflussreichste Religion im Nahen Osten und in Westasien und die Staatsreligion des alten Persischen Reiches.

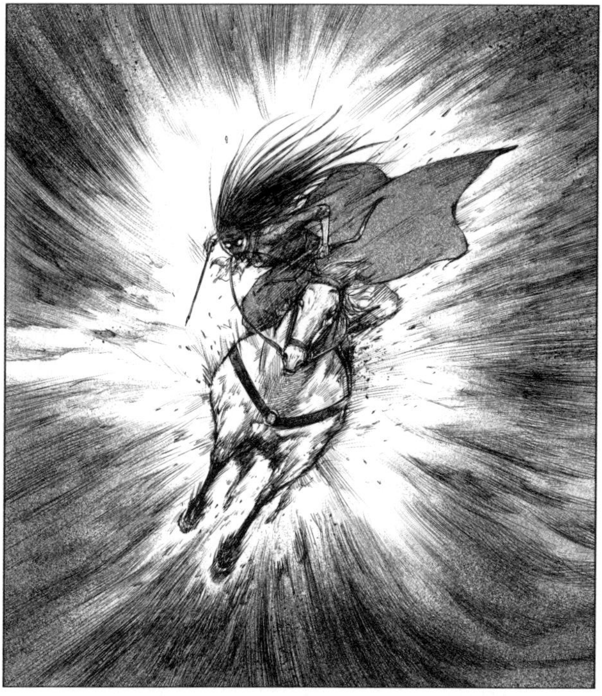

Zweiter Akt:
Die weite Wüste

Kapitel 33:
Ani

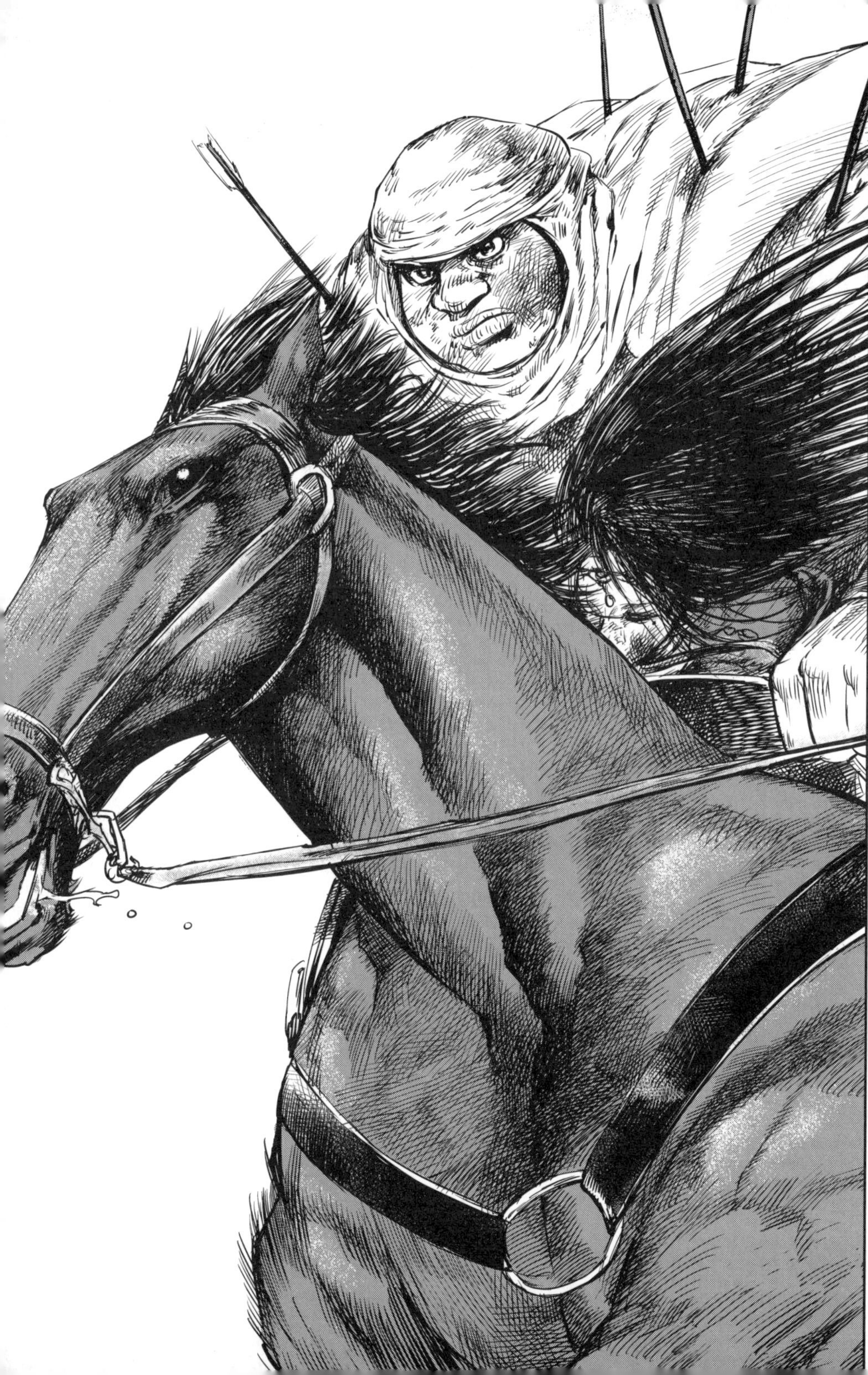

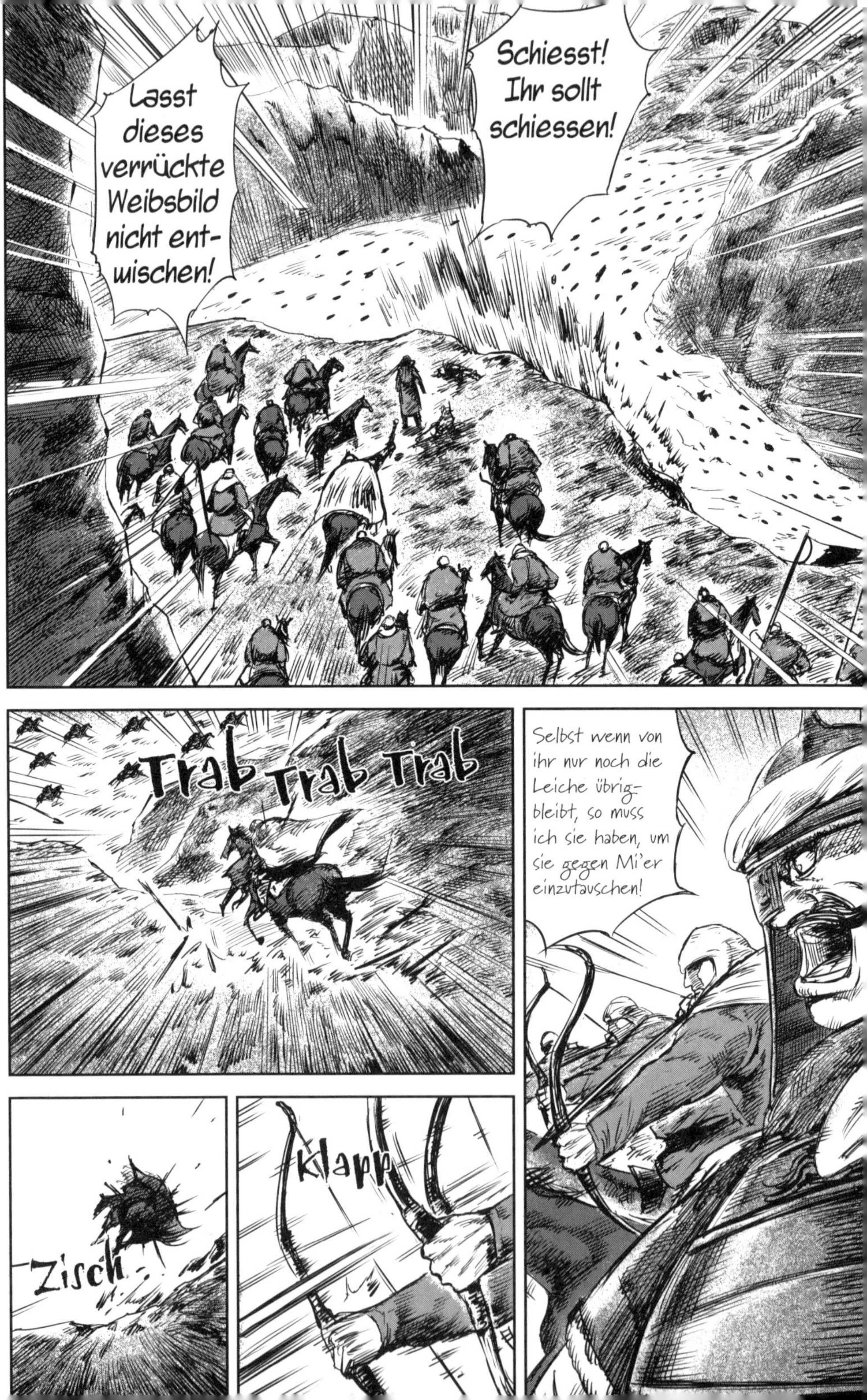
Lasst dieses verrückte Weibsbild nicht ent-wischen!
Schiesst! Ihr sollt schiessen!
Trab Trab Trab
Selbst wenn von ihr nur noch die Leiche übrig-bleibt, so muss ich sie haben, um sie gegen Mi'er einzutauschen!
Klapp
Zisch

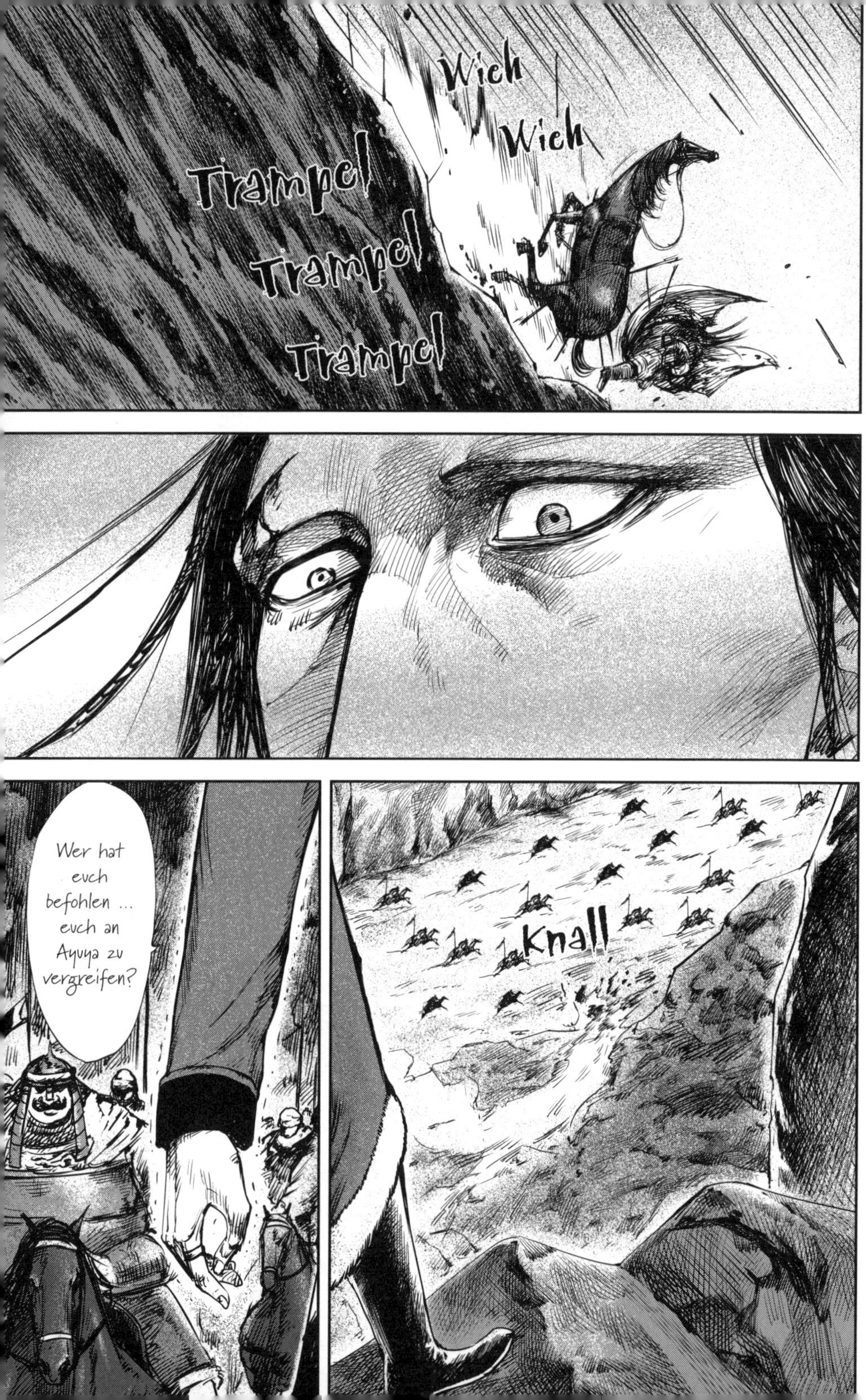
Wich
Wich
Trampel
Trampel
Trampel
Knall
Wer hat euch befohlen … euch an Ayuya zu vergreifen?

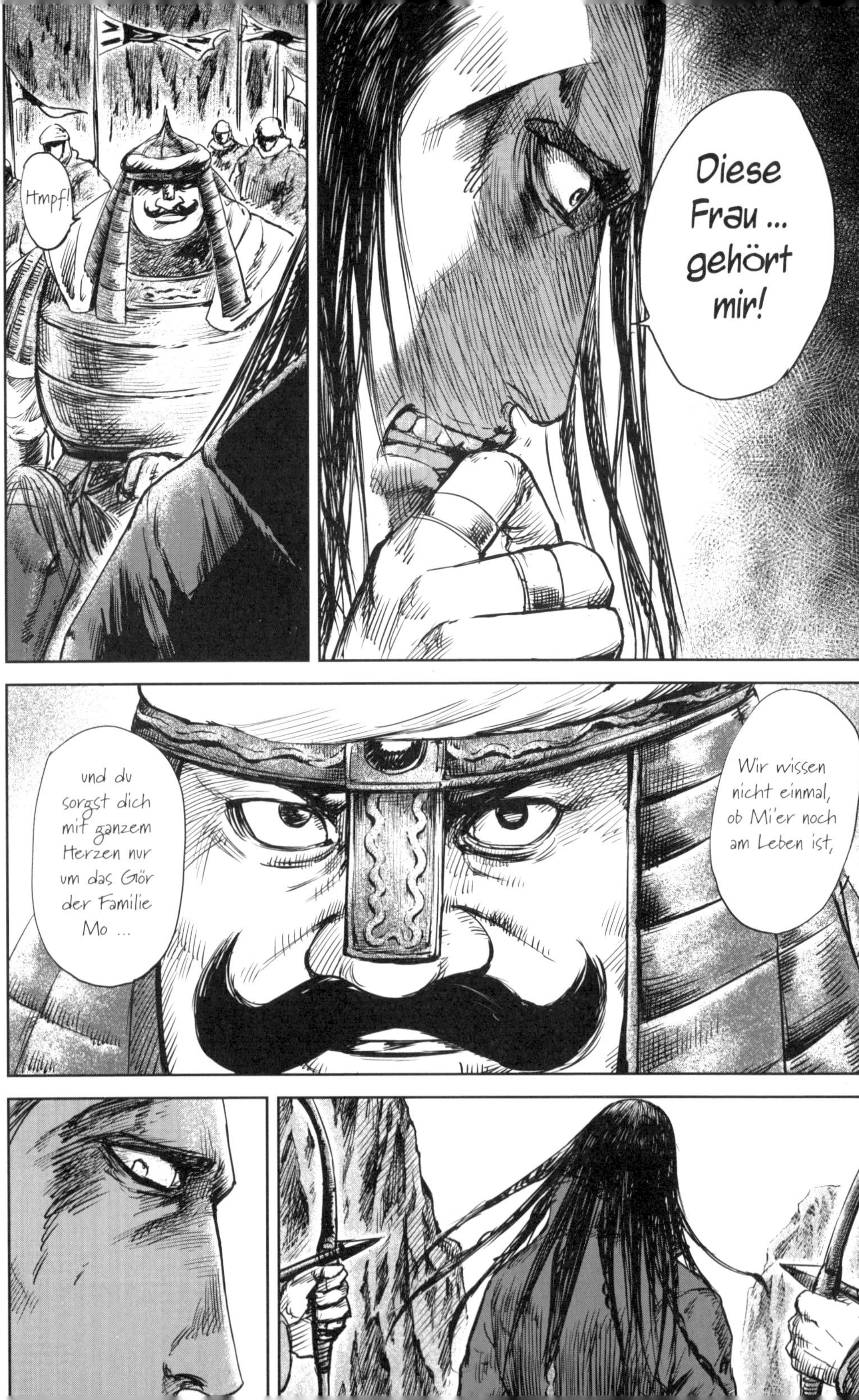
Diese Frau ... gehört mir!
Hmpf!
Wir wissen nicht einmal, ob Mi'er noch am Leben ist,
und du sorgst dich mit ganzem Herzen nur um das Gör der Familie Mo ...

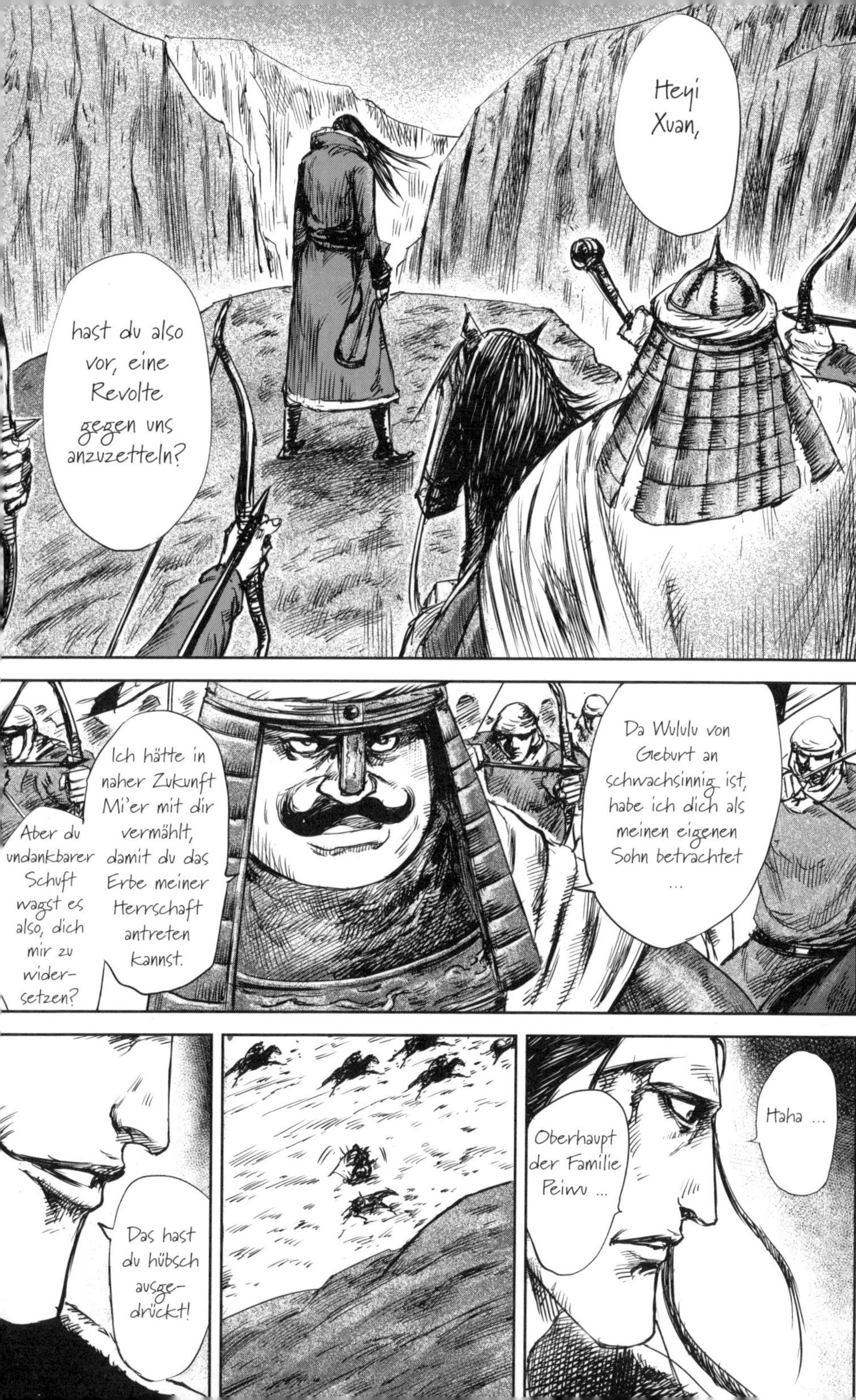
Heyi Xuan,
hast du also vor, eine Revolte gegen uns anzuzetteln?
Da Wululu von Geburt an schwachsinnig ist, habe ich dich als meinen eigenen Sohn betrachtet ...
Ich hätte in naher Zukunft Mi'er mit dir vermählt, damit du das Erbe meiner Herrschaft antreten kannst.
Aber du undankbarer Schuft wagst es also, dich mir zu widersetzen?
Haha ...
Oberhaupt der Familie Peiwu ...
Das hast du hübsch ausgedrückt!

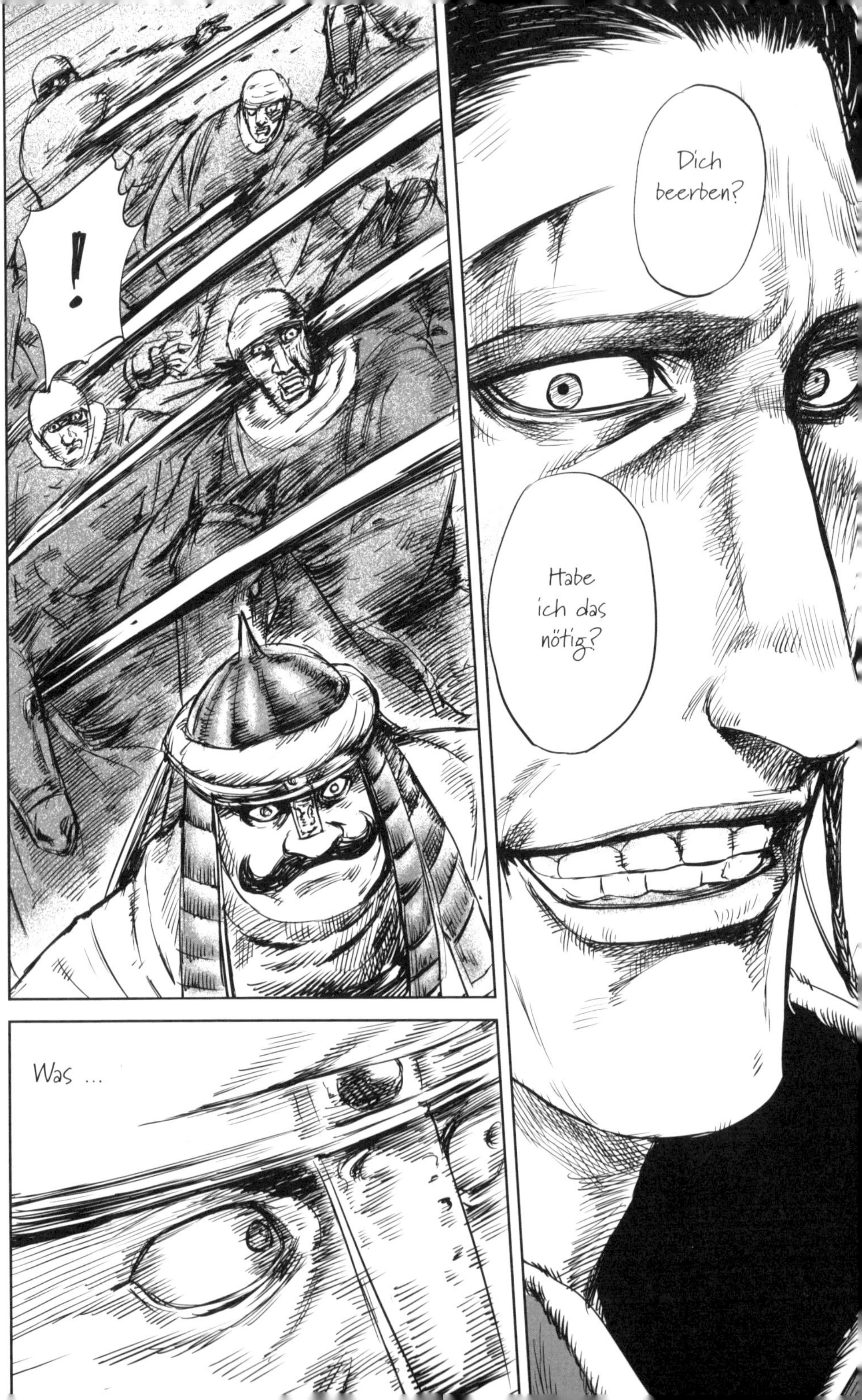
Dich beerben?
Habe ich das nötig?
!
Was ...

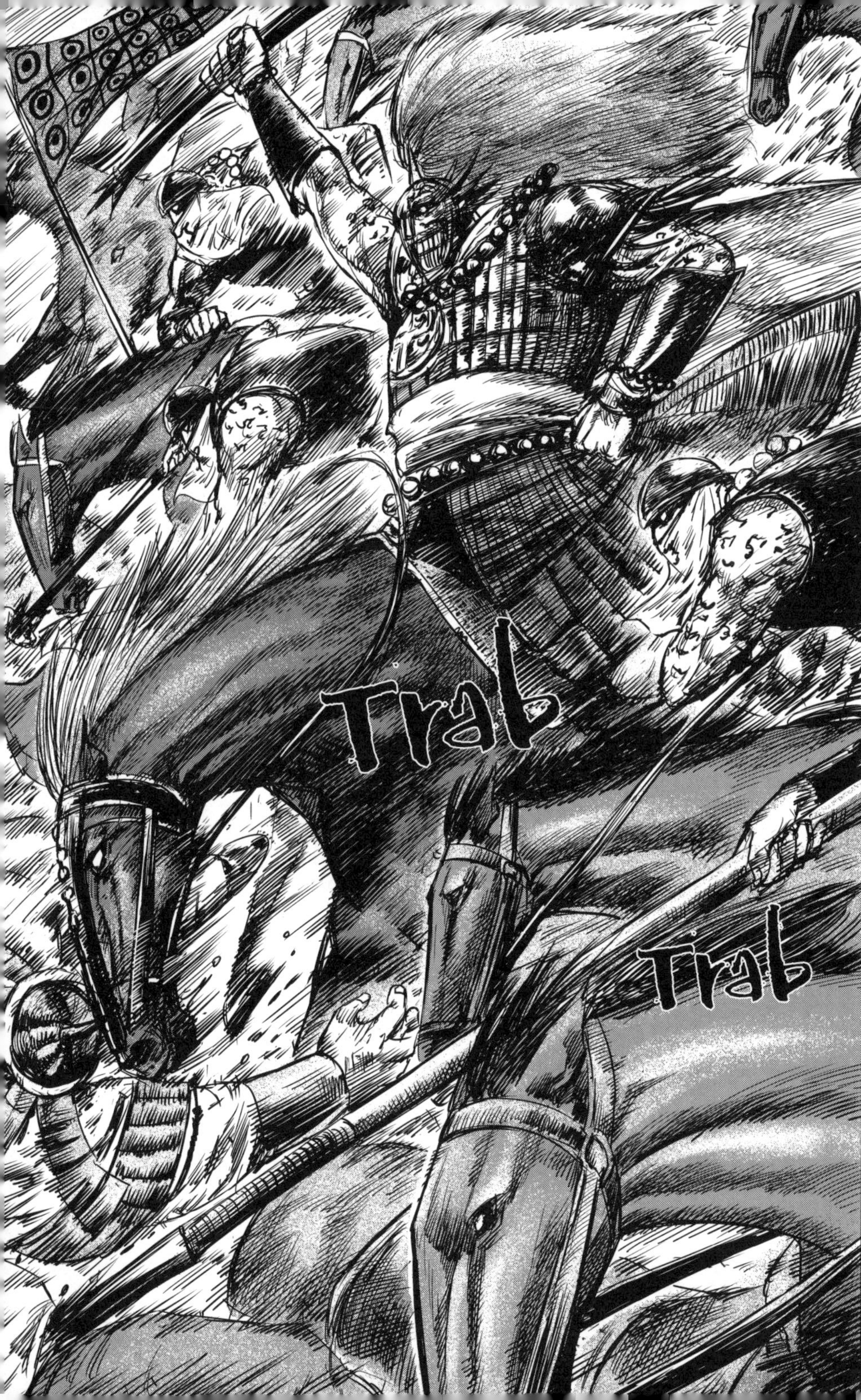
Trab
Trab

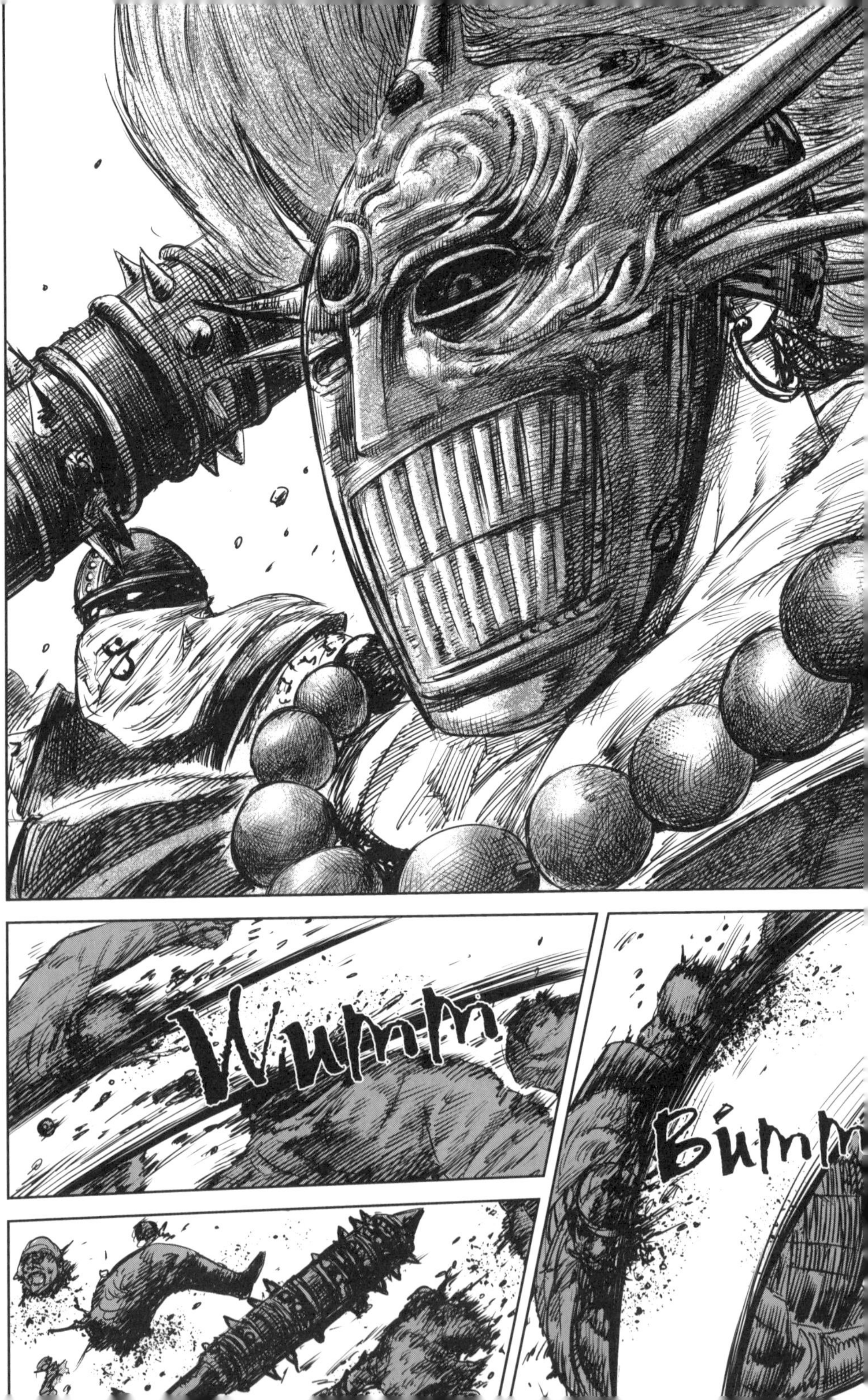
Wumm
Bumm

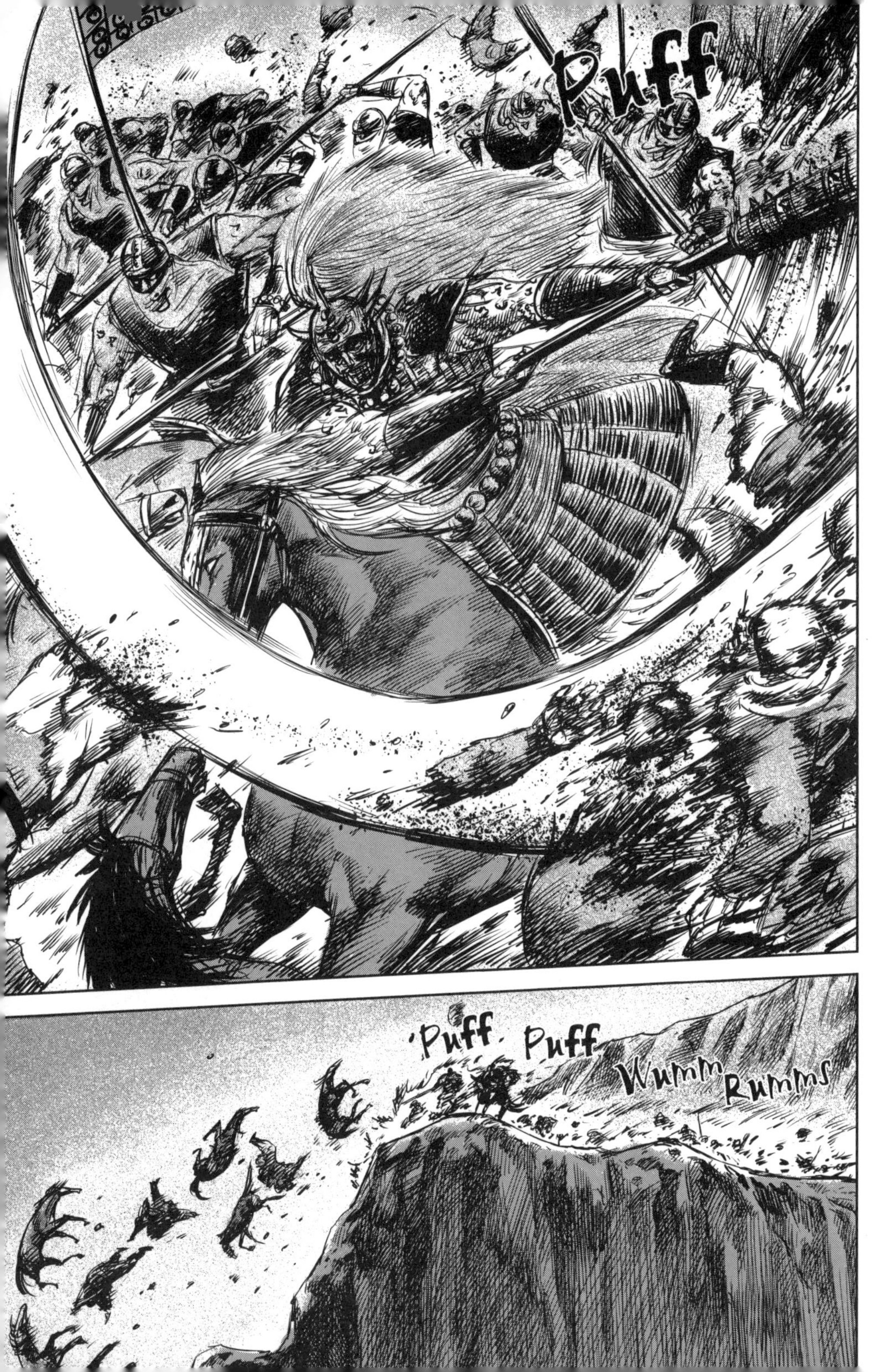
Puff
Puff Puff
Wumm Rumms

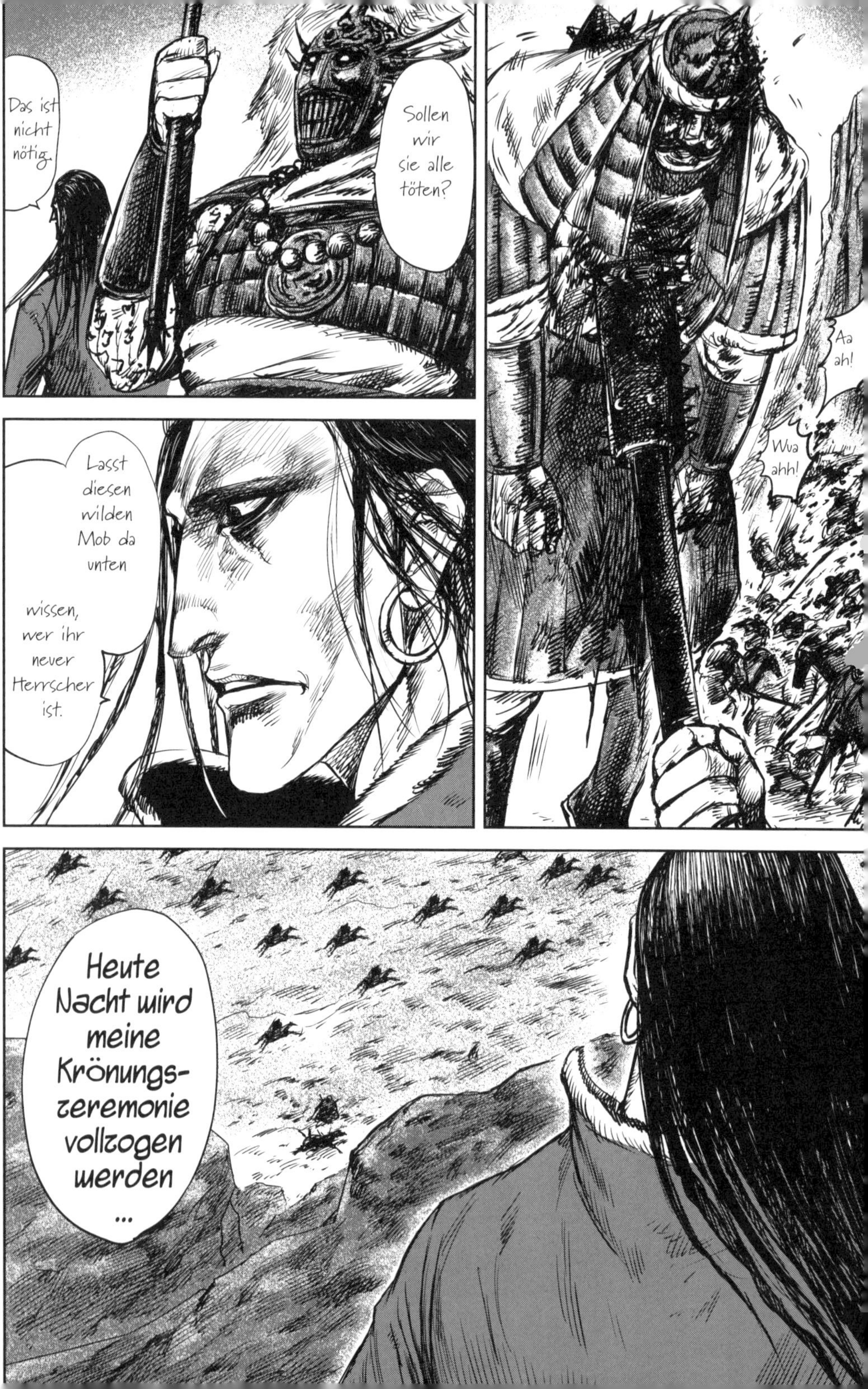
Aa ah!
Wua ahh!
Sollen wir sie alle töten?
Das ist nicht nötig.
Lasst diesen wilden Mob da unten
wissen, wer ihr neuer Herrscher ist.
Heute Nacht wird meine Krönungszeremonie vollzogen werden ...

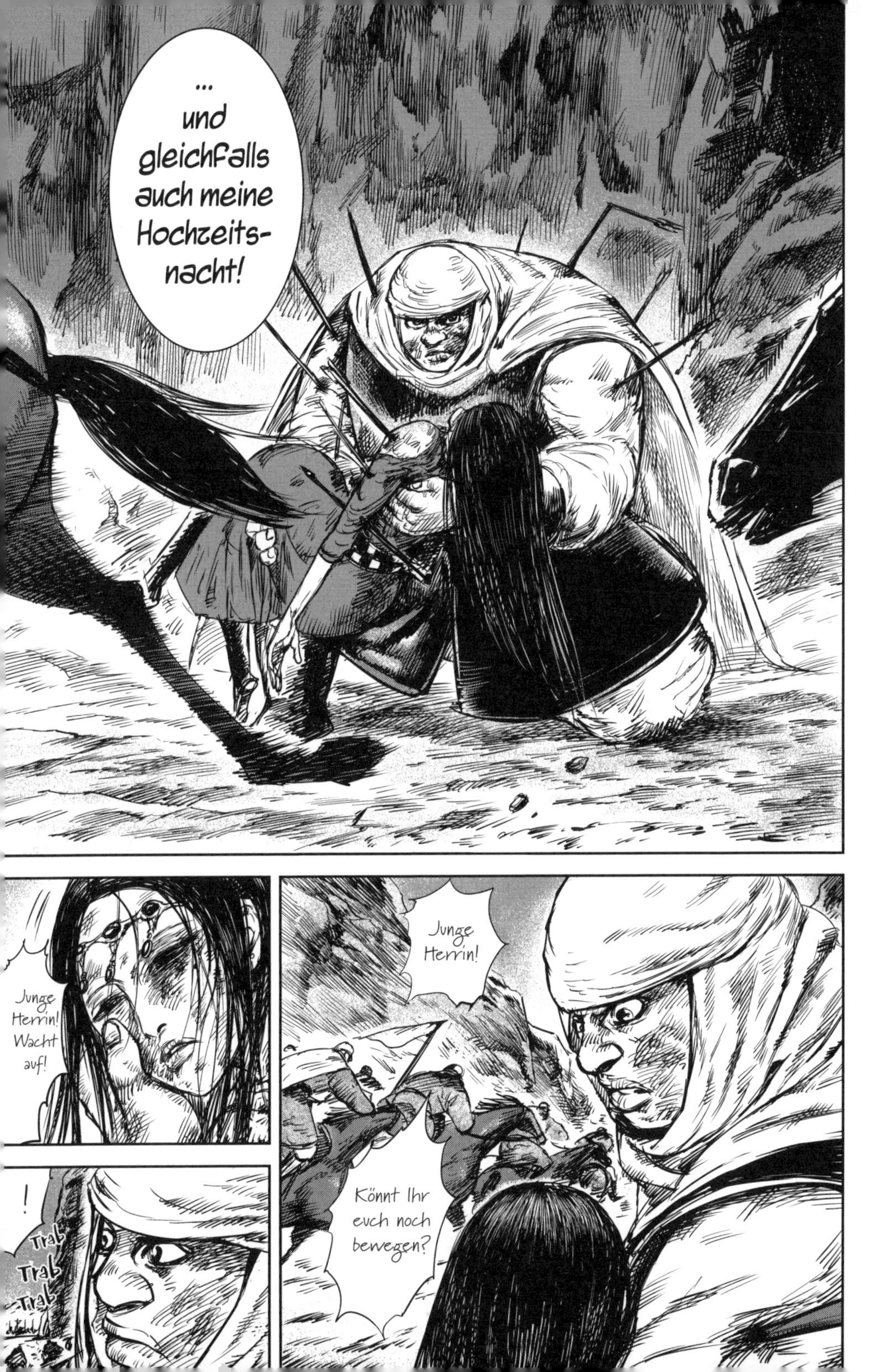
... und gleichfalls auch meine Hochzeits-nacht!
Junge Herrin!
Junge Herrin! Wacht auf!
Könnt Ihr euch noch bewegen?
!
Trab Trab Trab

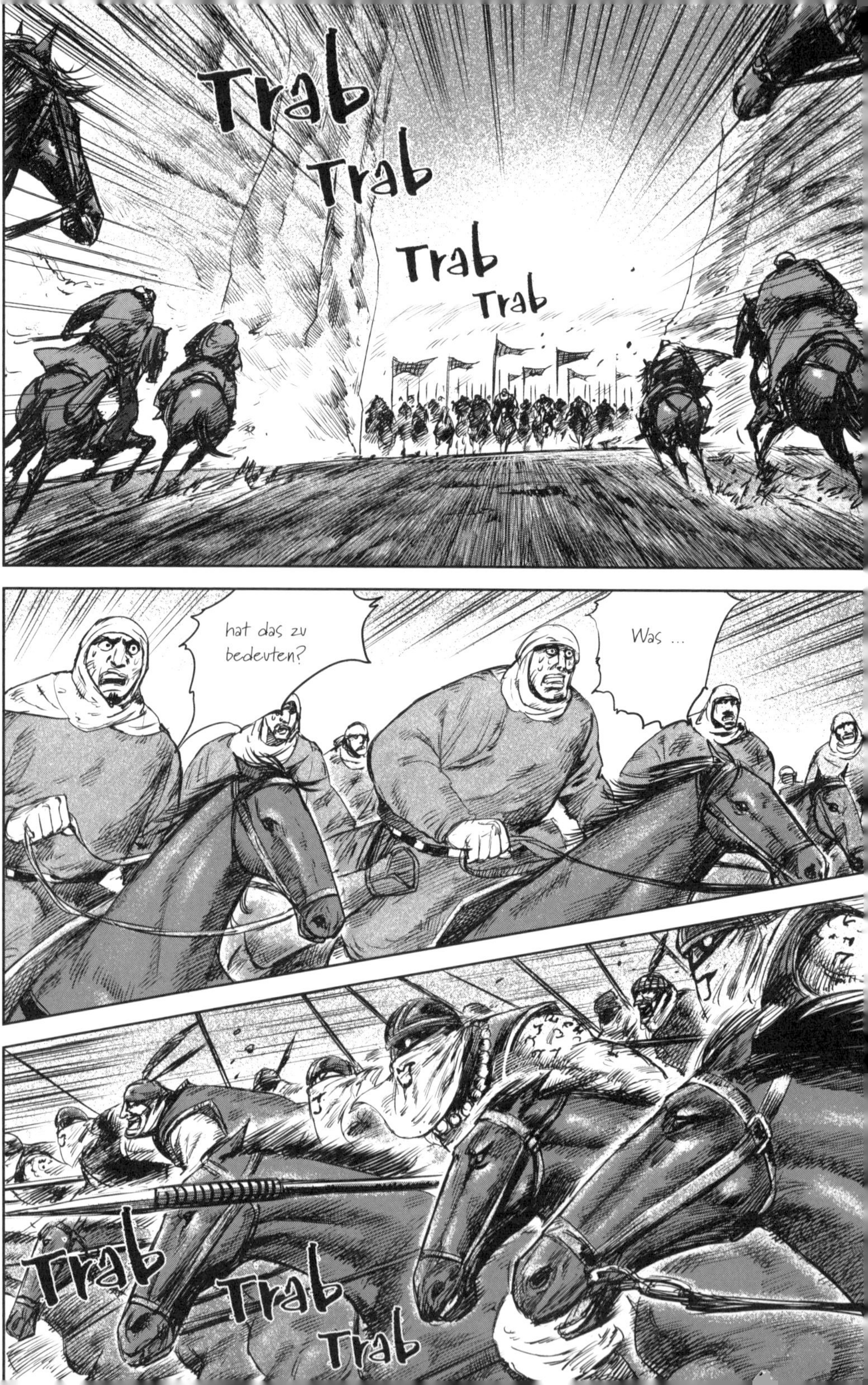
Trab
Trab
Trab
Trab
Was ...
hat das zu bedeuten?
Trab
Trab
Trab

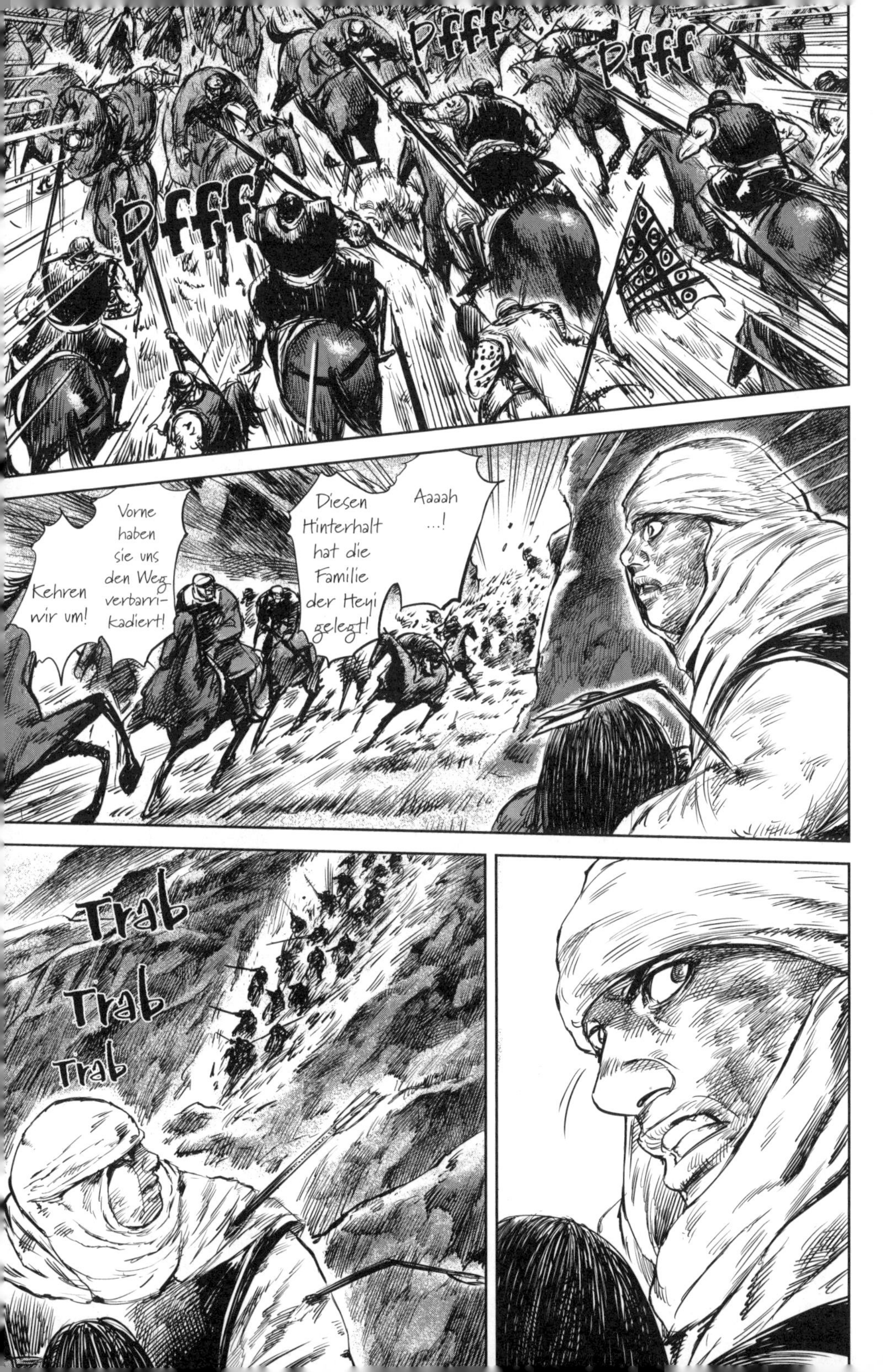

Pfff
Pfff
Pfff
Aaaah ...!
Diesen Hinterhalt hat die Familie der Heyi gelegt!
Vorne haben sie uns den Weg verbarrikadiert!
Kehren wir um!
Trab
Trab
Trab

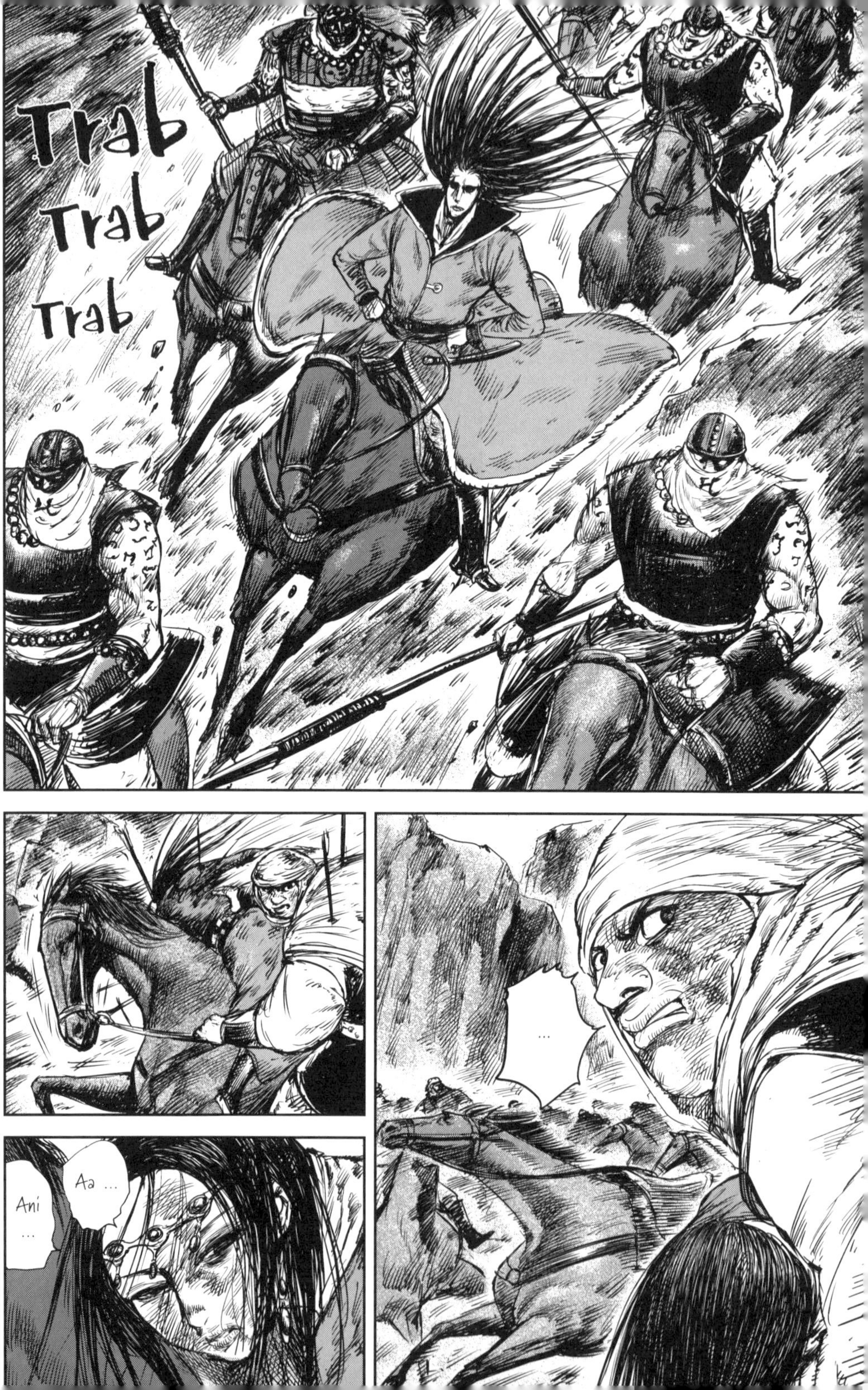
Trab
Trab
Trab
...
Aa ...
Ani ...

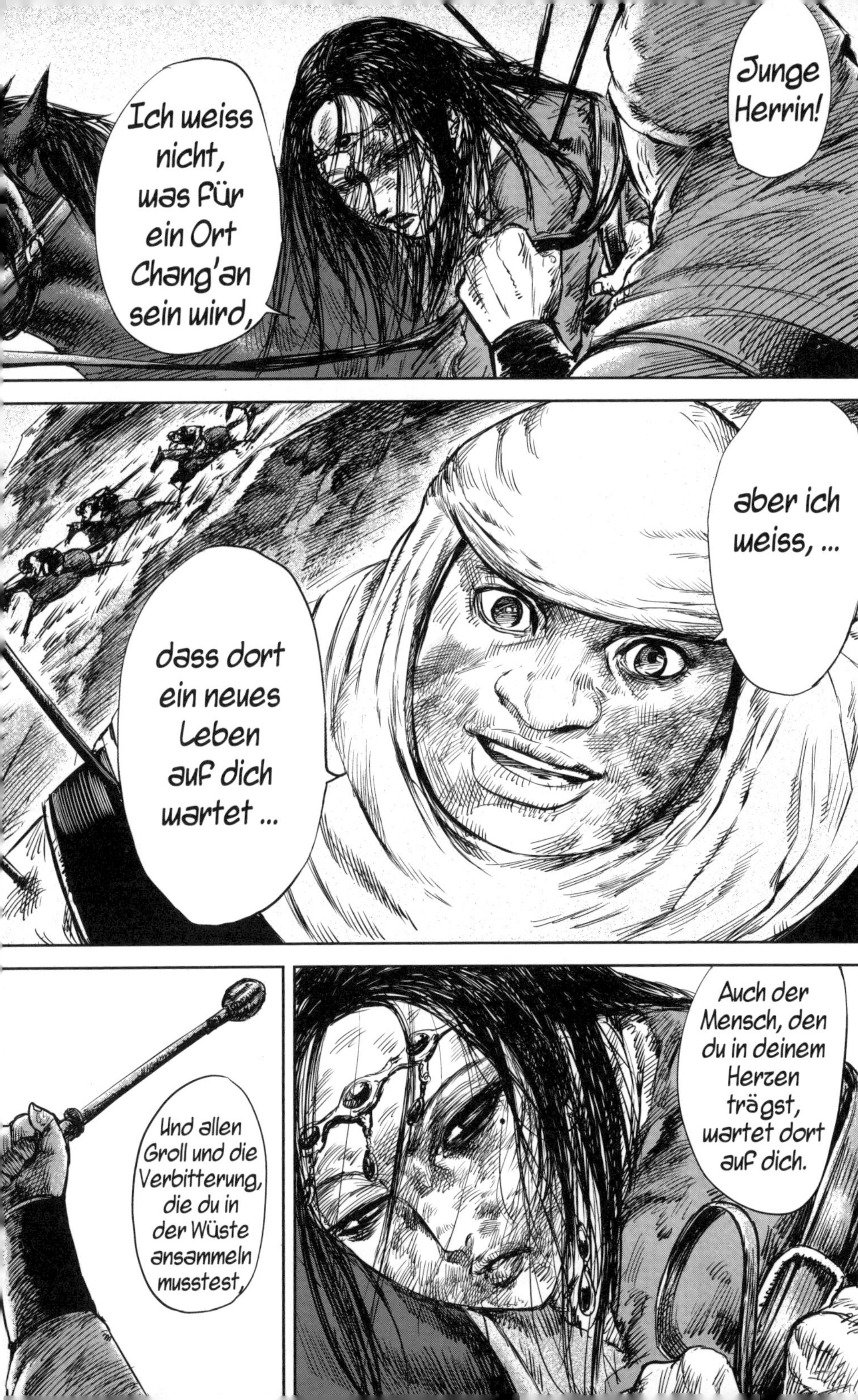
Junge Herrin!
Ich weiss nicht, was für ein Ort Chang'an sein wird,
aber ich weiss, ...
dass dort ein neues Leben auf dich wartet ...
Auch der Mensch, den du in deinem Herzen trägst, wartet dort auf dich.
Und allen Groll und die Verbitterung, die du in der Wüste ansammeln musstest,

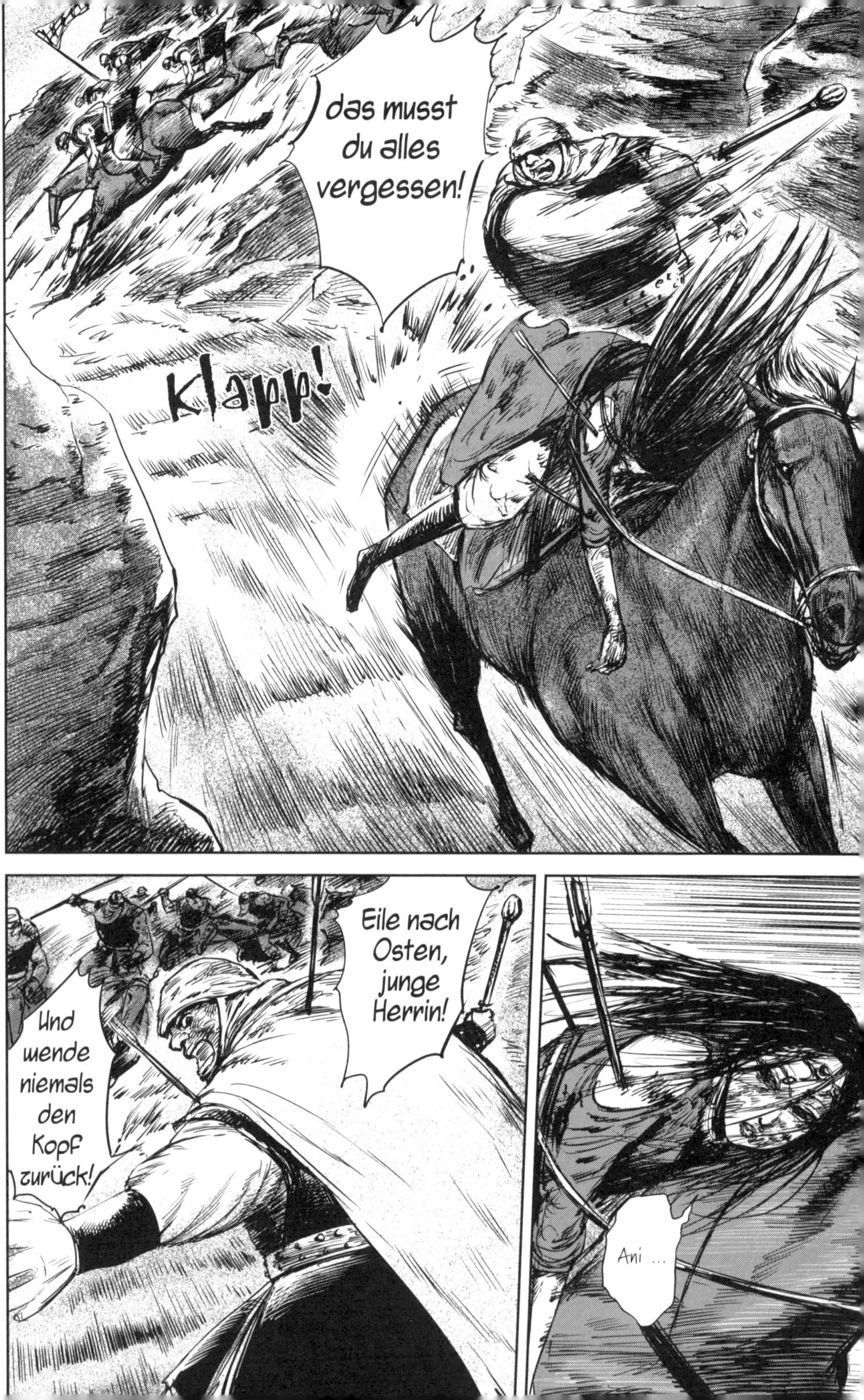
das musst du alles vergessen!
Klapp!
Eile nach Osten, junge Herrin!
Und wende niemals den Kopf zurück!
Ani …

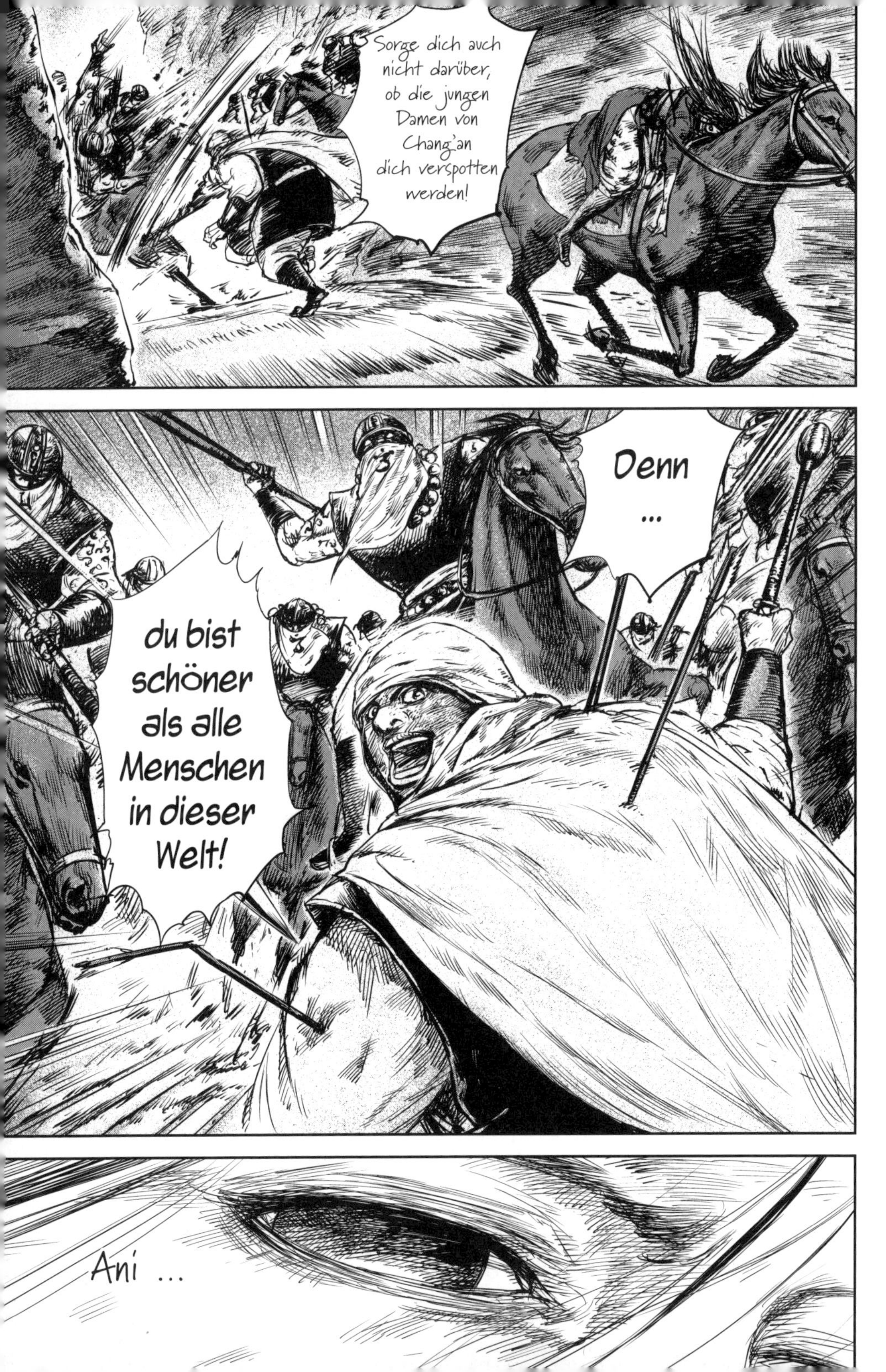
Sorge dich auch nicht darüber, ob die jungen Damen von Chang'an dich verspotten werden!
Denn ...
du bist schöner als alle Menschen in dieser Welt!
Ani ...

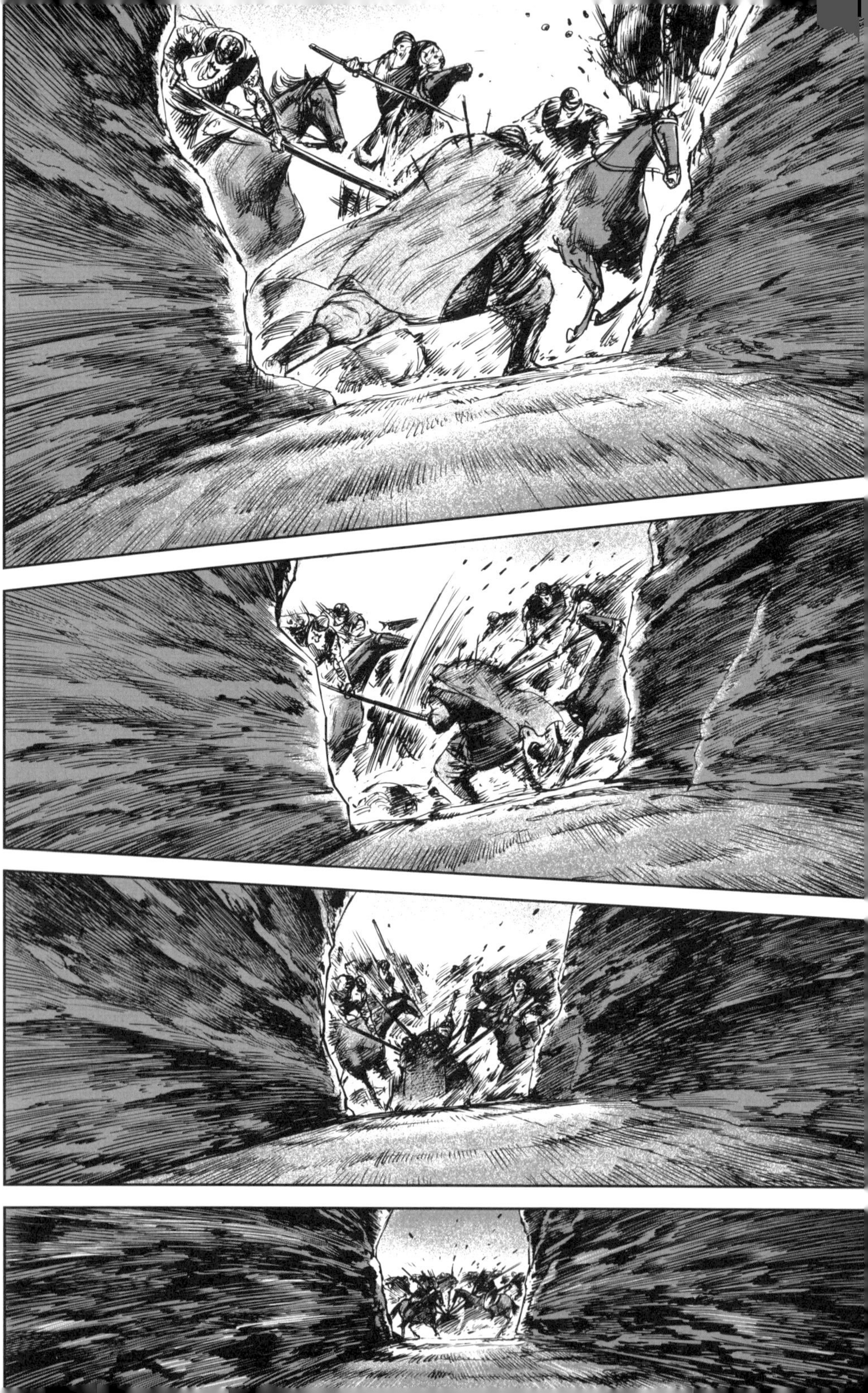

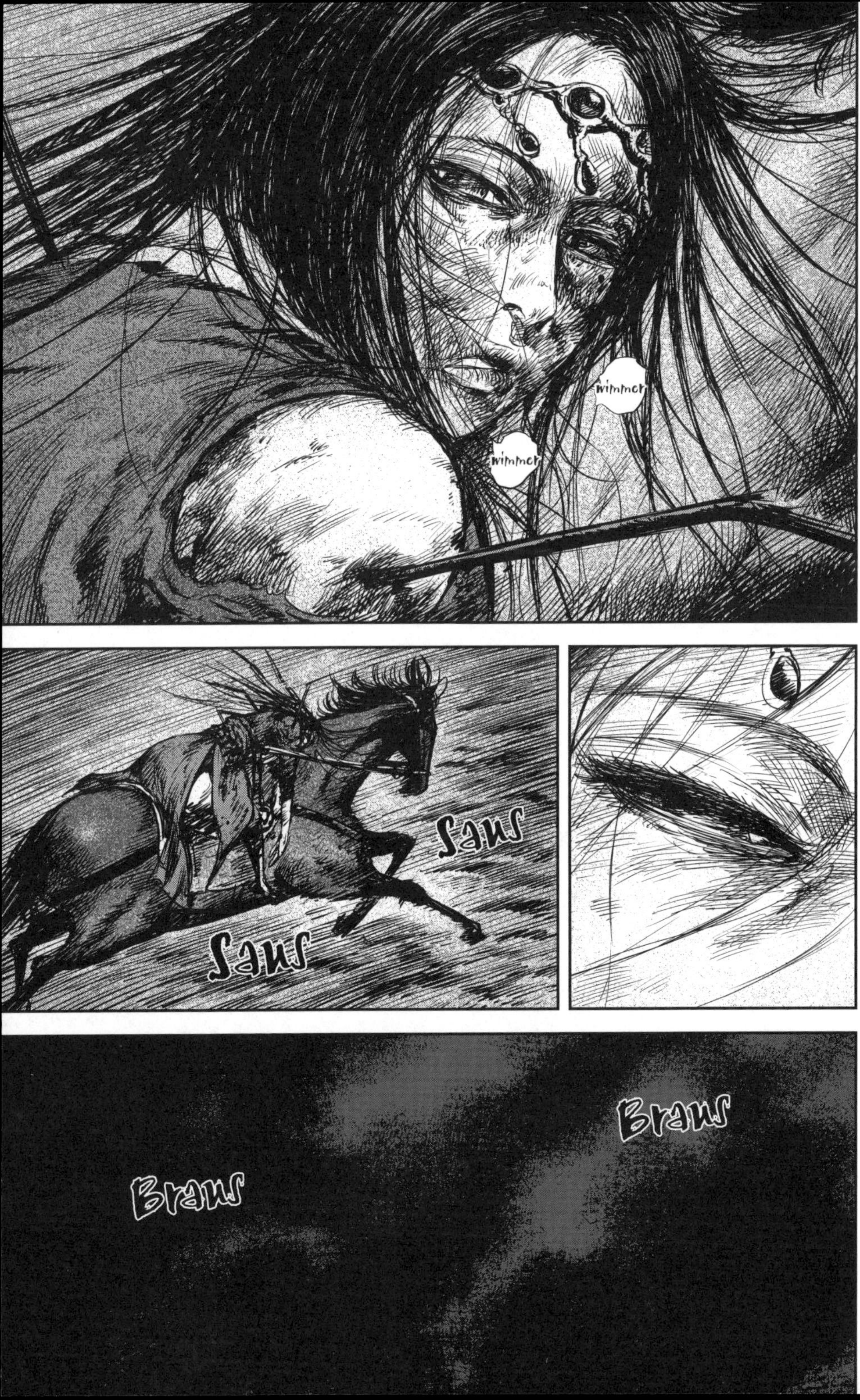

wimmer
wimmer
Saus
Saus
Braus
Braus

Zweiter Akt:
Die weite Wüste

Kapitel 34:
Nach dem Sandsturm

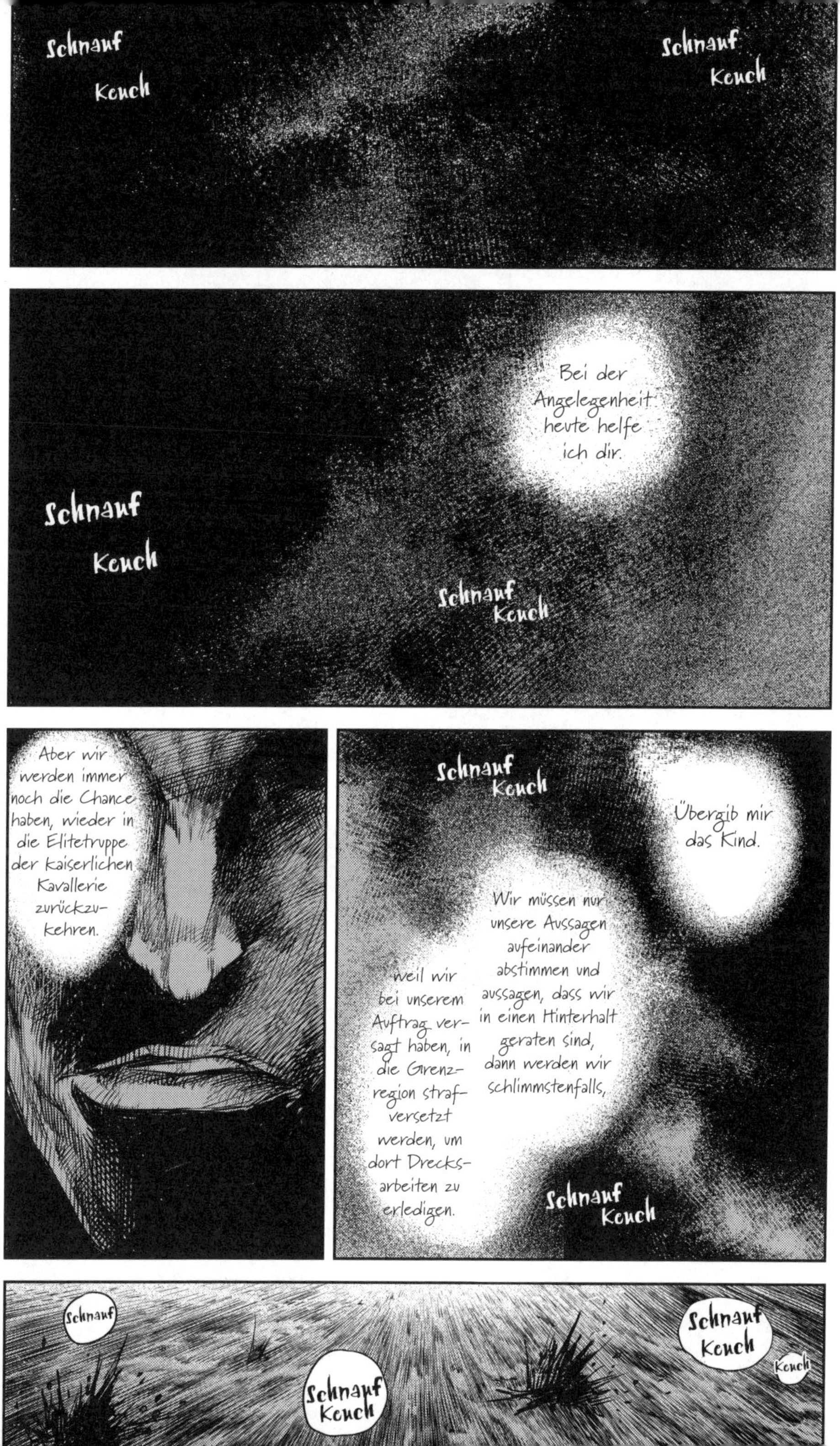
Schnauf
Keuch
Schnauf
Keuch
Bei der Angelegenheit heute helfe ich dir.
Schnauf
Keuch
Schnauf
Keuch
Aber wir werden immer noch die Chance haben, wieder in die Elitetruppe der kaiserlichen Kavallerie zurückzukehren.
Schnauf
Keuch
Übergib mir das Kind.
Wir müssen nur unsere Aussagen aufeinander abstimmen und aussagen, dass wir in einen Hinterhalt geraten sind, dann werden wir schlimmstenfalls,
weil wir bei unserem Auftrag versagt haben, in die Grenzregion strafversetzt werden, um dort Drecksarbeiten zu erledigen.
Schnauf
Keuch
Schnauf
Schnauf
Keuch
Keuch
Schnauf
Keuch

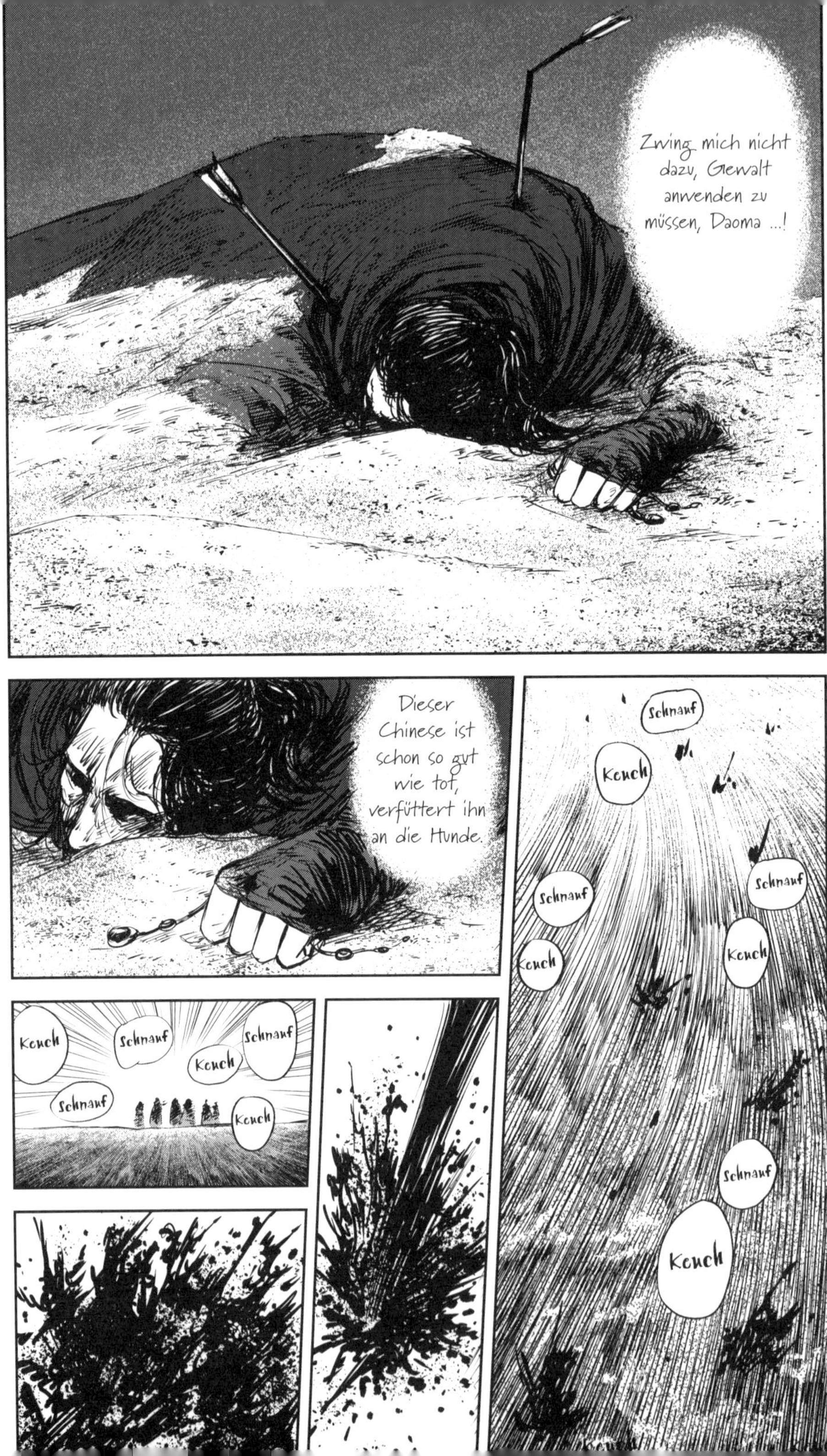
Zwing mich nicht dazu, Gewalt anwenden zu müssen, Daoma ...!
Schnauf
Keuch
Schnauf
Schnauf
Keuch
Keuch
Schnauf
Keuch
Dieser Chinese ist schon so gut wie tot, verfüttert ihn an die Hunde.
Schnauf
Keuch
Schnauf
Keuch
Schnauf
Keuch

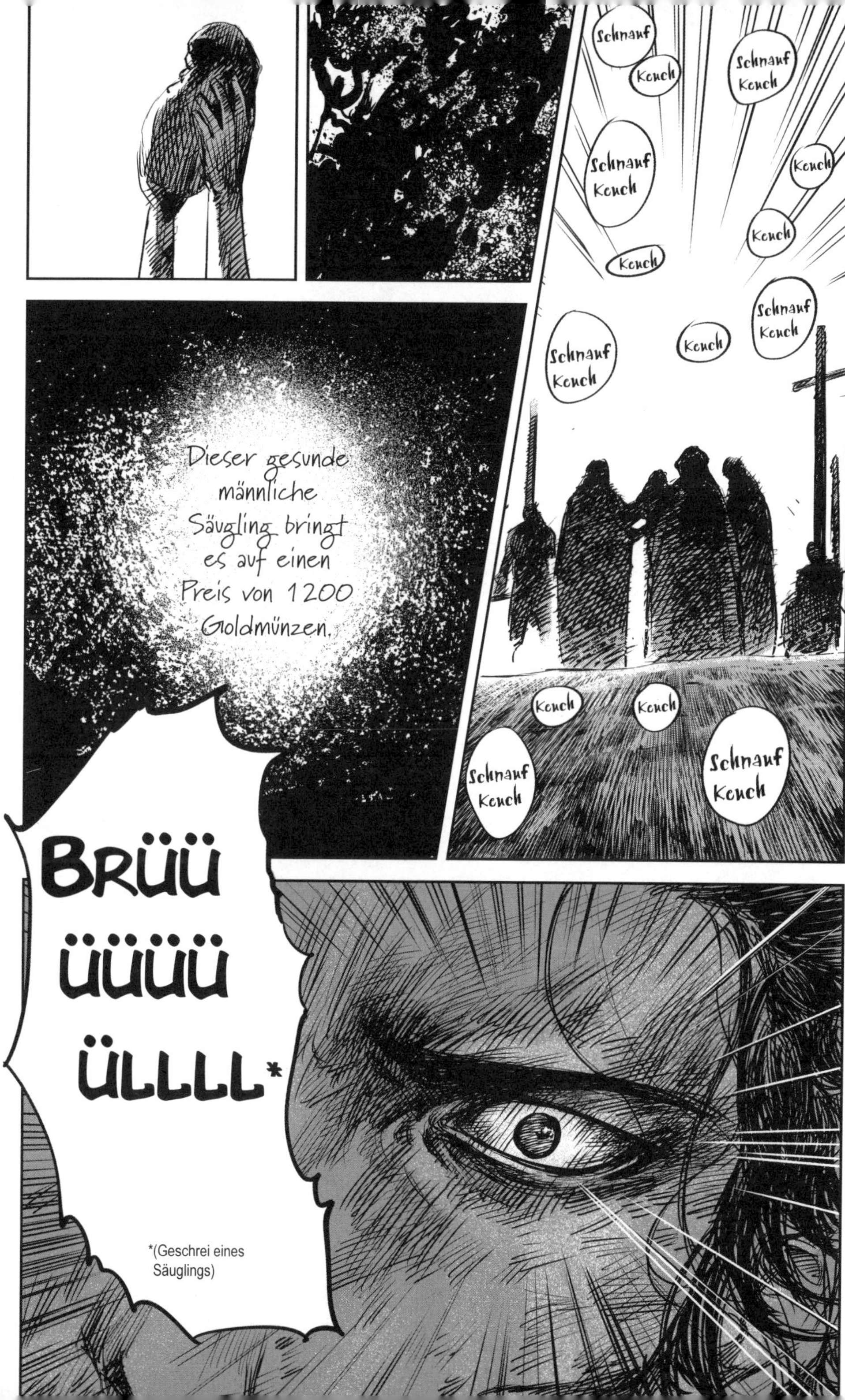
Schnauf
Keuch
Schnauf
Keuch
Schnauf
Keuch
Keuch
Keuch
Keuch
Schnauf
Keuch
Keuch
Schnauf
Keuch
Dieser gesunde männliche Säugling bringt es auf einen Preis von 1200 Goldmünzen.
Keuch
Keuch
Schnauf
Keuch
Schnauf
Keuch
BRÜÜ ÜÜÜÜ ÜLLLL*
*(Geschrei eines Säuglings)

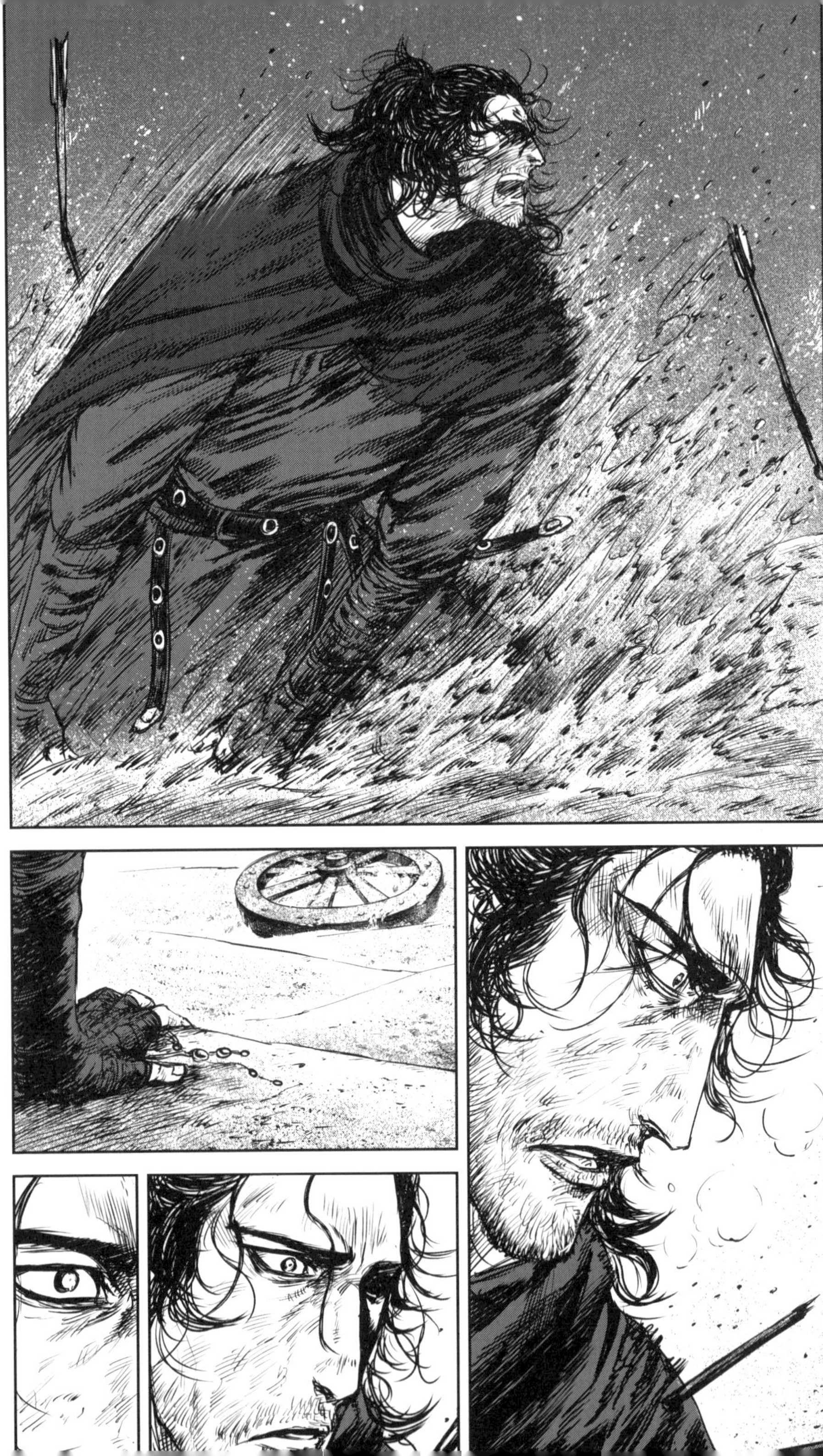

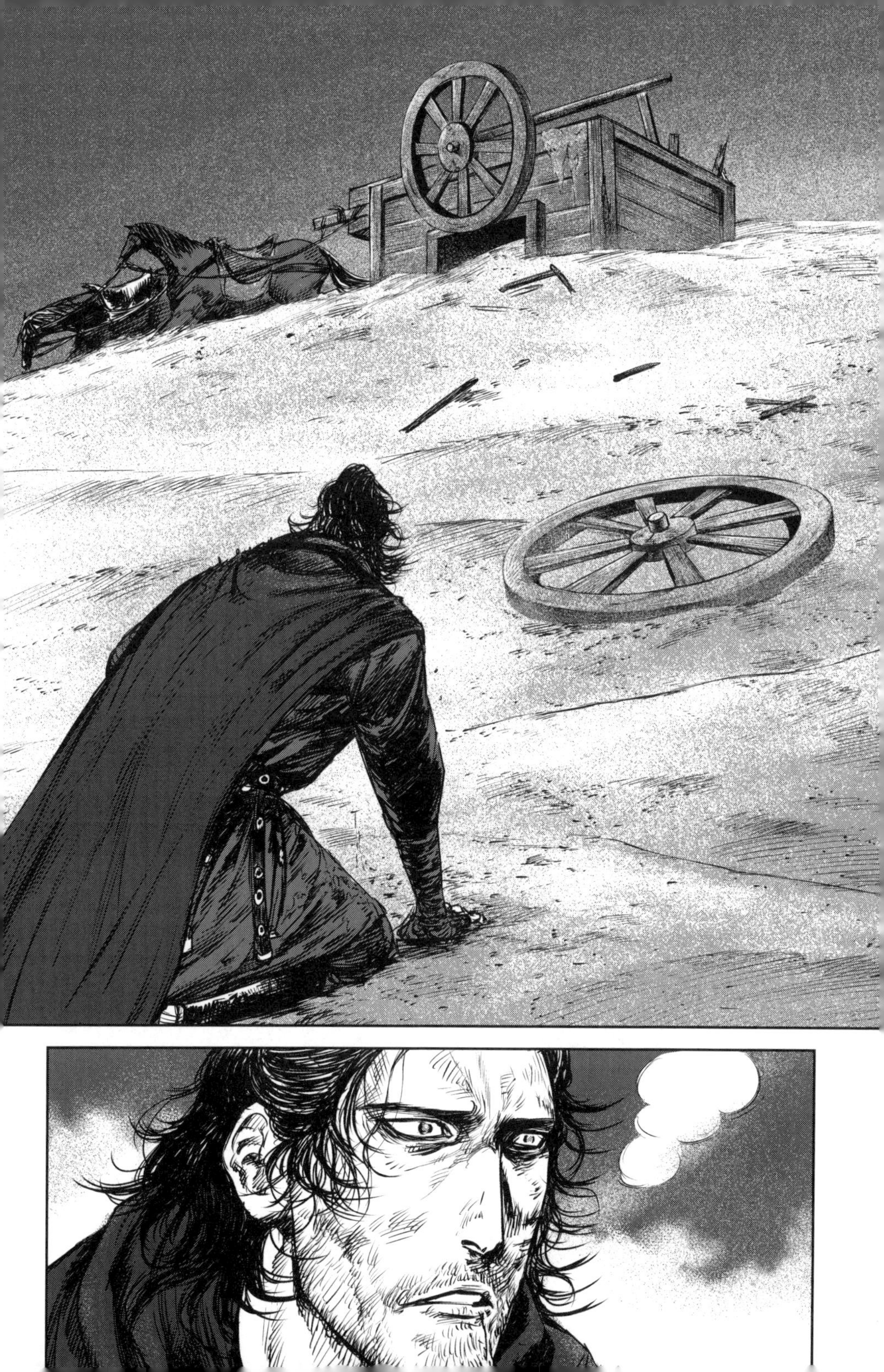

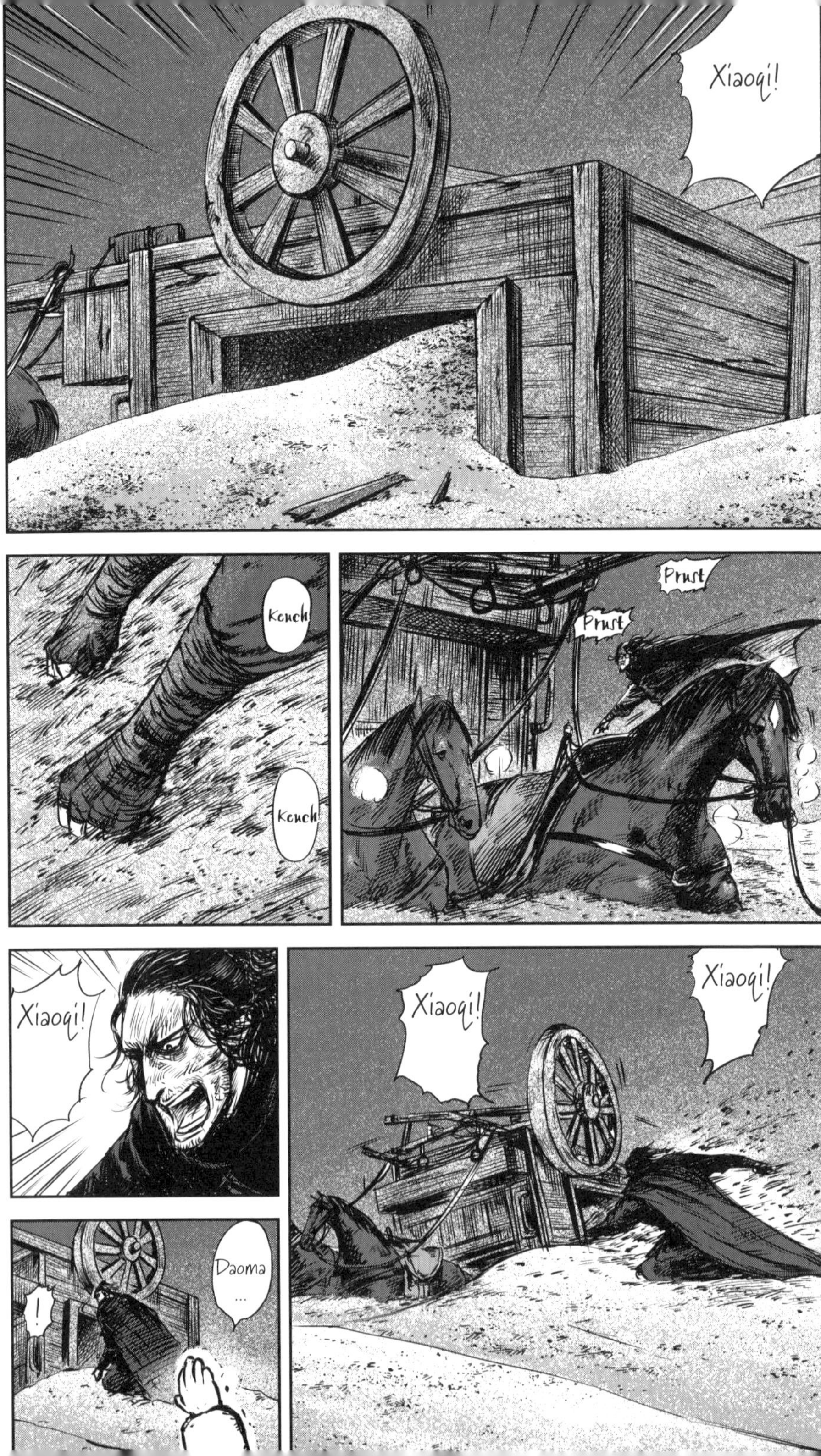
Xiaoqi!
Kench
Kench
Prust
Prust
Xiaoqi!
Xiaoqi!
Xiaoqi!
!
Daoma ...

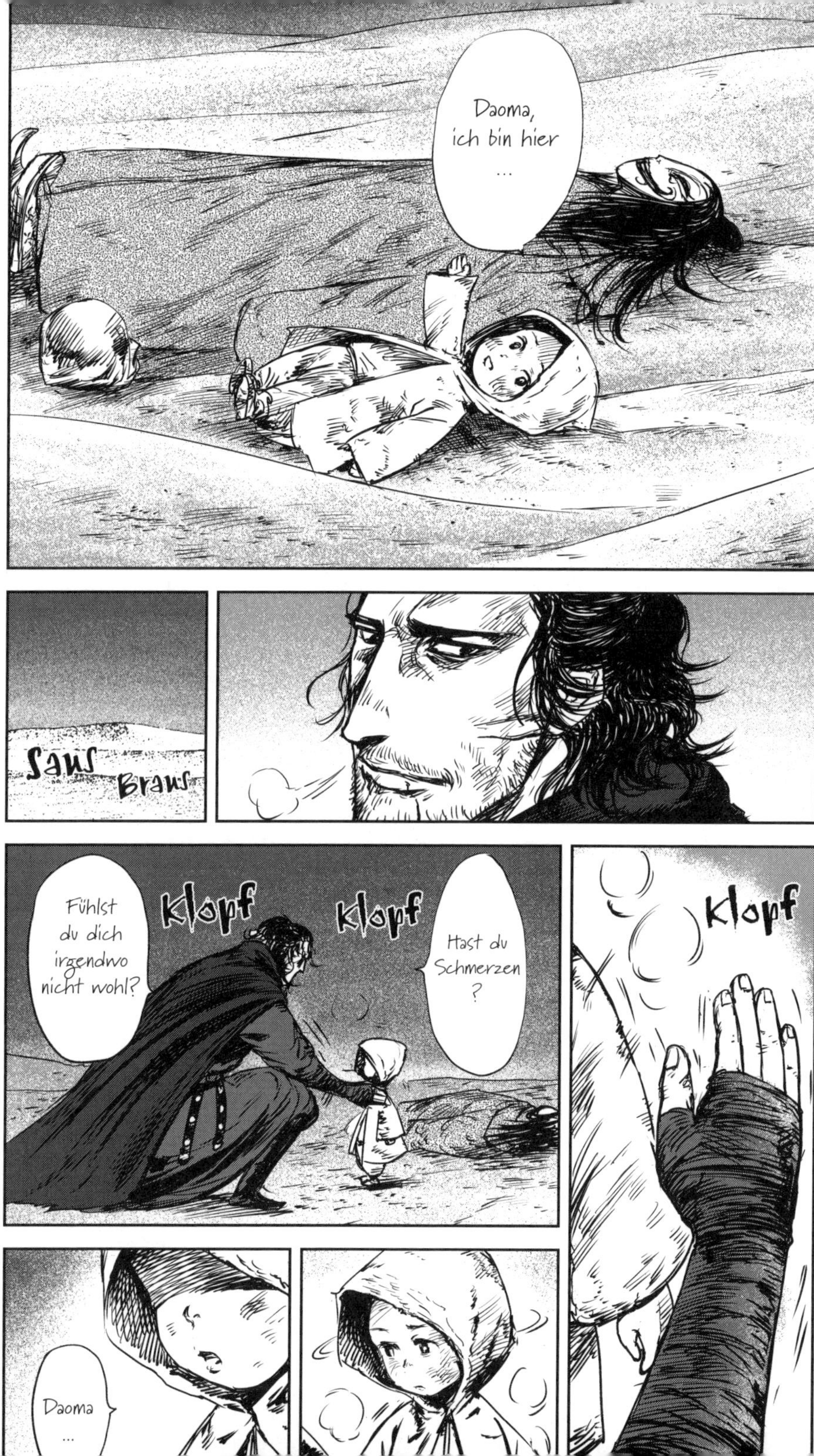
Daoma, ich bin hier …
Saus
Braus
Klopf
Klopf
Fühlst du dich irgendwo nicht wohl?
Hast du Schmerzen?
Klopf
Daoma …

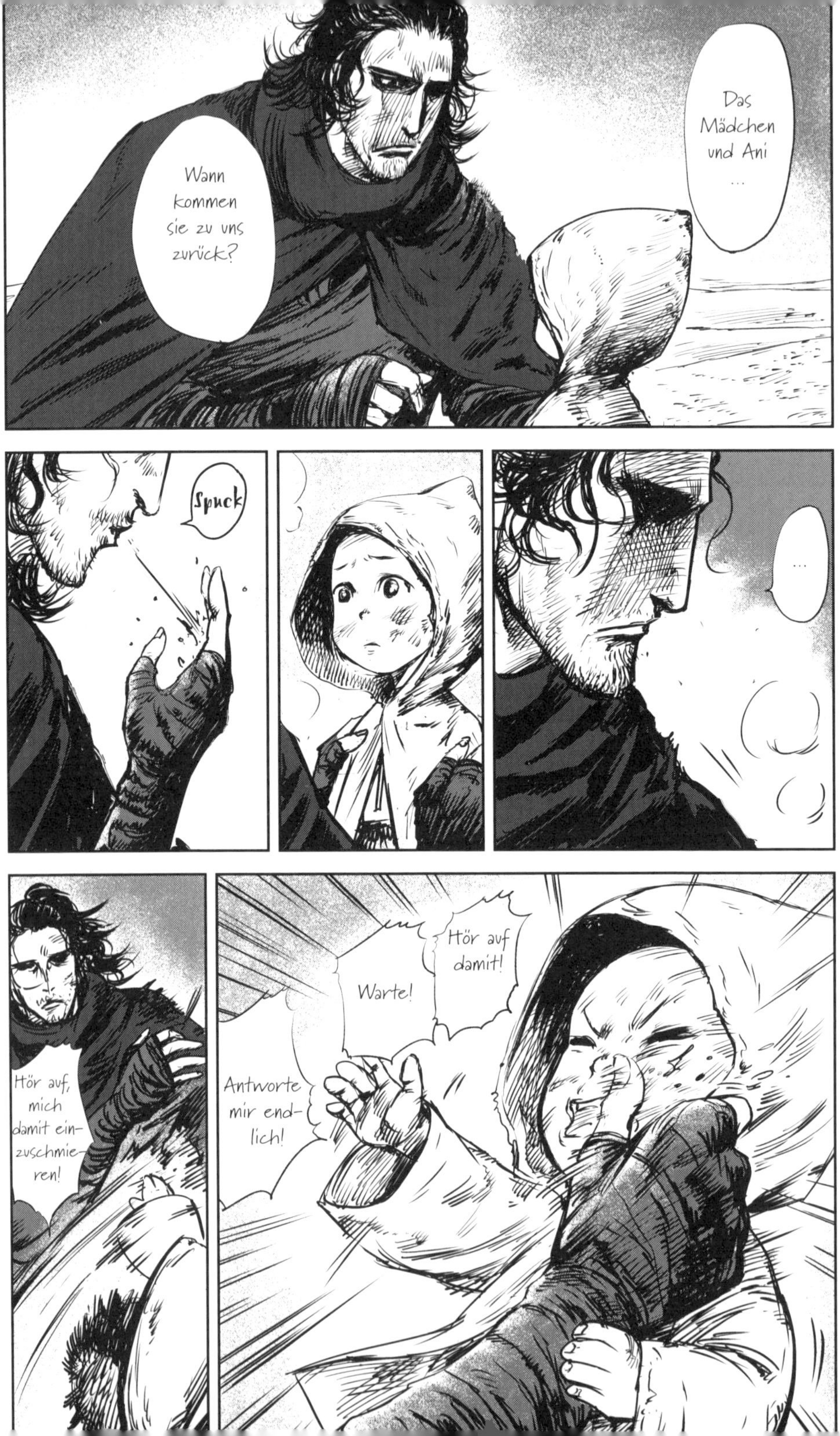
Das Mädchen und Ani …
Wann kommen sie zu uns zurück?
…
Spuck
Hör auf damit!
Warte!
Antworte mir end-lich!
Hör auf, mich damit ein-zuschmie-ren!

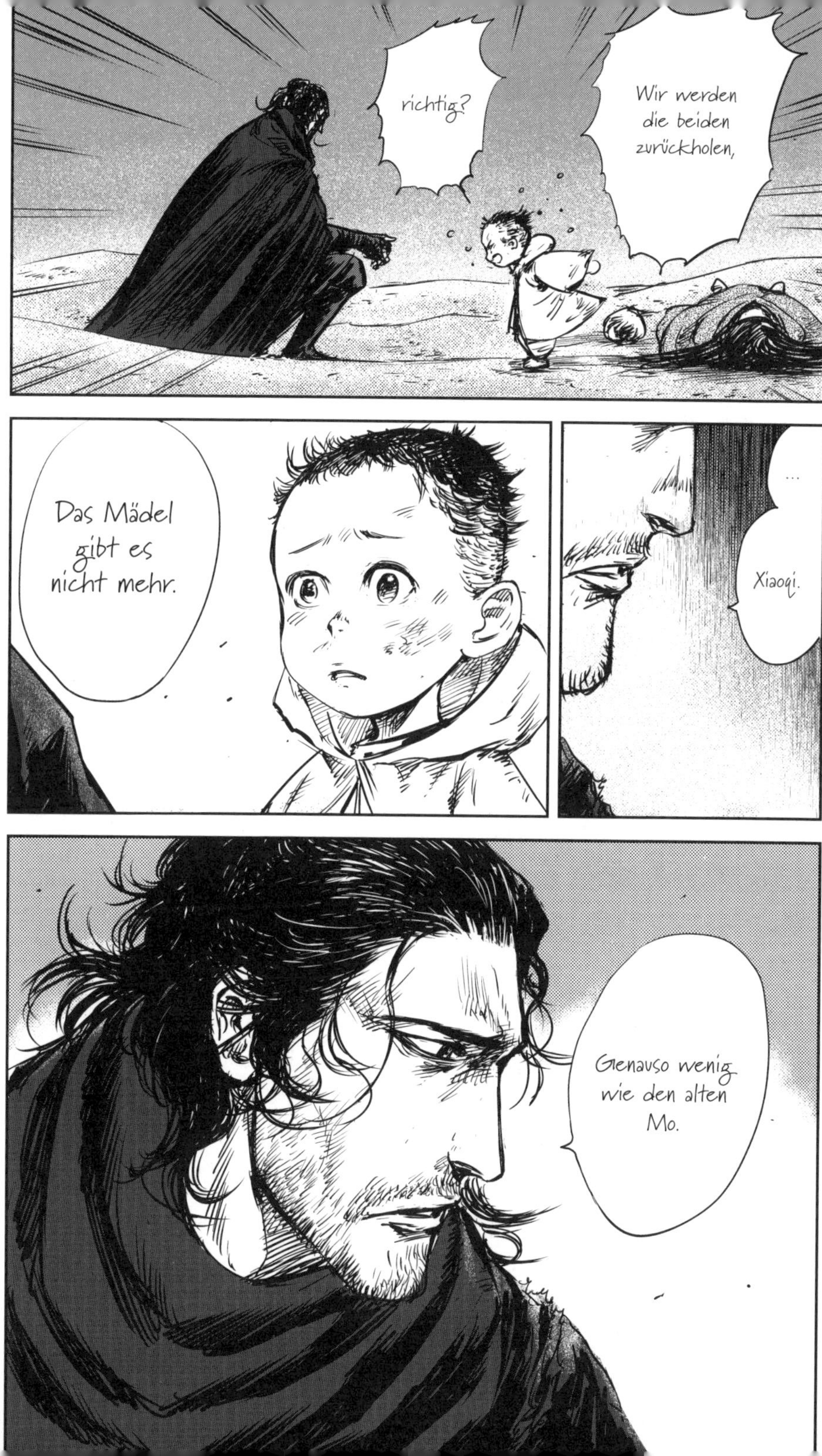
Wir werden die beiden zurückholen,
richtig?
...
Xiaoqi.
Das Mädel gibt es nicht mehr.
Genauso wenig wie den alten Mo.

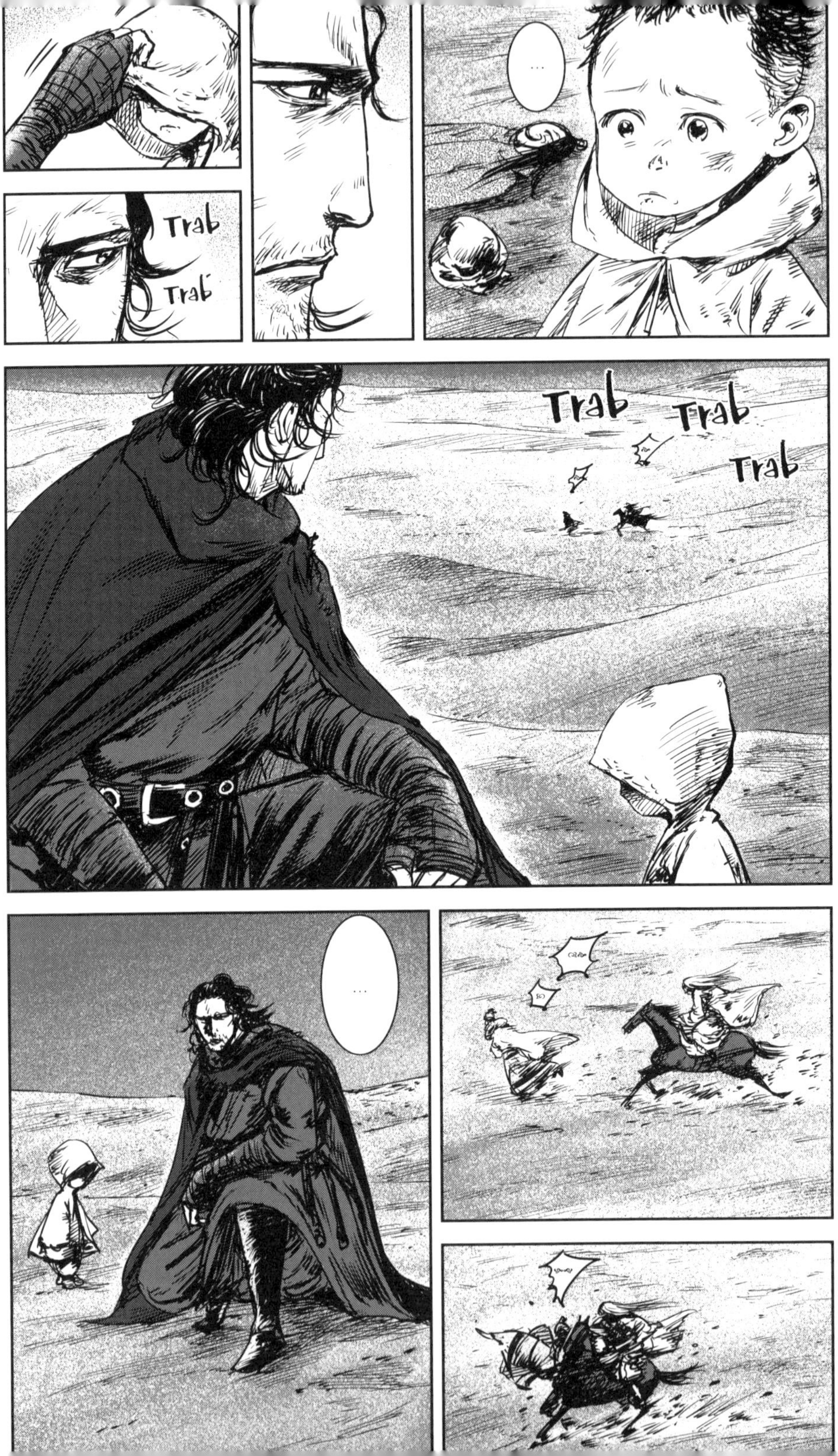

Trab
Trab
…
Trab
Trab
Trab
…

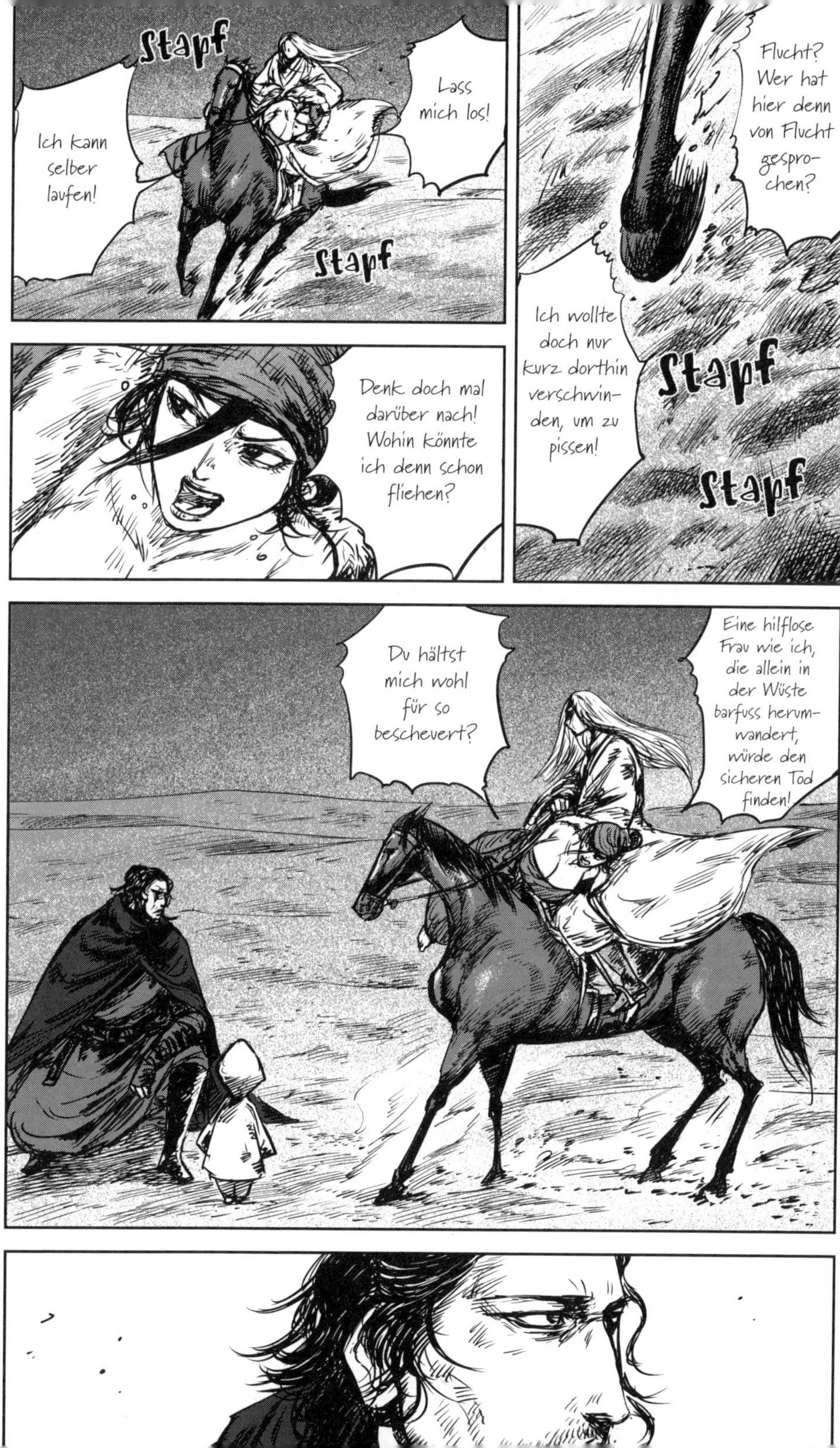
Stapf
Lass mich los!
Ich kann selber laufen!
Stapf
Denk doch mal darüber nach! Wohin könnte ich denn schon fliehen?
Flucht? Wer hat hier denn von Flucht gesprochen?
Ich wollte doch nur kurz dorthin verschwinden, um zu pissen!
Stapf
Stapf
Eine hilflose Frau wie ich, die allein in der Wüste barfuss herumwandert, würde den sicheren Tod finden!
Du hältst mich wohl für so bescheuert?

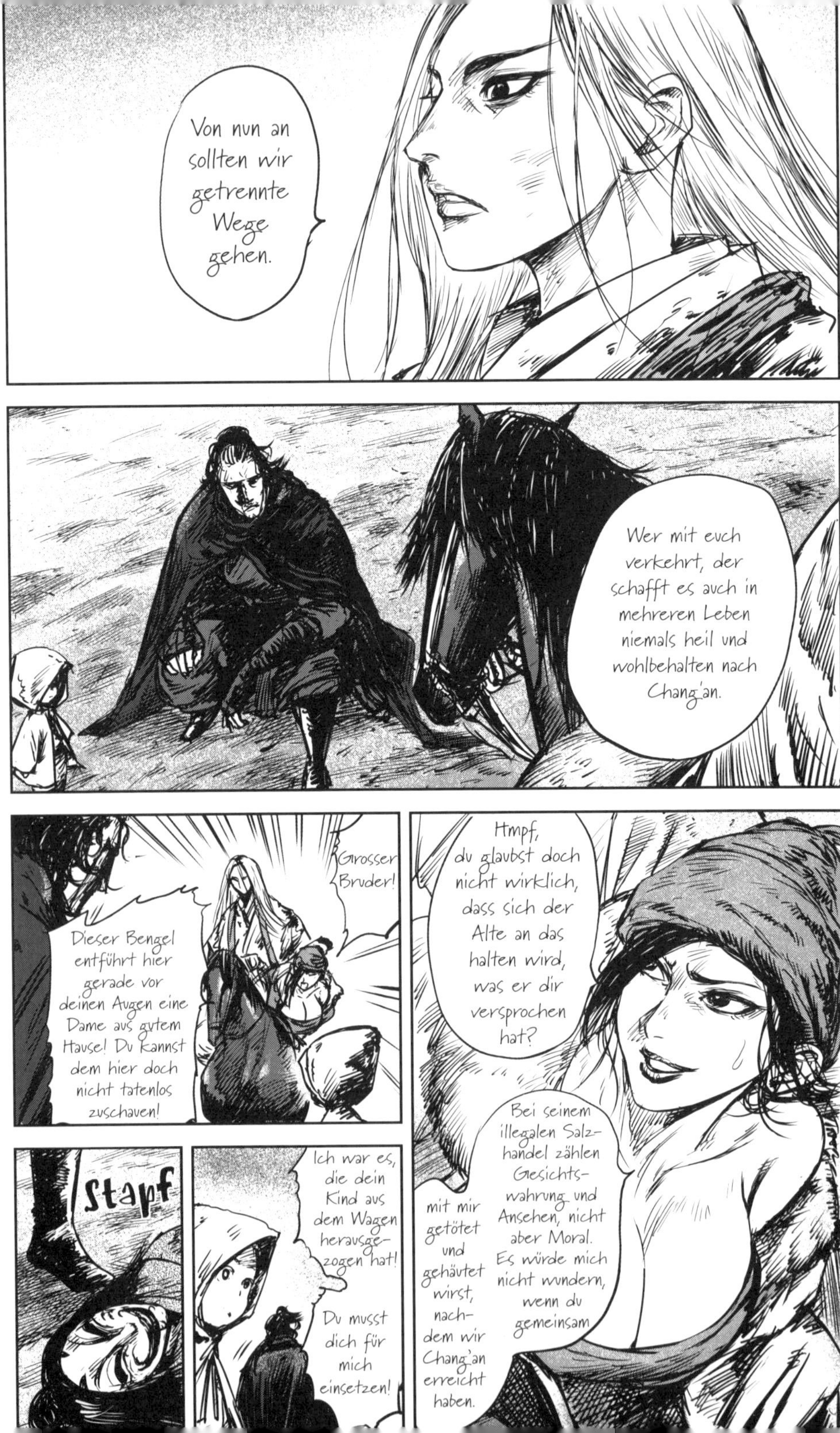
Von nun an sollten wir getrennte Wege gehen.
Wer mit euch verkehrt, der schafft es auch in mehreren Leben niemals heil und wohlbehalten nach Chang'an.
Grosser Bruder!
Dieser Bengel entführt hier gerade vor deinen Augen eine Dame aus gutem Hause! Du kannst dem hier doch nicht tatenlos zuschauen!
Hmpf, du glaubst doch nicht wirklich, dass sich der Alte an das halten wird, was er dir versprochen hat?
Stapf
Ich war es, die dein Kind aus dem Wagen herausgezogen hat!
Du musst dich für mich einsetzen!
Bei seinem illegalen Salzhandel zählen Gesichtswahrung und Ansehen, nicht aber Moral. Es würde mich nicht wundern, wenn du gemeinsam
mit mir getötet und gehäutet wirst, nachdem wir Chang'an erreicht haben.

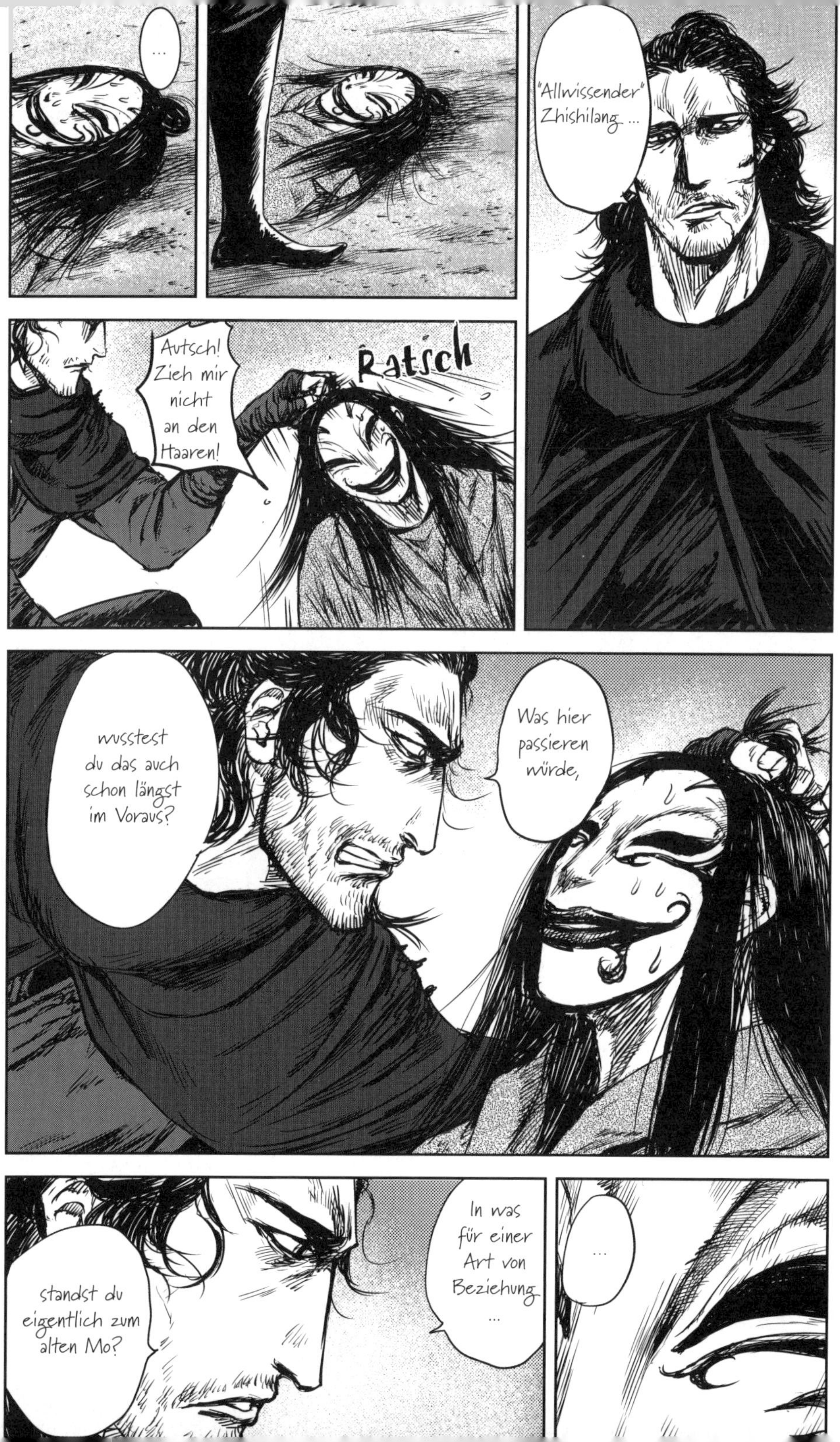

"Allwissender" Zhishilang ...
...
Ratsch
Autsch! Zieh mir nicht an den Haaren!
Was hier passieren würde,
wusstest du das auch schon längst im Voraus?
...
In was für einer Art von Beziehung ...
standst du eigentlich zum alten Mo?

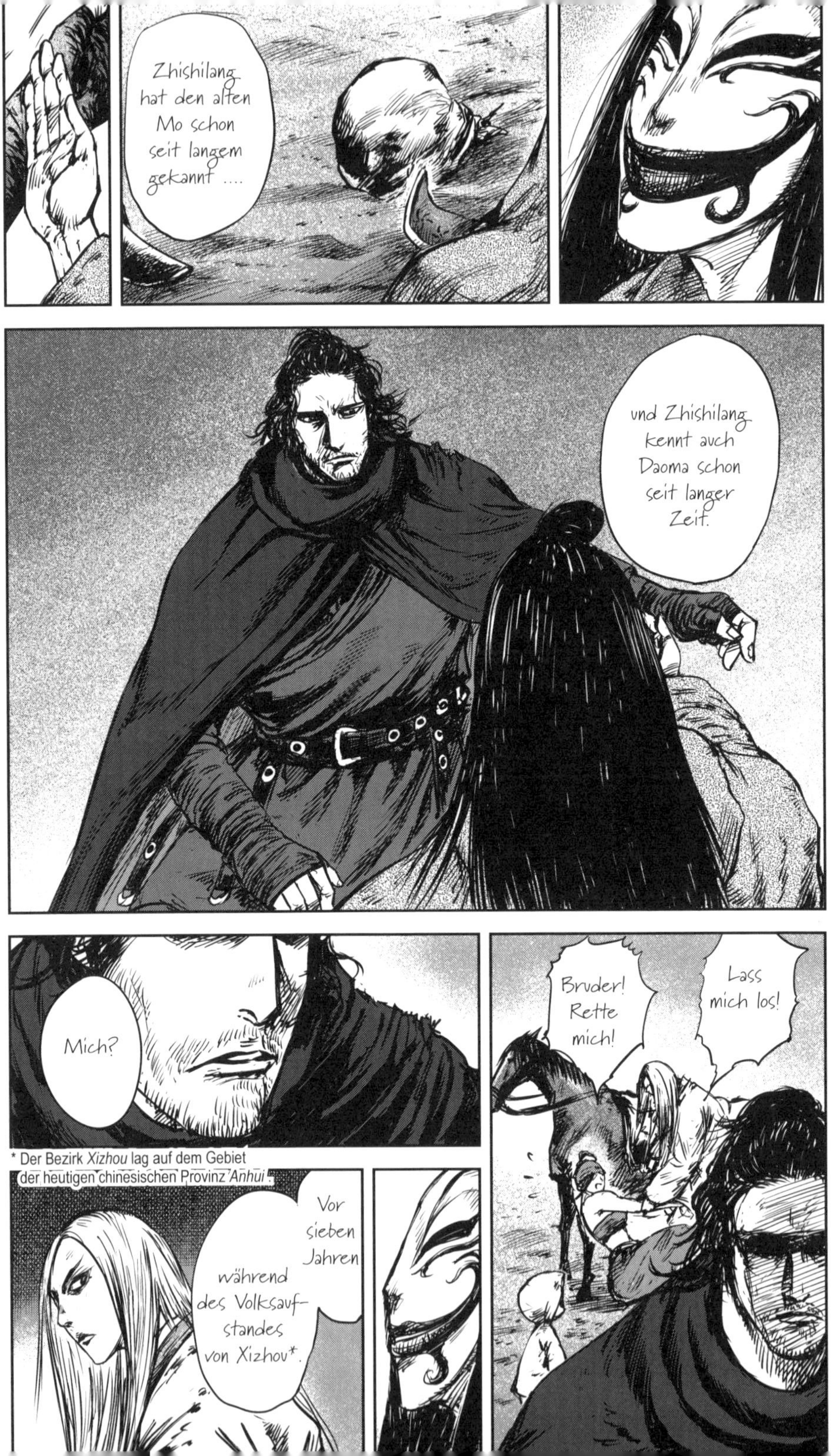
Zhishilang hat den alten Mo schon seit langem gekannt ....
und Zhishilang kennt auch Daoma schon seit langer Zeit.
Mich?
Bruder! Rette mich!
Lass mich los!
Vor sieben Jahren während des Volksaufstandes von Xizhou*.
* Der Bezirk *Xizhou* lag auf dem Gebiet der heutigen chinesischen Provinz *Anhui*.

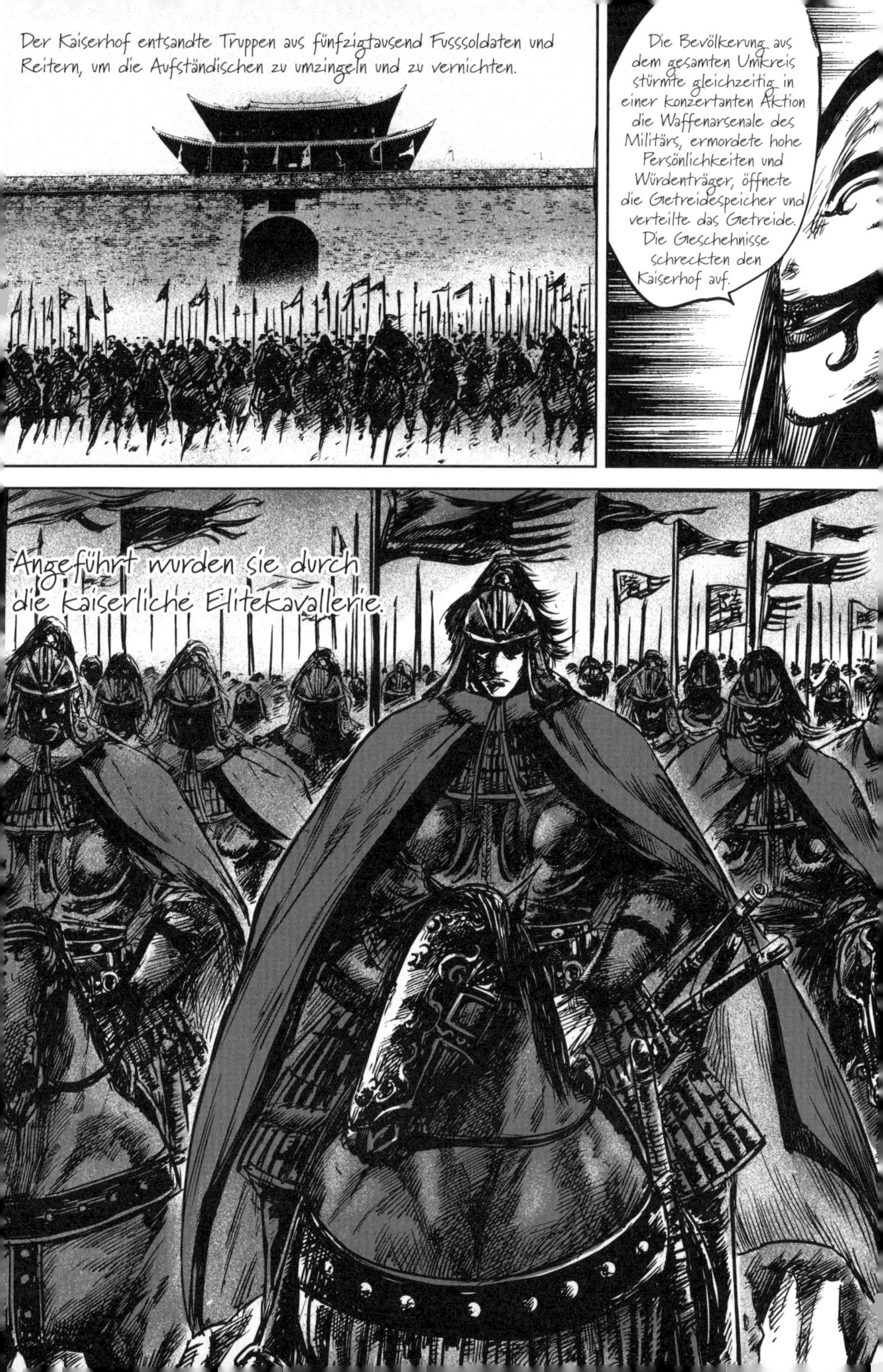
Der Kaiserhof entsandte Truppen aus fünfzigtausend Fusssoldaten und Reitern, um die Aufständischen zu umzingeln und zu vernichten.
Die Bevölkerung aus dem gesamten Umkreis stürmte gleichzeitig in einer konzertanten Aktion die Waffenarsenale des Militärs, ermordete hohe Persönlichkeiten und Würdenträger, öffnete die Getreidespeicher und verteilte das Getreide. Die Geschehnisse schreckten den Kaiserhof auf.
Angeführt wurden sie durch die kaiserliche Elitekavallerie.

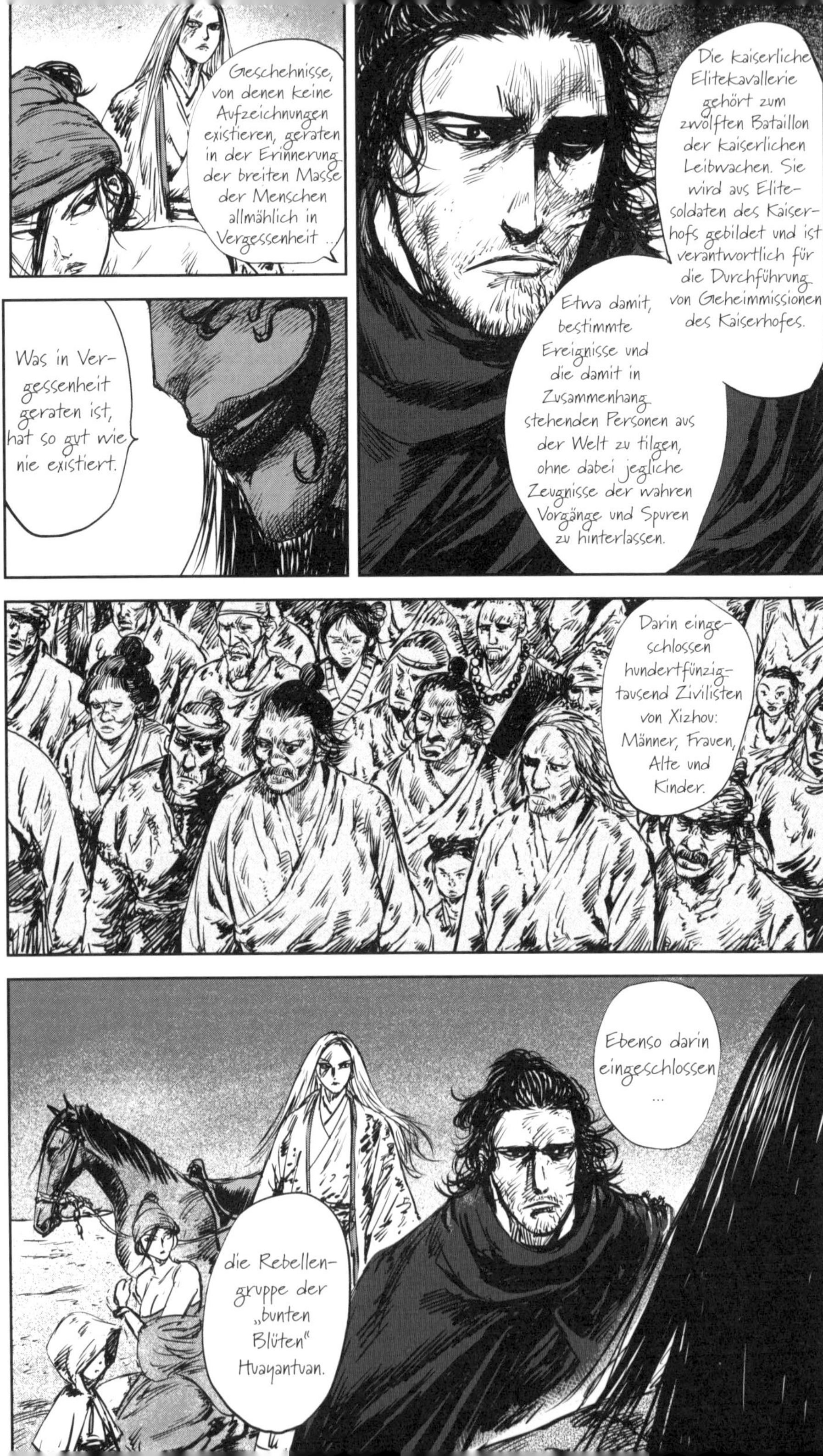
Geschehnisse, von denen keine Aufzeichnungen existieren, geraten in der Erinnerung der breiten Masse der Menschen allmählich in Vergessenheit ...
Die kaiserliche Elitekavallerie gehört zum zwölften Bataillon der kaiserlichen Leibwachen. Sie wird aus Elitesoldaten des Kaiserhofs gebildet und ist verantwortlich für die Durchführung von Geheimmissionen des Kaiserhofes.
Was in Vergessenheit geraten ist, hat so gut wie nie existiert.
Etwa damit, bestimmte Ereignisse und die damit in Zusammenhang stehenden Personen aus der Welt zu tilgen, ohne dabei jegliche Zeugnisse der wahren Vorgänge und Spuren zu hinterlassen.
Darin eingeschlossen hundertfünfzigtausend Zivilisten von Xizhou: Männer, Frauen, Alte und Kinder.
Ebenso darin eingeschlossen ...
die Rebellengruppe der „bunten Blüten" Huayantuan.

Zweiter Akt:
Die weite Wüste

Kapitel 35:
Die Wege der Menschen

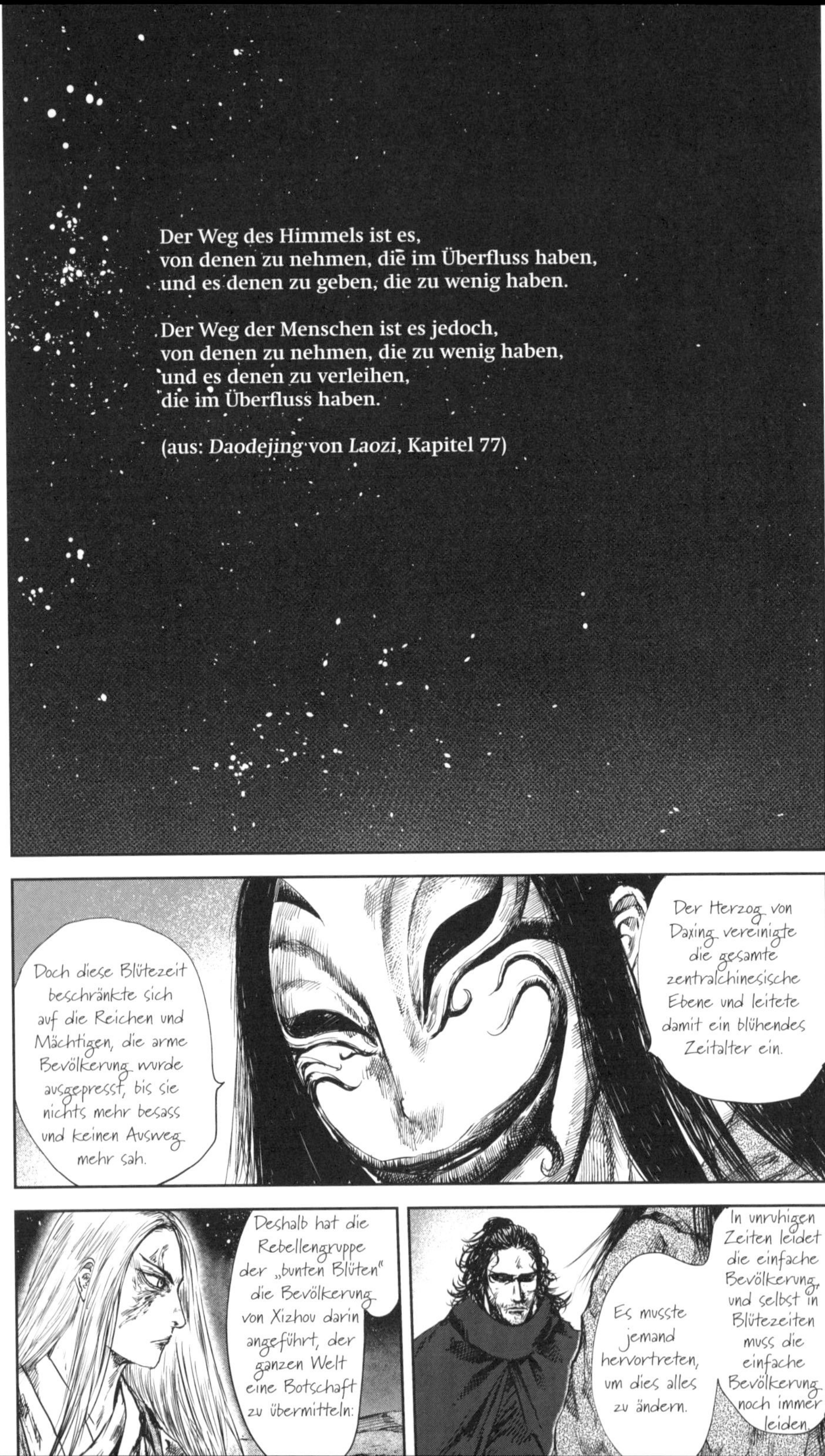

Der Weg des Himmels ist es,
von denen zu nehmen, die im Überfluss haben,
und es denen zu geben, die zu wenig haben.

Der Weg der Menschen ist es jedoch,
von denen zu nehmen, die zu wenig haben,
und es denen zu verleihen,
die im Überfluss haben.

(aus: *Daodejing* von *Laozi*, Kapitel 77)
Der Herzog von Daxing vereinigte die gesamte zentralchinesische Ebene und leitete damit ein blühendes Zeitalter ein.
Doch diese Blütezeit beschränkte sich auf die Reichen und Mächtigen, die arme Bevölkerung wurde ausgepresst, bis sie nichts mehr besass und keinen Ausweg mehr sah.
In unruhigen Zeiten leidet die einfache Bevölkerung, und selbst in Blütezeiten muss die einfache Bevölkerung noch immer leiden.
Es musste jemand hervortreten, um dies alles zu ändern.
Deshalb hat die Rebellengruppe der „bunten Blüten" die Bevölkerung von Xizhou darin angeführt, der ganzen Welt eine Botschaft zu übermitteln:

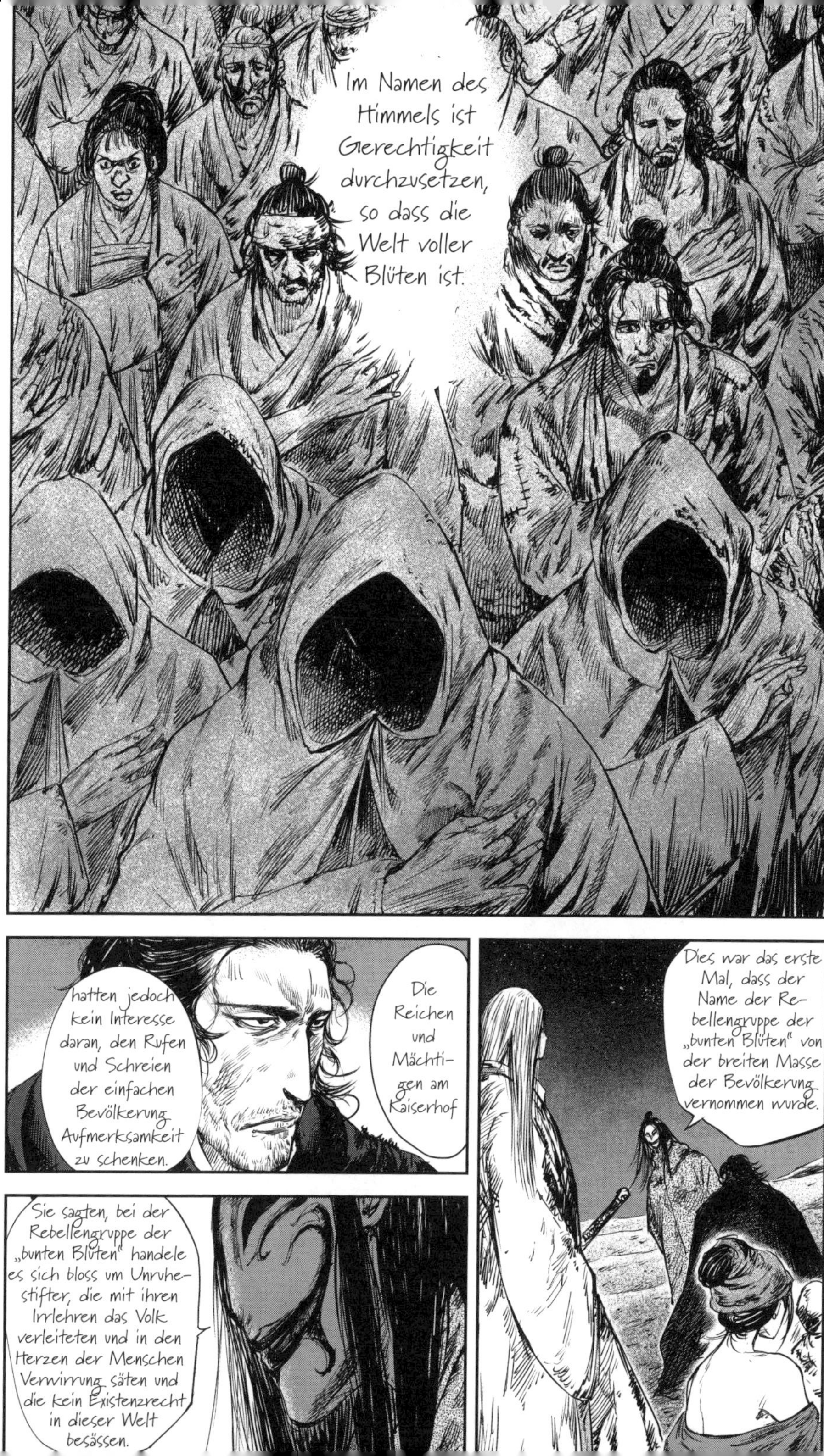
Im Namen des Himmels ist Gerechtigkeit durchzusetzen, so dass die Welt voller Blüten ist.
Dies war das erste Mal, dass der Name der Rebellengruppe der „bunten Blüten" von der breiten Masse der Bevölkerung vernommen wurde.
Die Reichen und Mächtigen am Kaiserhof
hatten jedoch kein Interesse daran, den Rufen und Schreien der einfachen Bevölkerung Aufmerksamkeit zu schenken.
Sie sagten, bei der Rebellengruppe der „bunten Blüten" handele es sich bloss um Unruhestifter, die mit ihren Irrlehren das Volk verleiteten und in den Herzen der Menschen Verwirrung säten und die kein Existenzrecht in dieser Welt besässen.

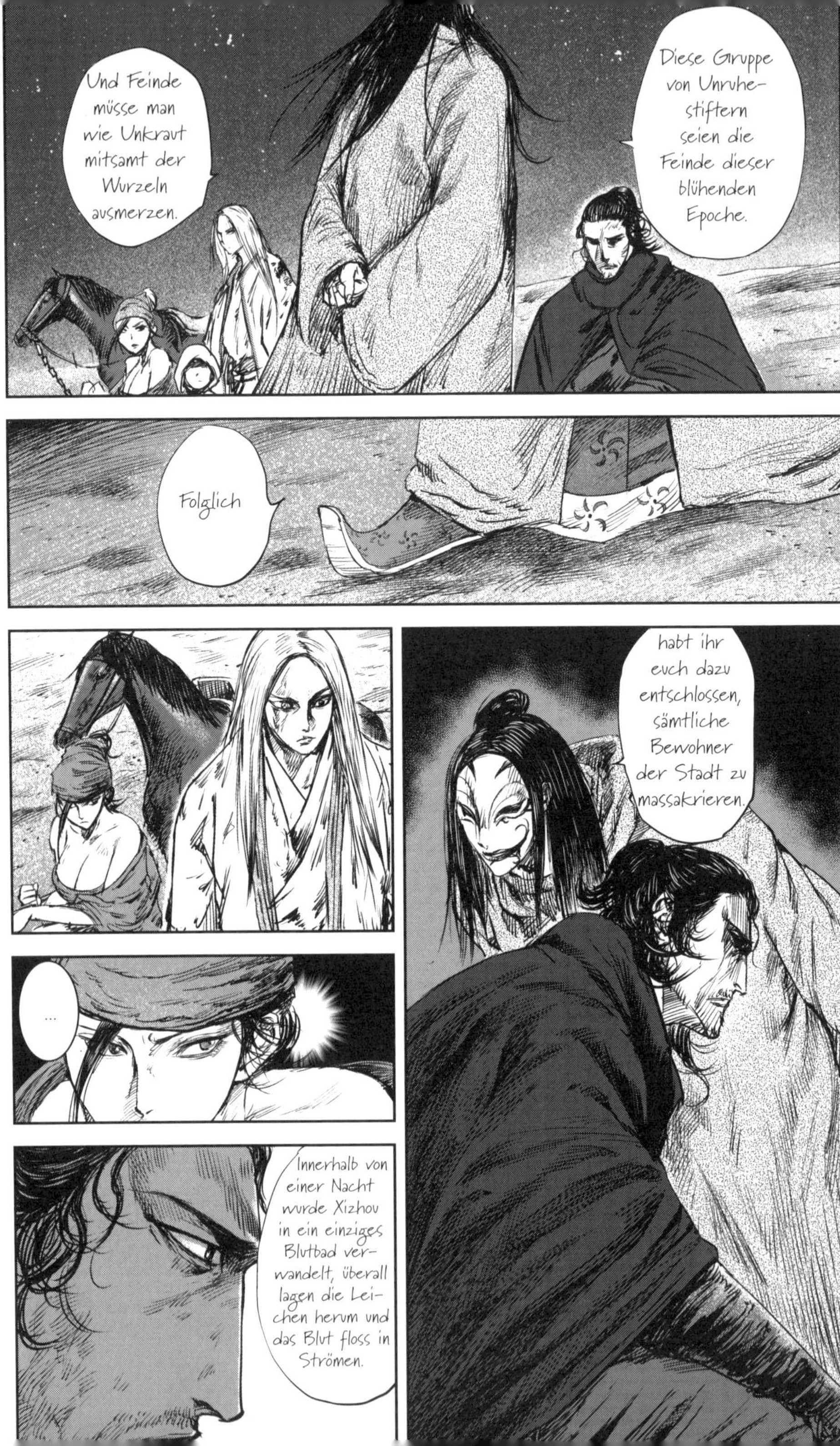

Diese Gruppe von Unruhestiftern seien die Feinde dieser blühenden Epoche.
Und Feinde müsse man wie Unkraut mitsamt der Wurzeln ausmerzen.
Folglich
habt ihr euch dazu entschlossen, sämtliche Bewohner der Stadt zu massakrieren.
...
Innerhalb von einer Nacht wurde Xizhou in ein einziges Blutbad verwandelt, überall lagen die Leichen herum und das Blut floss in Strömen.

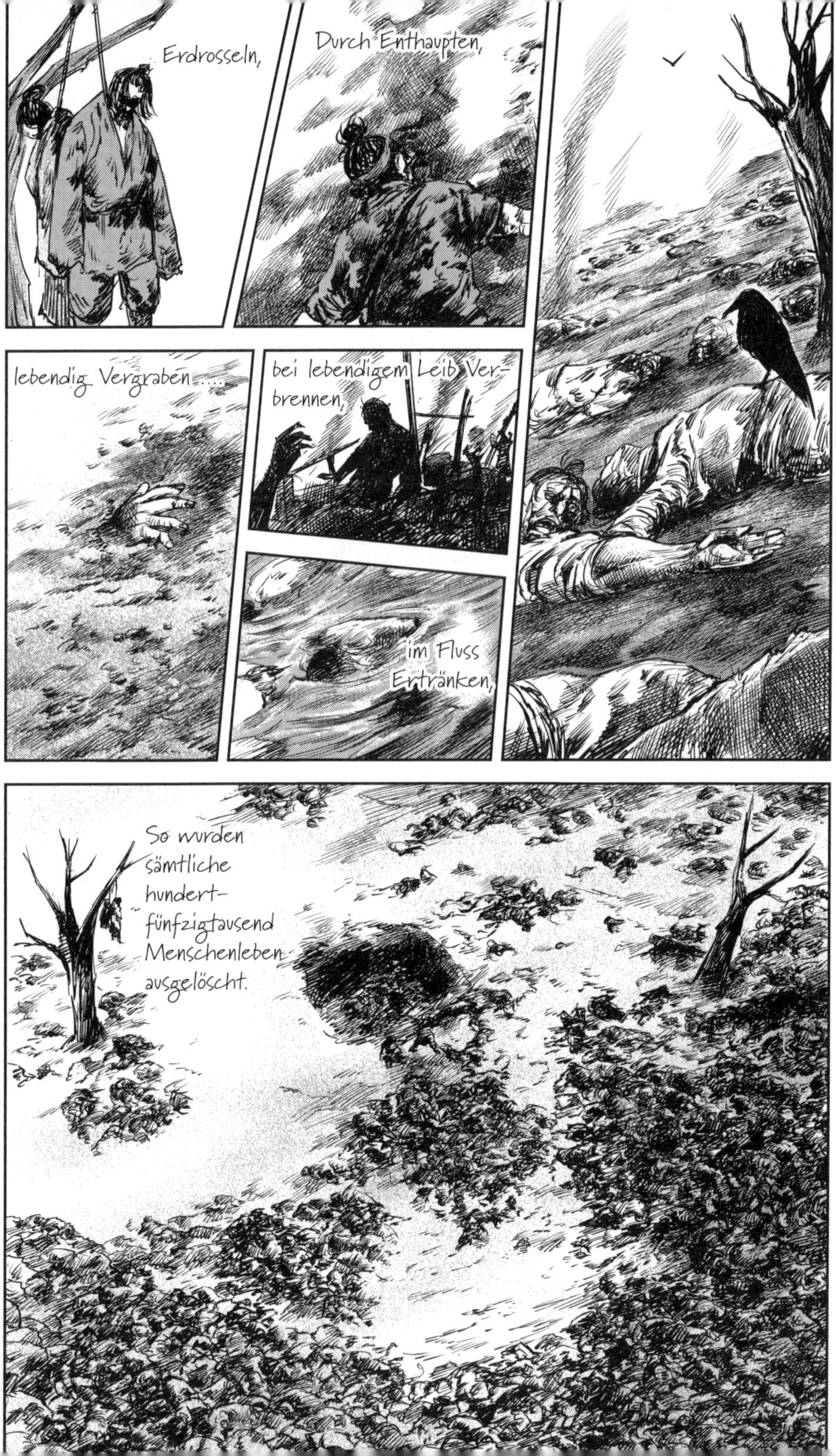

Erdrosseln,
Durch Enthaupten,
lebendig Vergraben .....
bei lebendigem Leib Verbrennen,
im Fluss Ertränken,
So wurden sämtliche hundertfünfzigtausend Menschenleben ausgelöscht.

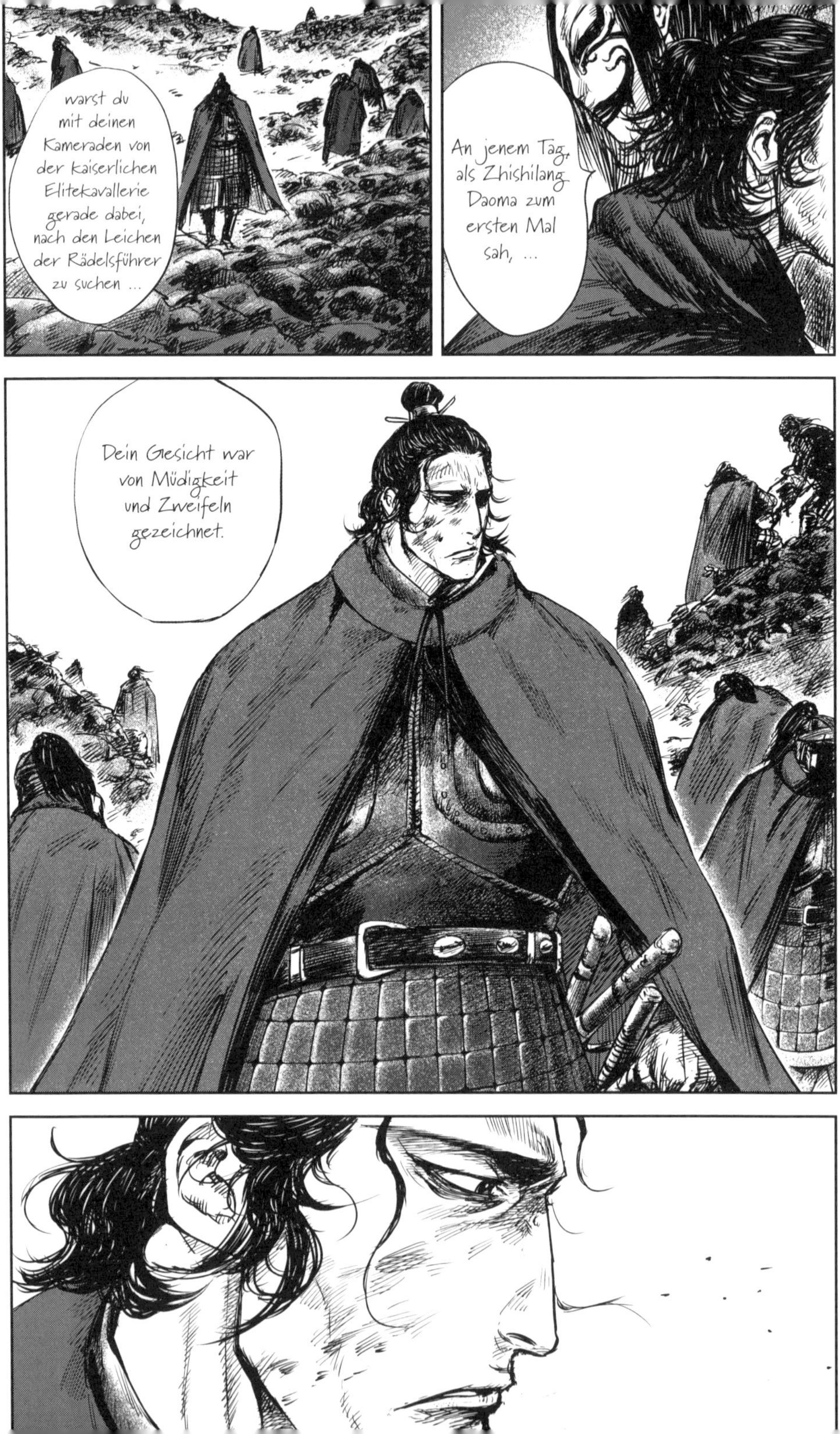

An jenem Tag, als Zhishilang Daoma zum ersten Mal sah, …
warst du mit deinen Kameraden von der kaiserlichen Elitekavallerie gerade dabei, nach den Leichen der Rädelsführer zu suchen …
Dein Gesicht war von Müdigkeit und Zweifeln gezeichnet.

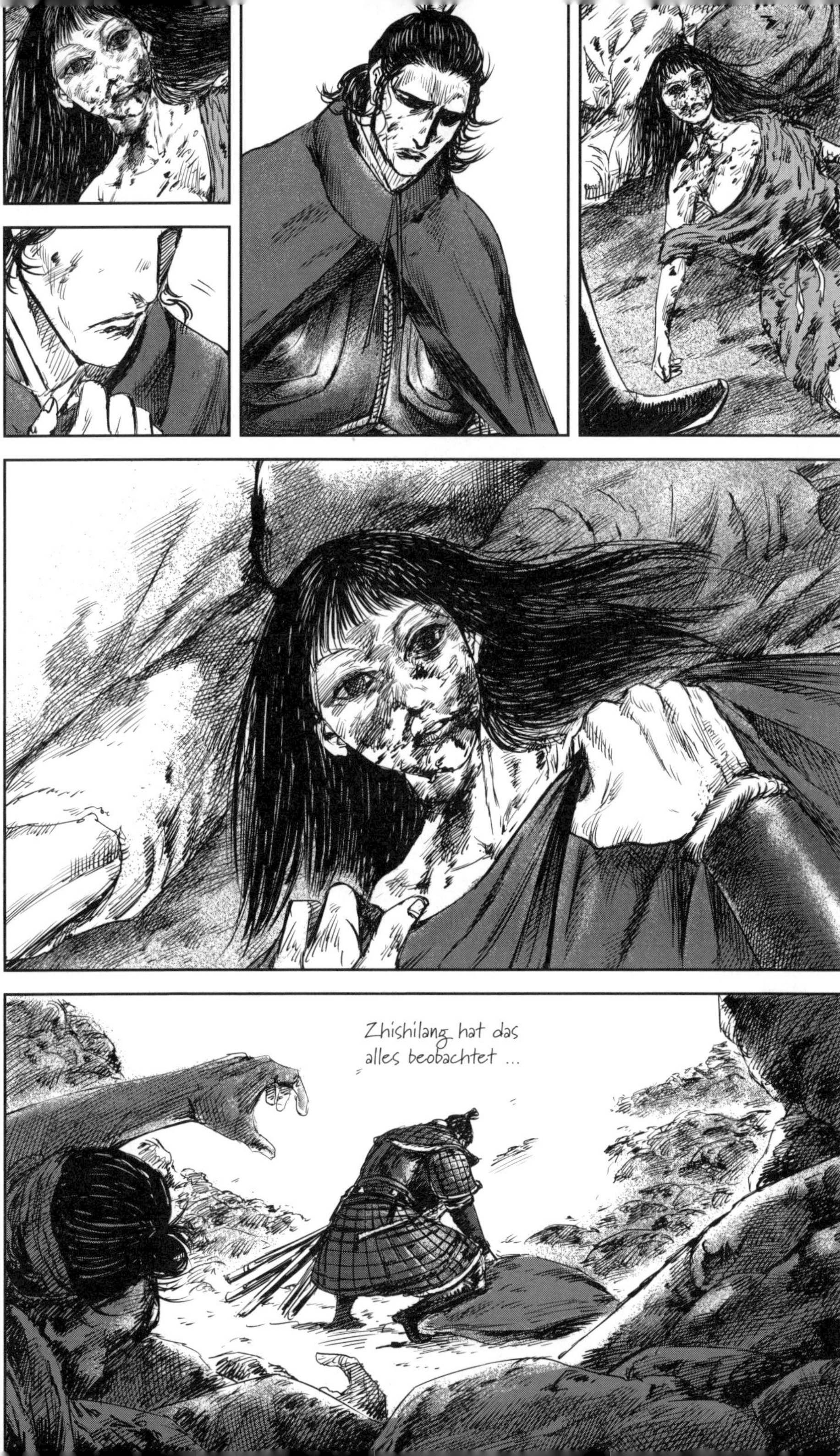
Zhishilang hat das alles beobachtet ...

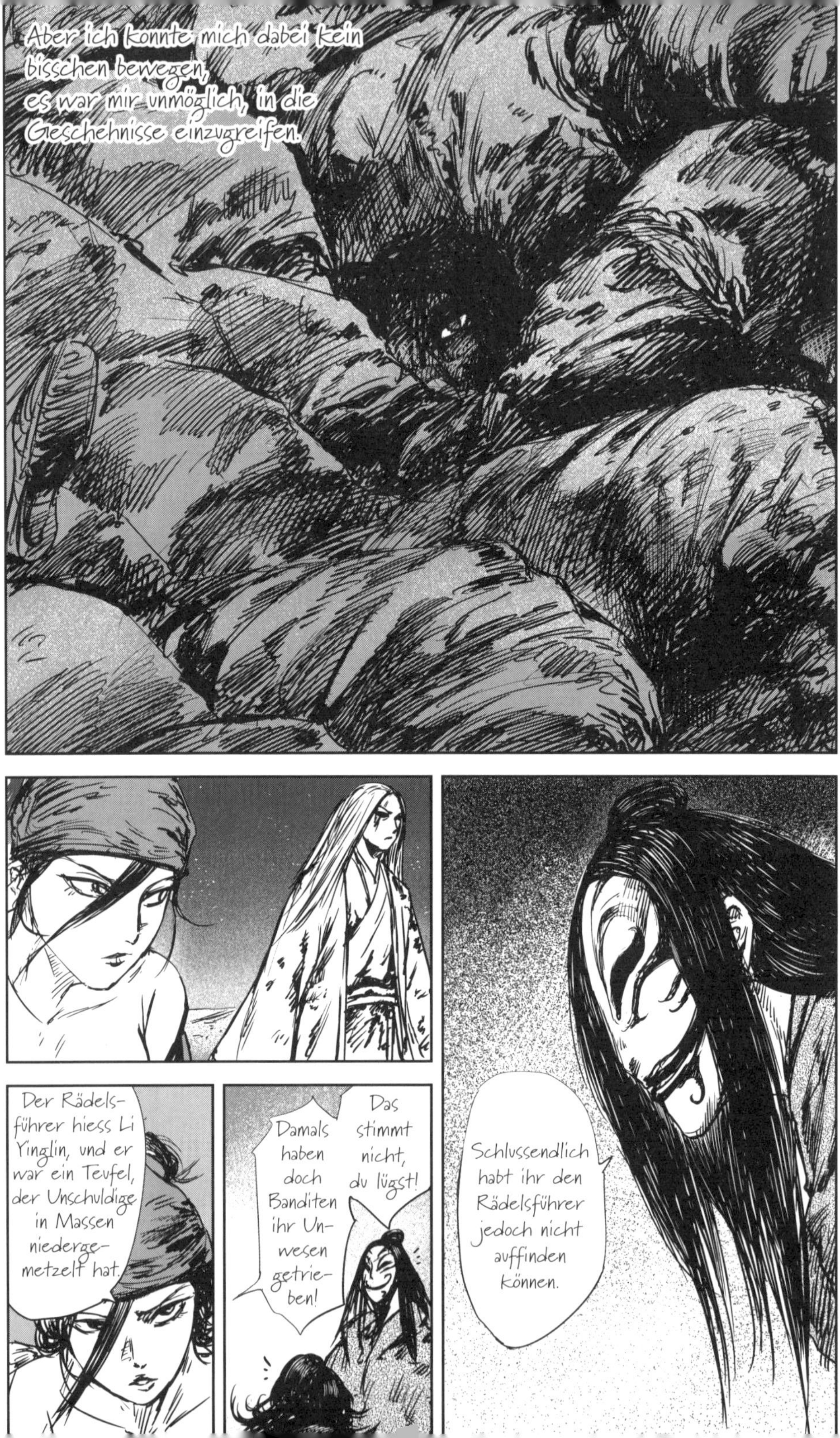
Aber ich konnte mich dabei kein bisschen bewegen, es war mir unmöglich, in die Geschehnisse einzugreifen.
Der Rädelsführer hiess Li Yinglin, und er war ein Teufel, der Unschuldige in Massen niedergemetzelt hat.
Das stimmt nicht, du lügst!
Damals haben doch Banditen ihr Unwesen getrieben!
Schlussendlich habt ihr den Rädelsführer jedoch nicht auffinden können.

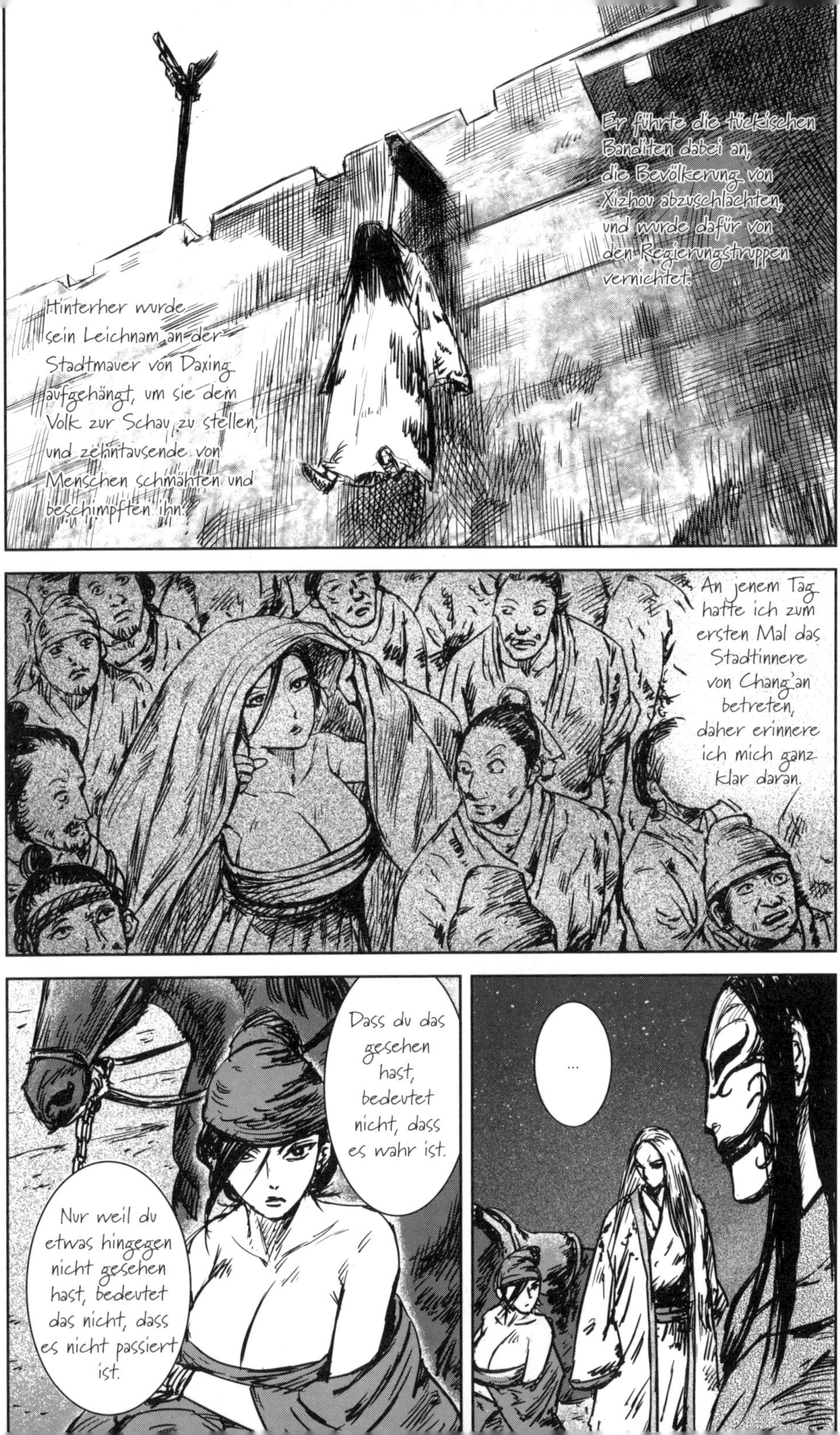
Er führte die tückischen Banditen dabei an, die Bevölkerung von Xizhou abzuschlachten, und wurde dafür von den Regierungstruppen vernichtet.
Hinterher wurde sein Leichnam an der Stadtmauer von Daxing aufgehängt, um sie dem Volk zur Schau zu stellen, und zehntausende von Menschen schmähten und beschimpften ihn.
An jenem Tag hatte ich zum ersten Mal das Stadtinnere von Chang'an betreten, daher erinnere ich mich ganz klar daran.
Dass du das gesehen hast, bedeutet nicht, dass es wahr ist.
Nur weil du etwas hingegen nicht gesehen hast, bedeutet das nicht, dass es nicht passiert ist.
...

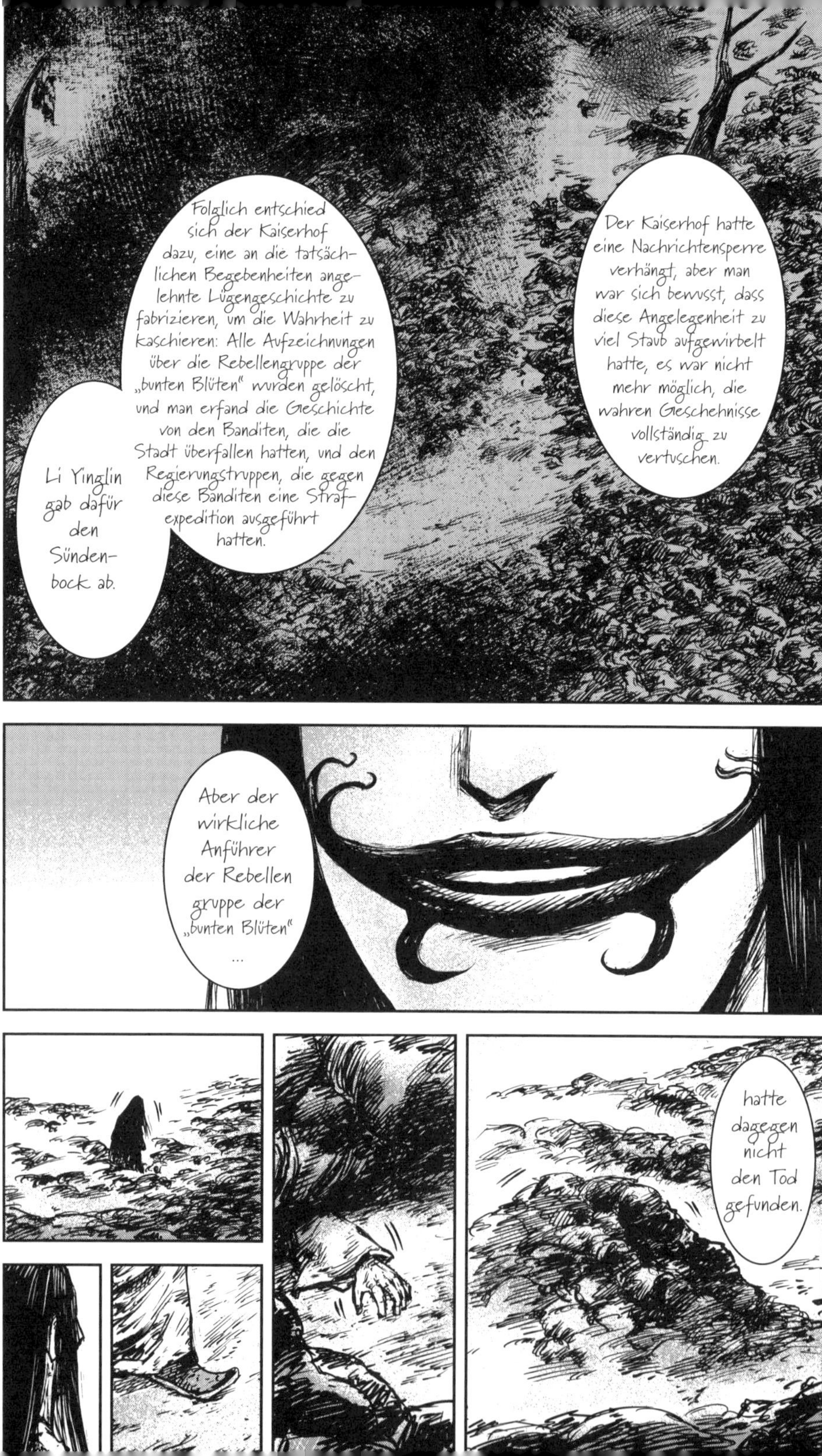
Der Kaiserhof hatte eine Nachrichtensperre verhängt, aber man war sich bewusst, dass diese Angelegenheit zu viel Staub aufgewirbelt hatte, es war nicht mehr möglich, die wahren Geschehnisse vollständig zu vertuschen.
Folglich entschied sich der Kaiserhof dazu, eine an die tatsächlichen Begebenheiten angelehnte Lügengeschichte zu fabrizieren, um die Wahrheit zu kaschieren: Alle Aufzeichnungen über die Rebellengruppe der „bunten Blüten" wurden gelöscht, und man erfand die Geschichte von den Banditen, die die Stadt überfallen hatten, und den Regierungstruppen, die gegen diese Banditen eine Strafexpedition ausgeführt hatten.
Li Yinglin gab dafür den Sündenbock ab.
Aber der wirkliche Anführer der Rebellen gruppe der „bunten Blüten" ...
hatte dagegen nicht den Tod gefunden.

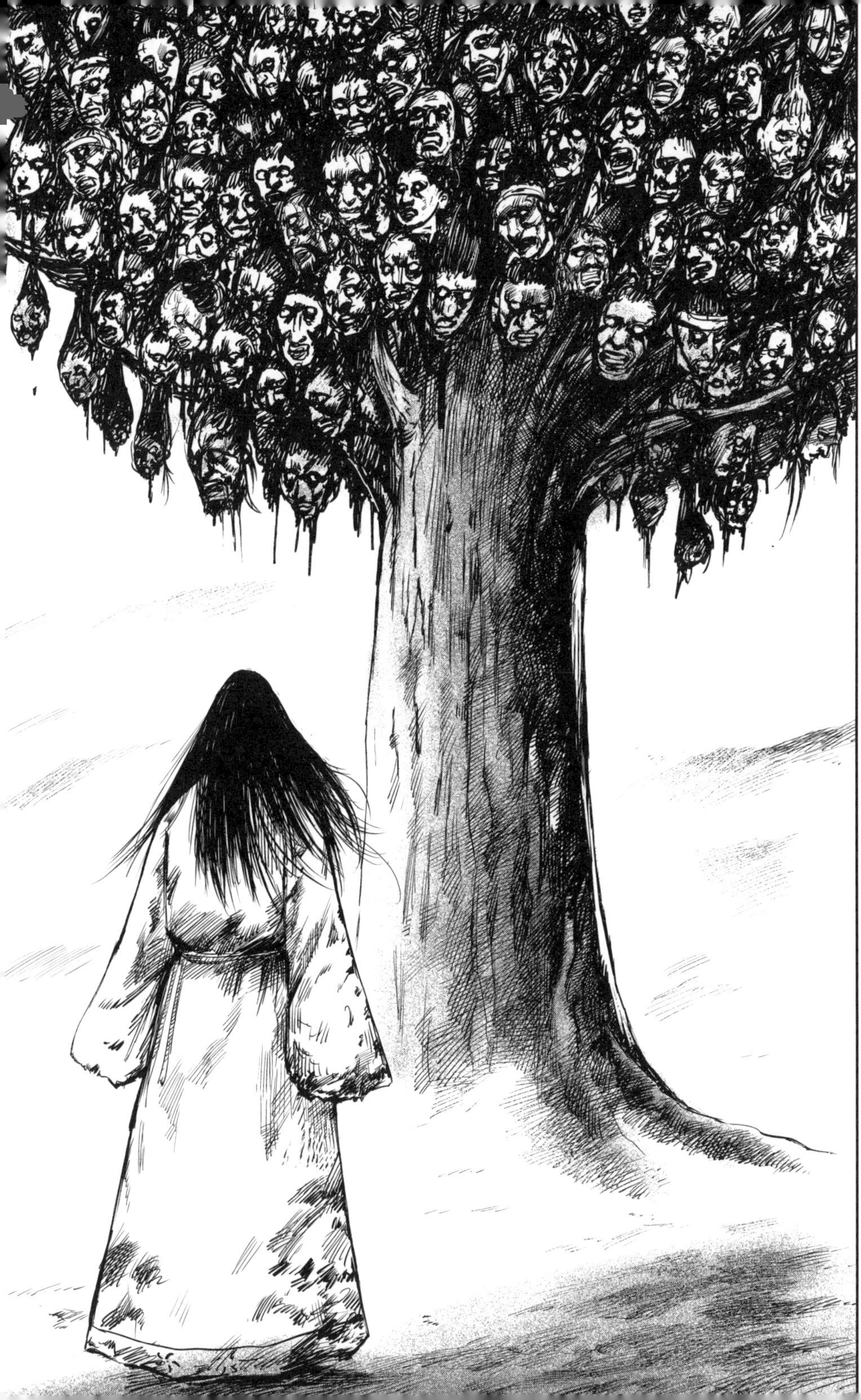

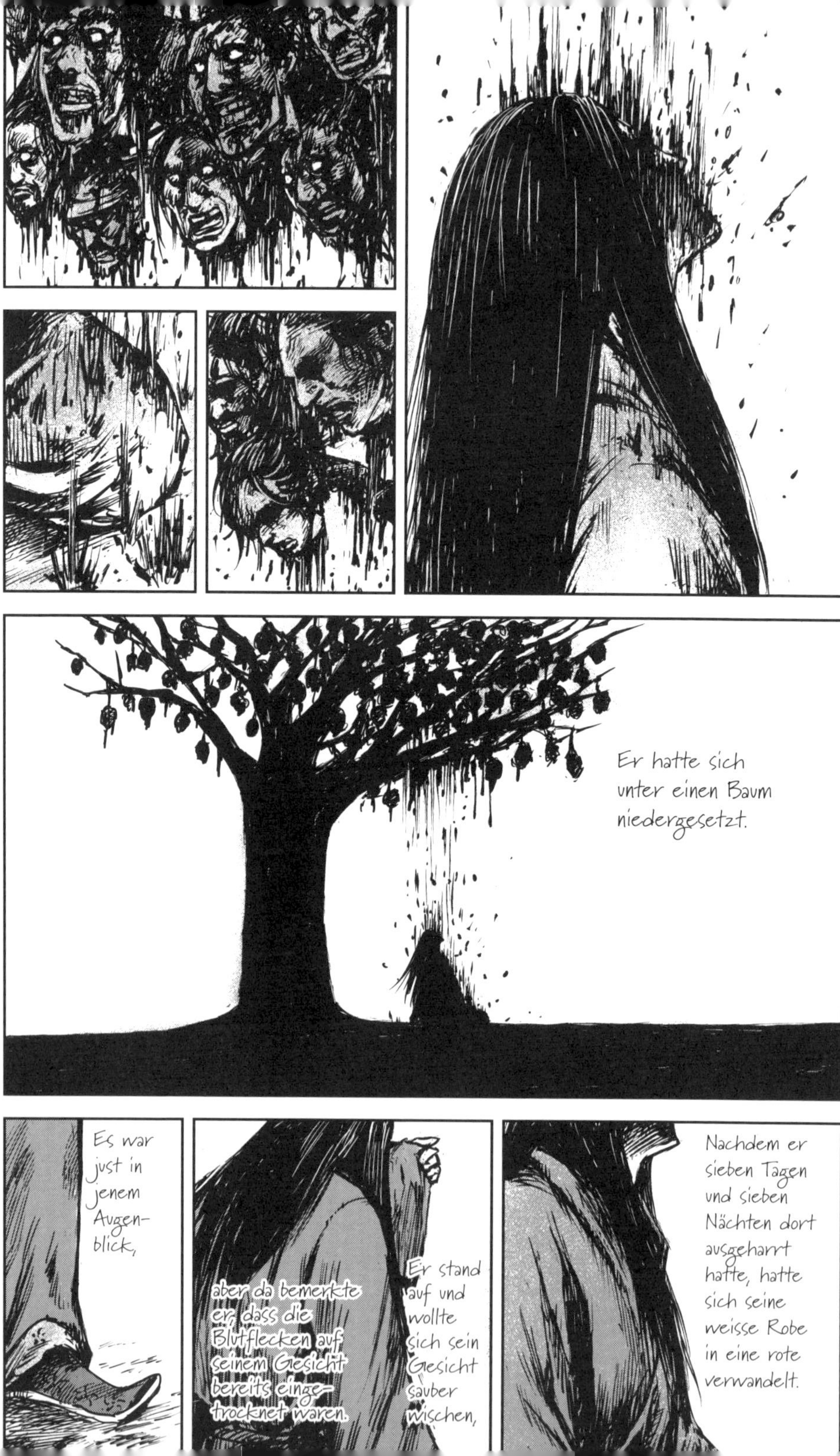
Er hatte sich unter einen Baum niedergesetzt.
Nachdem er sieben Tagen und sieben Nächten dort ausgeharrt hatte, hatte sich seine weisse Robe in eine rote verwandelt.
Er stand auf und wollte sich sein Gesicht sauber wischen,
aber da bemerkte er, dass die Blutflecken auf seinem Gesicht bereits einge-trocknet waren.
Es war just in jenem Augen-blick,

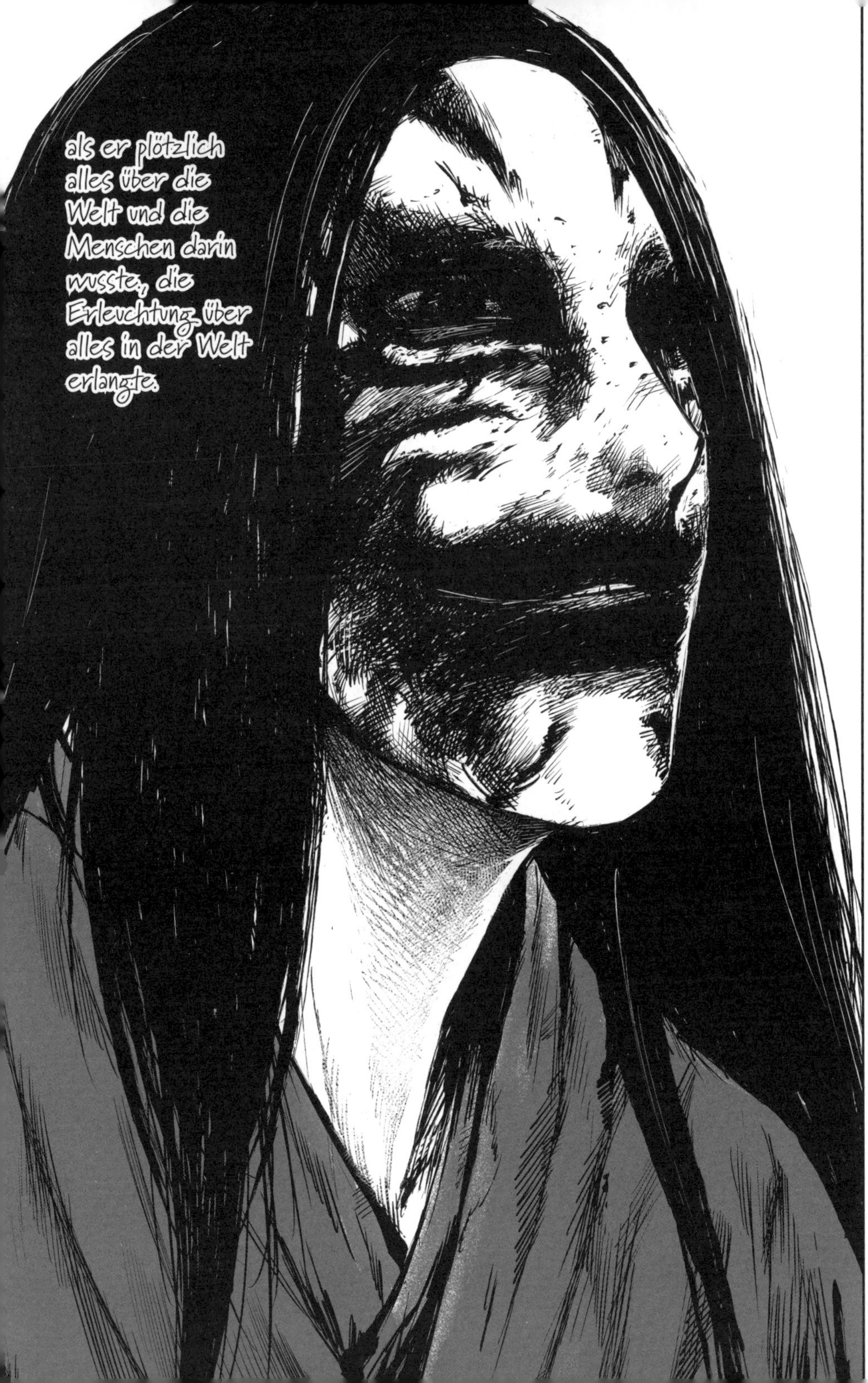
als er plötzlich alles über die Welt und die Menschen darin wusste, die Erleuchtung über alles in der Welt erlangte.

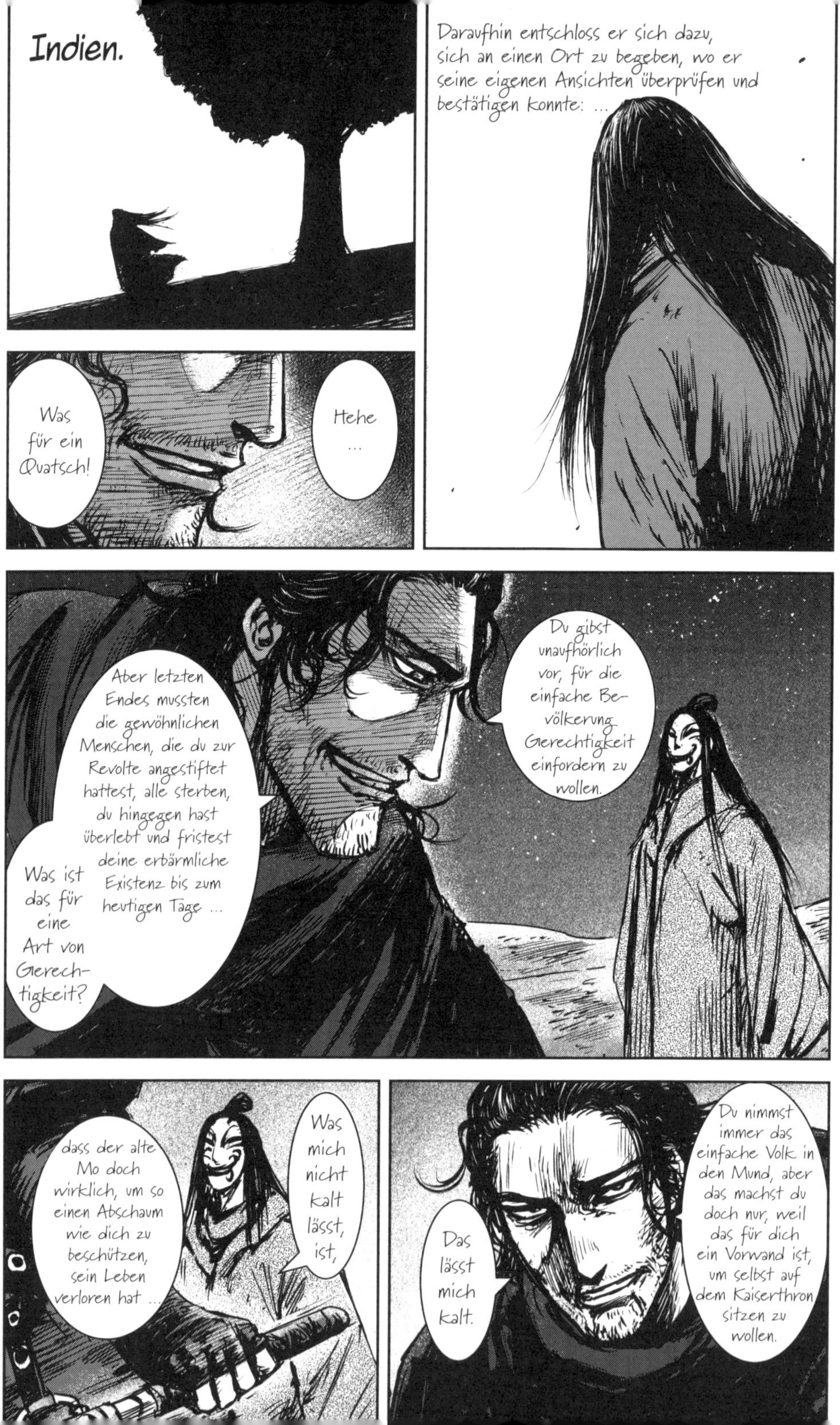

Indien.
Daraufhin entschloss er sich dazu, sich an einen Ort zu begeben, wo er seine eigenen Ansichten überprüfen und bestätigen konnte: ...
Hehe ...
Was für ein Quatsch!
Du gibst unaufhörlich vor, für die einfache Bevölkerung Gerechtigkeit einfordern zu wollen.
Aber letzten Endes mussten die gewöhnlichen Menschen, die du zur Revolte angestiftet hattest, alle sterben, du hingegen hast überlebt und fristest deine erbärmliche Existenz bis zum heutigen Tage ...
Was ist das für eine Art von Gerech-tigkeit?
Was mich nicht kalt lässt, ist,
dass der alte Mo doch wirklich, um so einen Abschaum wie dich zu beschützen, sein Leben verloren hat ...
Du nimmst immer das einfache Volk in den Mund, aber das machst du doch nur, weil das für dich ein Vorwand ist, um selbst auf dem Kaiserthron sitzen zu wollen.
Das lässt mich kalt.

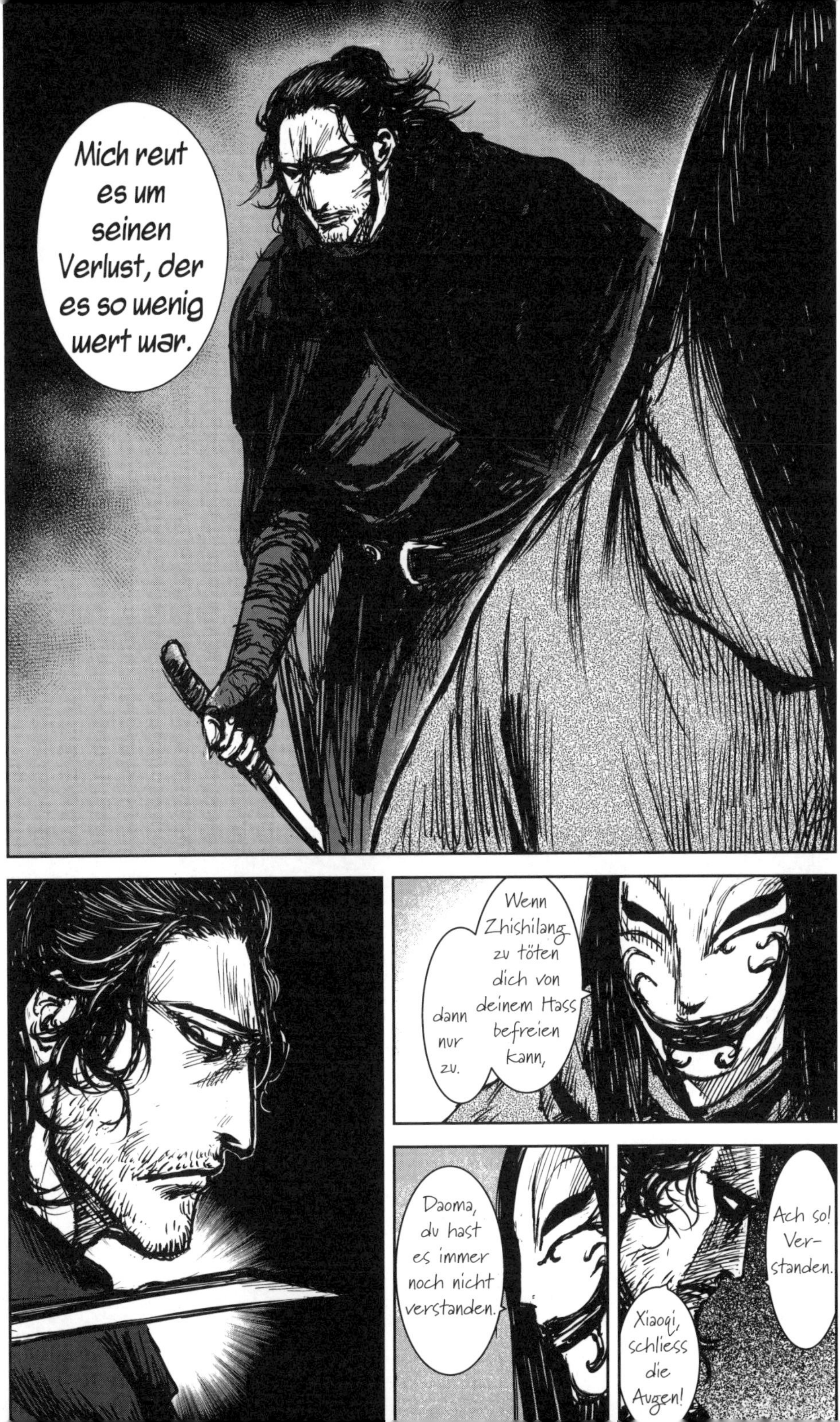
Mich reut es um seinen Verlust, der es so wenig wert war.
Wenn Zhishilang zu töten dich von deinem Hass befreien kann,
dann nur zu.
Ach so! Verstanden.
Xiaoqi, schliess die Augen!
Daoma, du hast es immer noch nicht verstanden.

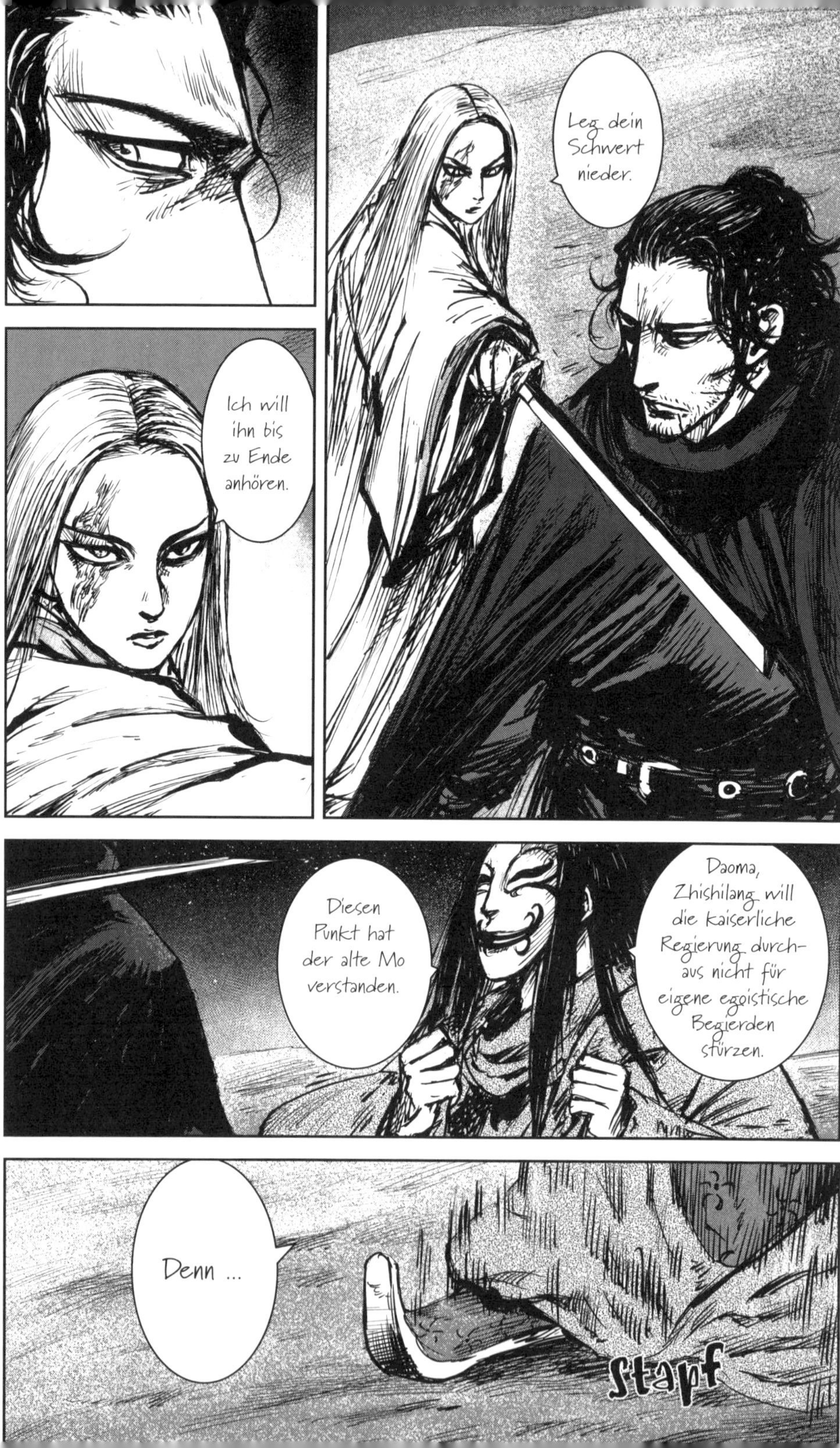
Leg dein Schwert nieder.
Ich will ihn bis zu Ende anhören.
Daoma, Zhishilang will die kaiserliche Regierung durchaus nicht für eigene egoistische Begierden stürzen.
Diesen Punkt hat der alte Mo verstanden.
Denn ...
Stapf

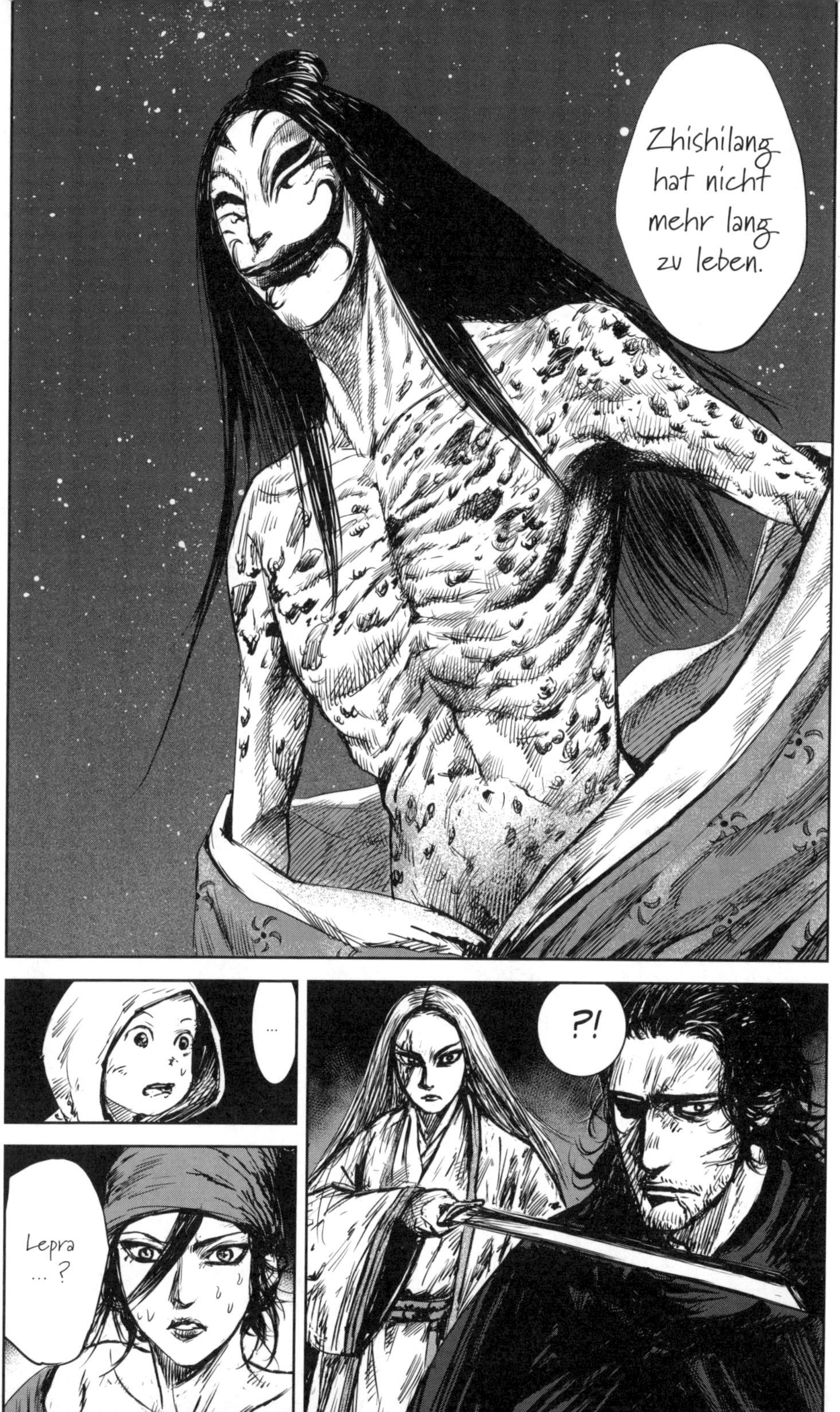
Zhishilang hat nicht mehr lang zu leben.
?!
...
Lepra ... ?

Zweiter Akt:
Die weite Wüste

Kapitel 36:
Die Wahl

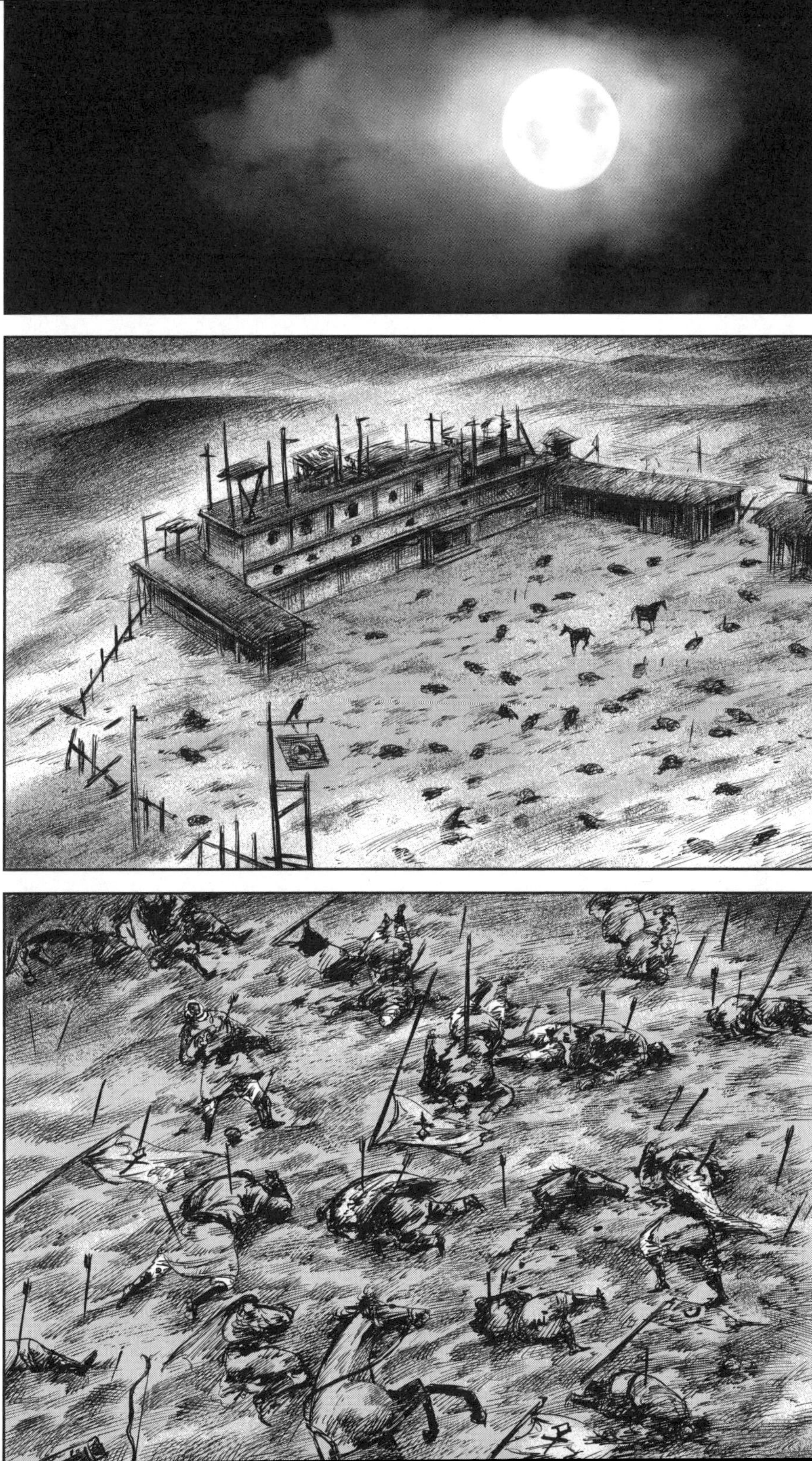

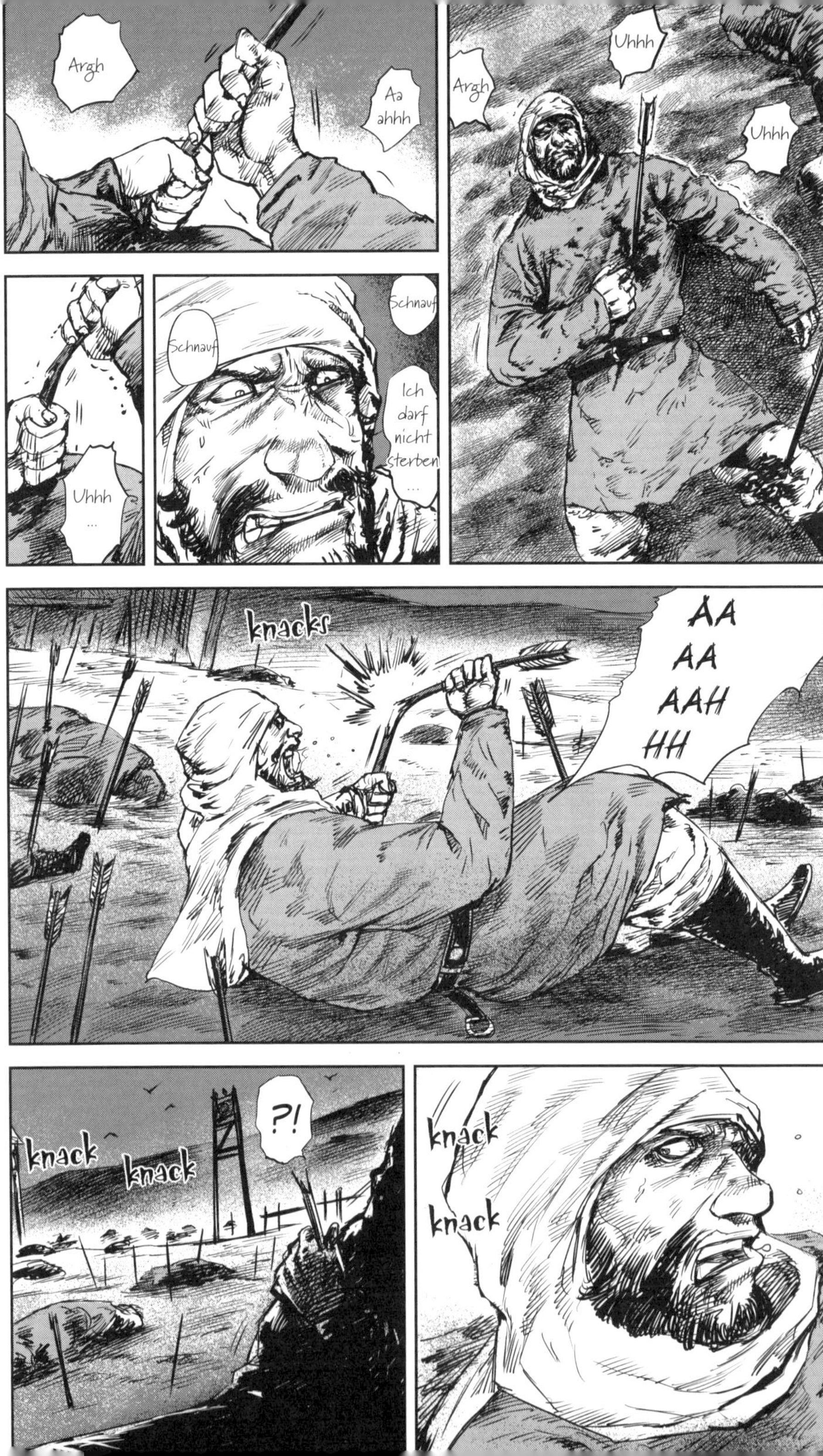
Argh
Aa ahhh
Argh
Uhhh
Uhhh
Uhhh ...
Schnauf
Schnauf
Ich darf nicht sterben ...
knacks
AA AA AAH HH
knack
knack
?!
knack
knack

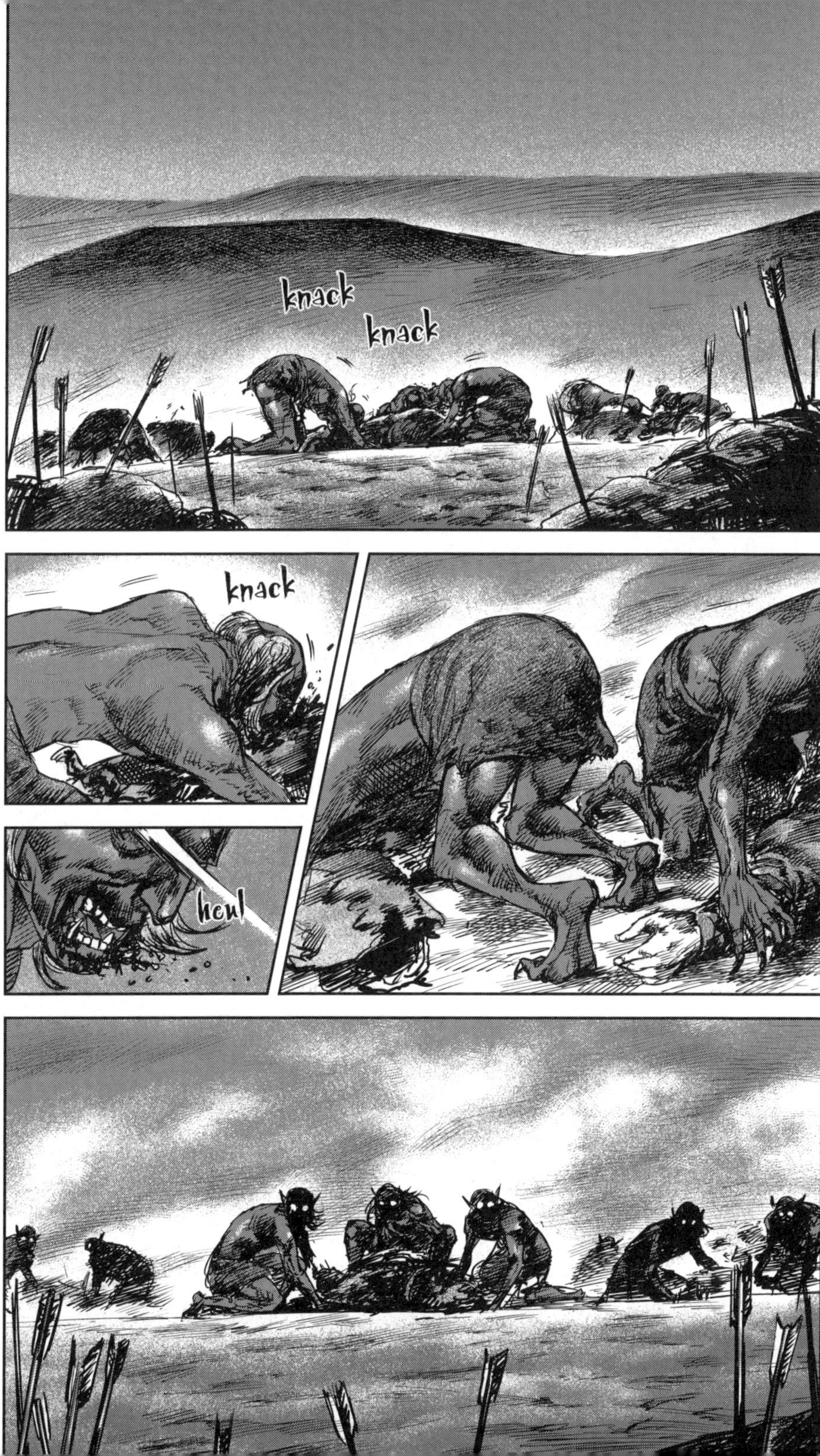
knack
knack
knack
heul

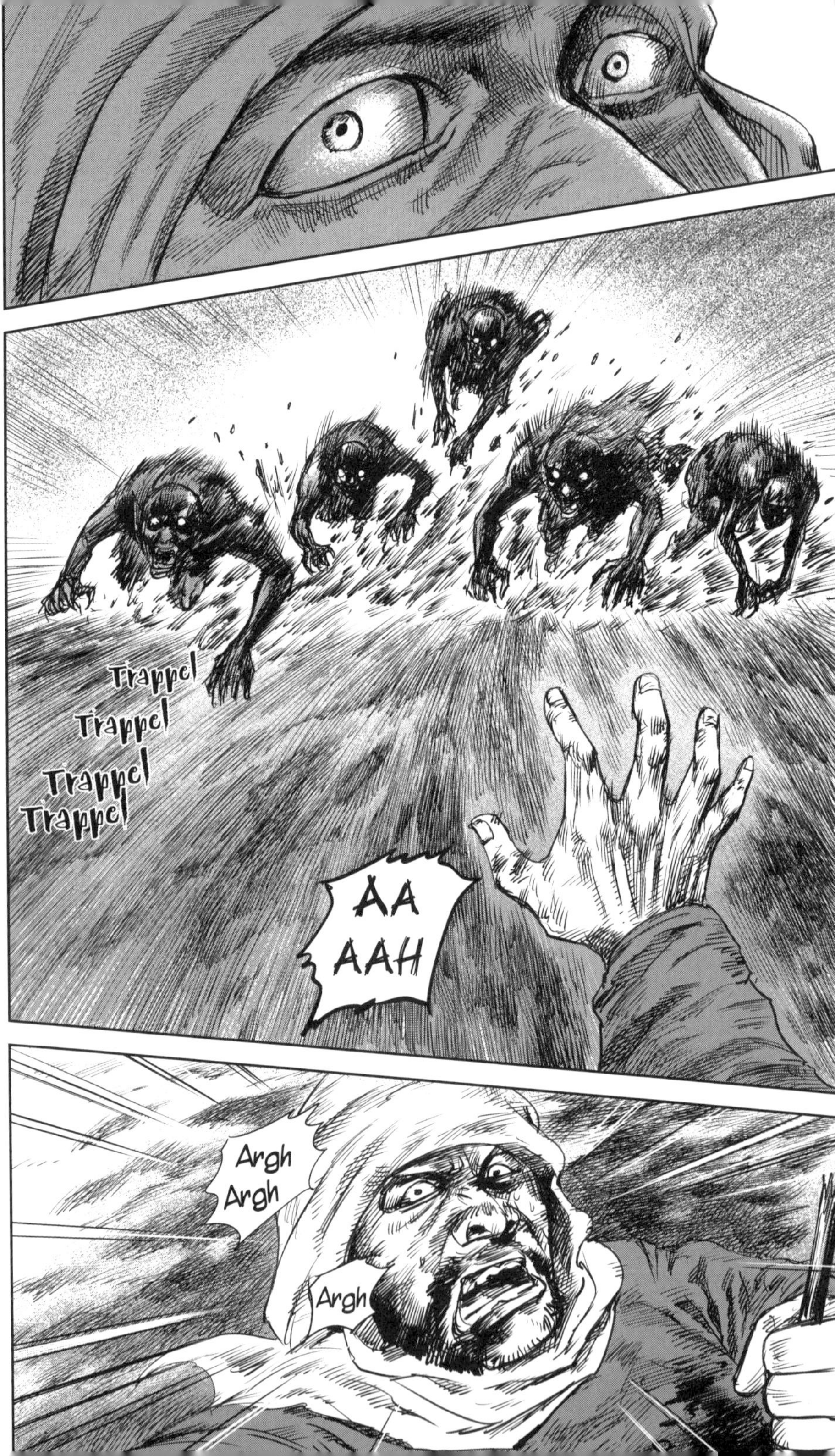
Trappel
Trappel
Trappel
Trappel
AA AAH
Argh Argh
Argh

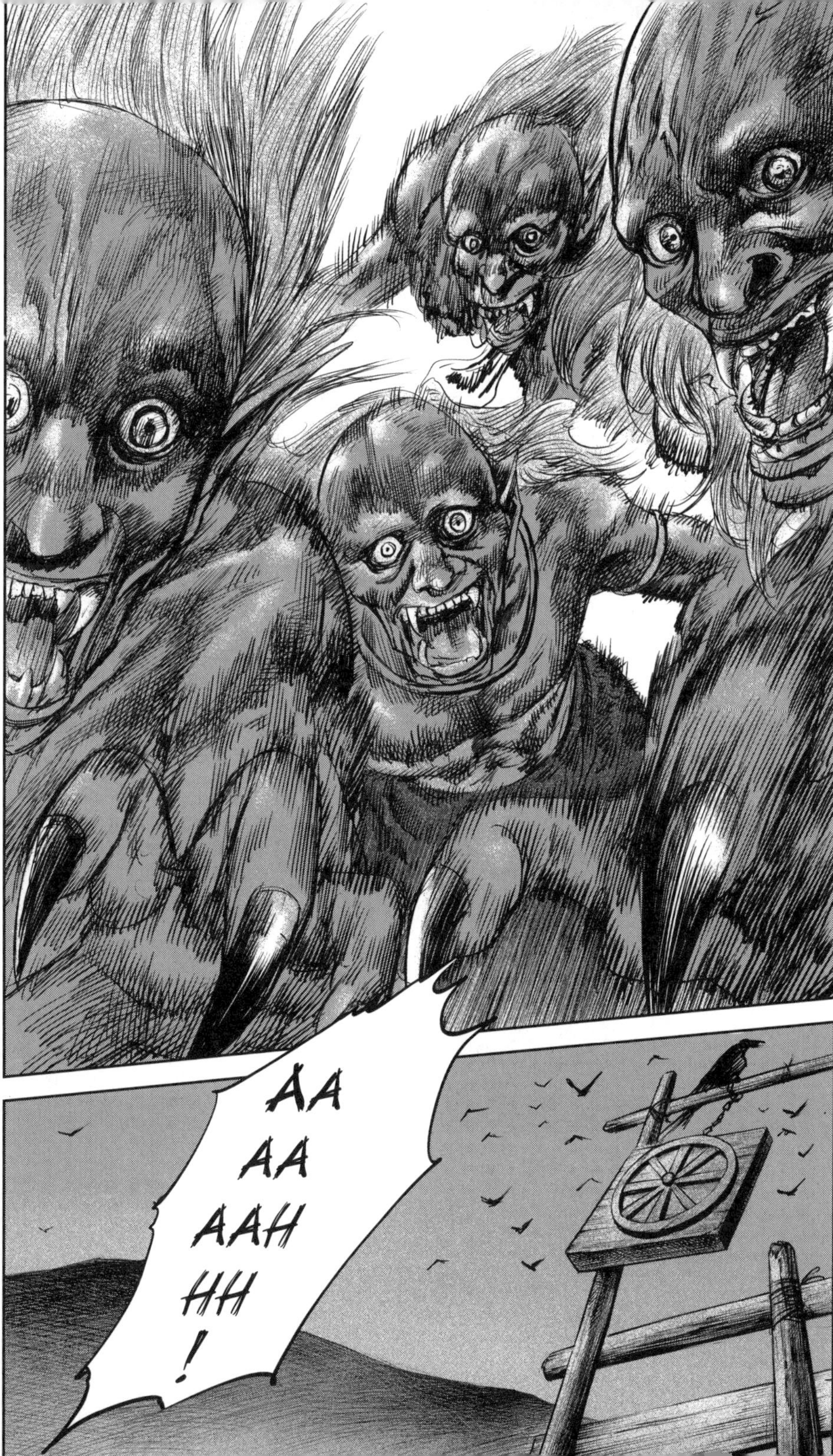
AA
AA
AAH
HH
!

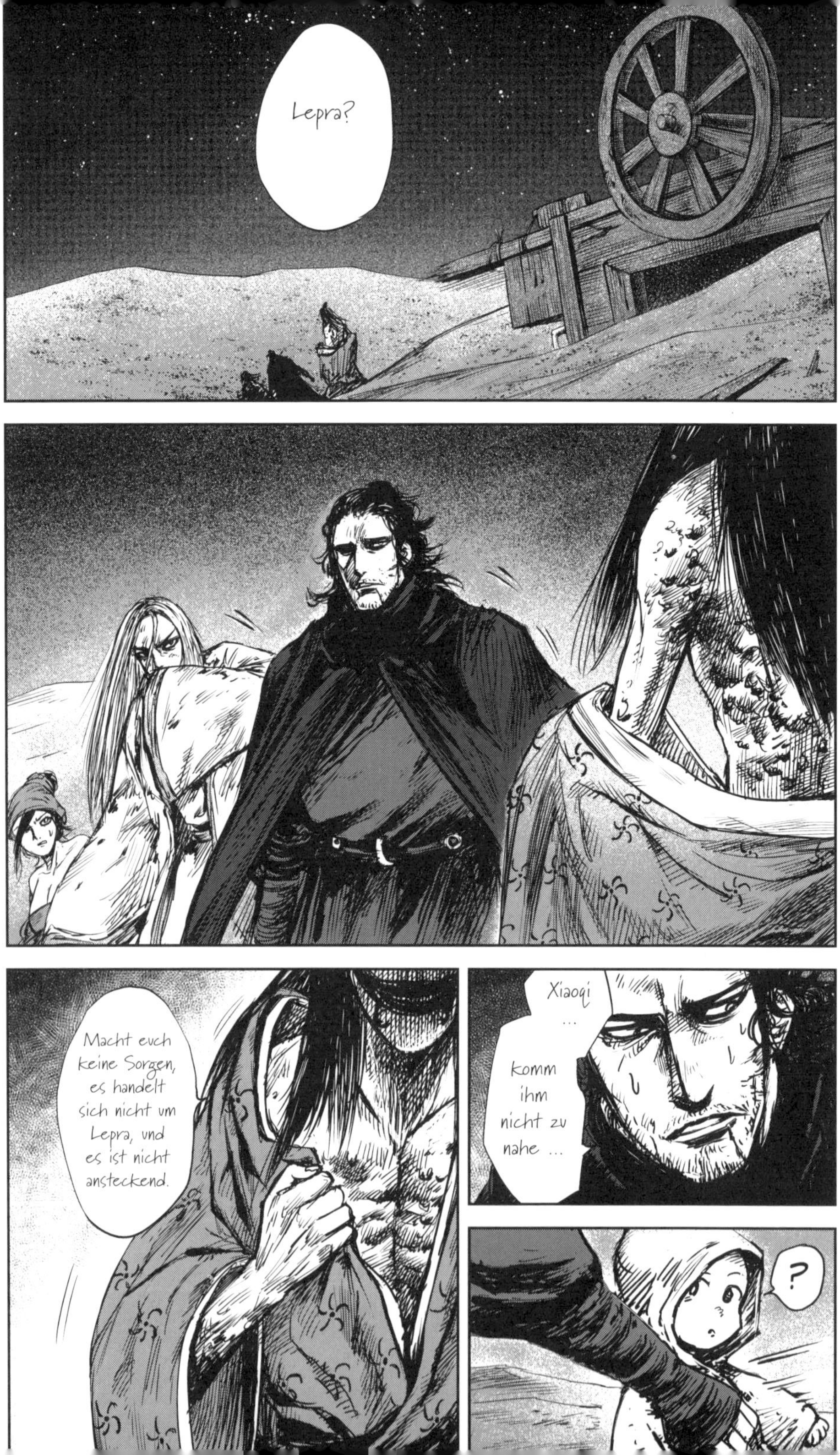
Lepra?
Macht euch keine Sorgen, es handelt sich nicht um Lepra, und es ist nicht ansteckend.
Xiaoqi …
komm ihm nicht zu nahe …
?

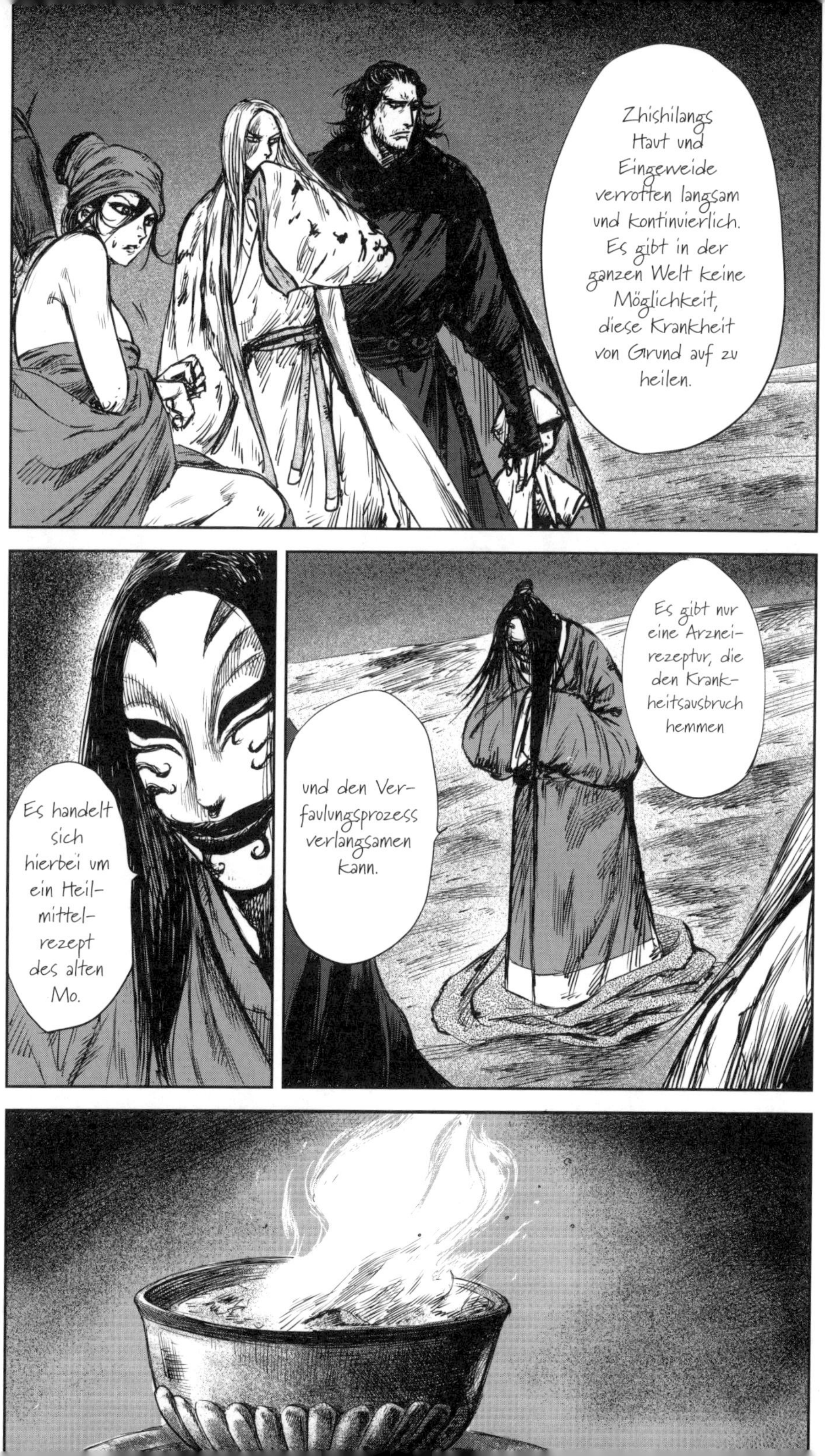
Zhishilangs Haut und Eingeweide verrotten langsam und kontinuierlich. Es gibt in der ganzen Welt keine Möglichkeit, diese Krankheit von Grund auf zu heilen.
Es gibt nur eine Arznei-rezeptur, die den Krank-heitsausbruch hemmen
und den Ver-faulungsprozess verlangsamen kann.
Es handelt sich hierbei um ein Heil-mittel-rezept des alten Mo.

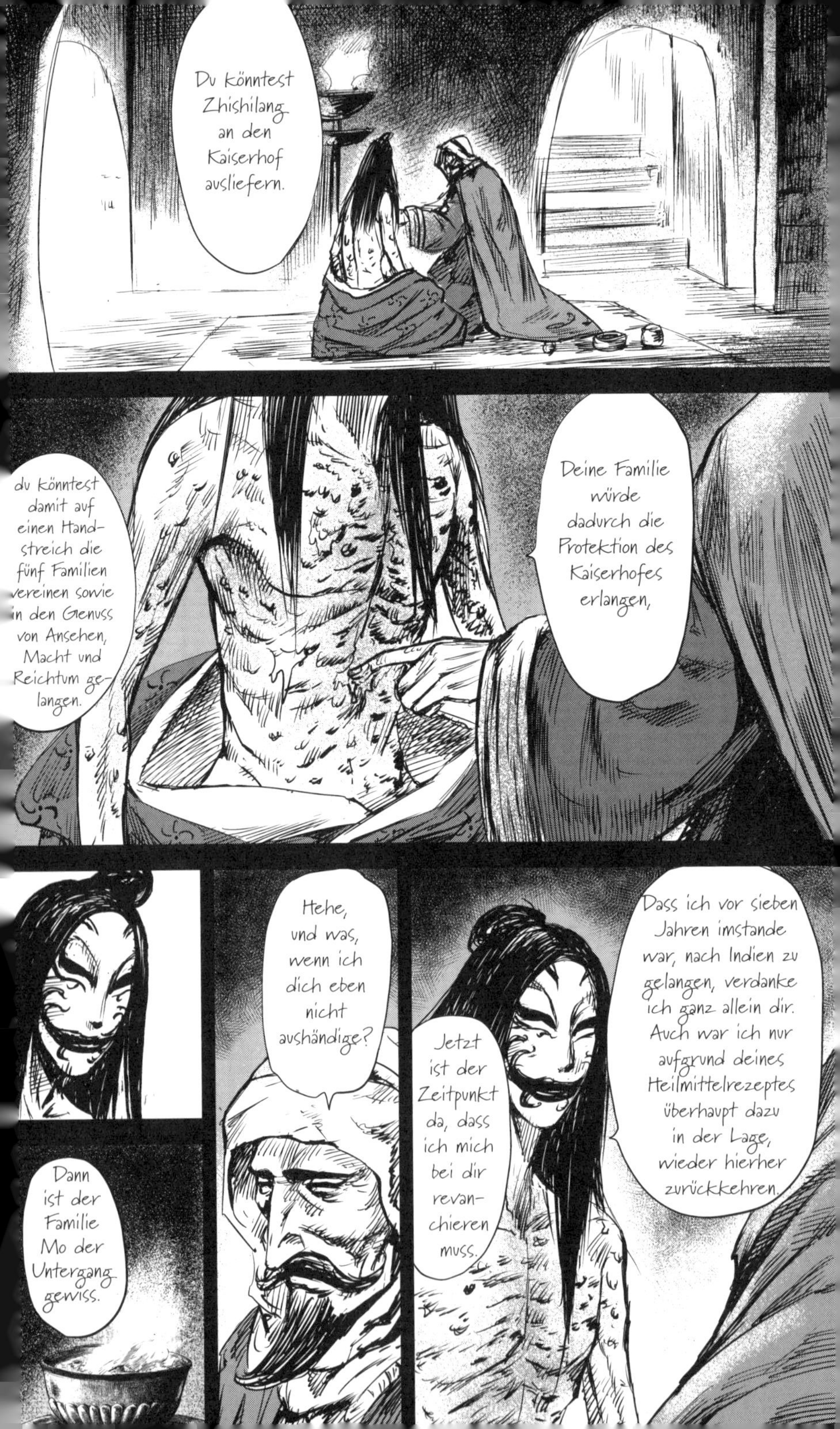
Du könntest Zhishilang an den Kaiserhof ausliefern.
Deine Familie würde dadurch die Protektion des Kaiserhofes erlangen,
du könntest damit auf einen Handstreich die fünf Familien vereinen sowie in den Genuss von Ansehen, Macht und Reichtum gelangen.
Hehe, und was, wenn ich dich eben nicht aushändige?
Dann ist der Familie Mo der Untergang gewiss.
Dass ich vor sieben Jahren imstande war, nach Indien zu gelangen, verdanke ich ganz allein dir. Auch war ich nur aufgrund deines Heilmittelrezeptes überhaupt dazu in der Lage, wieder hierher zurückkehren.
Jetzt ist der Zeitpunkt da, dass ich mich bei dir revanchieren muss.

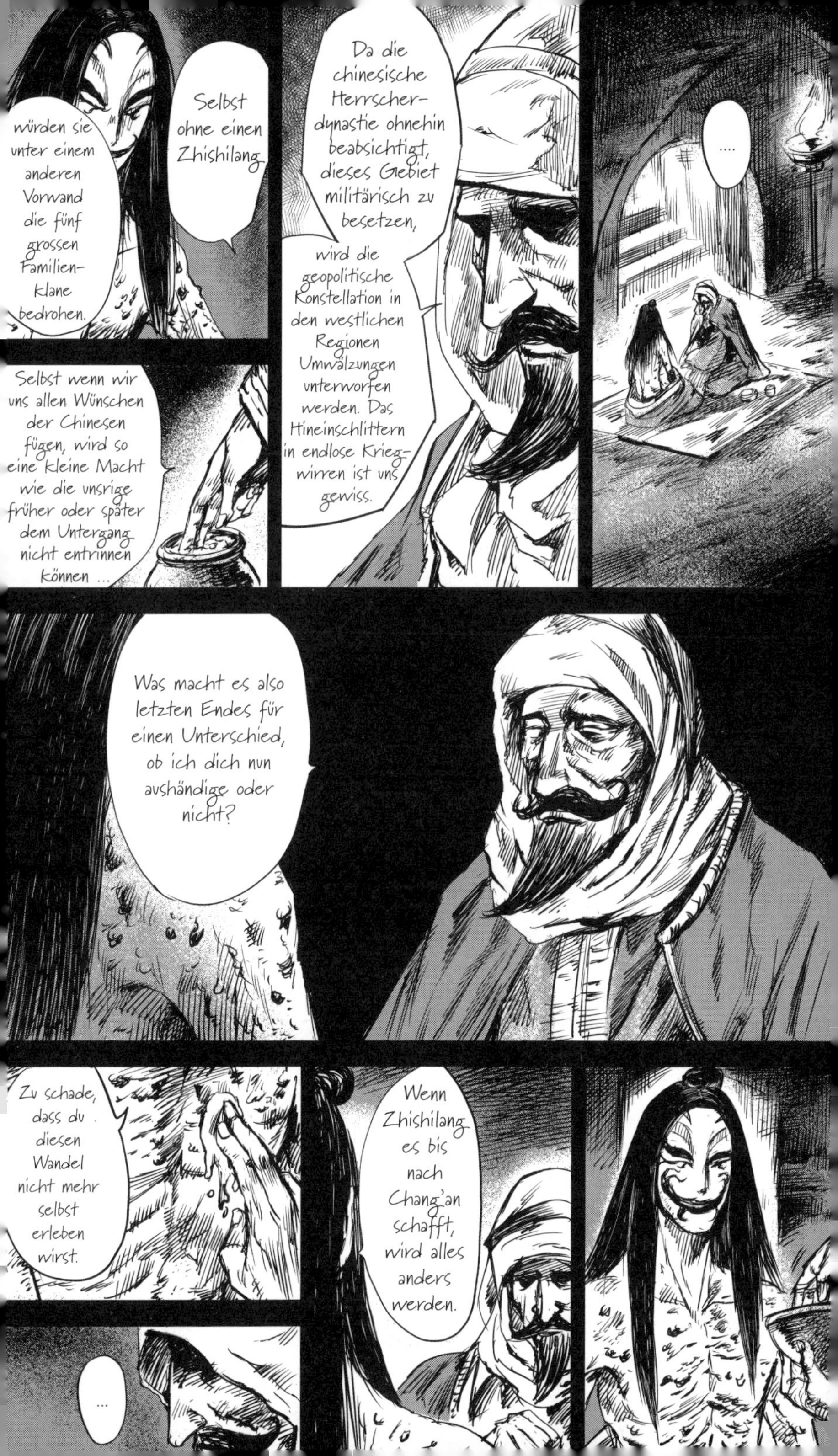
Selbst ohne einen Zhishilang
würden sie unter einem anderen Vorwand die fünf grossen Familien-klane bedrohen.
Da die chinesische Herrscher-dynastie ohnehin beabsichtigt, dieses Gebiet militärisch zu besetzen,
wird die geopolitische Konstellation in den westlichen Regionen Umwälzungen unterworfen werden. Das Hineinschlittern in endlose Krieg-wirren ist uns gewiss.
....
Selbst wenn wir uns allen Wünschen der Chinesen fügen, wird so eine kleine Macht wie die unsrige früher oder später dem Untergang nicht entrinnen können ...
Was macht es also letzten Endes für einen Unterschied, ob ich dich nun aushändige oder nicht?
Zu schade, dass du diesen Wandel nicht mehr selbst erleben wirst.
Wenn Zhishilang es bis nach Chang'an schafft, wird alles anders werden.
...

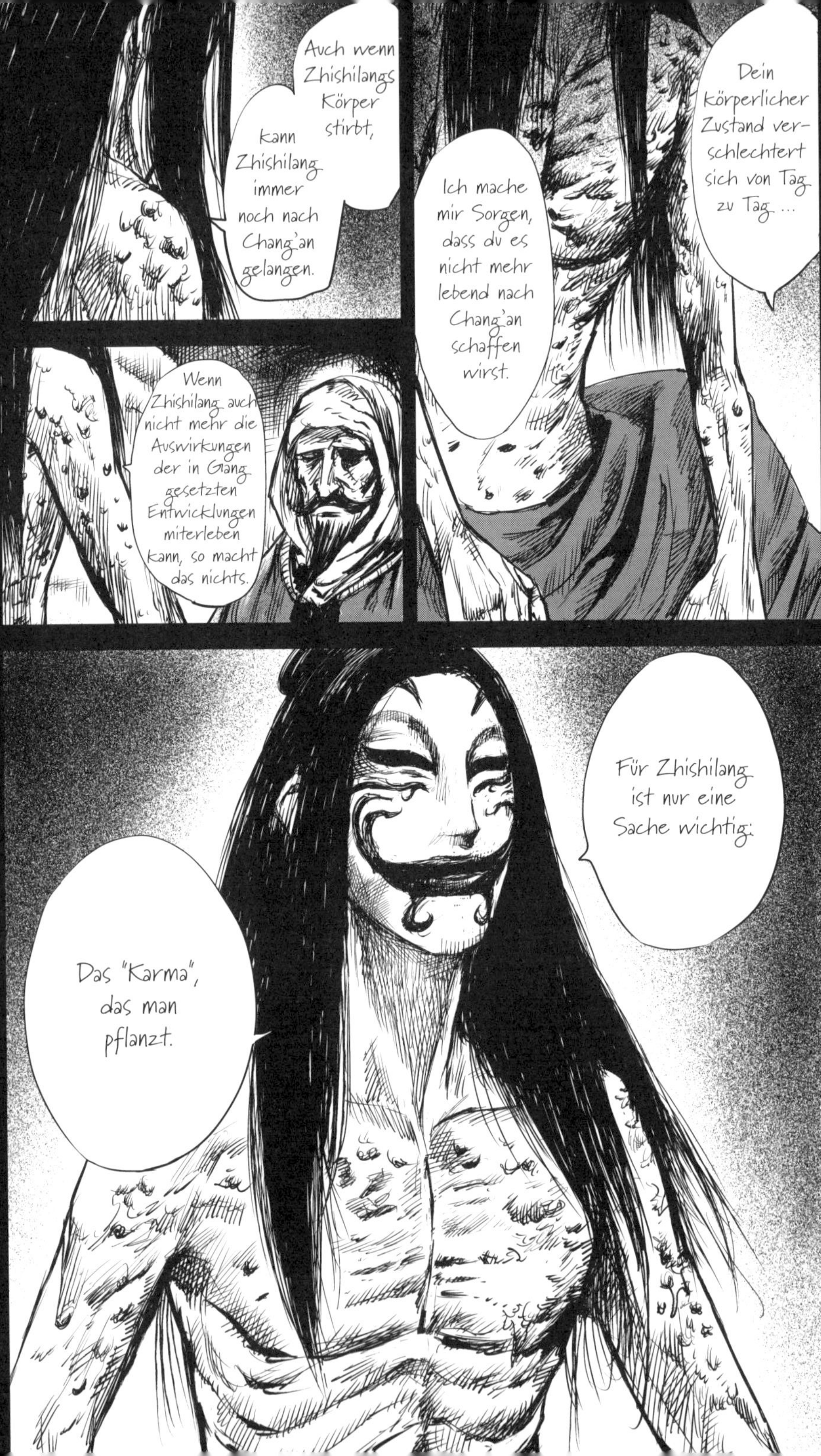
Dein körperlicher Zustand verschlechtert sich von Tag zu Tag ...
Ich mache mir Sorgen, dass du es nicht mehr lebend nach Chang'an schaffen wirst.
Auch wenn Zhishilangs Körper stirbt,
kann Zhishilang immer noch nach Chang'an gelangen.
Wenn Zhishilang auch nicht mehr die Auswirkungen der in Gang gesetzten Entwicklungen miterleben kann, so macht das nichts.
Für Zhishilang ist nur eine Sache wichtig:
Das "Karma", das man pflanzt.

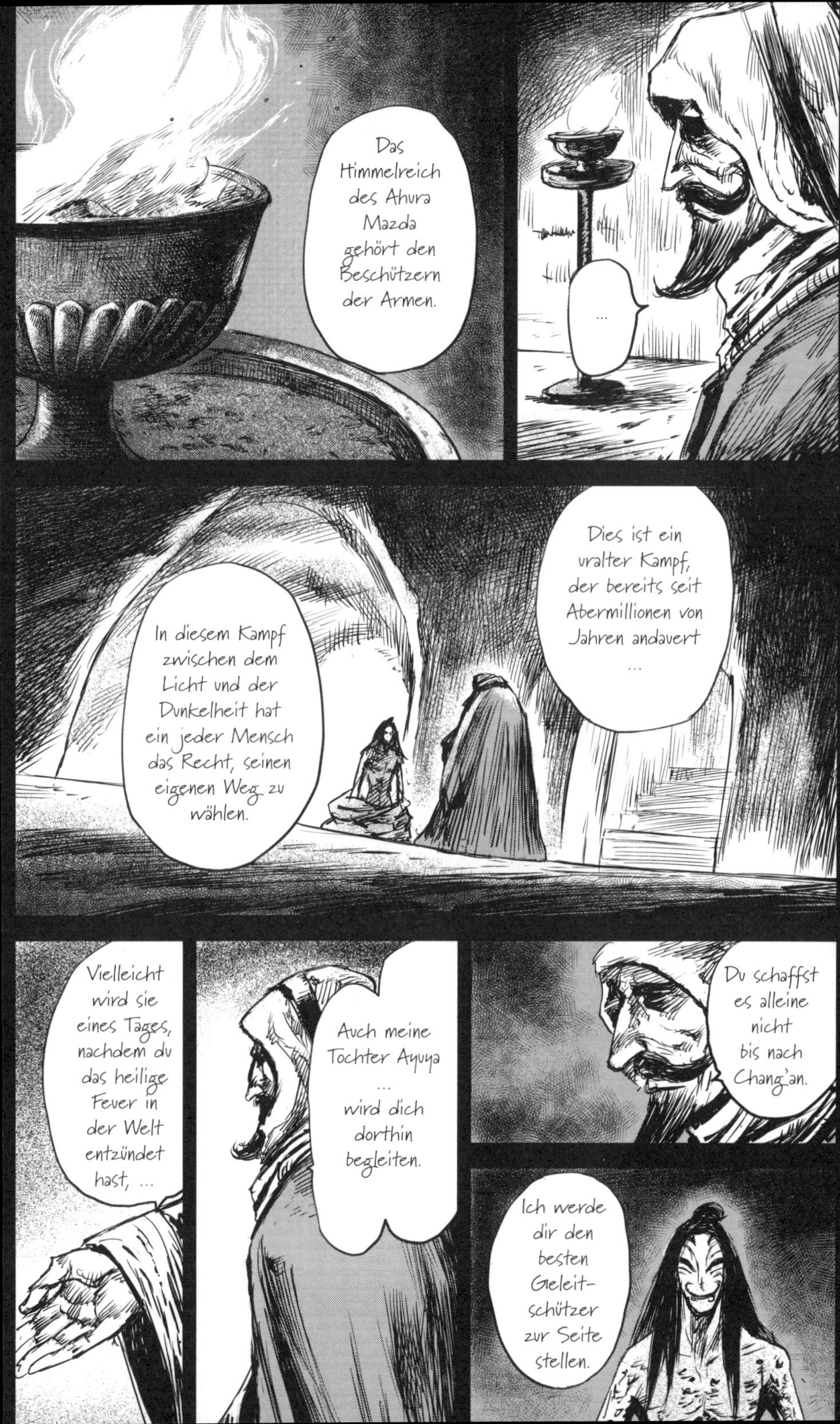

Das Himmelreich des Ahura Mazda gehört den Beschützern der Armen.
...
Dies ist ein uralter Kampf, der bereits seit Abermillionen von Jahren andauert ...
In diesem Kampf zwischen dem Licht und der Dunkelheit hat ein jeder Mensch das Recht, seinen eigenen Weg zu wählen.
Vielleicht wird sie eines Tages, nachdem du das heilige Feuer in der Welt entzündet hast, ...
Auch meine Tochter Ayuya ... wird dich dorthin begleiten.
Du schaffst es alleine nicht bis nach Chang'an.
Ich werde dir den besten Geleit-schützer zur Seite stellen.

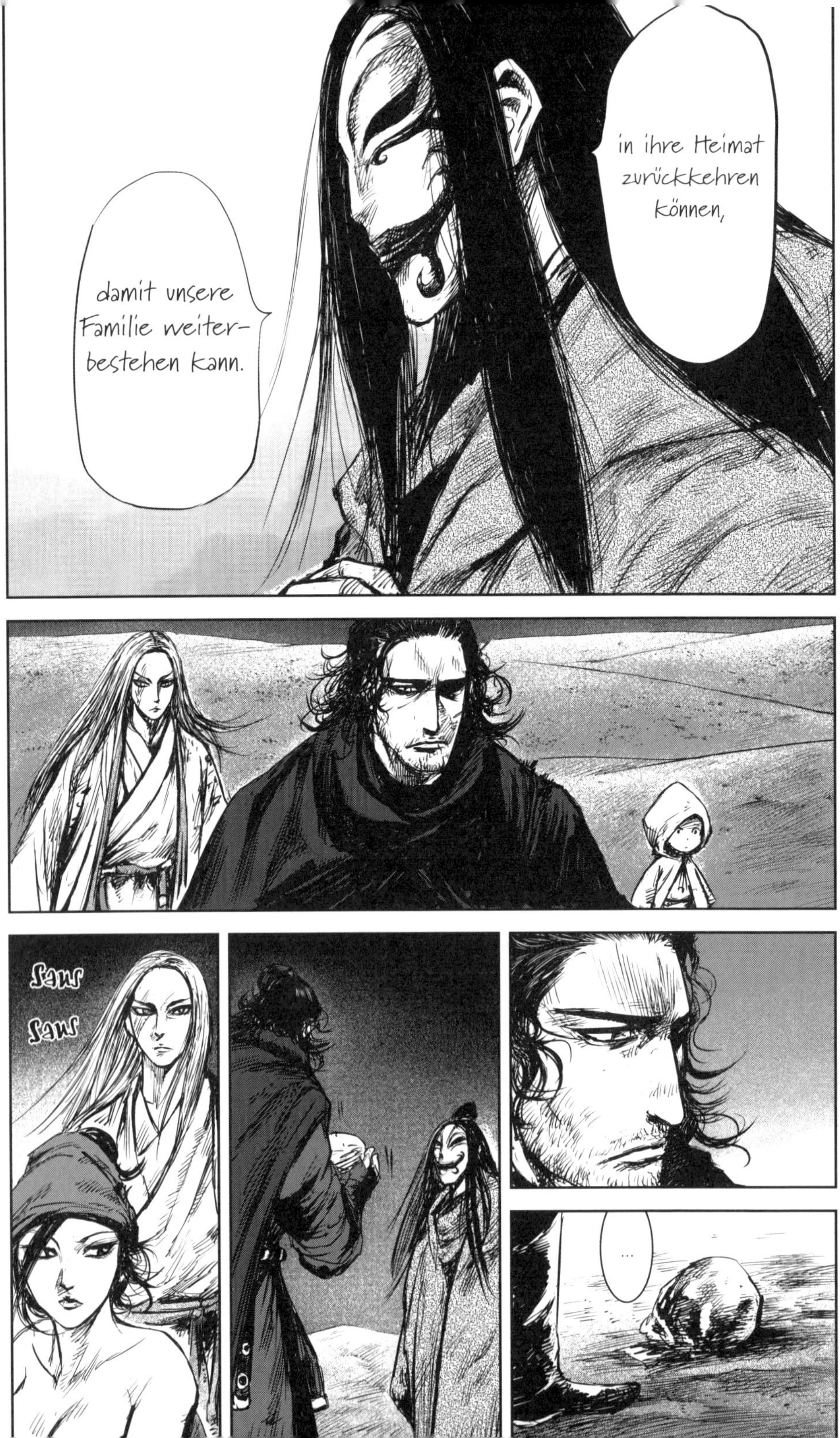
in ihre Heimat zurückkehren können,
damit unsere Familie weiter-bestehen kann.
Saus
Saus
...

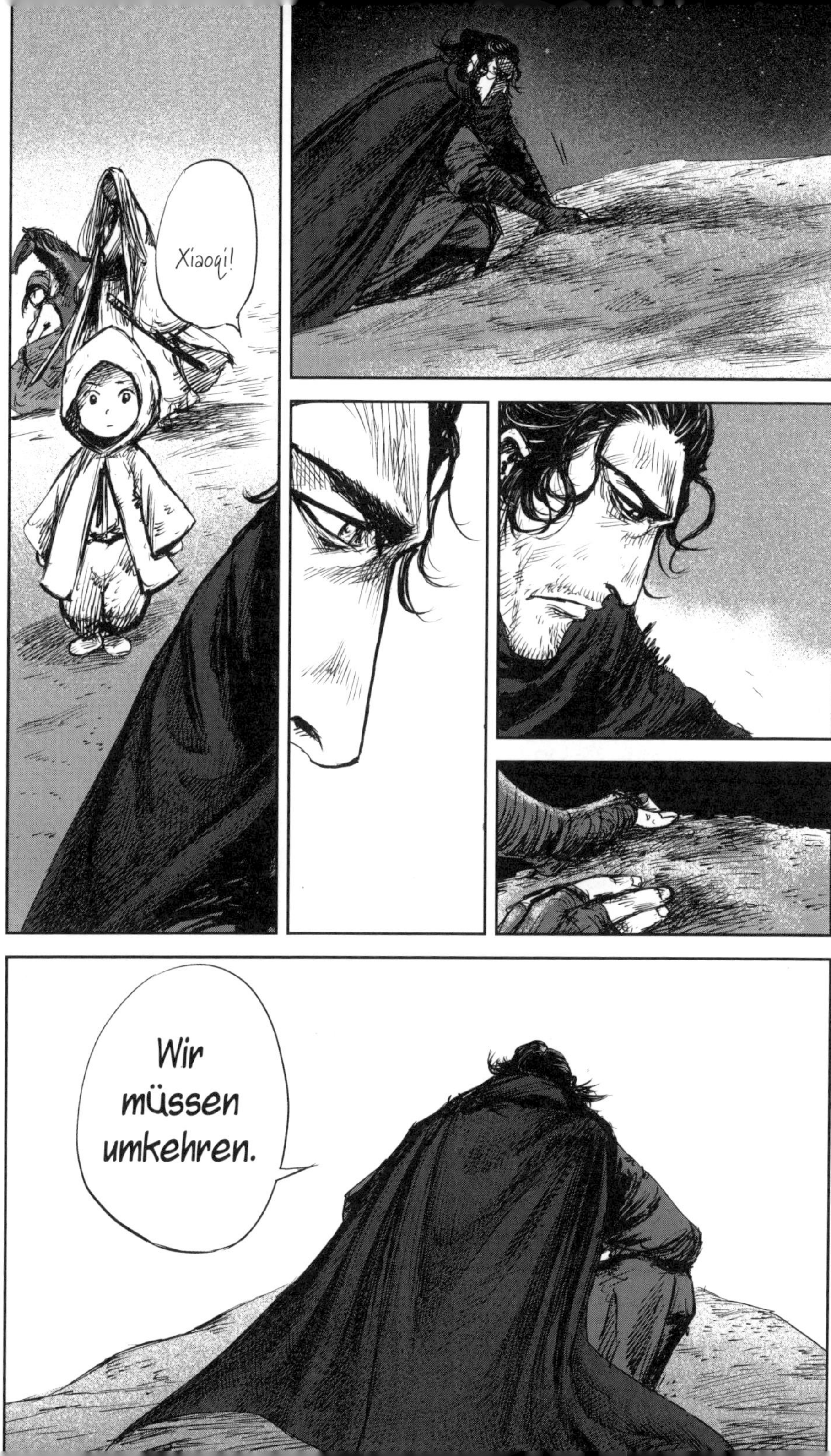
Xiaoqi!
Wir müssen umkehren.

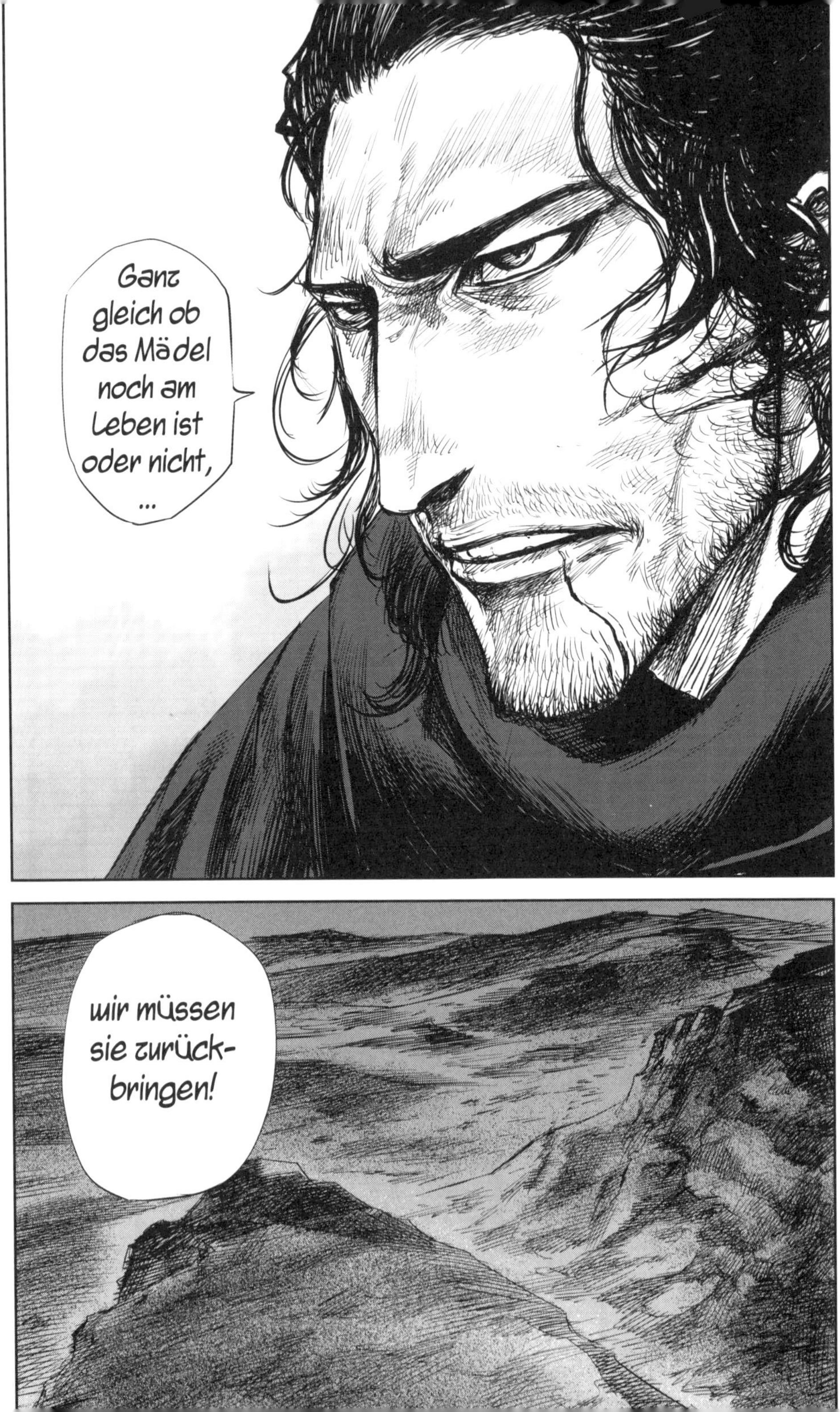
Ganz gleich ob das Mädel noch am Leben ist oder nicht, ...
wir müssen sie zurück-bringen!

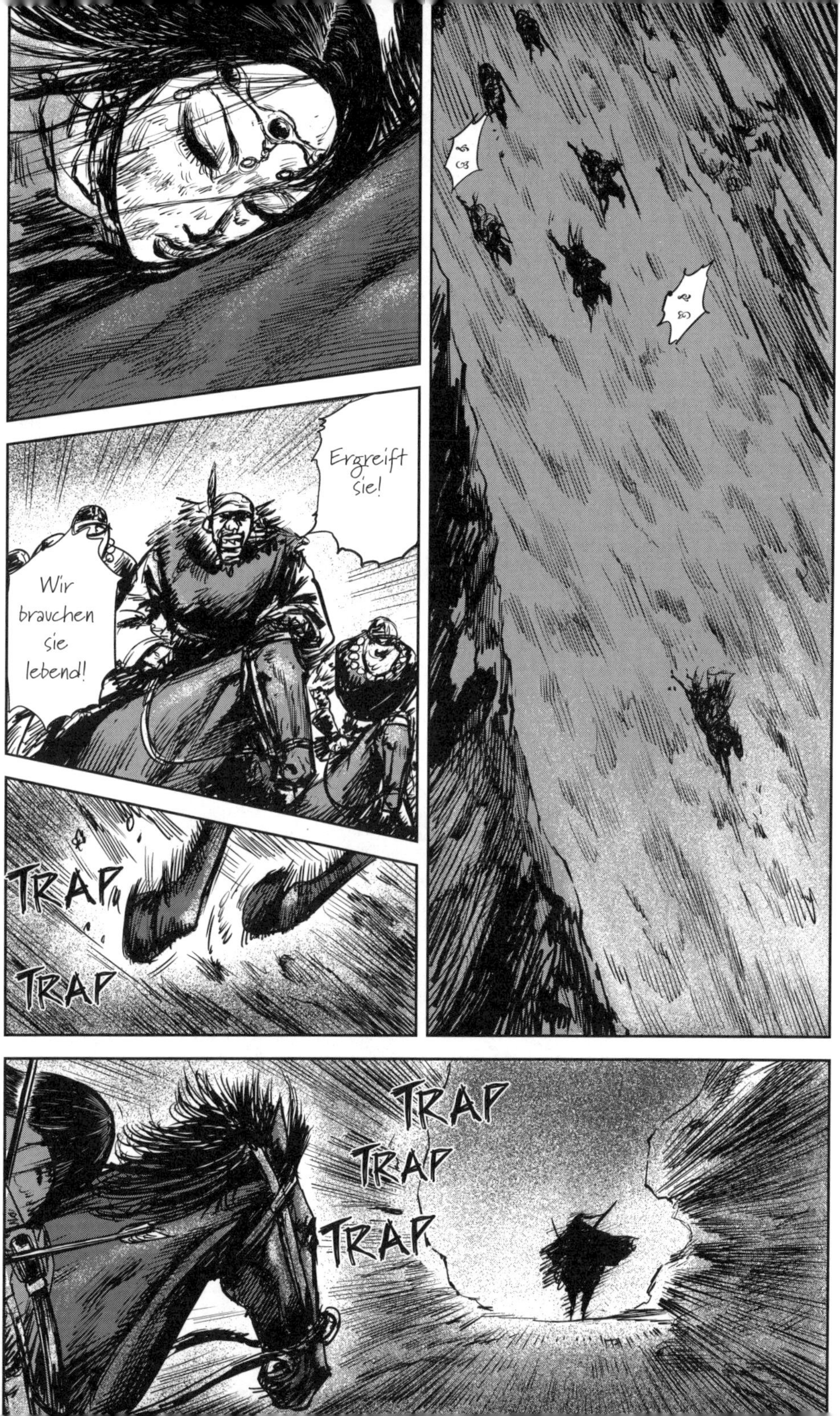

Ergreift sie!
Wir brauchen sie lebend!
TRAP
TRAP
TRAP
TRAP
TRAP

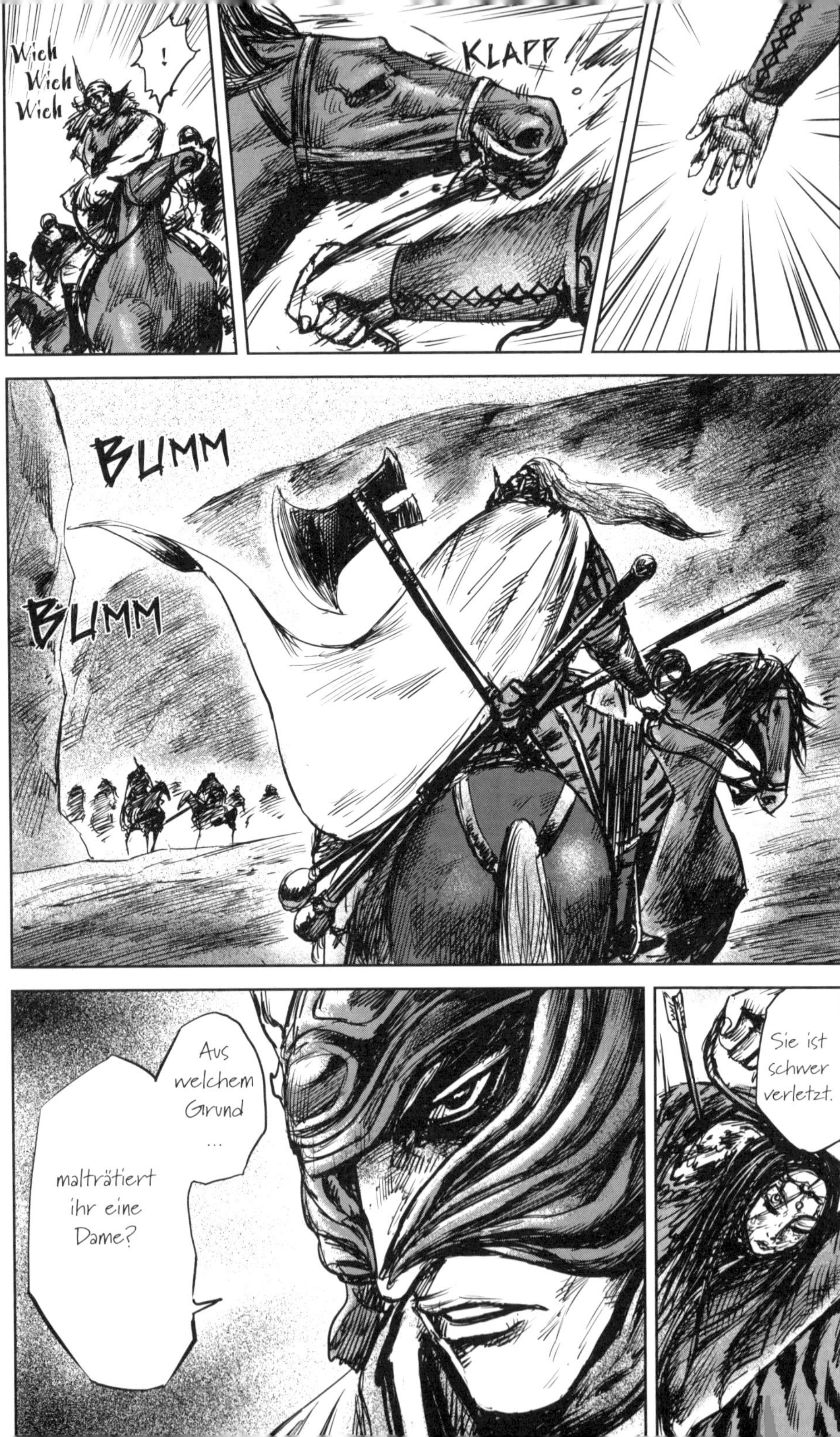
Wich
Wich
Wich
!
KLAPP
BUMM
BUMM
Aus welchem Grund …
maltrātiert ihr eine Dame?
Sie ist schwer verletzt.

Zweiter Akt:
Die weite Wüste

Kapitel 37:
Pei Xingyan

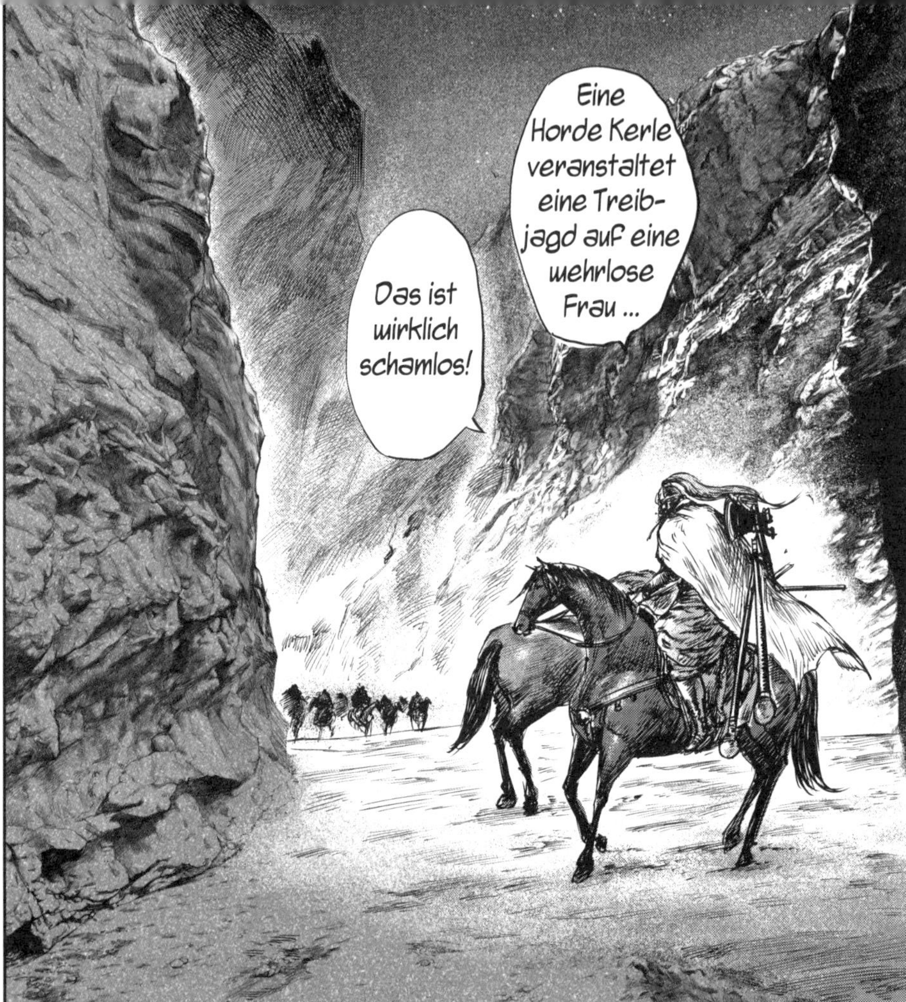

* Diese Figuren unterhalten sich im Folgenden auf Alttürkisch.

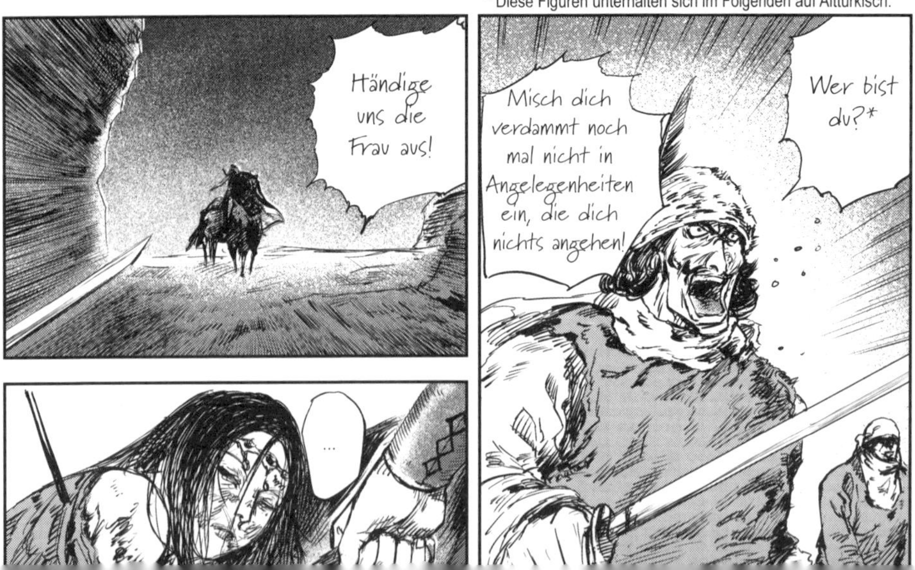

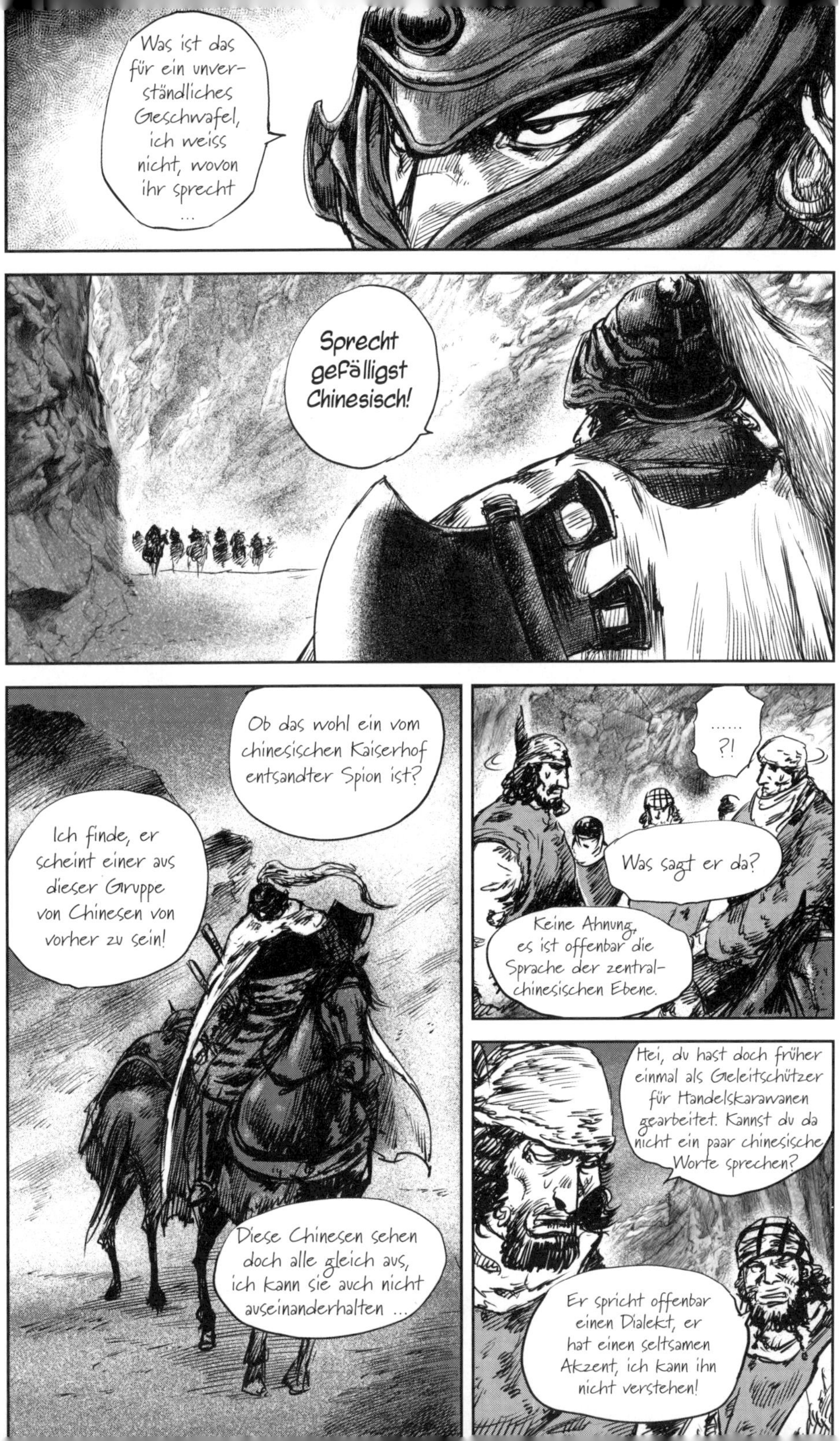
Was ist das für ein unverständliches Geschwafel, ich weiss nicht, wovon ihr sprecht …
Sprecht gefälligst Chinesisch!
Ob das wohl ein vom chinesischen Kaiserhof entsandter Spion ist?
Ich finde, er scheint einer aus dieser Gruppe von Chinesen von vorher zu sein!
Diese Chinesen sehen doch alle gleich aus, ich kann sie auch nicht auseinanderhalten …
…… ?!
Was sagt er da?
Keine Ahnung, es ist offenbar die Sprache der zentralchinesischen Ebene.
Hei, du hast doch früher einmal als Geleitschützer für Handelskarawanen gearbeitet. Kannst du da nicht ein paar chinesische Worte sprechen?
Er spricht offenbar einen Dialekt, er hat einen seltsamen Akzent, ich kann ihn nicht verstehen!

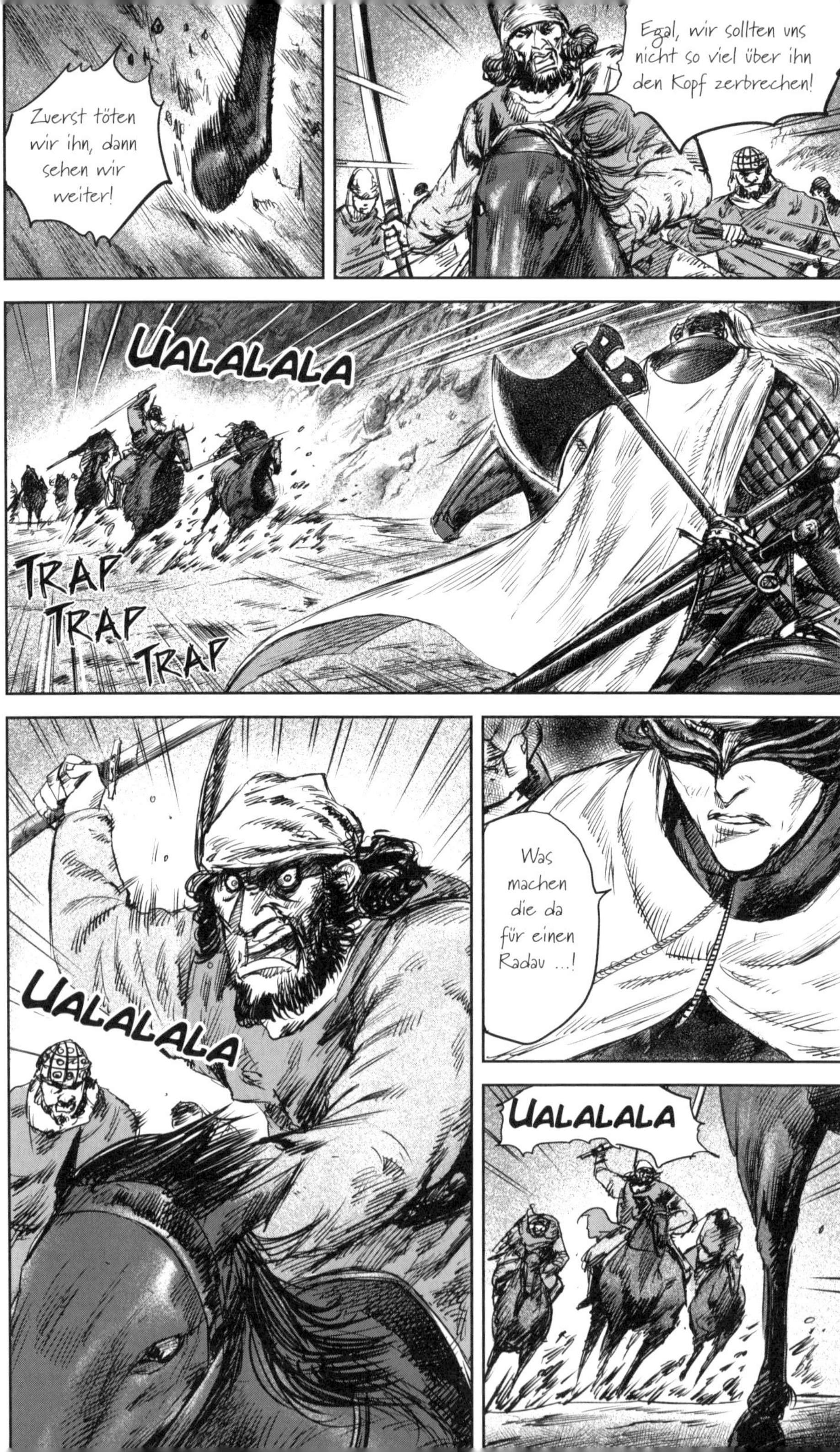
Zuerst töten wir ihn, dann sehen wir weiter!
Egal, wir sollten uns nicht so viel über ihn den Kopf zerbrechen!
UALALALA
TRAP TRAP TRAP
UALALALA
Was machen die da für einen Radau ...!
UALALALA

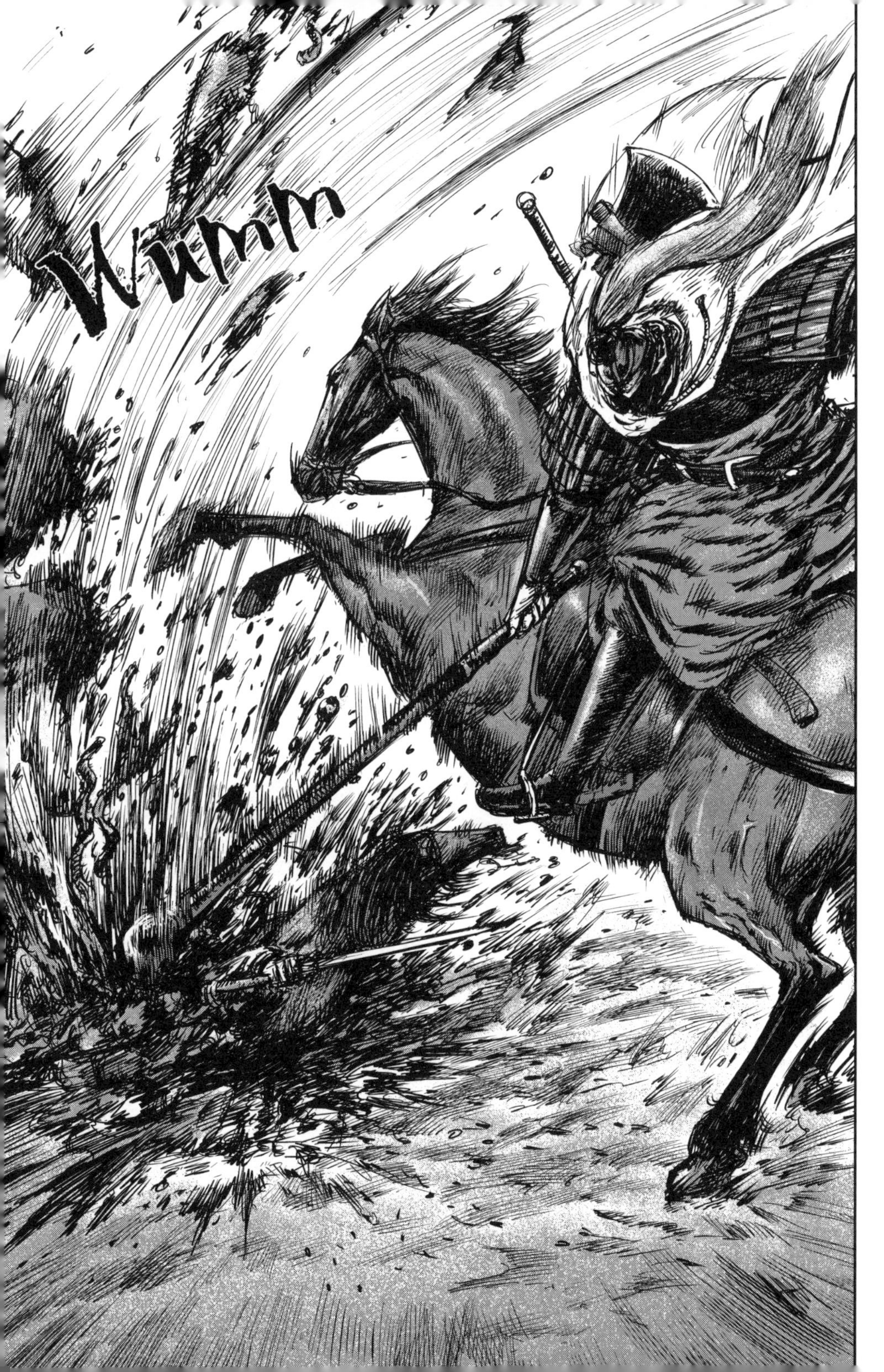
Wumm

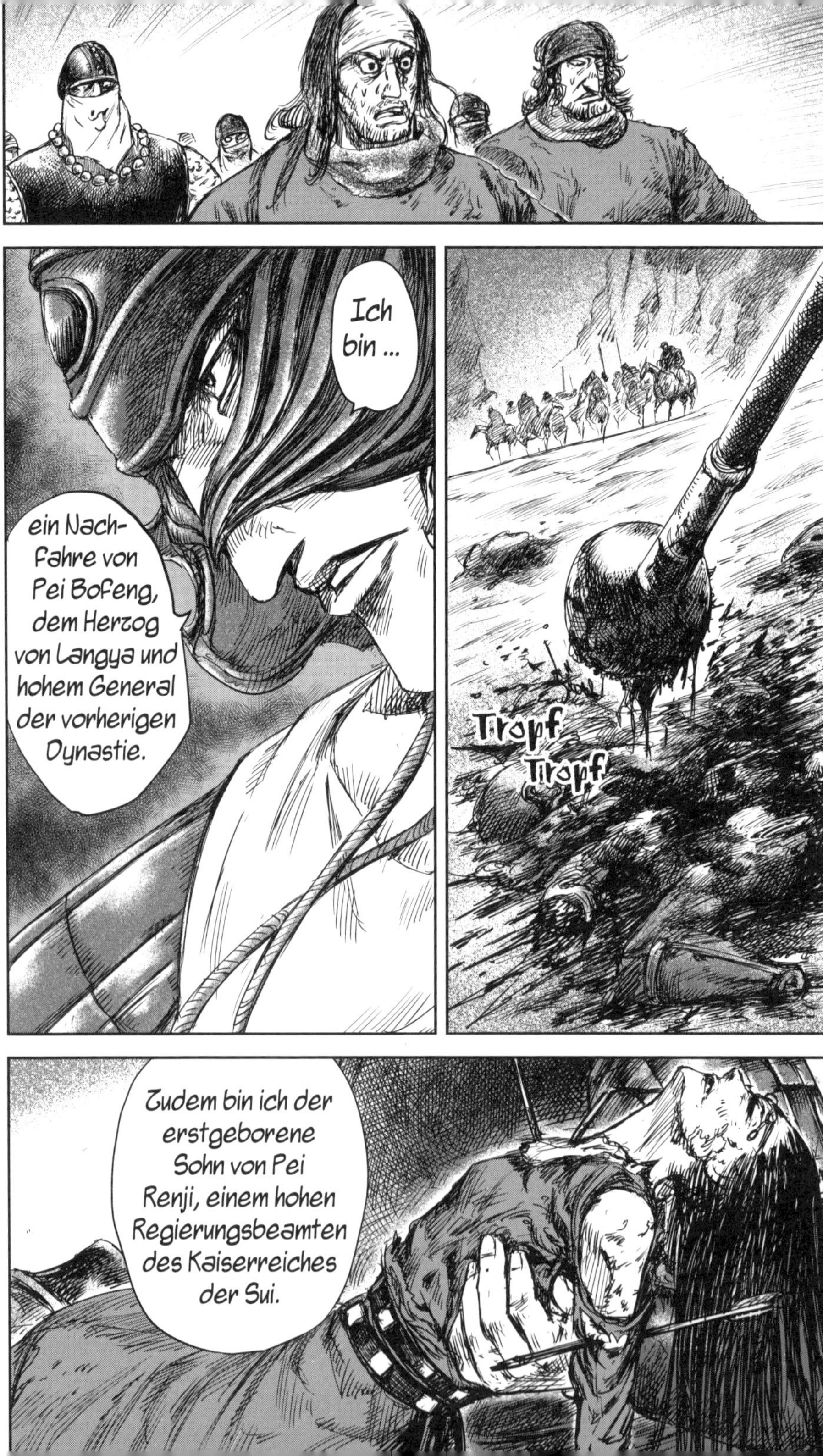
Ich bin ...
ein Nachfahre von Pei Bofeng, dem Herzog von Langya und hohem General der vorherigen Dynastie.
Tropf
Tropf
Zudem bin ich der erstgeborene Sohn von Pei Renji, einem hohen Regierungsbeamten des Kaiserreiches der Sui.

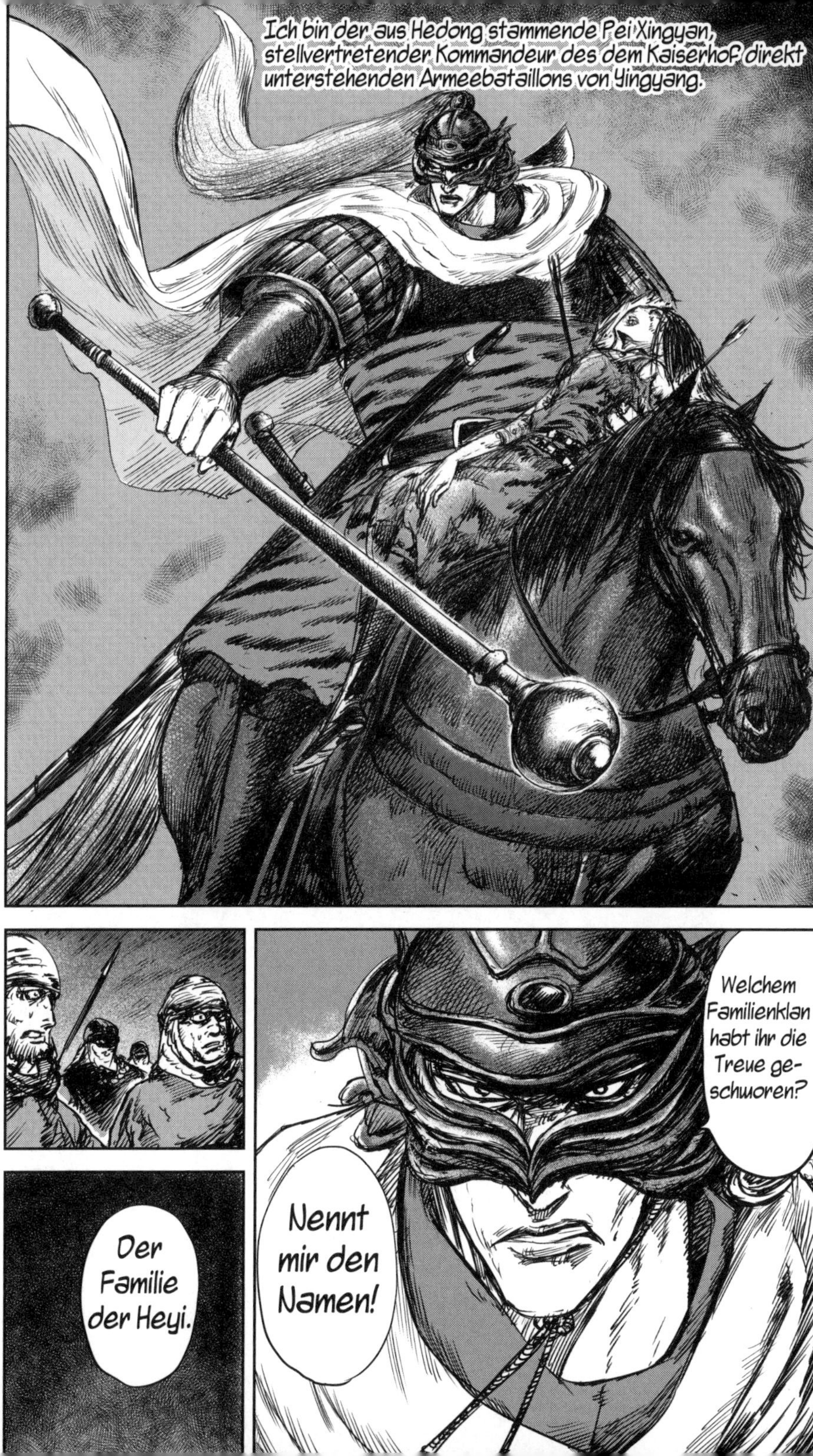
Ich bin der aus Hedong stammende Pei Xingyan, stellvertretender Kommandeur des dem Kaiserhof direkt unterstehenden Armeebataillons von Yingyang.
Welchem Familienklan habt ihr die Treue geschworen?
Nennt mir den Namen!
Der Familie der Heyi.

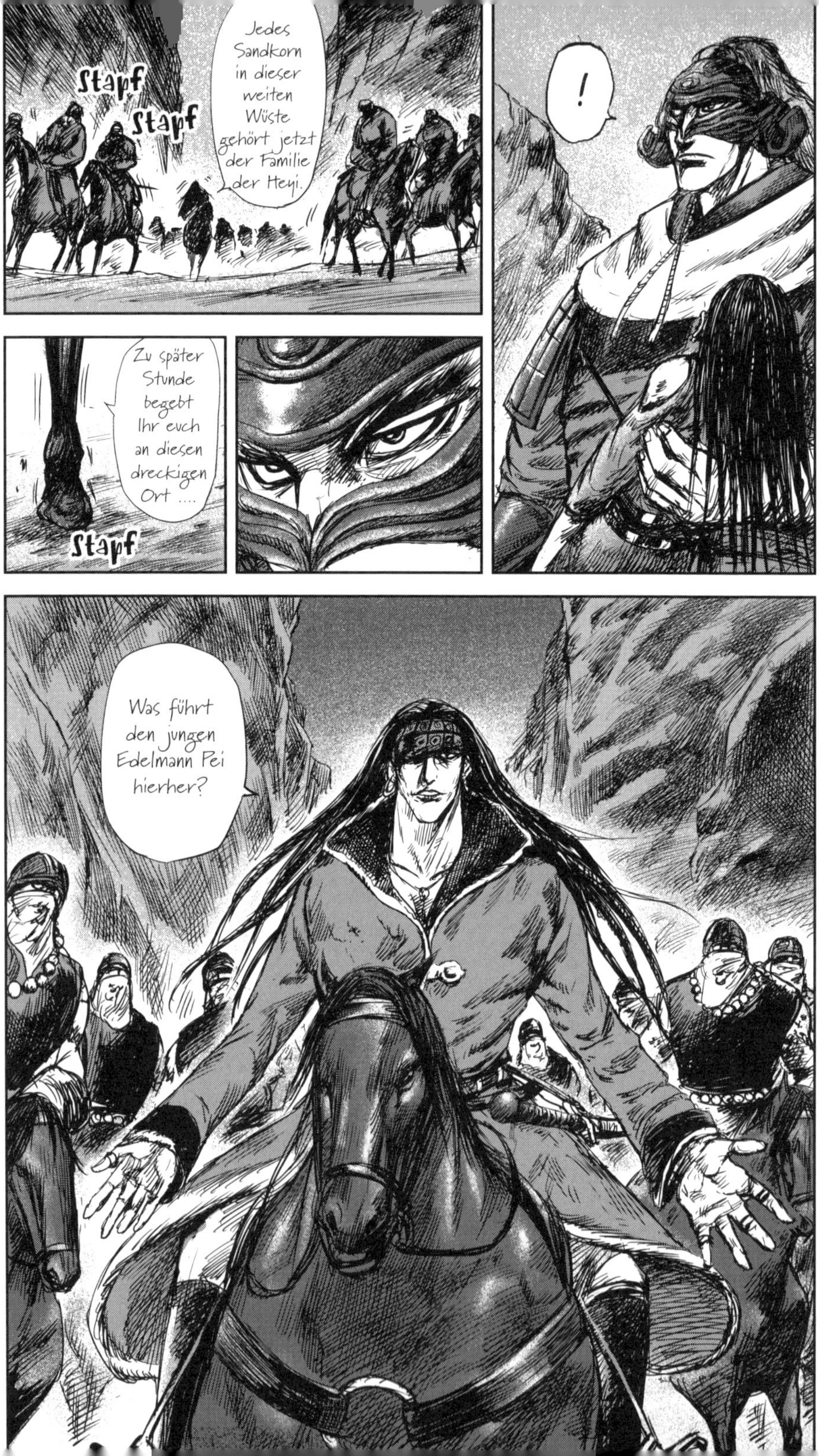
Stapf
Stapf
Jedes Sandkorn in dieser weiten Wüste gehört jetzt der Familie der Heyi.
!
Zu später Stunde begebt Ihr euch an diesen dreckigen Ort ....
Stapf
Was führt den jungen Edelmann Pei hierher?

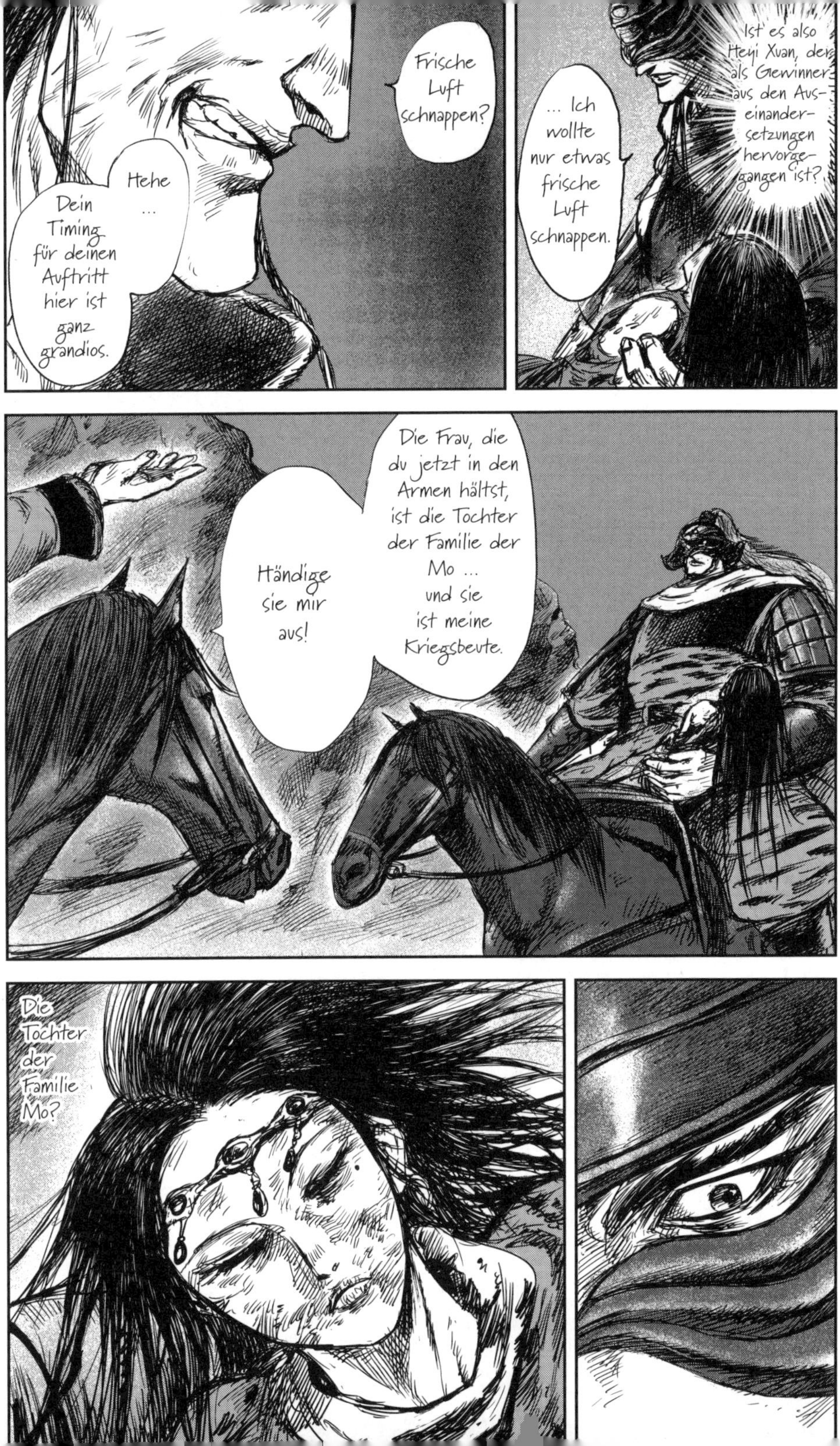
Ist es also Heyi Xuan, der als Gewinner aus den Auseinandersetzungen hervorgegangen ist?
... Ich wollte nur etwas frische Luft schnappen.
Frische Luft schnappen?
Hehe ...
Dein Timing für deinen Auftritt hier ist ganz grandios.
Die Frau, die du jetzt in den Armen hältst, ist die Tochter der Familie der Mo ... und sie ist meine Kriegsbeute.
Händige sie mir aus!
Die Tochter der Familie Mo?

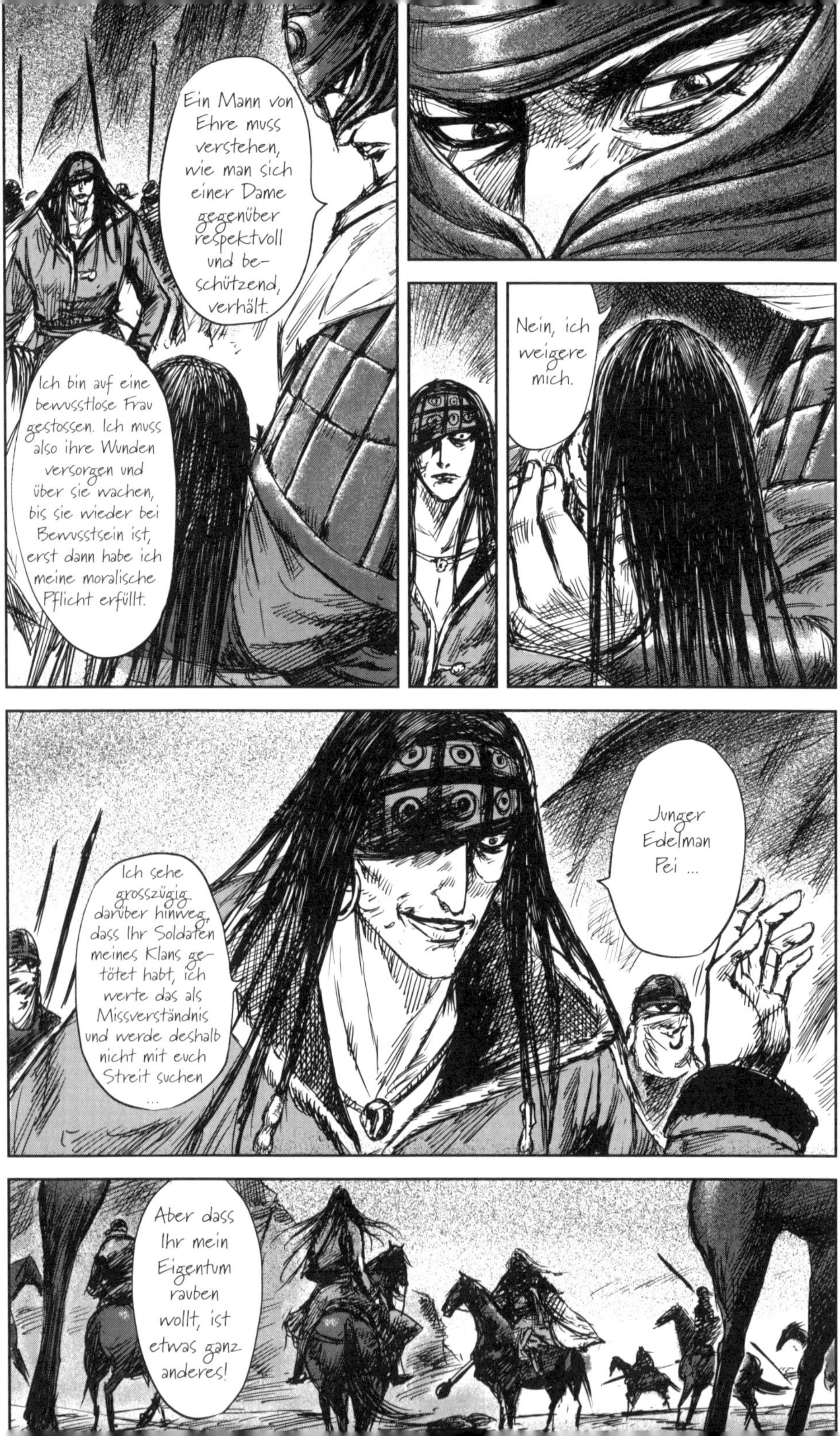
Ein Mann von Ehre muss verstehen, wie man sich einer Dame gegenüber respektvoll und beschützend verhält.
Ich bin auf eine bewusstlose Frau gestossen. Ich muss also ihre Wunden versorgen und über sie wachen, bis sie wieder bei Bewusstsein ist, erst dann habe ich meine moralische Pflicht erfüllt.
Nein, ich weigere mich.
Junger Edelman Pei ...
Ich sehe grosszügig darüber hinweg, dass Ihr Soldaten meines Klans getötet habt, ich werte das als Missverständnis und werde deshalb nicht mit euch Streit suchen ...
Aber dass Ihr mein Eigentum rauben wollt, ist etwas ganz anderes!

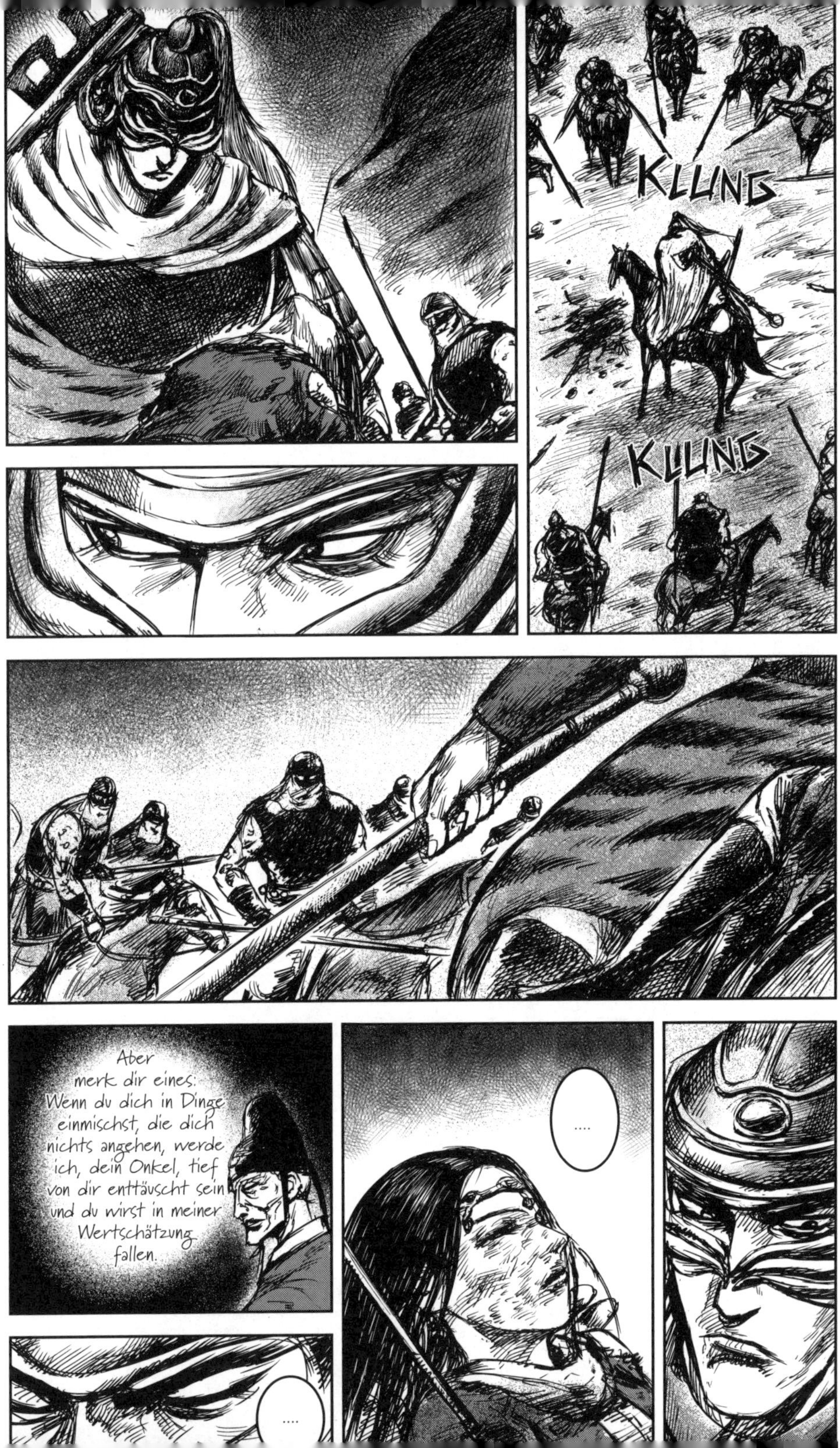
KLUNG
KLUNG
Aber merk dir eines: Wenn du dich in Dinge einmischst, die dich nichts angehen, werde ich, dein Onkel, tief von dir enttäuscht sein und du wirst in meiner Wertschätzung fallen.
....
....

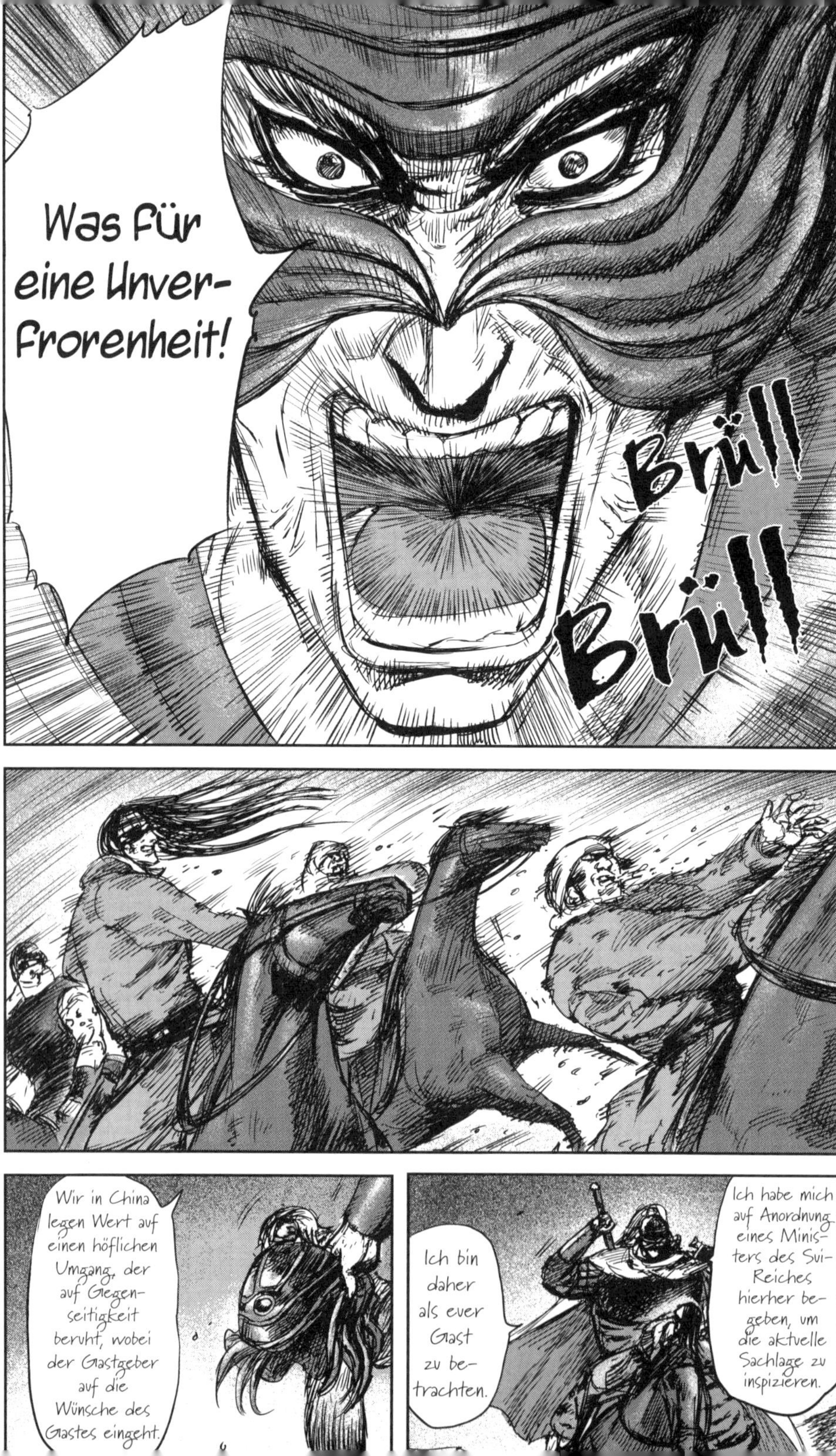
Was für eine Unverfrorenheit!
Brüll
Brüll
Ich habe mich auf Anordnung eines Ministers des Sui-Reiches hierher begeben, um die aktuelle Sachlage zu inspizieren.
Ich bin daher als euer Gast zu betrachten.
Wir in China legen Wert auf einen höflichen Umgang, der auf Gegenseitigkeit beruht, wobei der Gastgeber auf die Wünsche des Gastes eingeht.

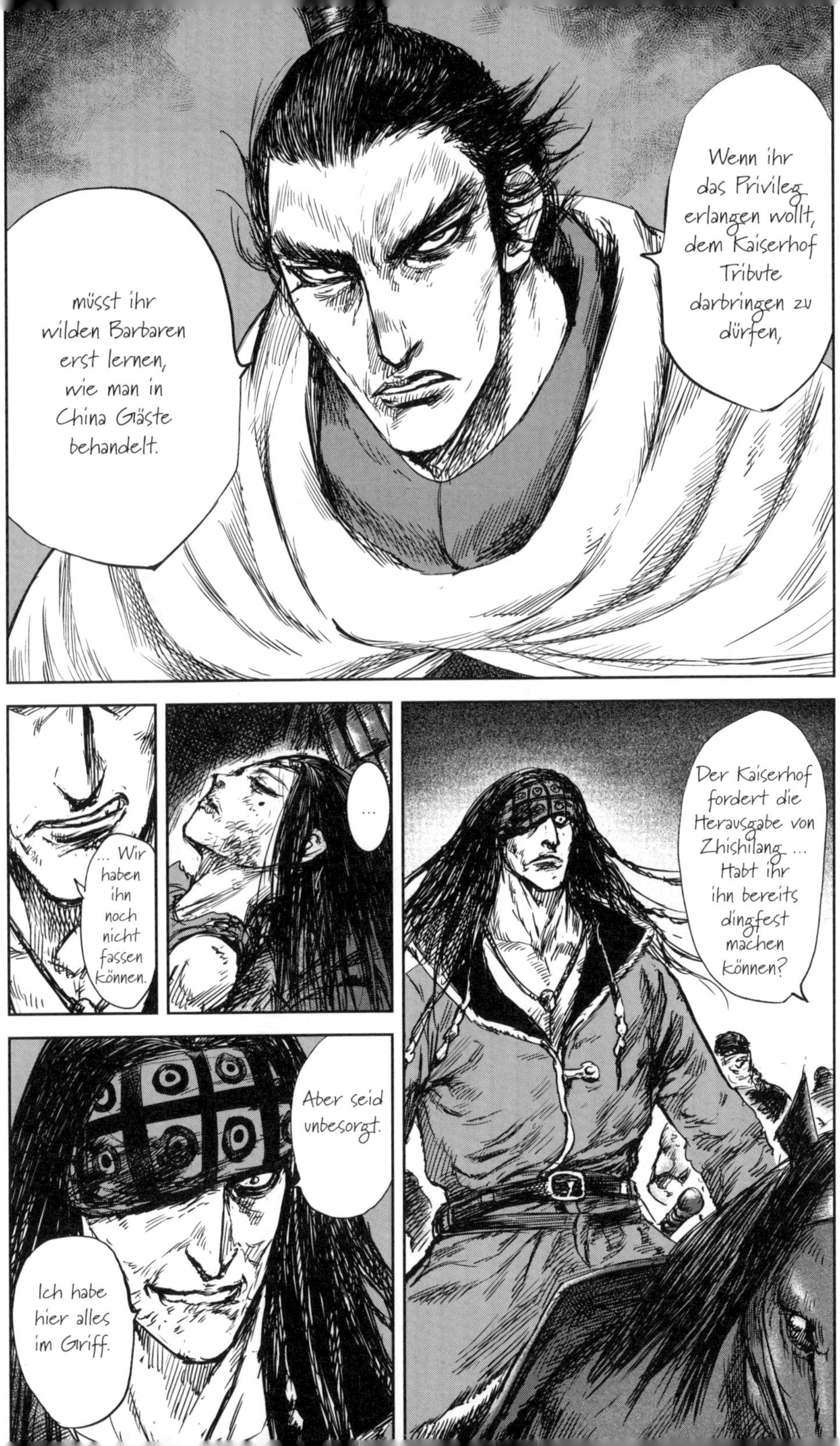

Wenn ihr das Privileg erlangen wollt, dem Kaiserhof Tribute darbringen zu dürfen,
müsst ihr wilden Barbaren erst lernen, wie man in China Gäste behandelt.
Der Kaiserhof fordert die Herausgabe von Zhishilang ... Habt ihr ihn bereits dingfest machen können?
...
... Wir haben ihn noch nicht fassen können.
Aber seid unbesorgt.
Ich habe hier alles im Griff.

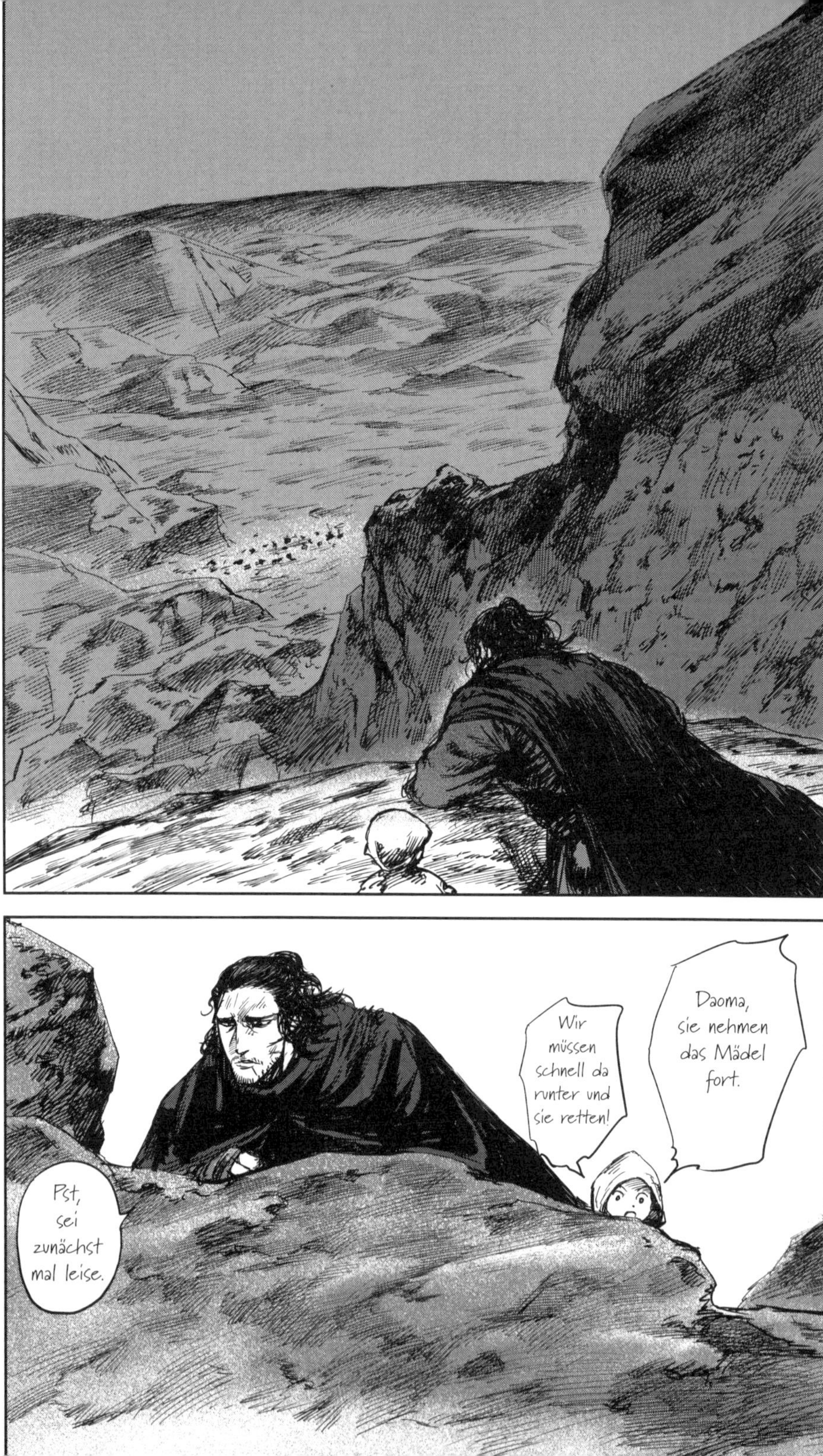
Daoma, sie nehmen das Mädel fort.
Wir müssen schnell da runter und sie retten!
Pst, sei zunächst mal leise.

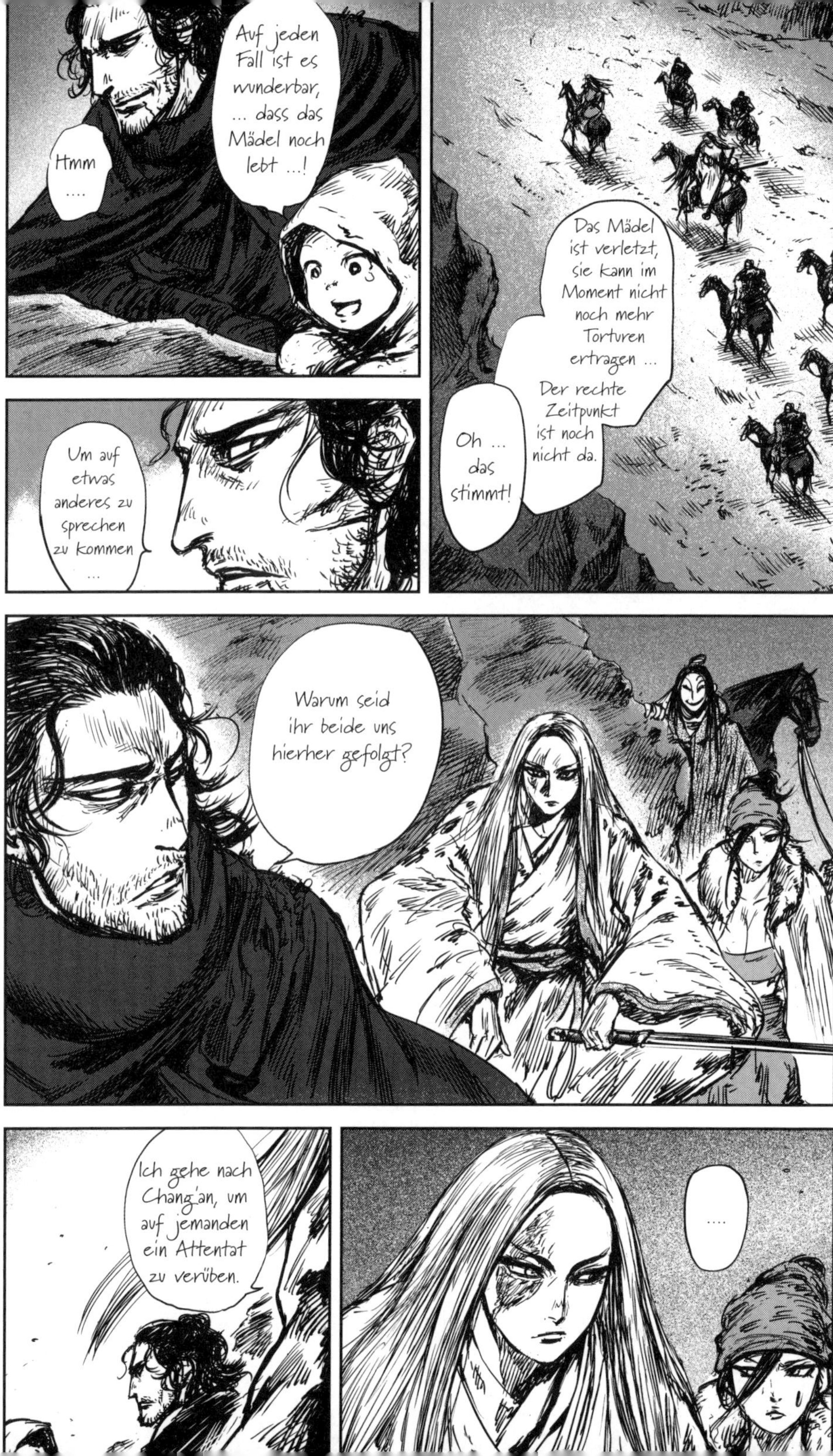
Auf jeden Fall ist es wunderbar, ... dass das Mädel noch lebt ...!
Hmm ....
Um auf etwas anderes zu sprechen zu kommen ...
Das Mädel ist verletzt, sie kann im Moment nicht noch mehr Torturen ertragen ...
Der rechte Zeitpunkt ist noch nicht da.
Oh ... das stimmt!
Warum seid ihr beide uns hierher gefolgt?
Ich gehe nach Chang'an, um auf jemanden ein Attentat zu verüben.
....

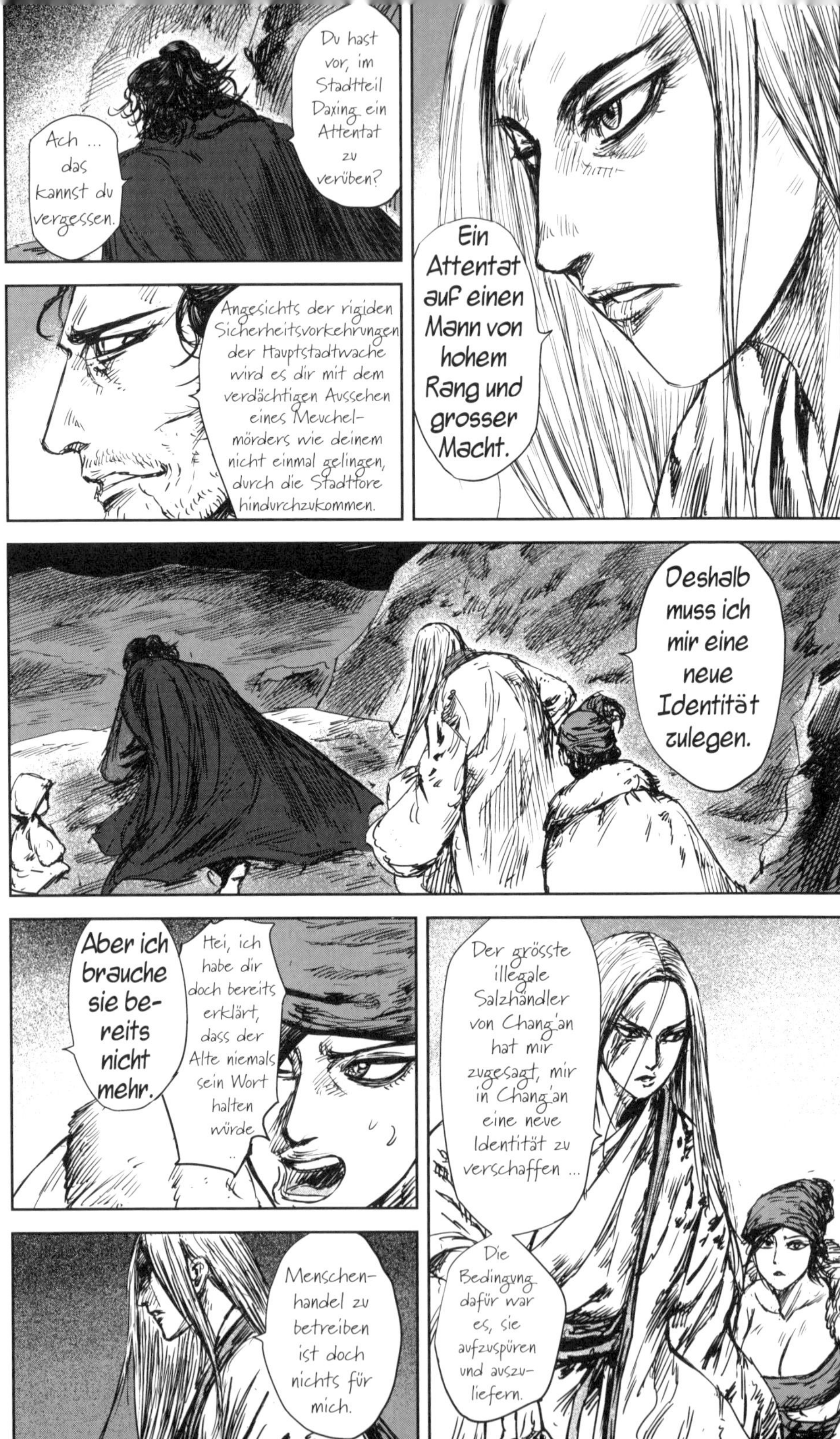

Ein Attentat auf einen Mann von hohem Rang und grosser Macht.
Du hast vor, im Stadtteil Daxing ein Attentat zu verüben?
Ach ... das kannst du vergessen.
Angesichts der rigiden Sicherheitsvorkehrungen der Hauptstadtwache wird es dir mit dem verdächtigen Aussehen eines Meuchelmörders wie deinem nicht einmal gelingen, durch die Stadttore hindurchzukommen.
Deshalb muss ich mir eine neue Identität zulegen.
Der grösste illegale Salzhändler von Chang'an hat mir zugesagt, mir in Chang'an eine neue Identität zu verschaffen ...
Die Bedingung dafür war es, sie aufzuspüren und auszuliefern.
Hei, ich habe dir doch bereits erklärt, dass der Alte niemals sein Wort halten würde ...
Aber ich brauche sie bereits nicht mehr.
Menschenhandel zu betreiben ist doch nichts für mich.

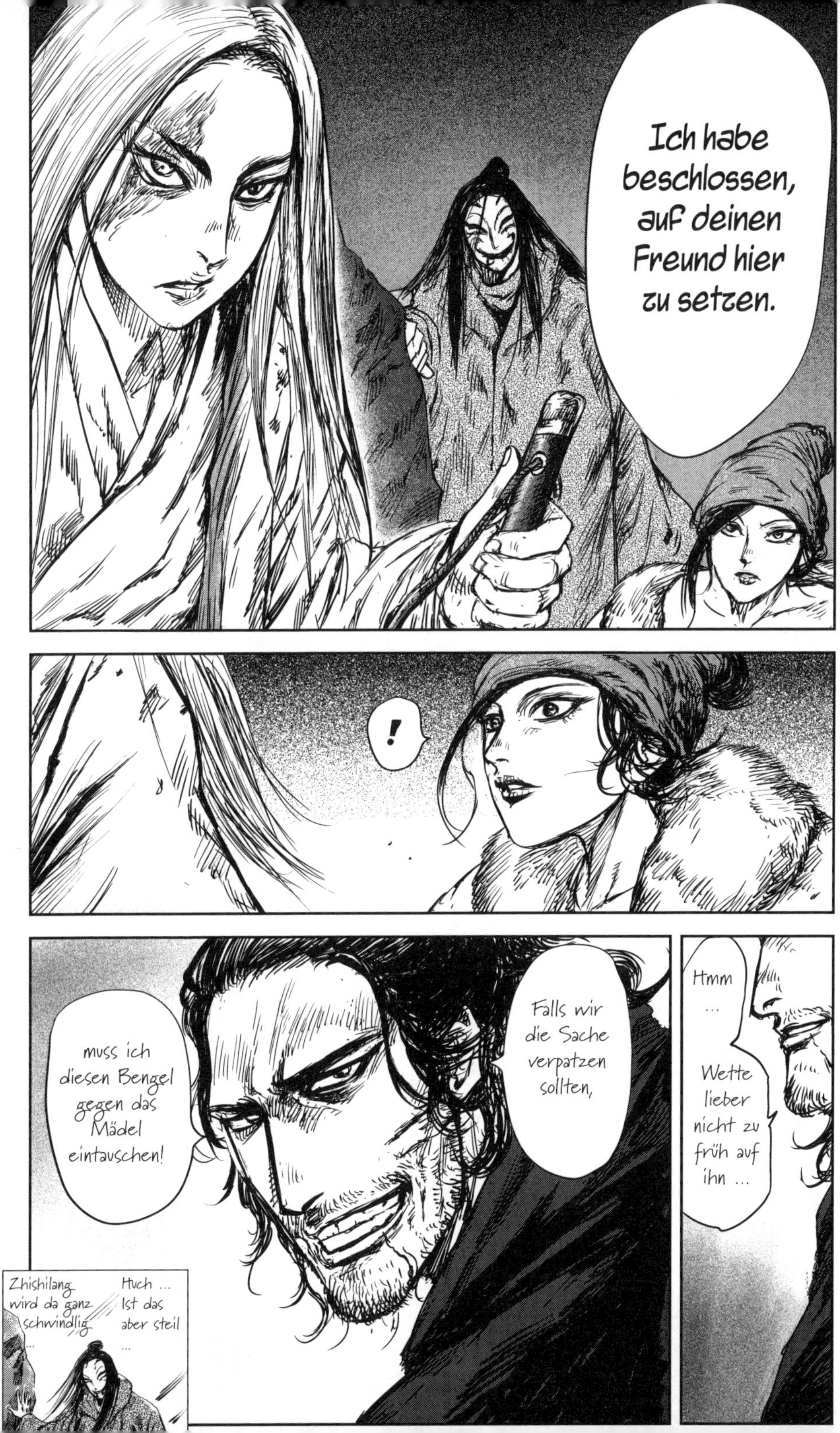
Ich habe beschlossen, auf deinen Freund hier zu setzen.
!
Falls wir die Sache verpatzen sollten,
muss ich diesen Bengel gegen das Mädel eintauschen!
Hmm …
Wette lieber nicht zu früh auf ihn …
Huch … Ist das aber steil …
Zhishilang wird da ganz schwindlig …

Erläuternde Anmerkung zu
Yingyangfu (Seite 153):
Die *Yingyangfu* 鹰扬府 waren Armeebataillone, die direkt den zwölf Bataillonen der kaiserlichen Leibwachen unterstanden und im ganzen Land verteilt waren. Jedes *Yingyangfu*-Armeebataillon hatte einen Kommandeur und einen stellvertretenden Kommandeur.
Der Posten des stellvertretenden Kommandeurs von *Yingyang* 鹰扬 besass als einer der alten chinesischen militärischen Beamtenposten den unteren fünften Rang nach dem Neun-Ränge-System. Chinesische Beamtenpositionen in alter Zeit waren in neun Ränge eingeteilt, wobei jeder Rang weiter in eine obere und eine untere Position unterteilt war, vom obersten Rang eins bis zum untersten Rang neun gab es also ingesamt 18 Stufen. Der obere Rang eins war der höchste Rang in der alten chinesischen Beamtenhierarchie. Der obere fünfte Rang bildete die neunte Stufe, und der untere fünfte Rang die zehnte Stufe.

Zweiter Akt:
Die weite Wüste

Kapitel 38:
Eine lange Nacht
(Erster Teil)

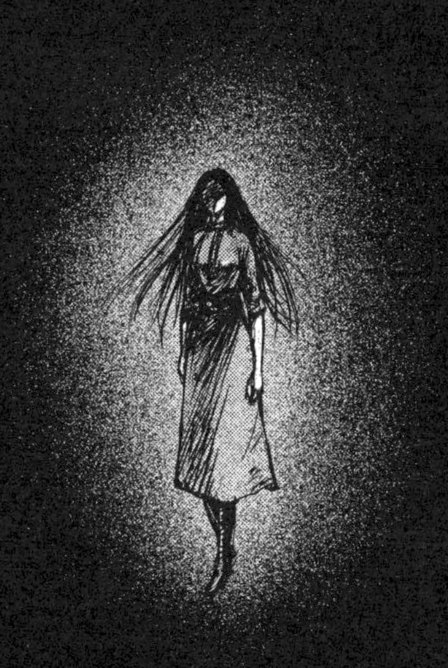

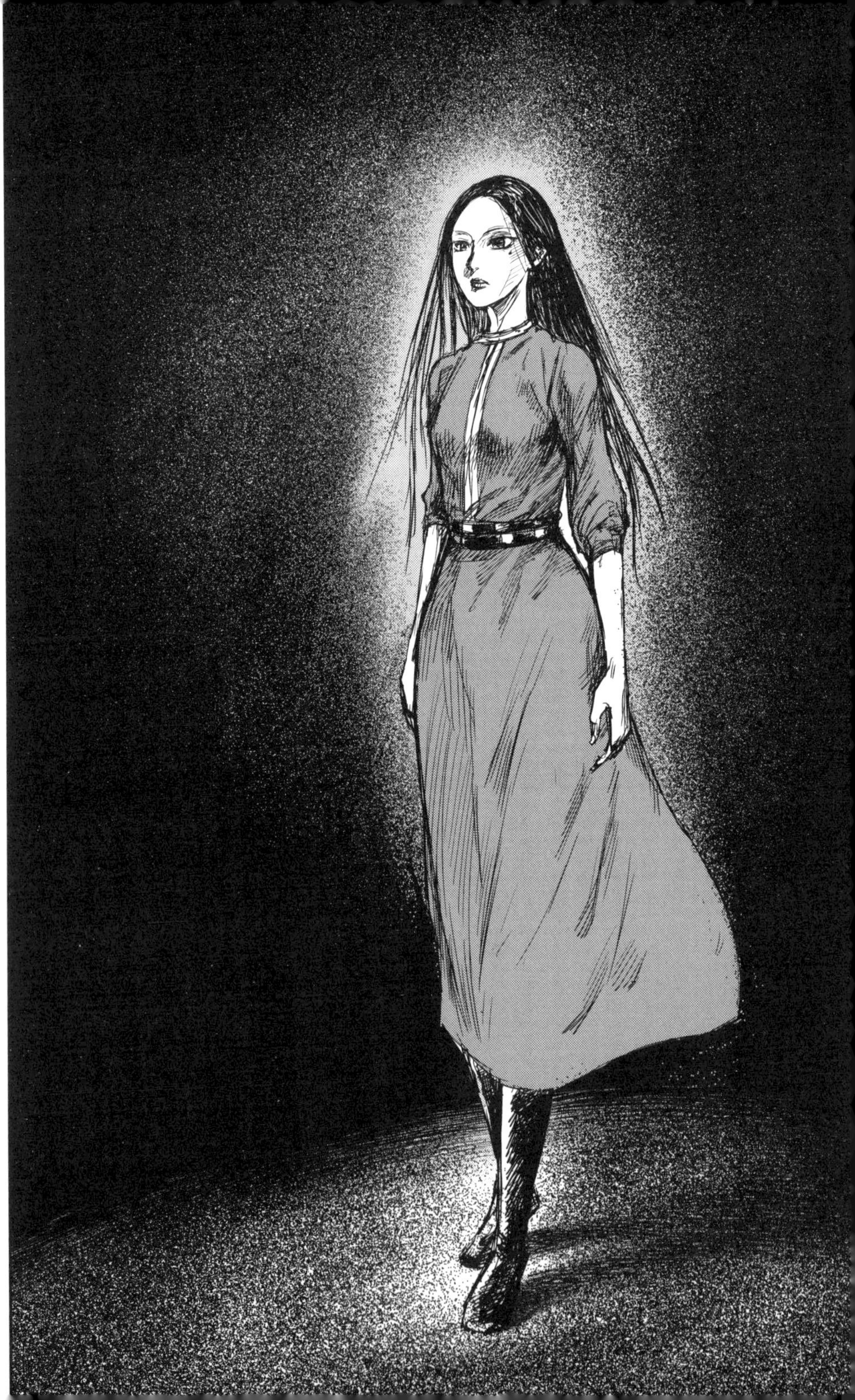

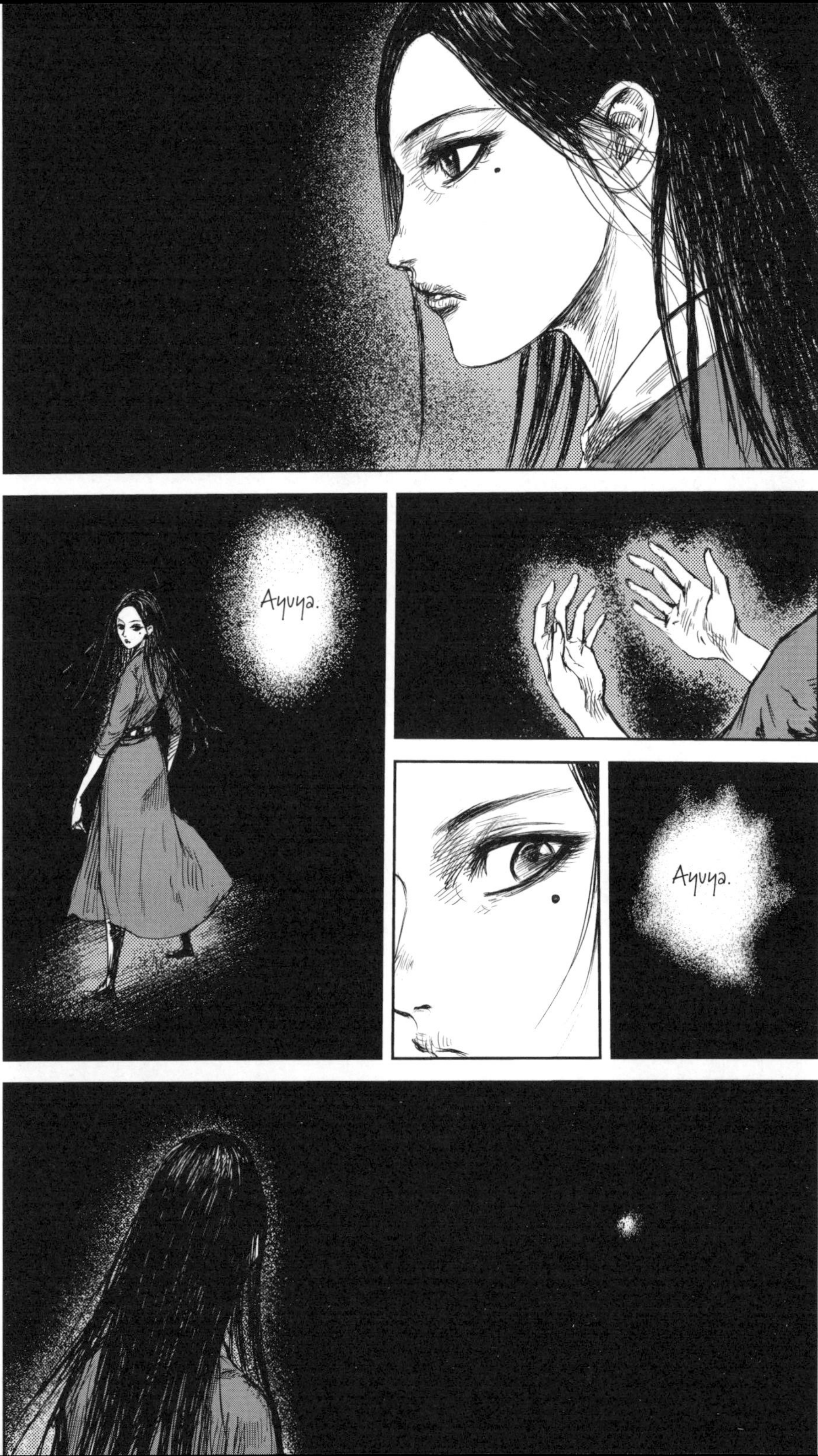
Ayuya.
Ayuya.

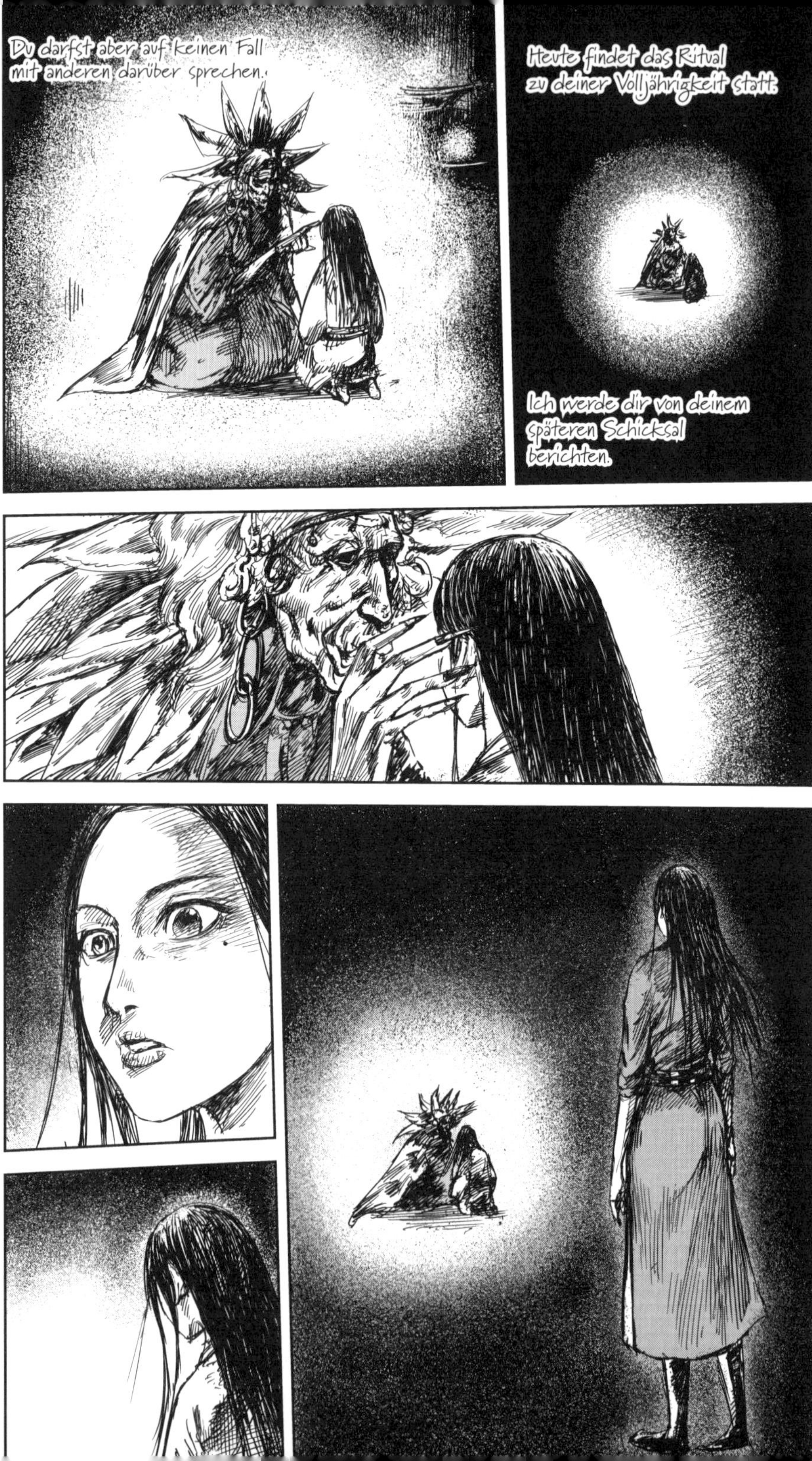
Heute findet das Ritual zu deiner Volljährigkeit statt.
Ich werde dir von deinem späteren Schicksal berichten.
Du darfst aber auf keinen Fall mit anderen darüber sprechen.

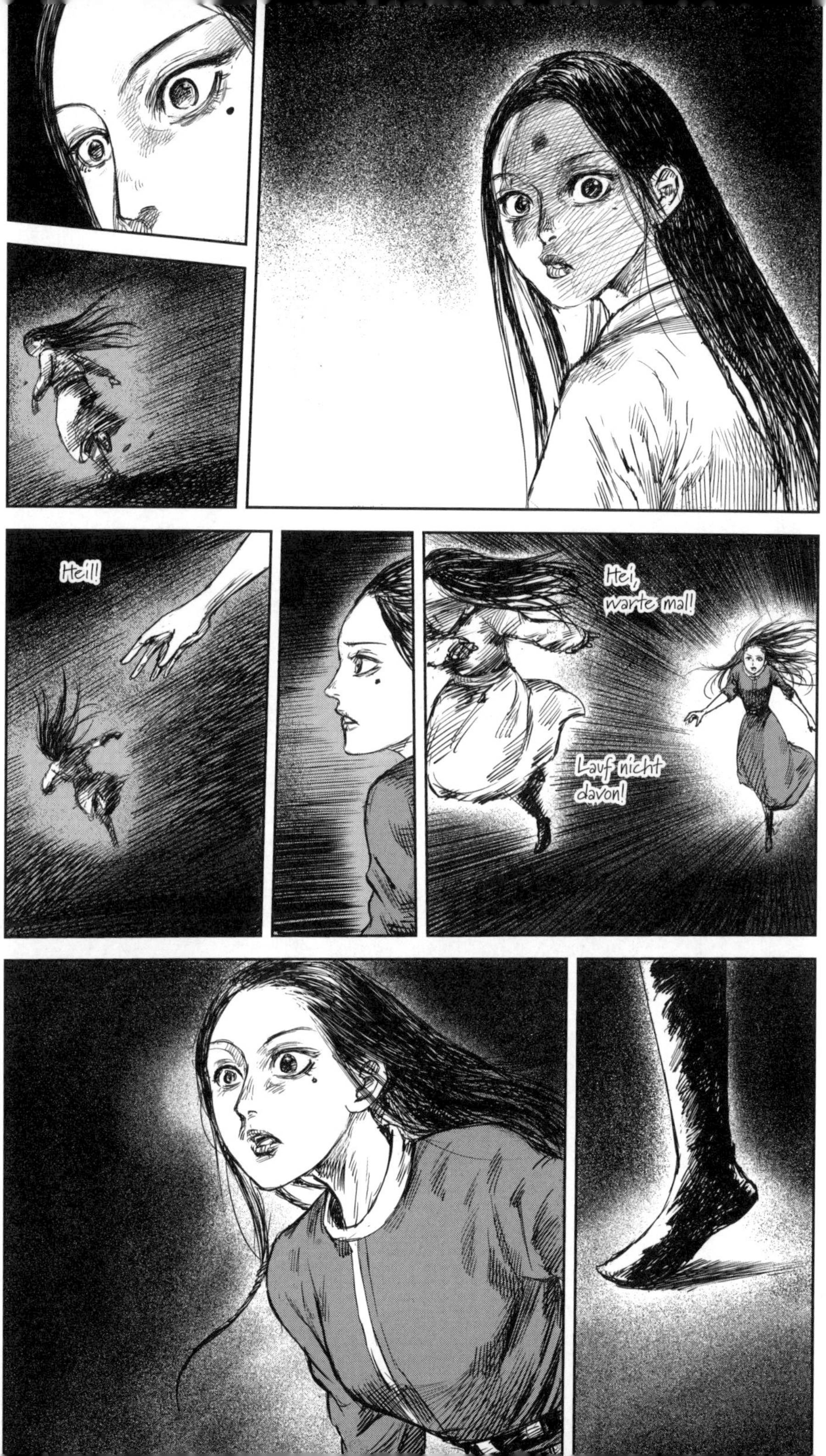
Hei, warte mal!
Lauf nicht davon!
Hei!!

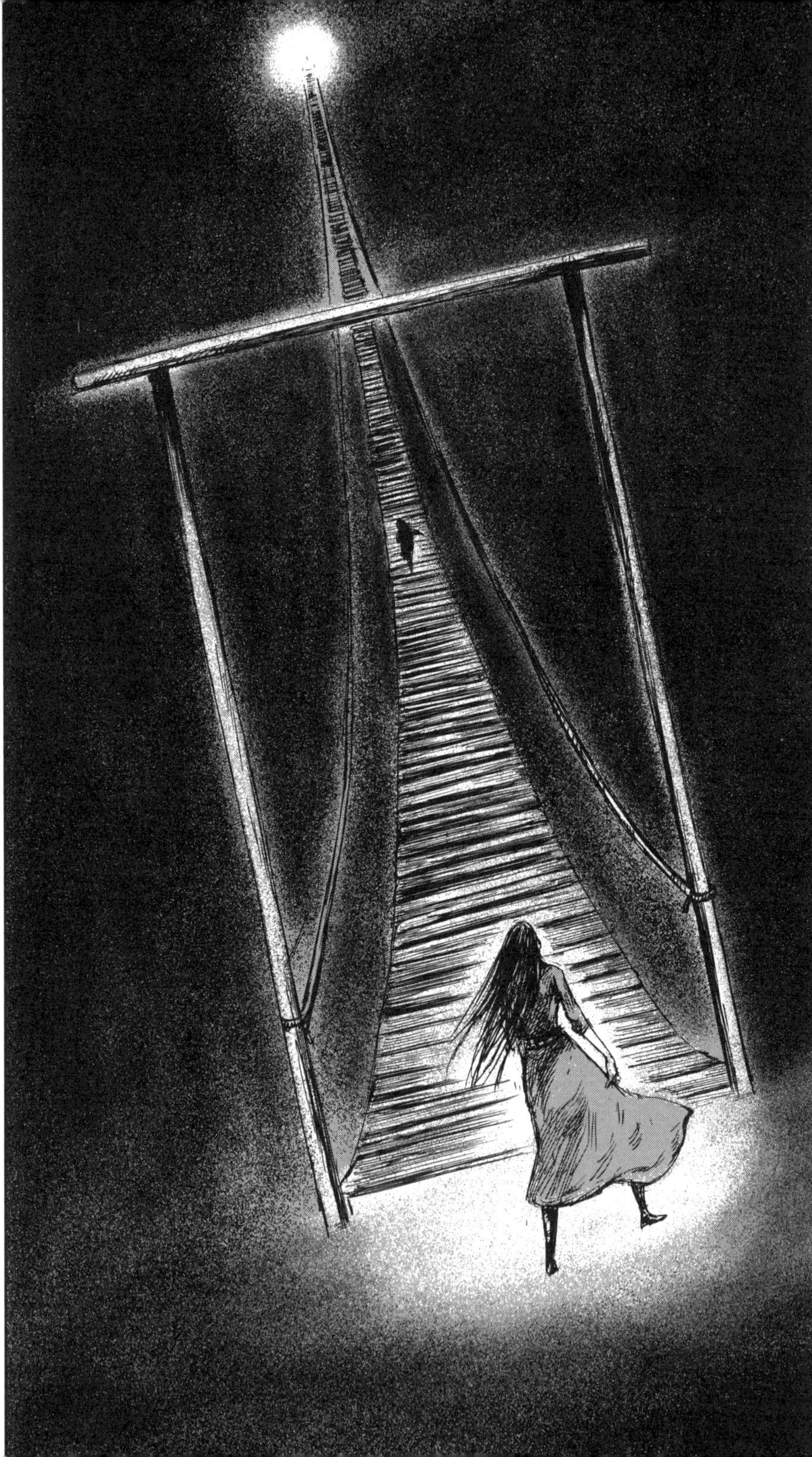

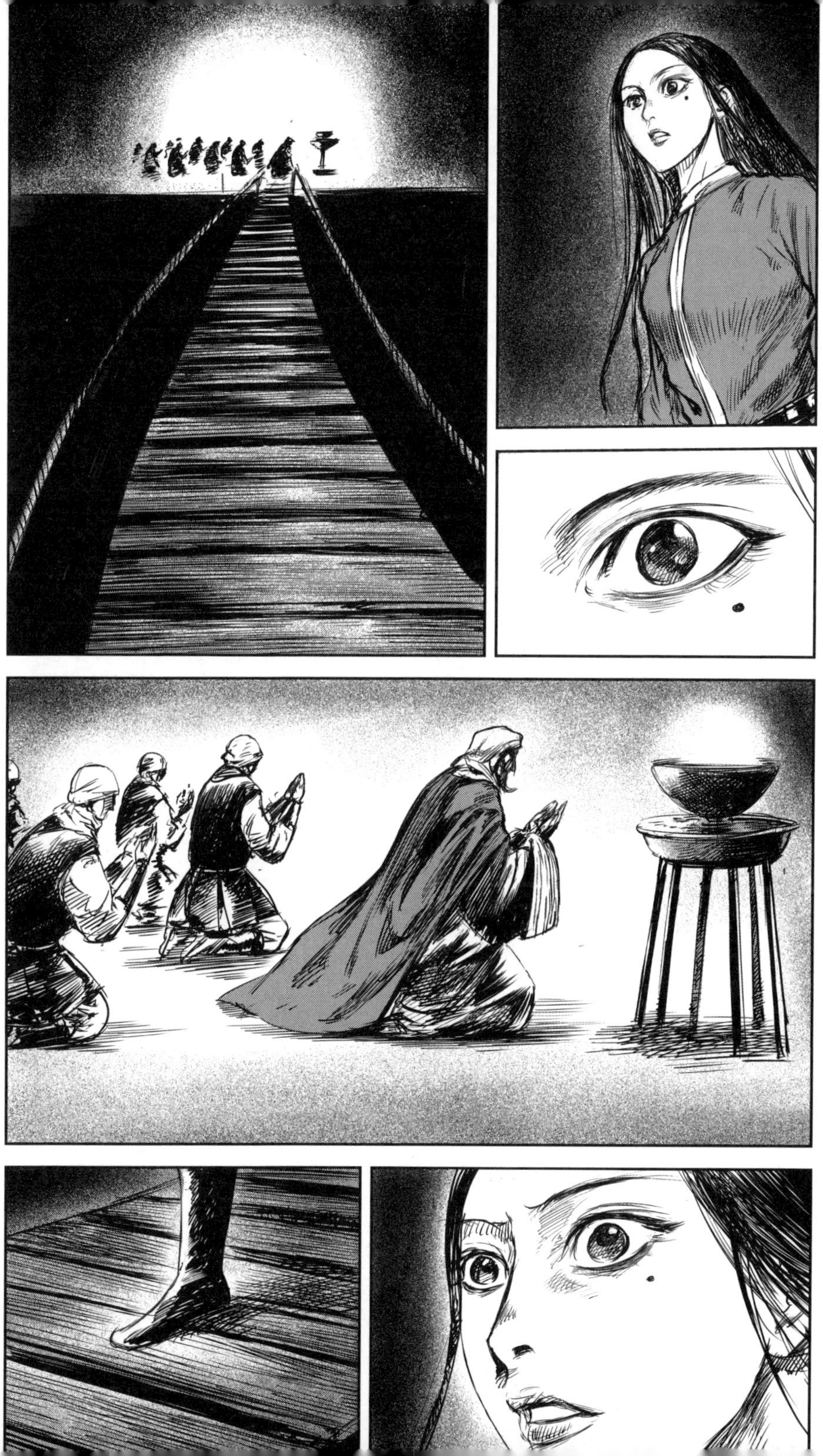

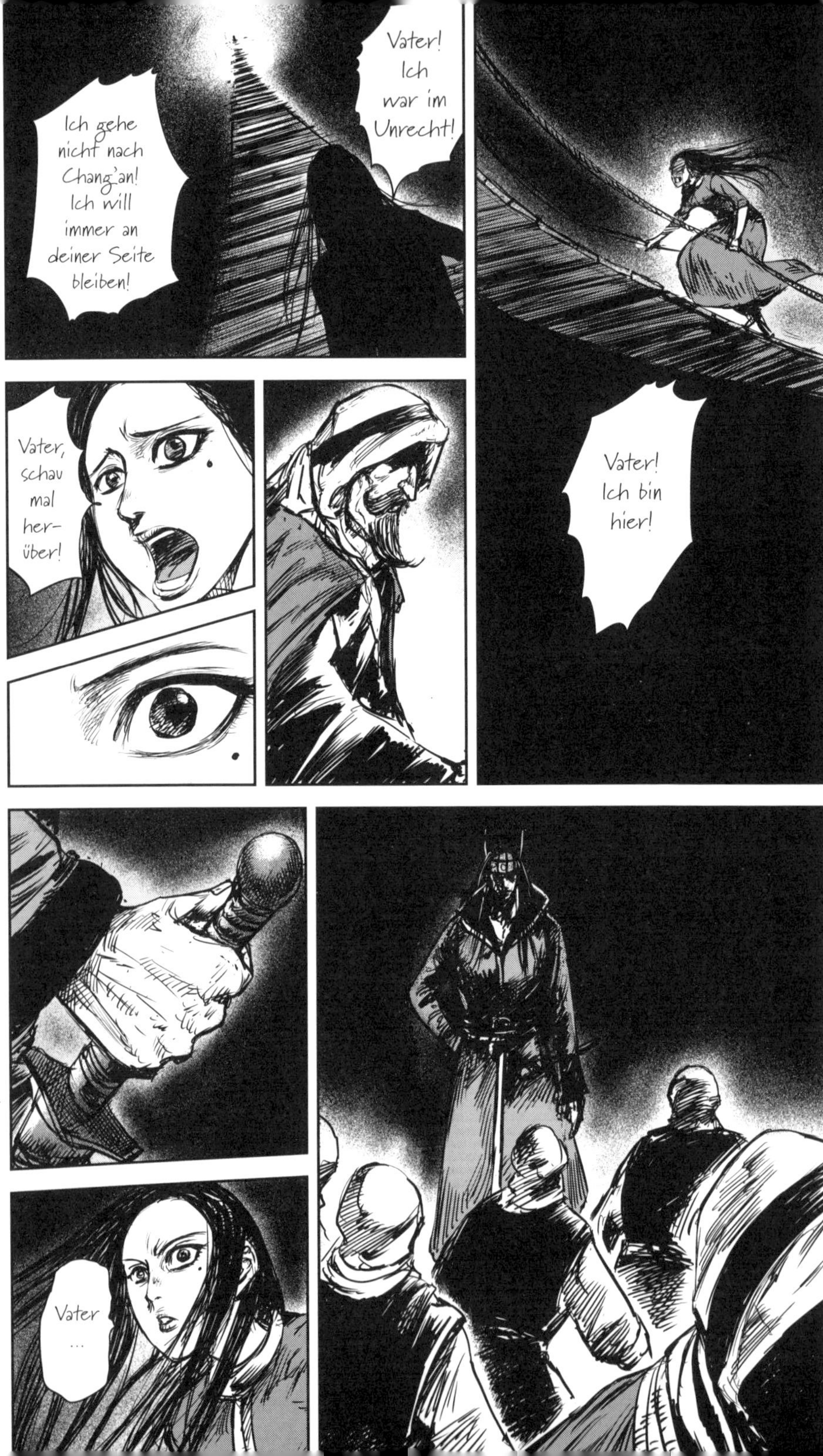
Vater! Ich war im Unrecht!
Ich gehe nicht nach Chang'an! Ich will immer an deiner Seite bleiben!
Vater! Ich bin hier!
Vater, schau mal her-über!
Vater …

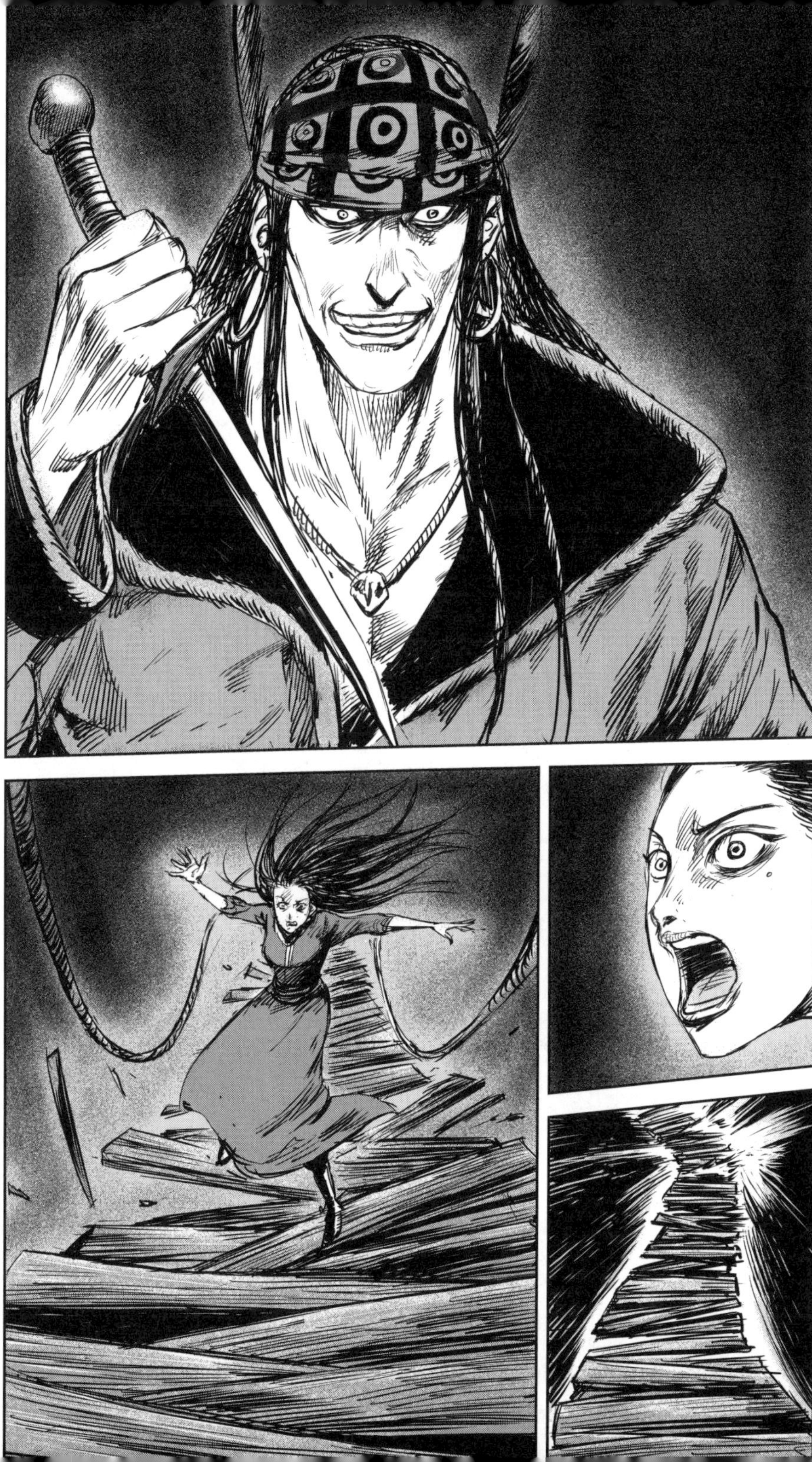

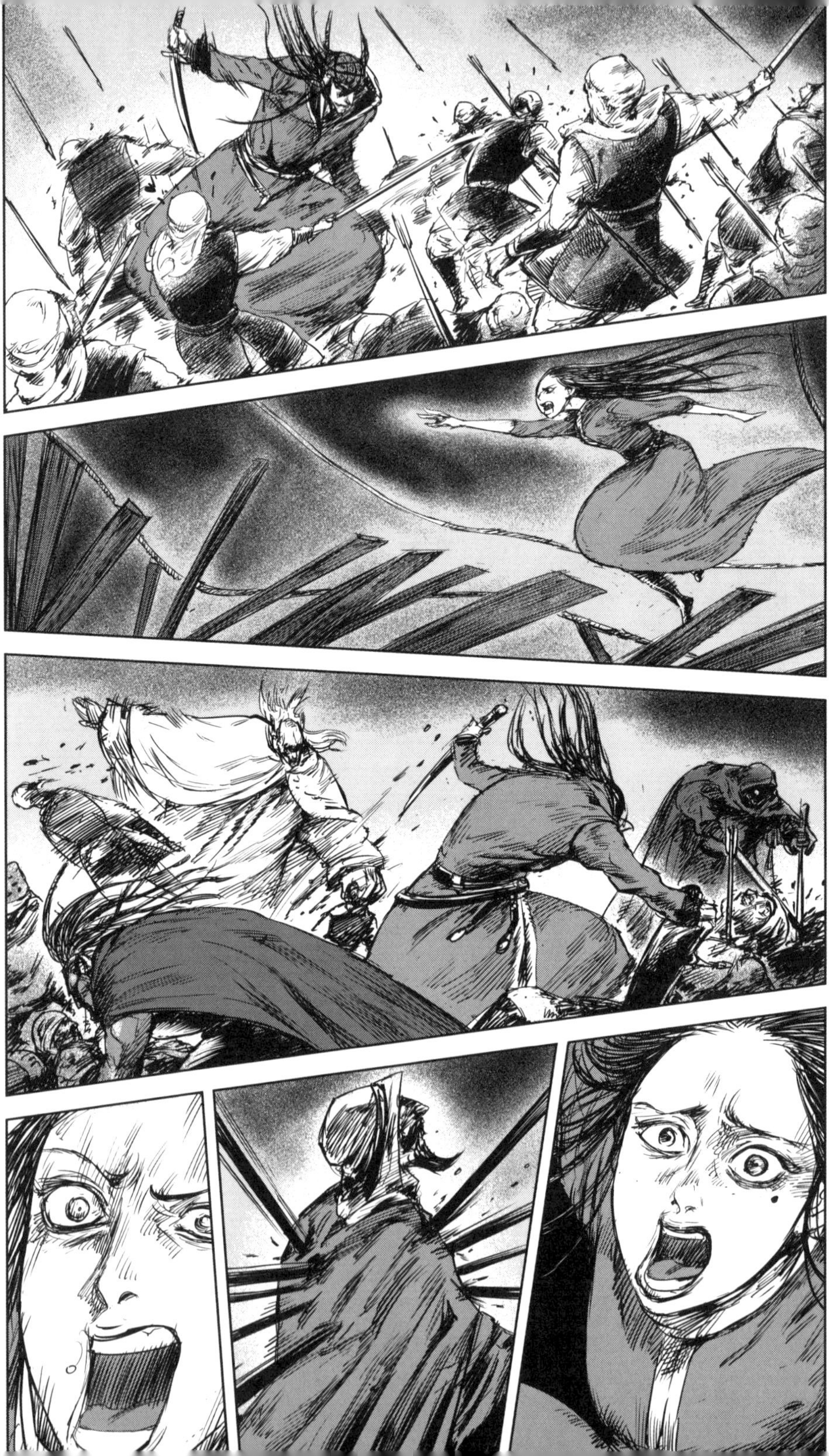

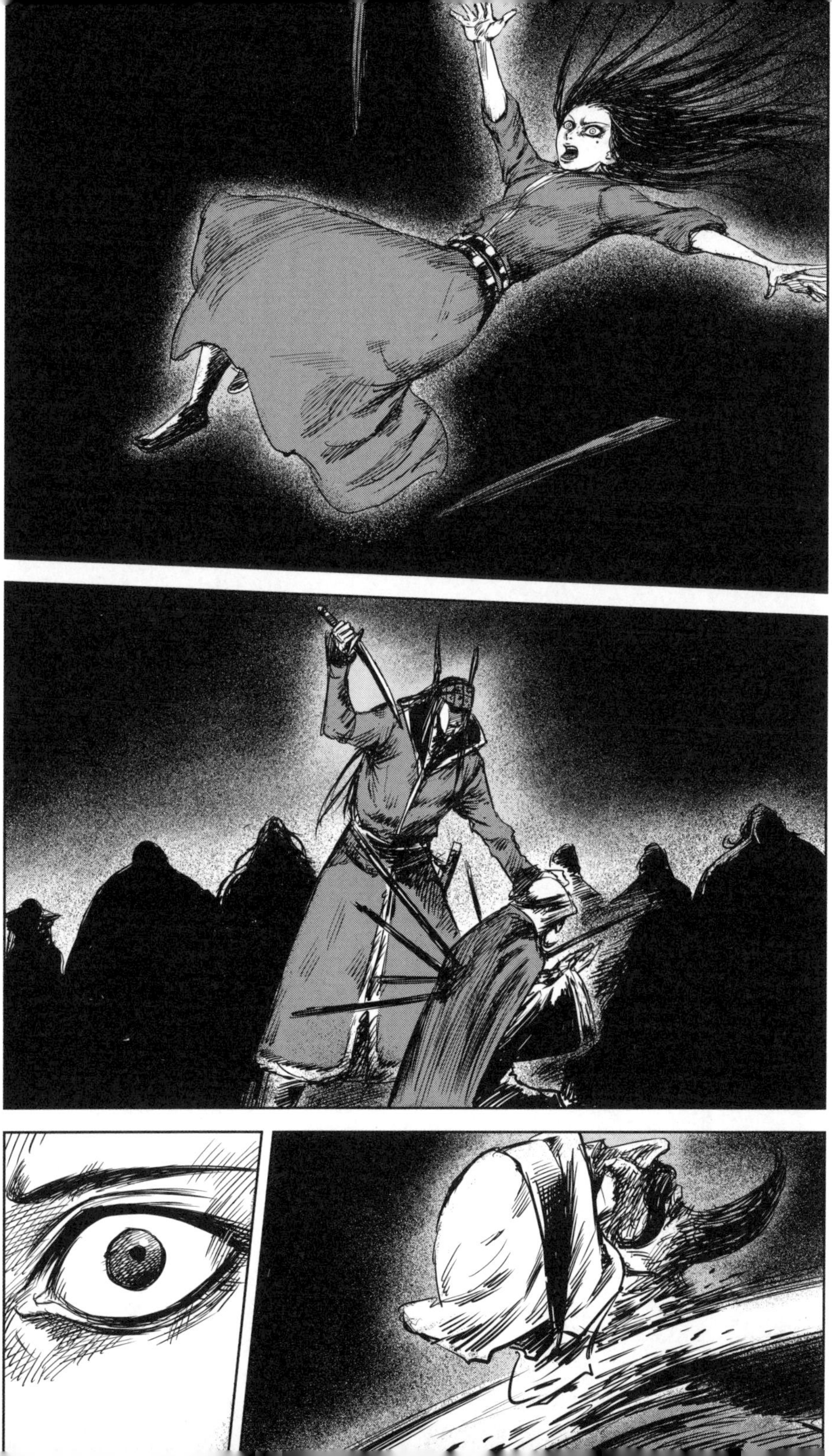

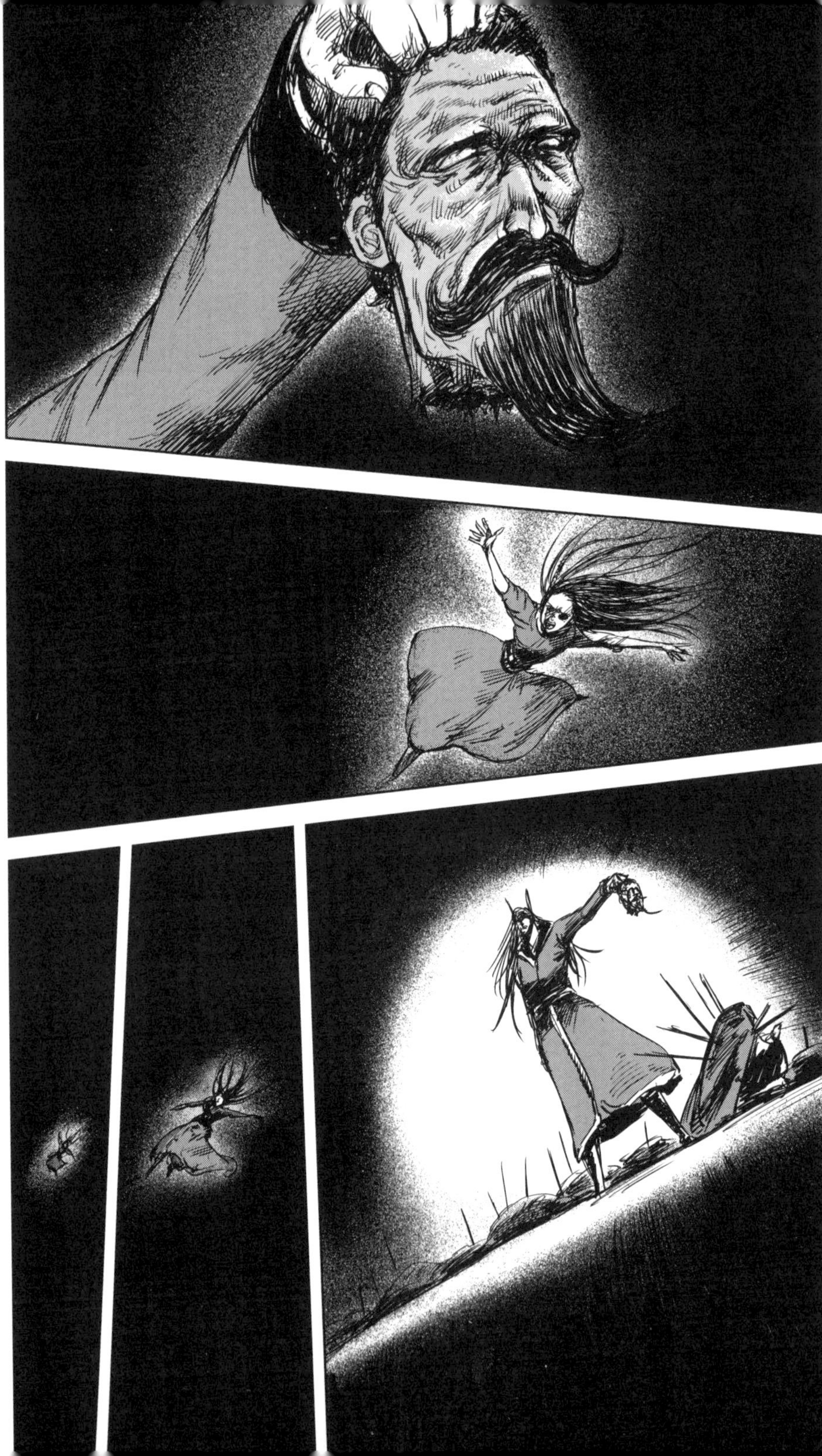

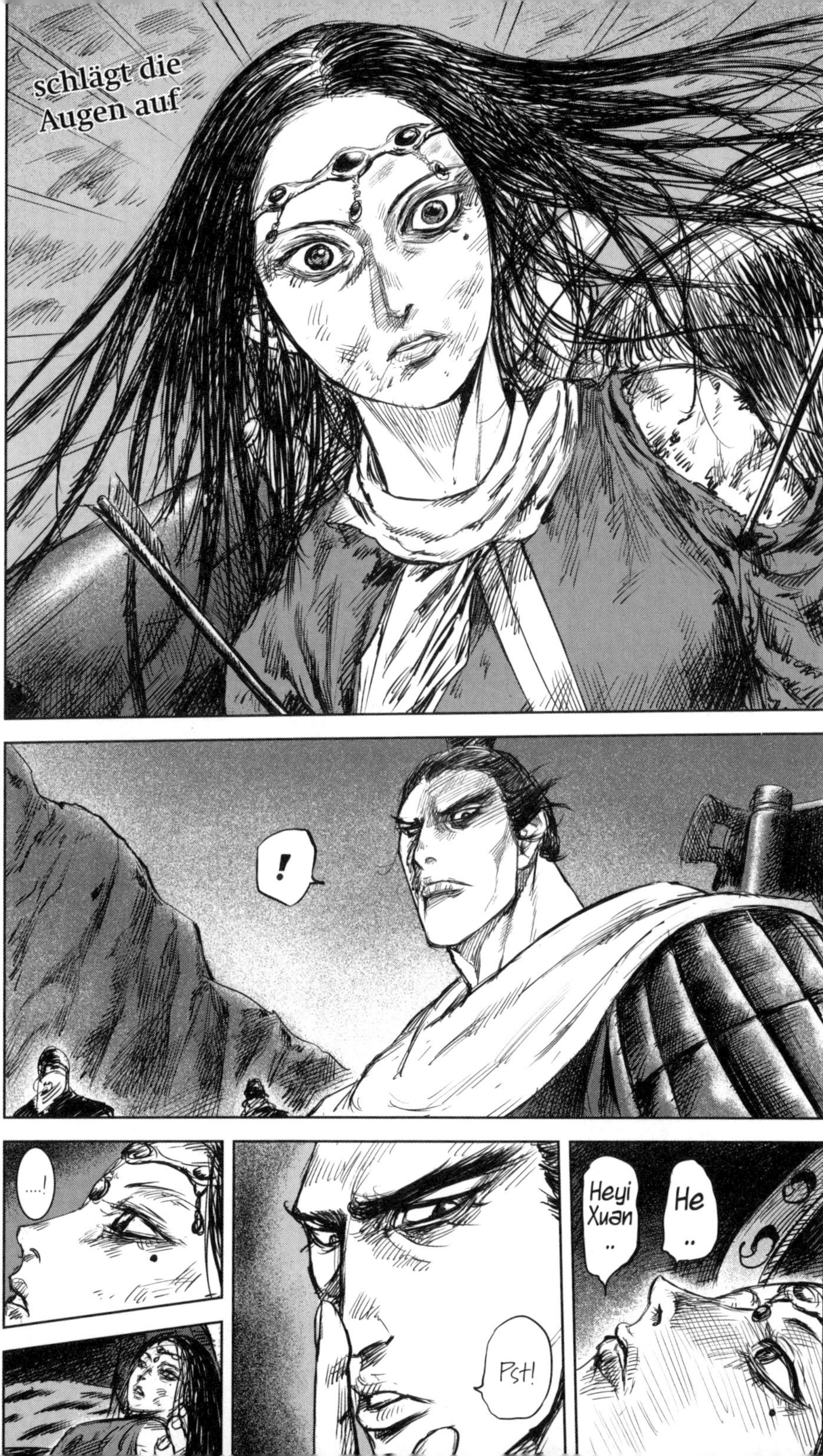
schlägt die Augen auf
!
....!
He ..
Heyi Xuan ..
Pst!

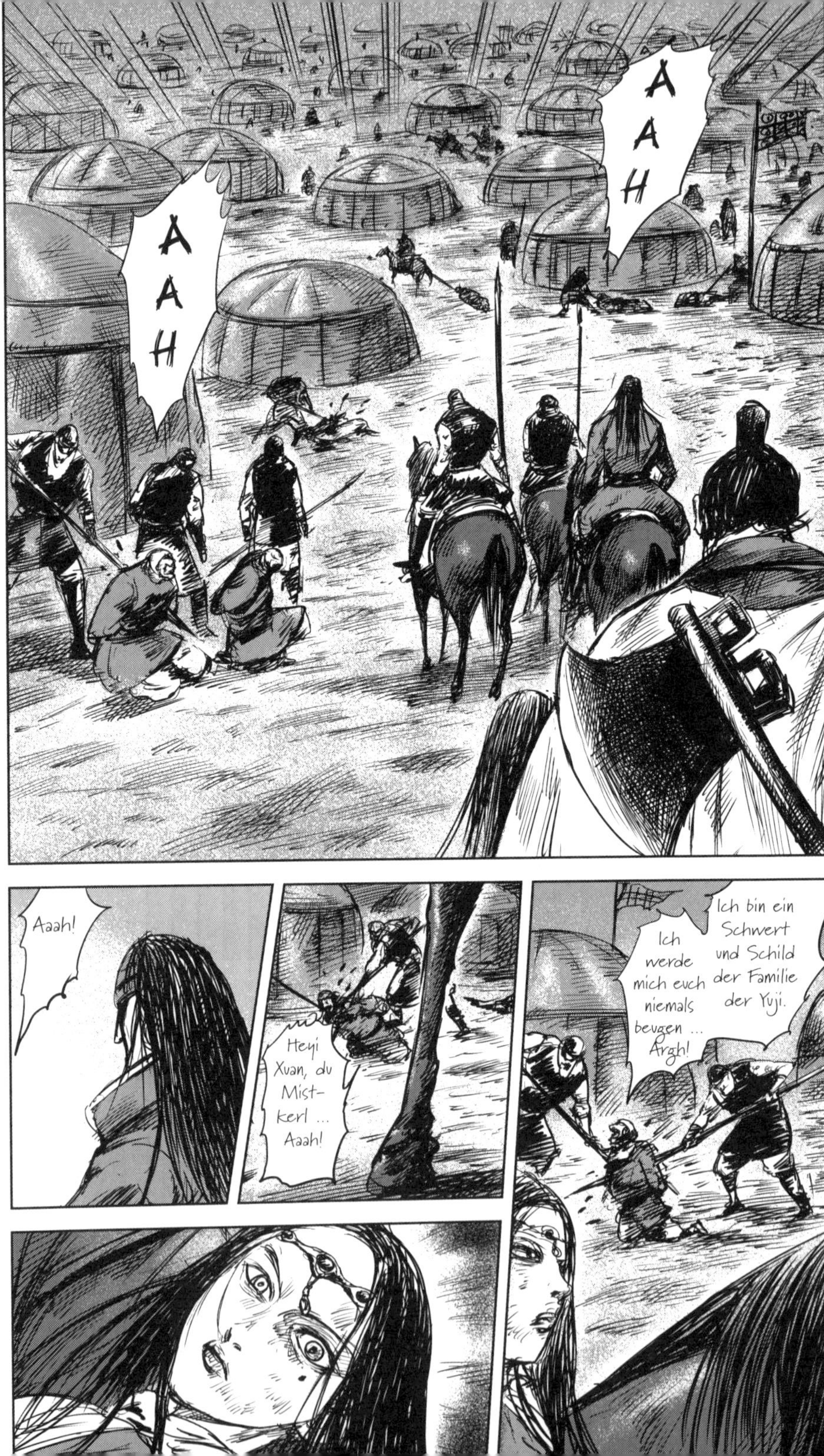
AAH
AAH
Aaah!
Heyi Xuan, du Mist-kerl ... Aaah!
Ich bin ein Schwert und Schild der Familie der Yuji.
Ich werde mich euch niemals beugen ... Argh!

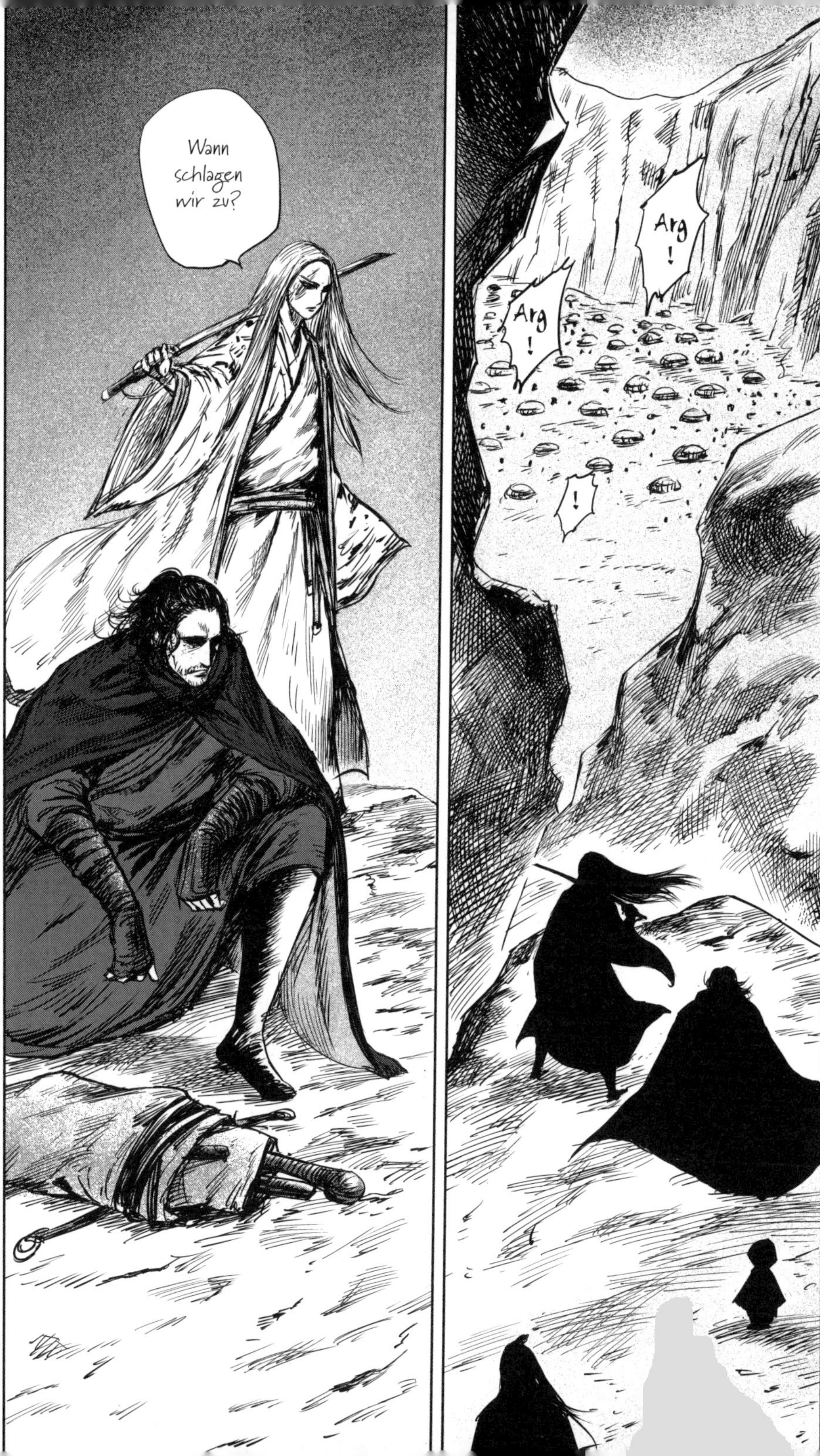
Wann schlagen wir zu?
Arg!
Arg!
!

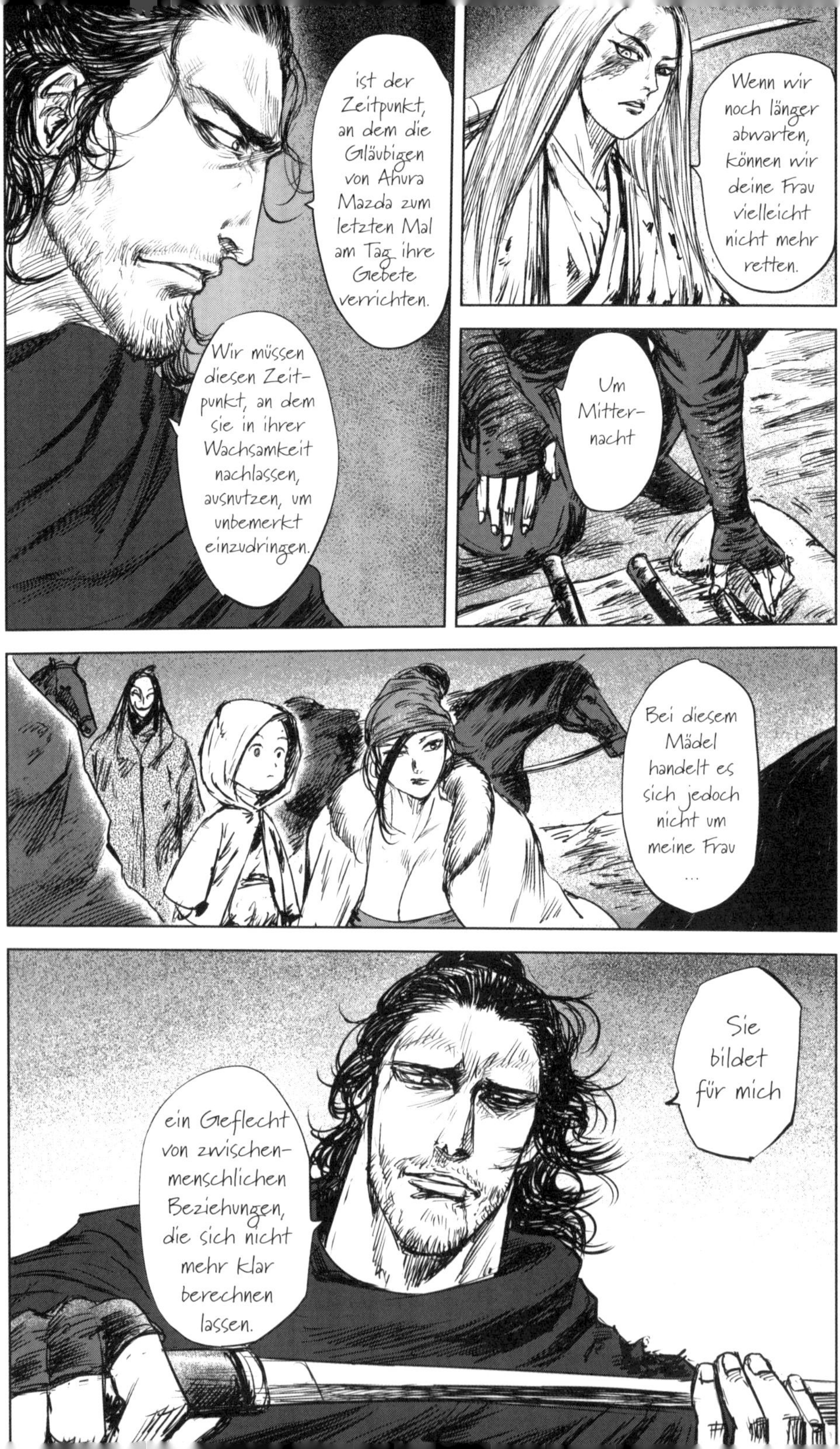
ist der Zeitpunkt, an dem die Gläubigen von Ahura Mazda zum letzten Mal am Tag ihre Gebete verrichten.
Wir müssen diesen Zeitpunkt, an dem sie in ihrer Wachsamkeit nachlassen, ausnutzen, um unbemerkt einzudringen.
Wenn wir noch länger abwarten, können wir deine Frau vielleicht nicht mehr retten.
Um Mitternacht
Bei diesem Mädel handelt es sich jedoch nicht um meine Frau …
Sie bildet für mich
ein Geflecht von zwischenmenschlichen Beziehungen, die sich nicht mehr klar berechnen lassen.

Zweiter Akt:
Die weite Wüste

Kapitel 39:
Eine lange Nacht
(Zweiter Teil)

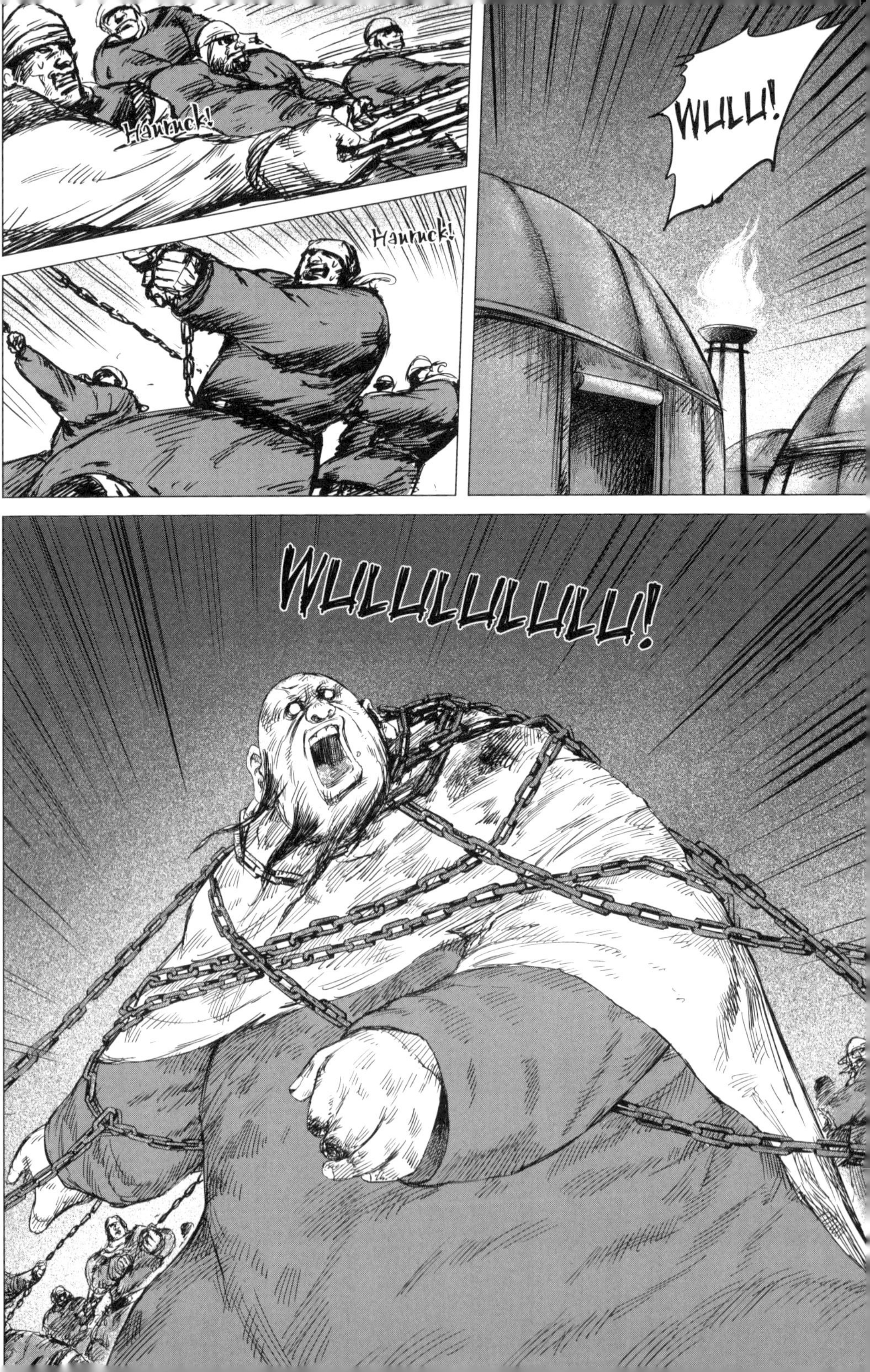
Hauruck!
Hauruck!
WULU!
WULULULULU!

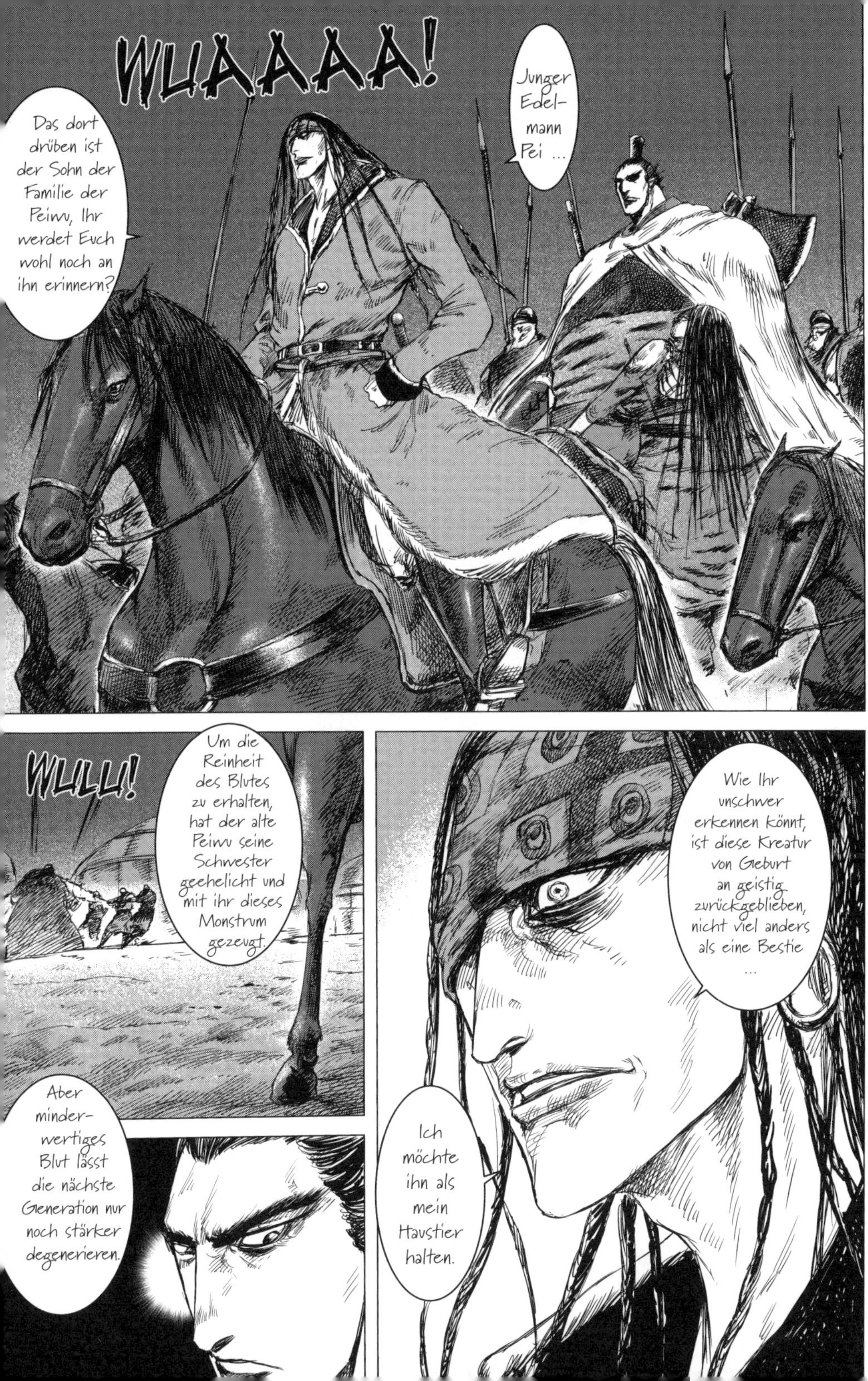
WUAAAAA!
Junger Edelmann Pei …
Das dort drüben ist der Sohn der Familie der Peiwu, Ihr werdet Euch wohl noch an ihn erinnern?
WULLI!
Um die Reinheit des Blutes zu erhalten, hat der alte Peiwu seine Schwester geehelicht und mit ihr dieses Monstrum gezeugt.
Wie Ihr unschwer erkennen könnt, ist diese Kreatur von Geburt an geistig zurückgeblieben, nicht viel anders als eine Bestie …
Aber minderwertiges Blut lässt die nächste Generation nur noch stärker degenerieren.
Ich möchte ihn als mein Haustier halten.

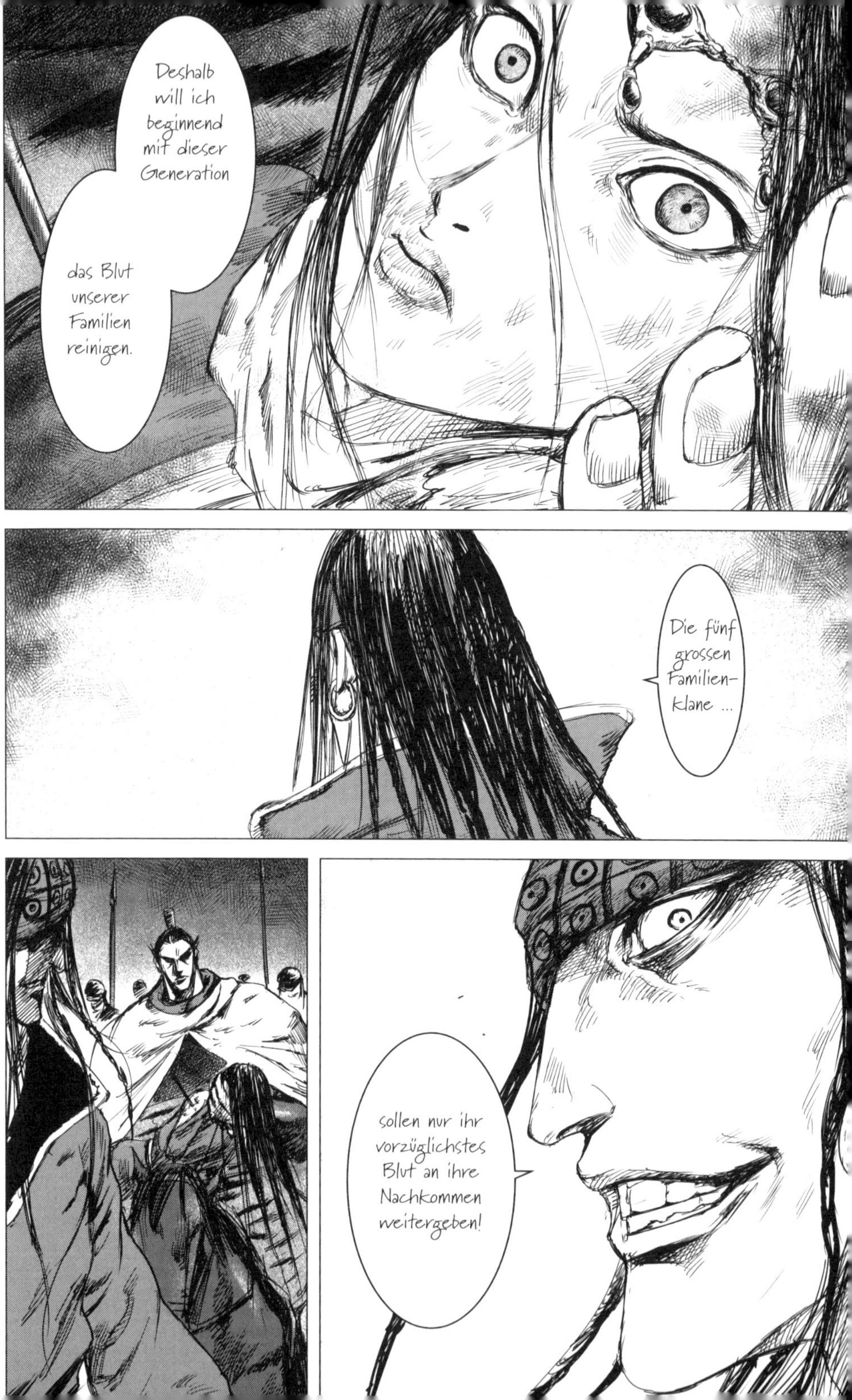
Deshalb will ich beginnend mit dieser Generation
das Blut unserer Familien reinigen.
Die fünf grossen Familien-klane ...
sollen nur ihr vorzüglichstes Blut an ihre Nachkommen weitergeben!

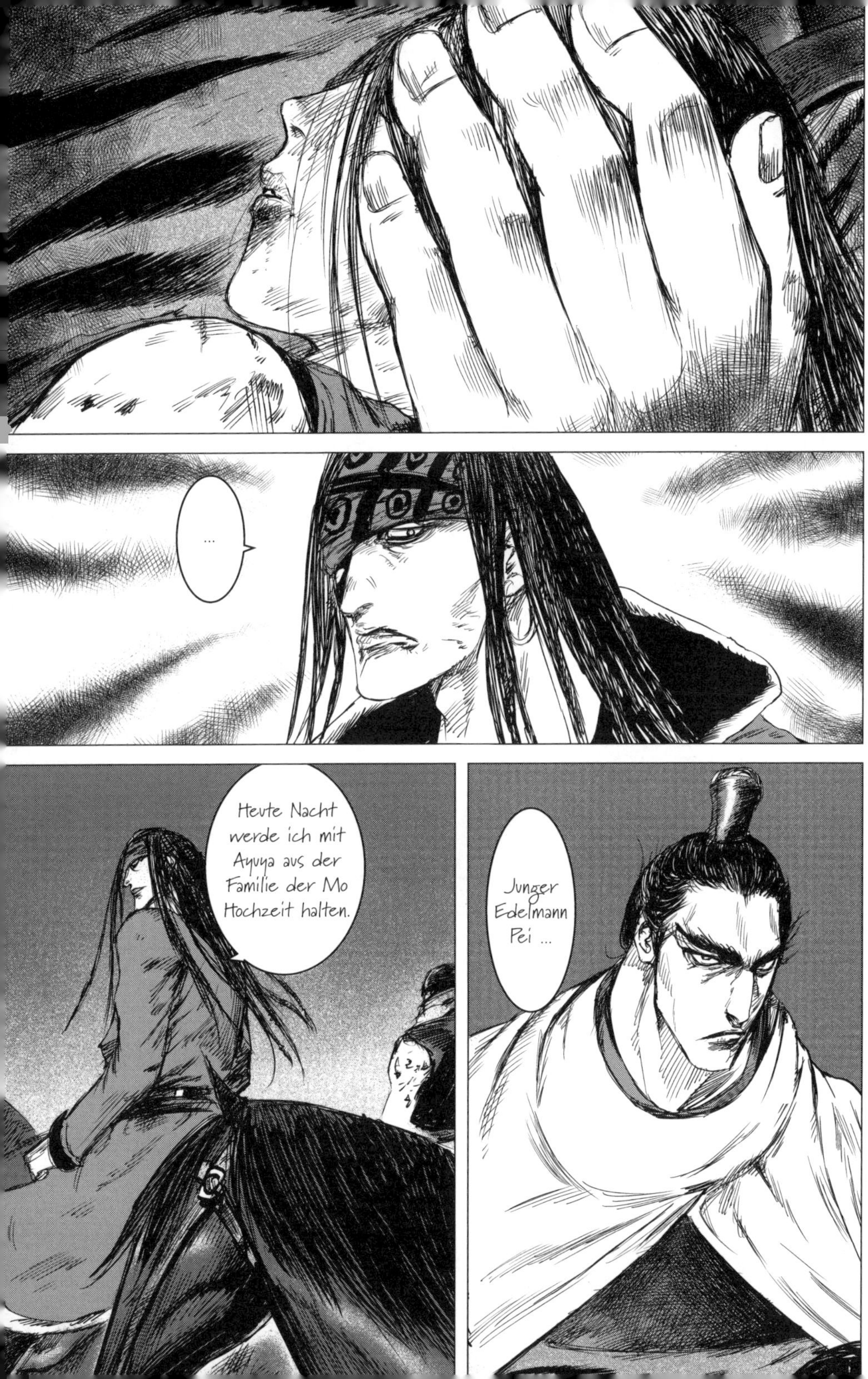
...
Junger Edelmann Pei ...
Heute Nacht werde ich mit Ayuya aus der Familie der Mo Hochzeit halten.

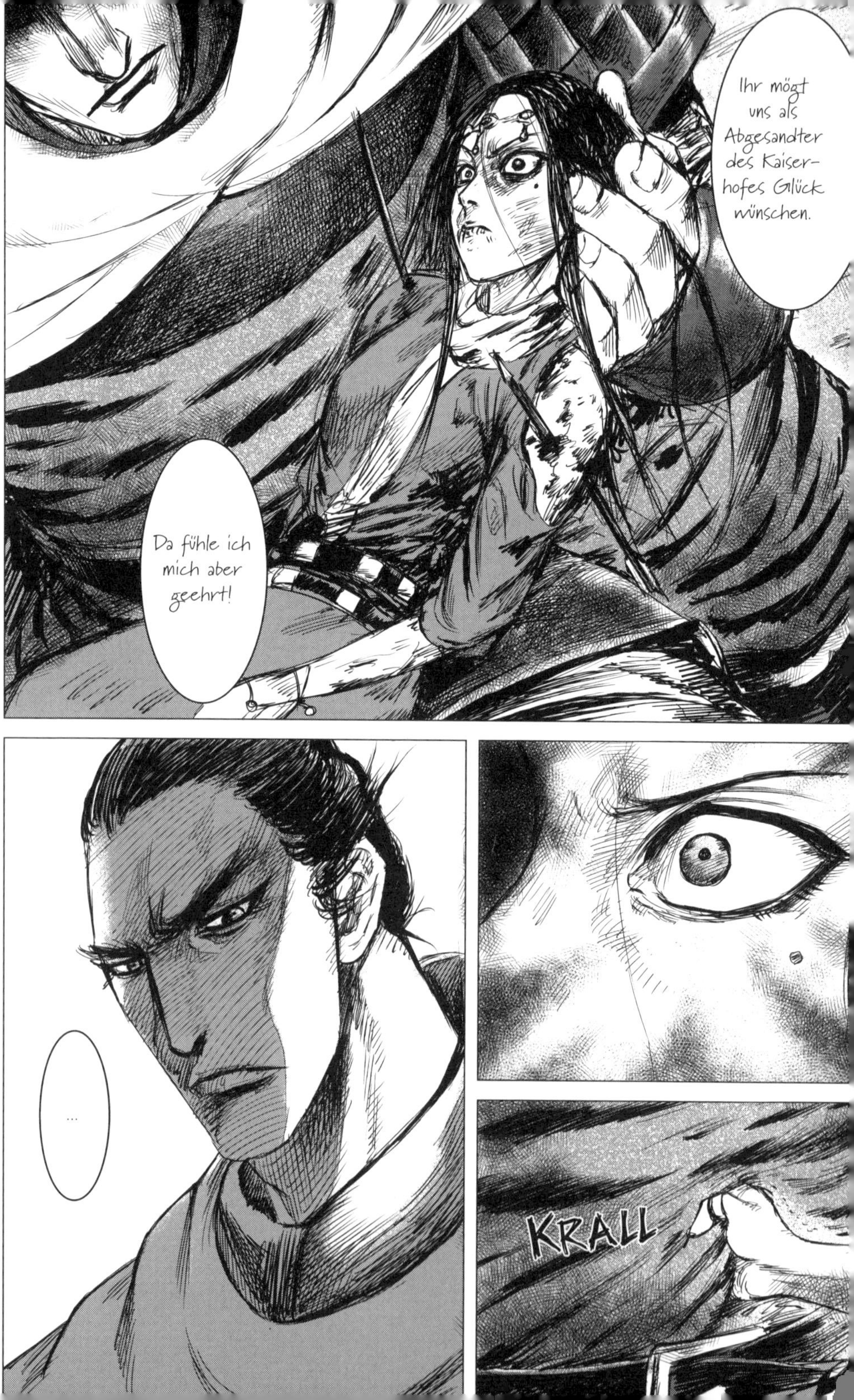
Ihr mögt uns als Abgesandter des Kaiserhofes Glück wünschen.
Da fühle ich mich aber geehrt!
...
KRALL

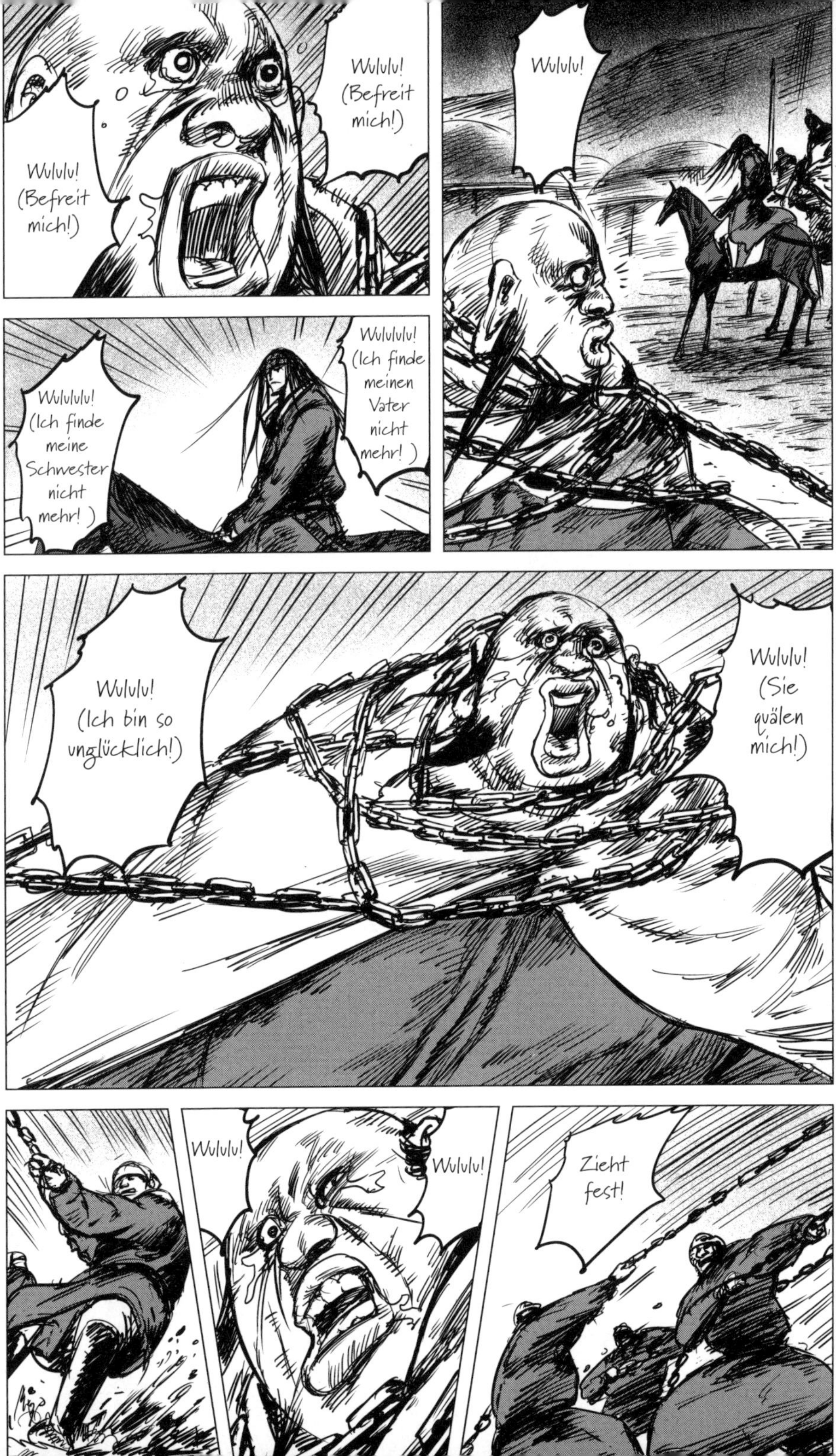
Wululu! (Befreit mich!)
Wululu! (Befreit mich!)
Wululu!
Wulululu! (Ich finde meinen Vater nicht mehr!)
Wulululu! (Ich finde meine Schwester nicht mehr!)
Wululu! (Sie quälen mich!)
Wululu! (Ich bin so unglücklich!)
Wululu!
Wululu!
Zieht fest!

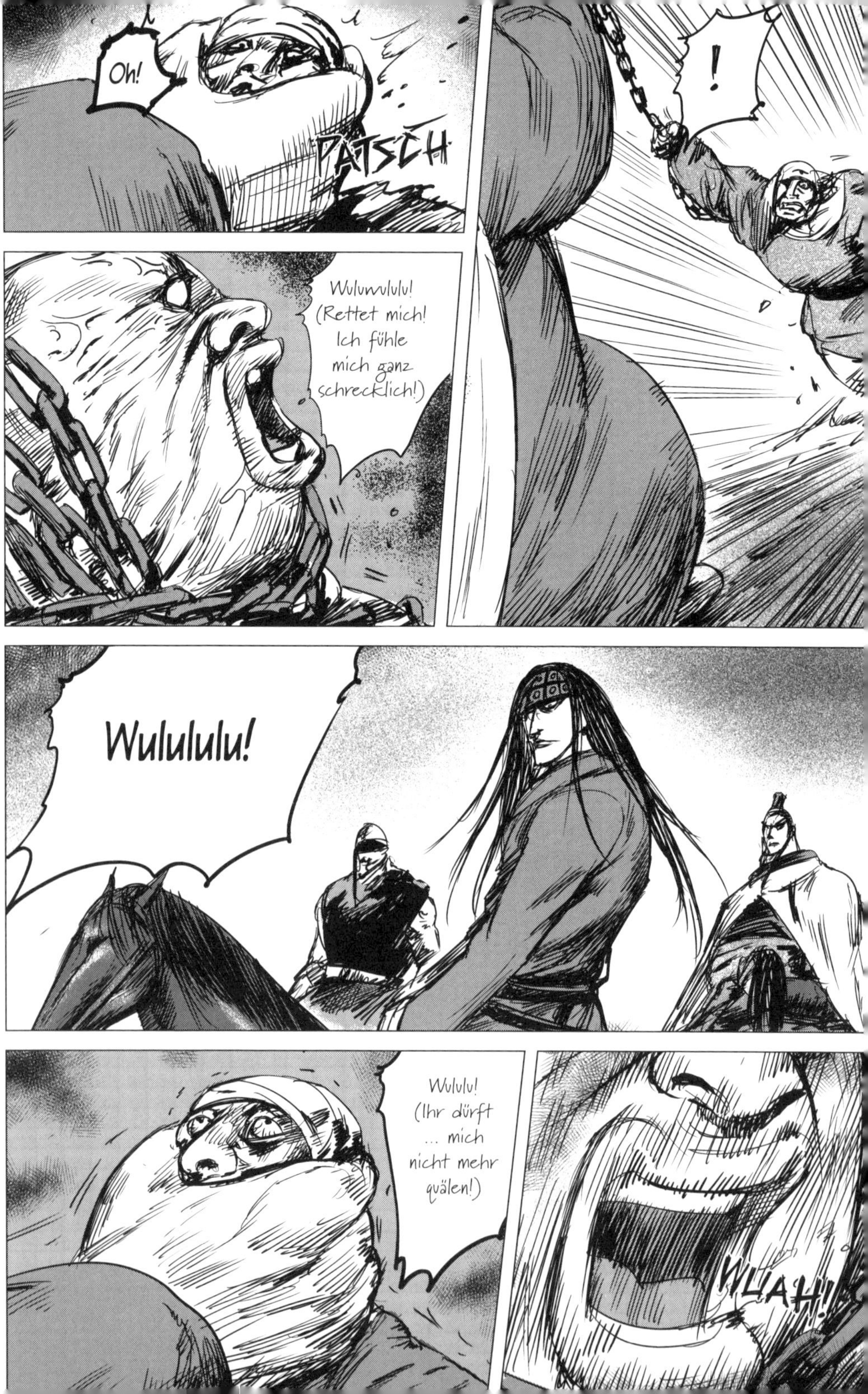
Oh!
PATSCH
!
Wuluwululu! (Rettet mich! Ich fühle mich ganz schrecklich!)
Wulululu!
Wululu! (Ihr dürft ... mich nicht mehr quälen!)
WUAH!

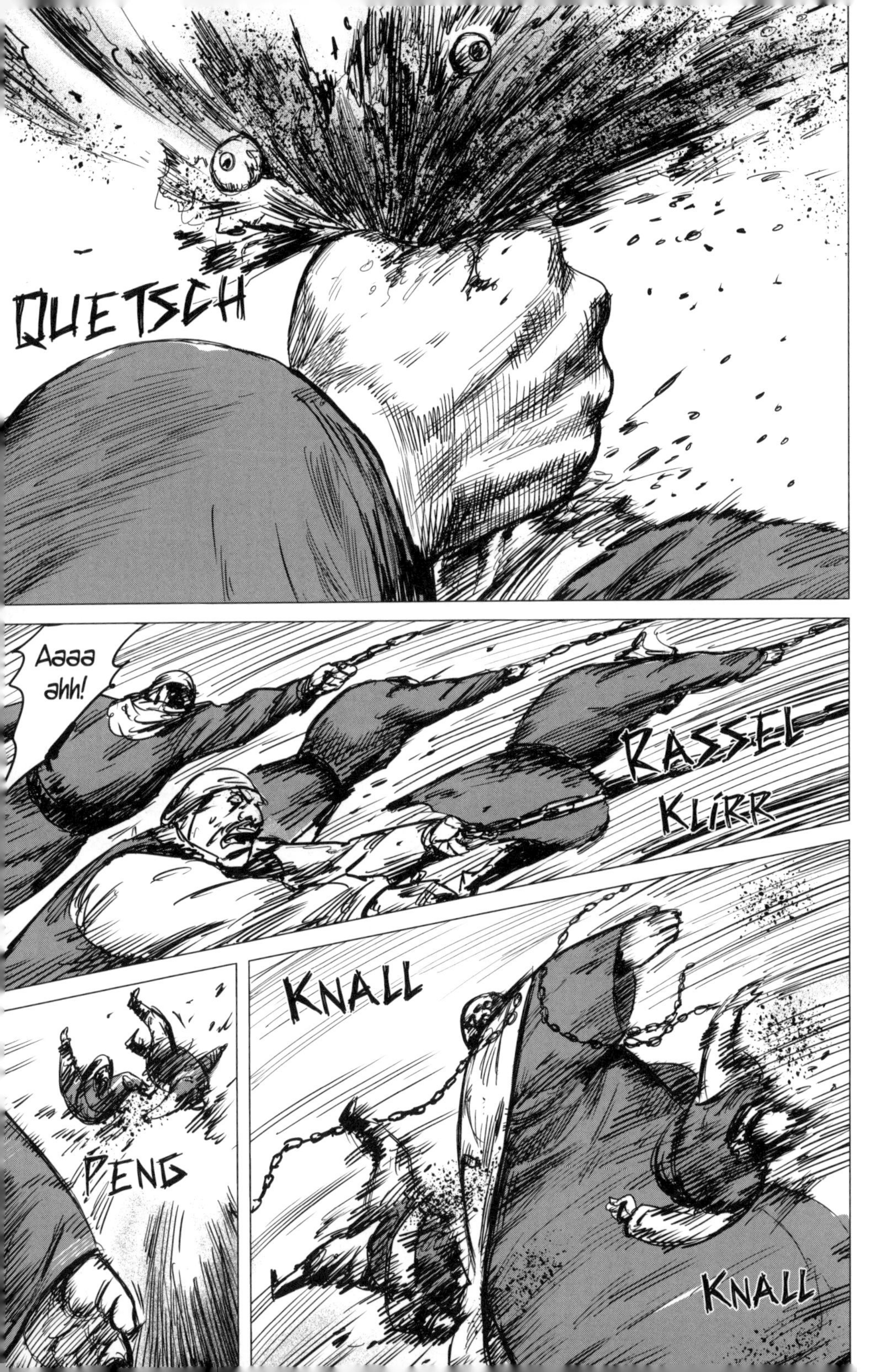
QUETSCH
Aaaa ahh!
RASSEL
KLIRR
KNALL
PENG
KNALL

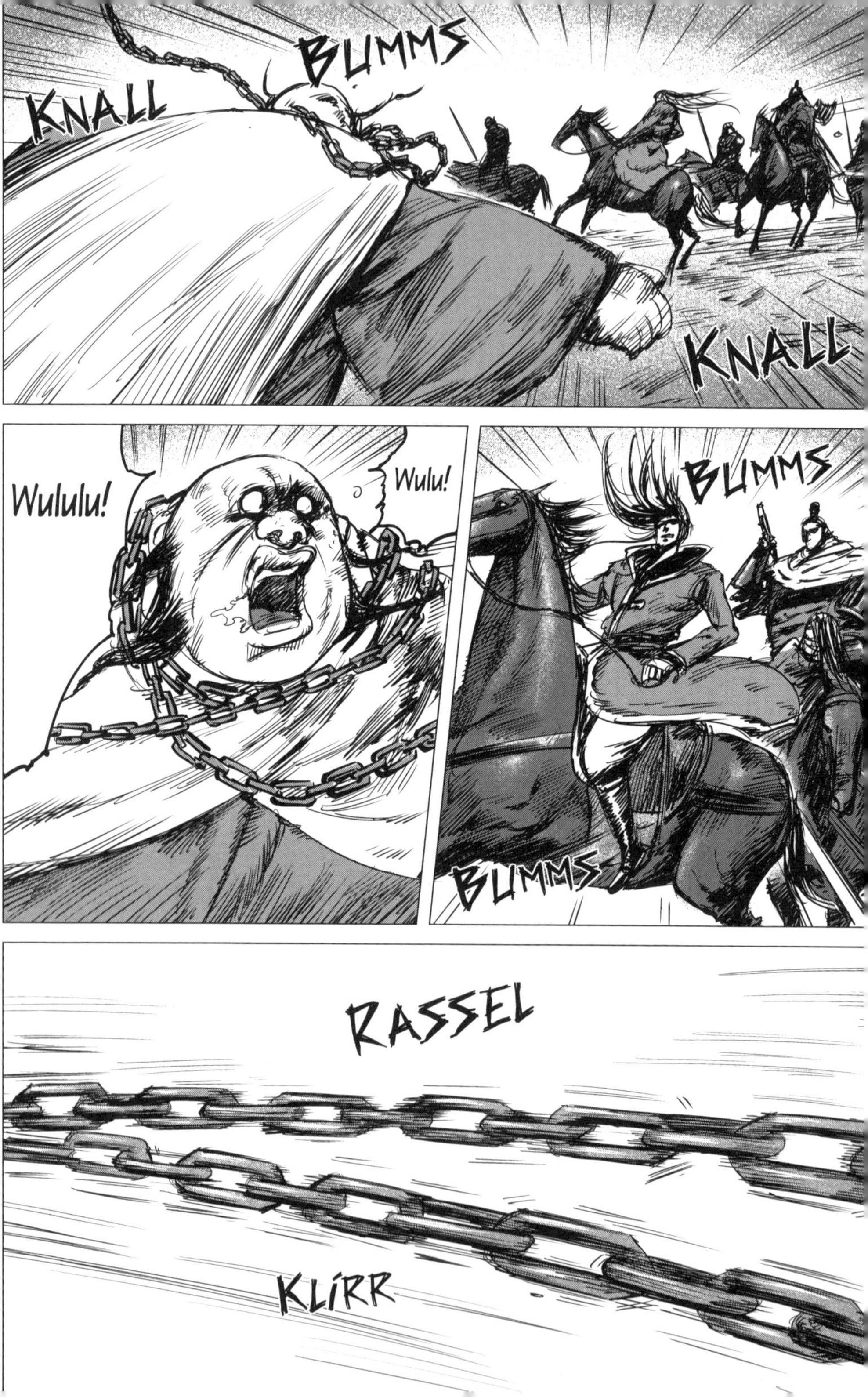

BUMMS
KNALL
KNALL
Wulu!
Wululu!
BUMMS
BUMMS
RASSEL
KLIRR

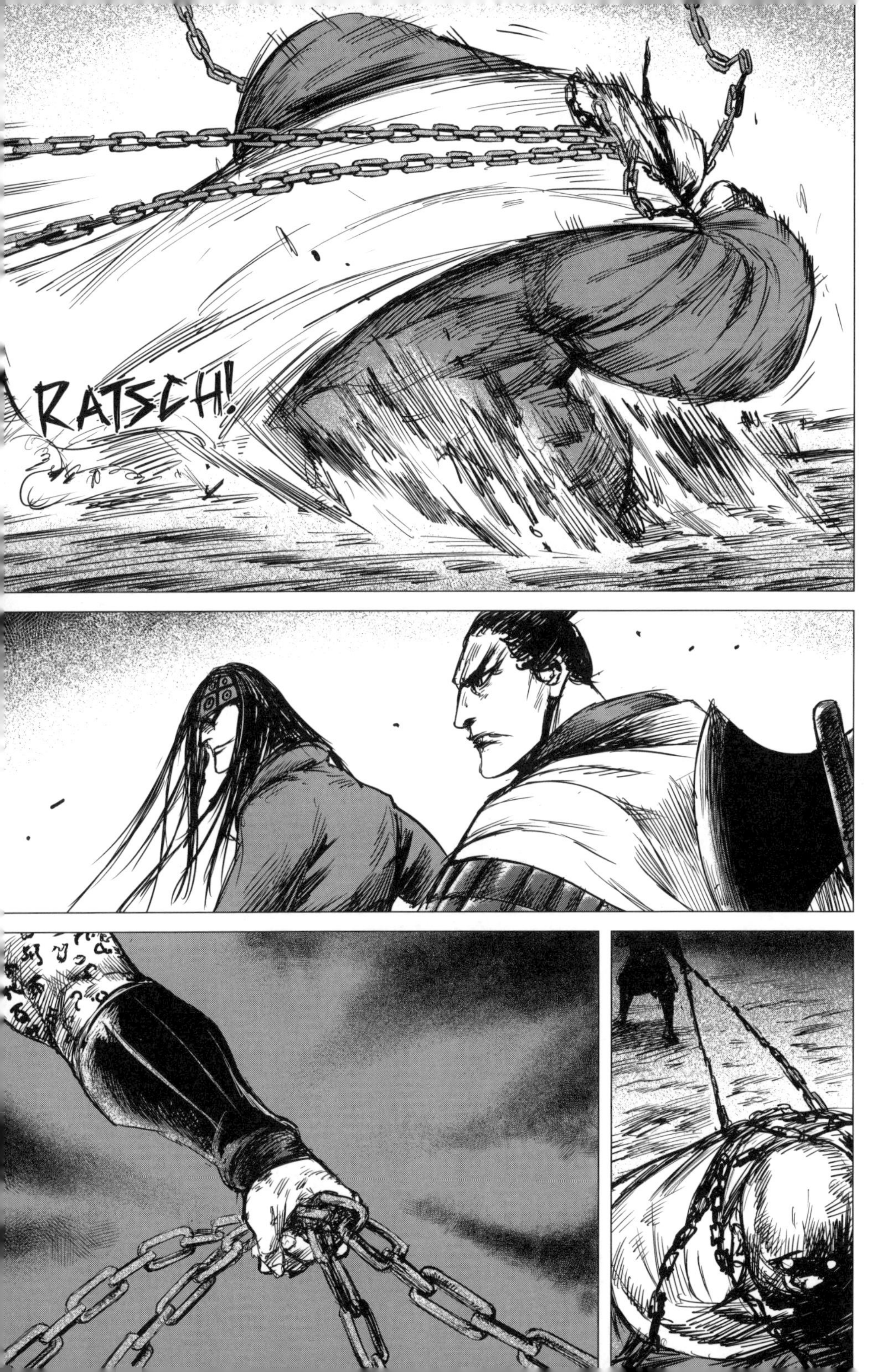
RATSCH!

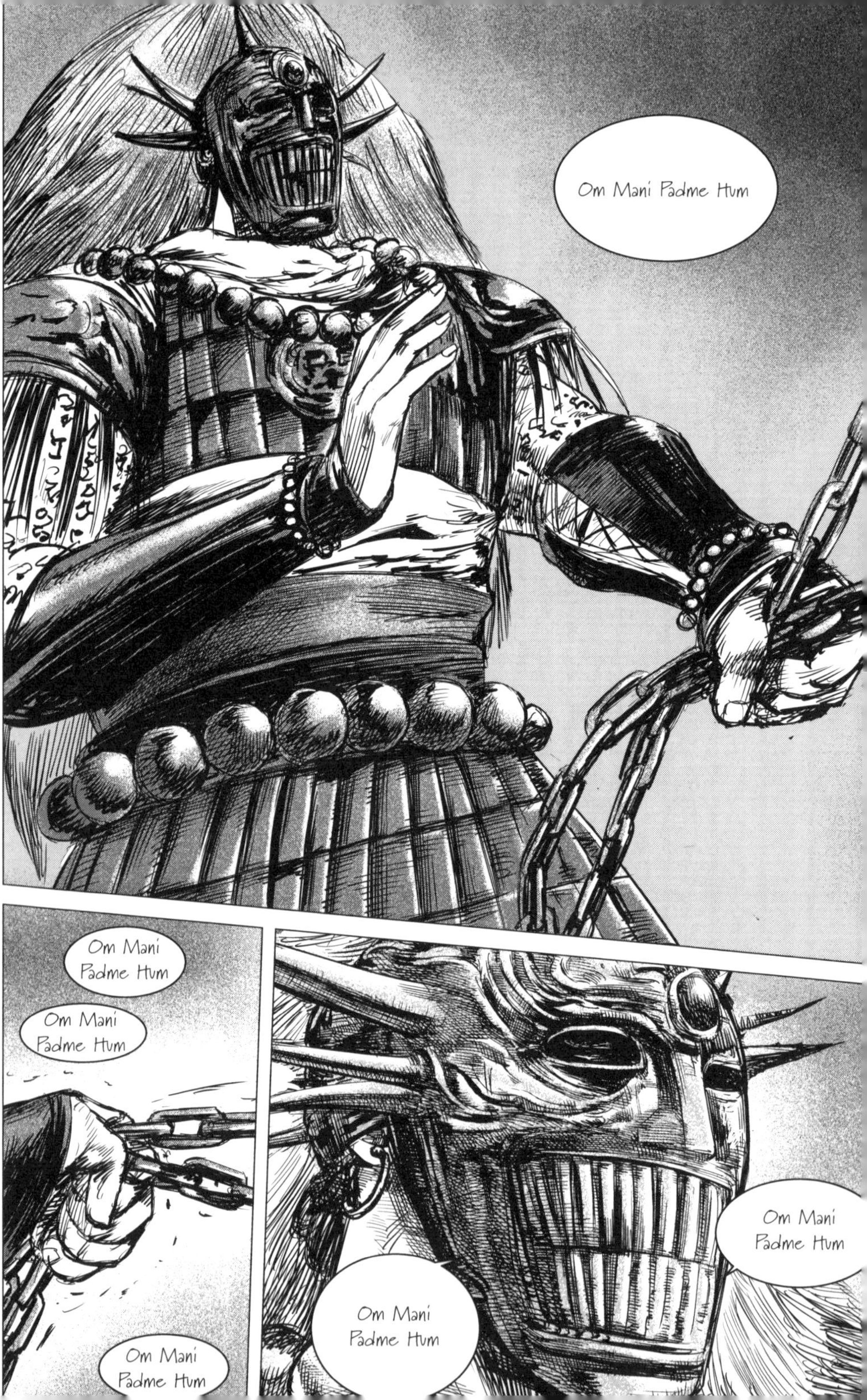
Om Mani Padme Hum
Om Mani Padme Hum
Om Mani Padme Hum
Om Mani Padme Hum
Om Mani Padme Hum
Om Mani Padme Hum

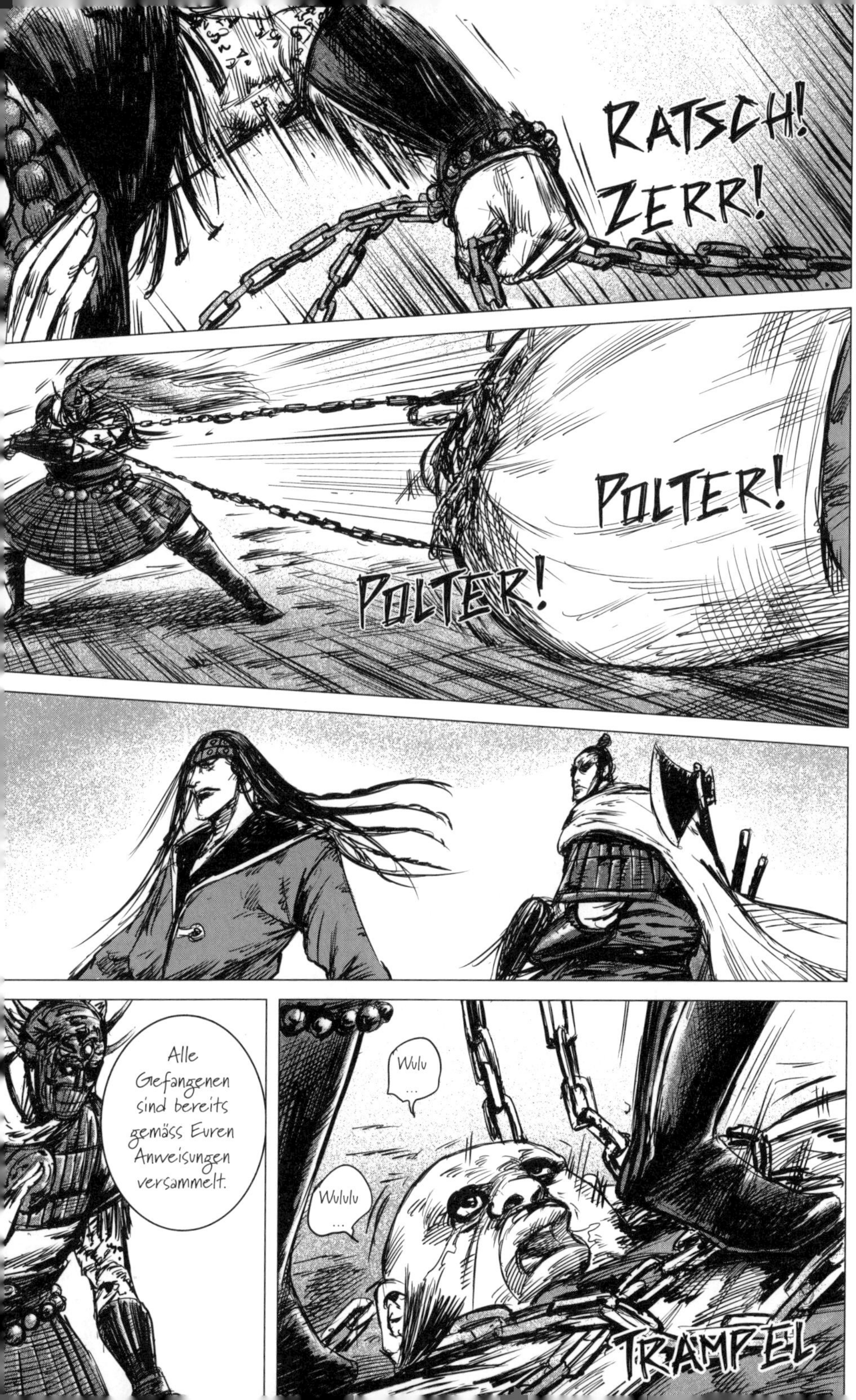
RATSCH! ZERR!
POLTER!
POLTER!
Alle Gefangenen sind bereits gemäss Euren Anweisungen versammelt.
Wulu …
Wululu …
TRAMPEL

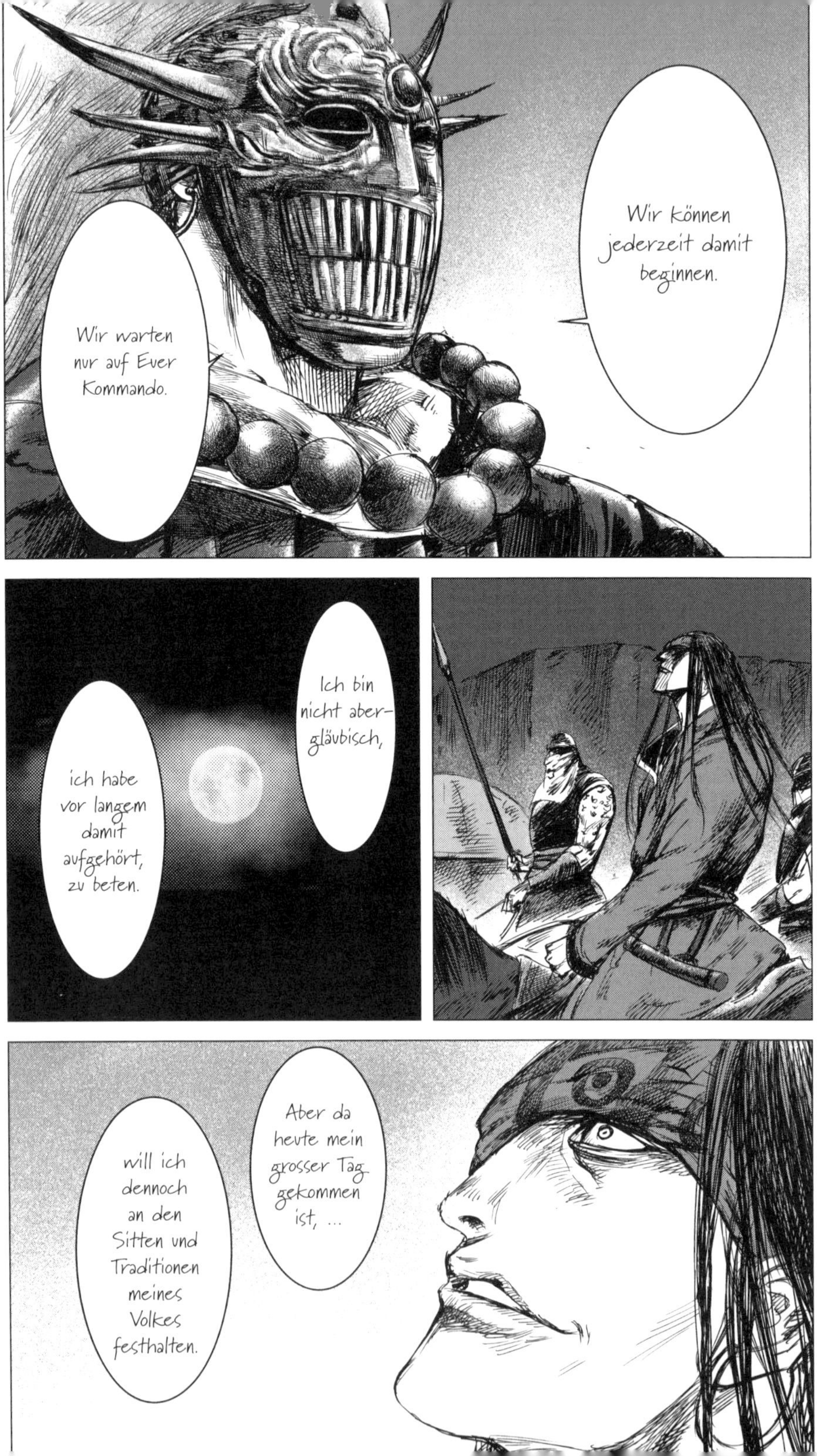
Wir können jederzeit damit beginnen.
Wir warten nur auf Euer Kommando.
Ich bin nicht abergläubisch,
ich habe vor langem damit aufgehört, zu beten.
Aber da heute mein grosser Tag gekommen ist, ...
will ich dennoch an den Sitten und Traditionen meines Volkes festhalten.

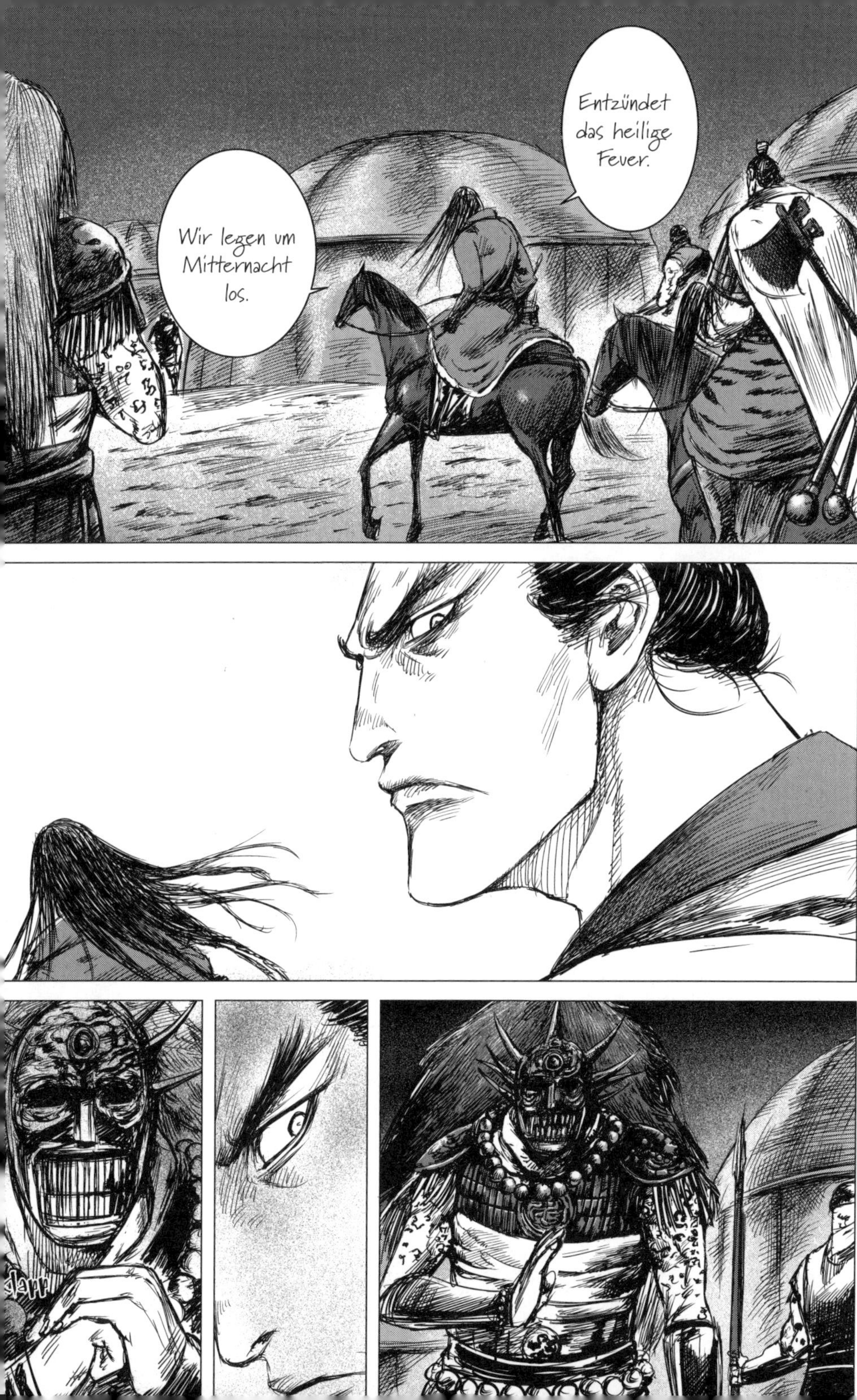
Entzündet das heilige Feuer.
Wir legen um Mitternacht los.

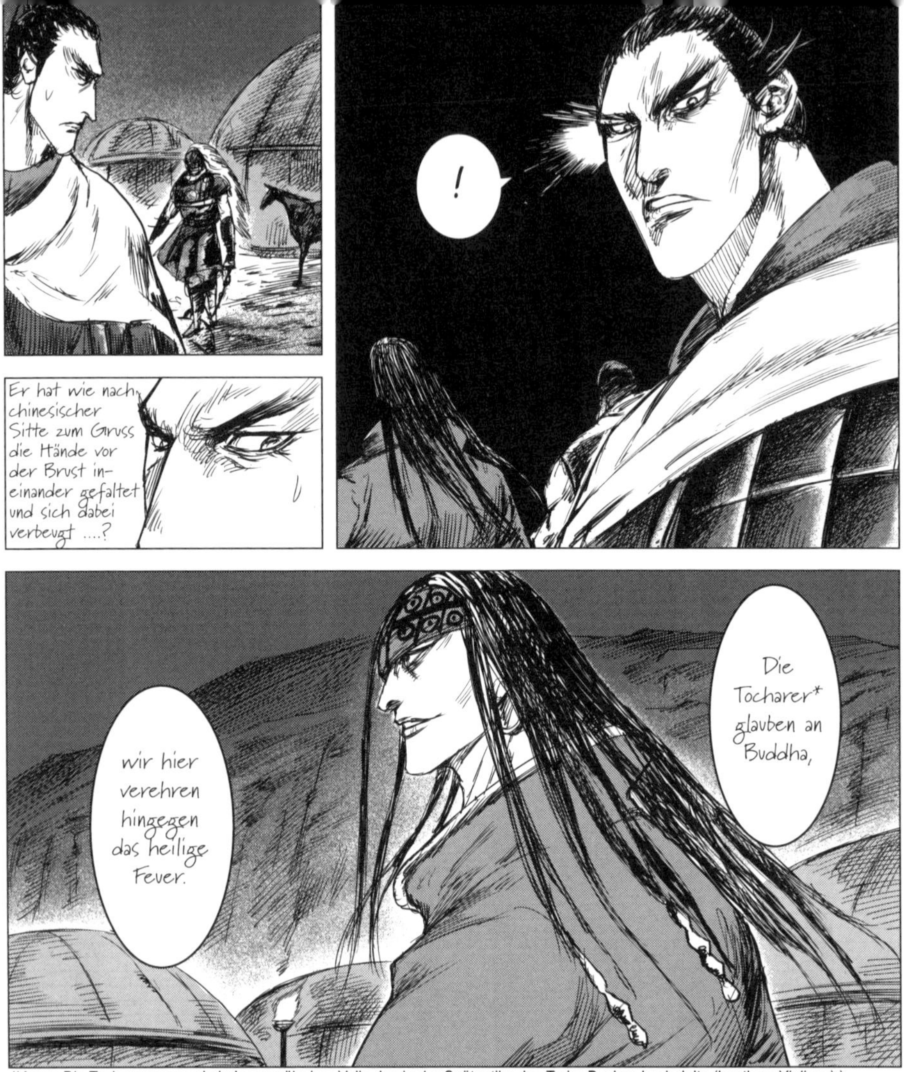

(*Anm.: Die Tocharer waren ein indoeuropäisches Volk, das in der Spätantike das Tarim-Becken besiedelte (heutiges *Xinjiang*).)

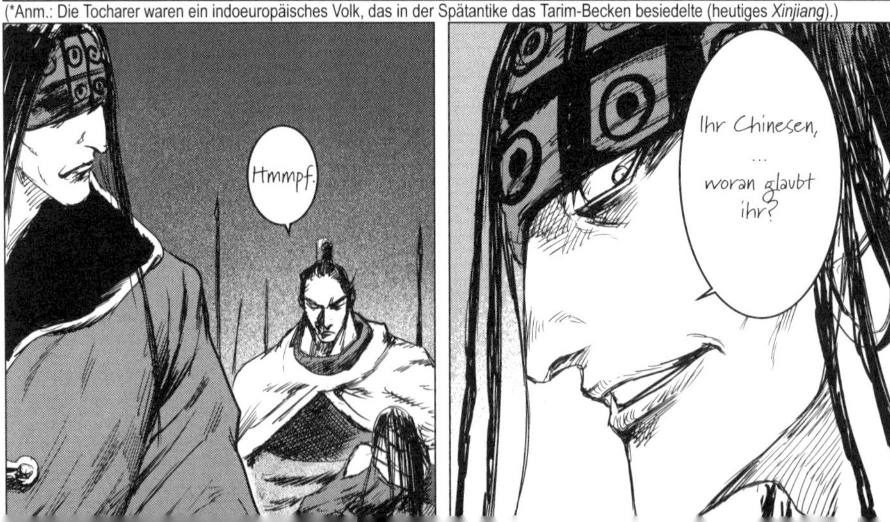

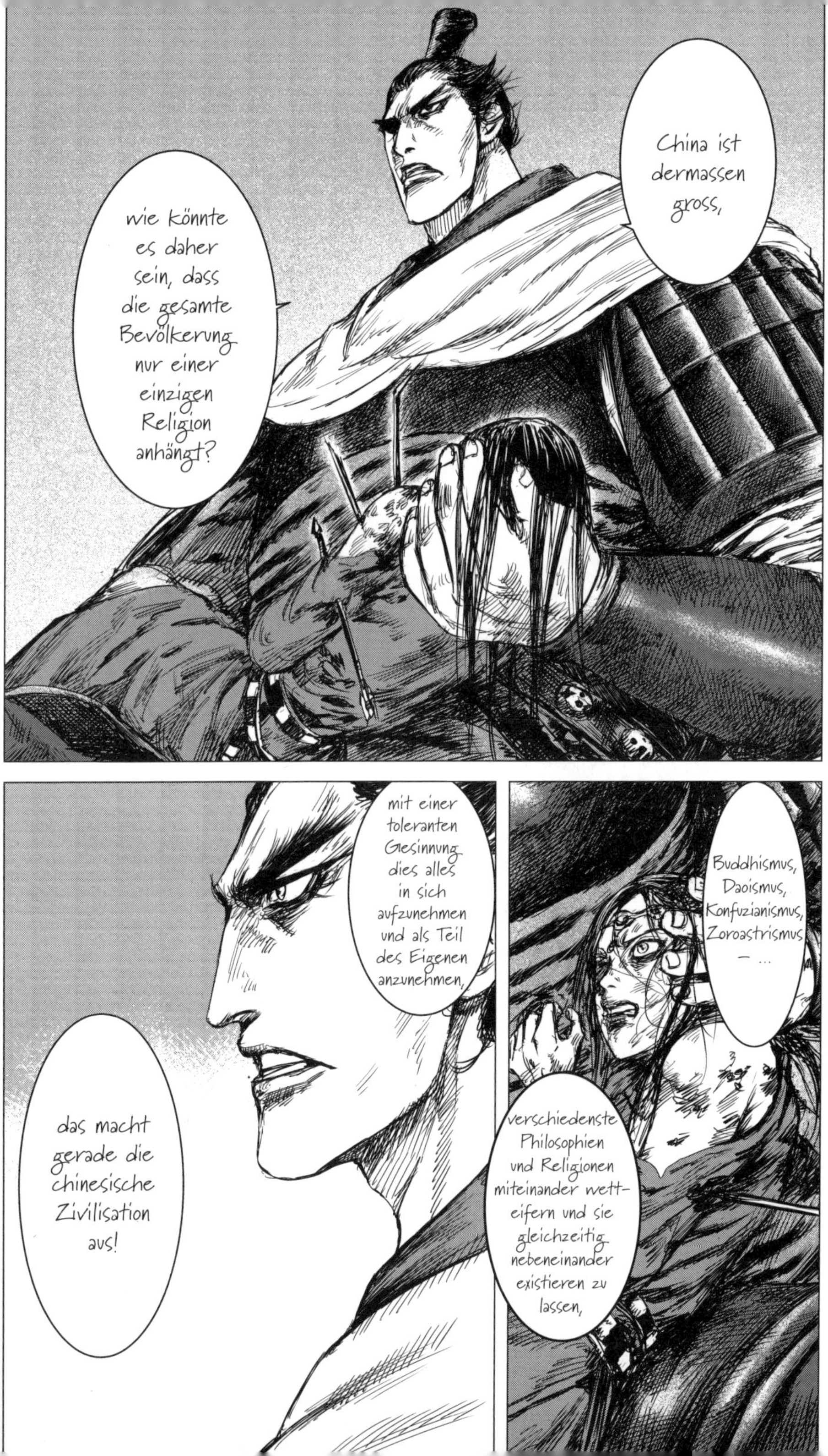
China ist dermassen gross,
wie könnte es daher sein, dass die gesamte Bevölkerung nur einer einzigen Religion anhängt?
Buddhismus, Daoismus, Konfuzianismus, Zoroastrismus – …
verschiedenste Philosophien und Religionen miteinander wetteifern und sie gleichzeitig nebeneinander existieren zu lassen,
mit einer toleranten Gesinnung dies alles in sich aufzunehmen und als Teil des Eigenen anzunehmen,
das macht gerade die chinesische Zivilisation aus!

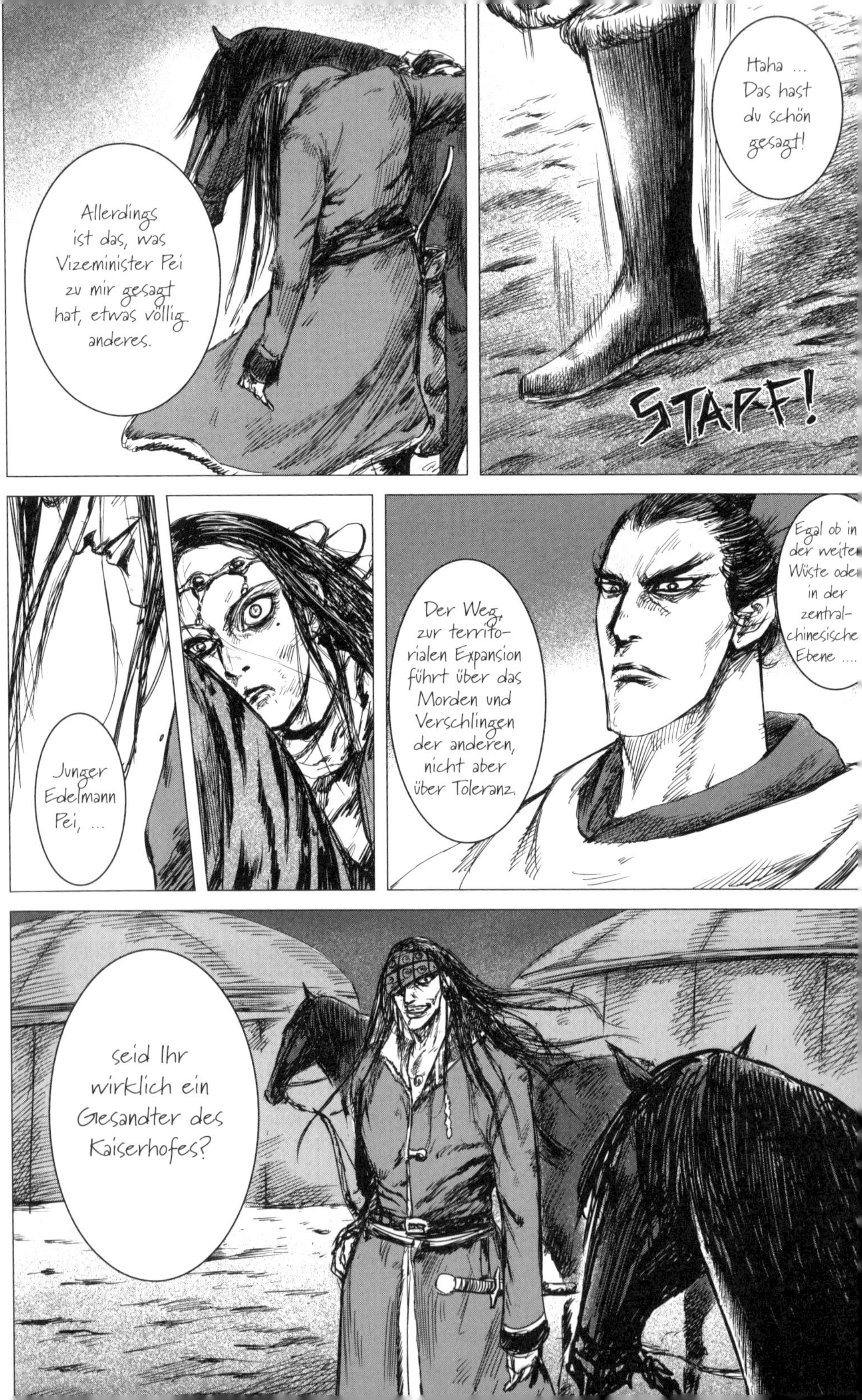
Allerdings ist das, was Vizeminister Pei zu mir gesagt hat, etwas völlig anderes.
Haha ... Das hast du schön gesagt!
STAPF!
Egal ob in der weite Wüste ode in der zentral-chinesische Ebene ....
Der Weg zur territorialen Expansion führt über das Morden und Verschlingen der anderen, nicht aber über Toleranz.
Junger Edelmann Pei, ...
seid Ihr wirklich ein Gesandter des Kaiserhofes?

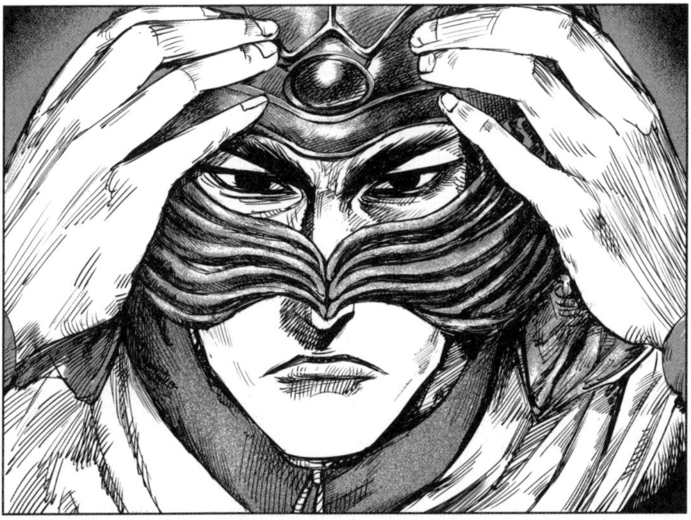

Zweiter Akt:
Die weite Wüste

Kapitel 40:
Eine lange Nacht
(Dritter Teil)

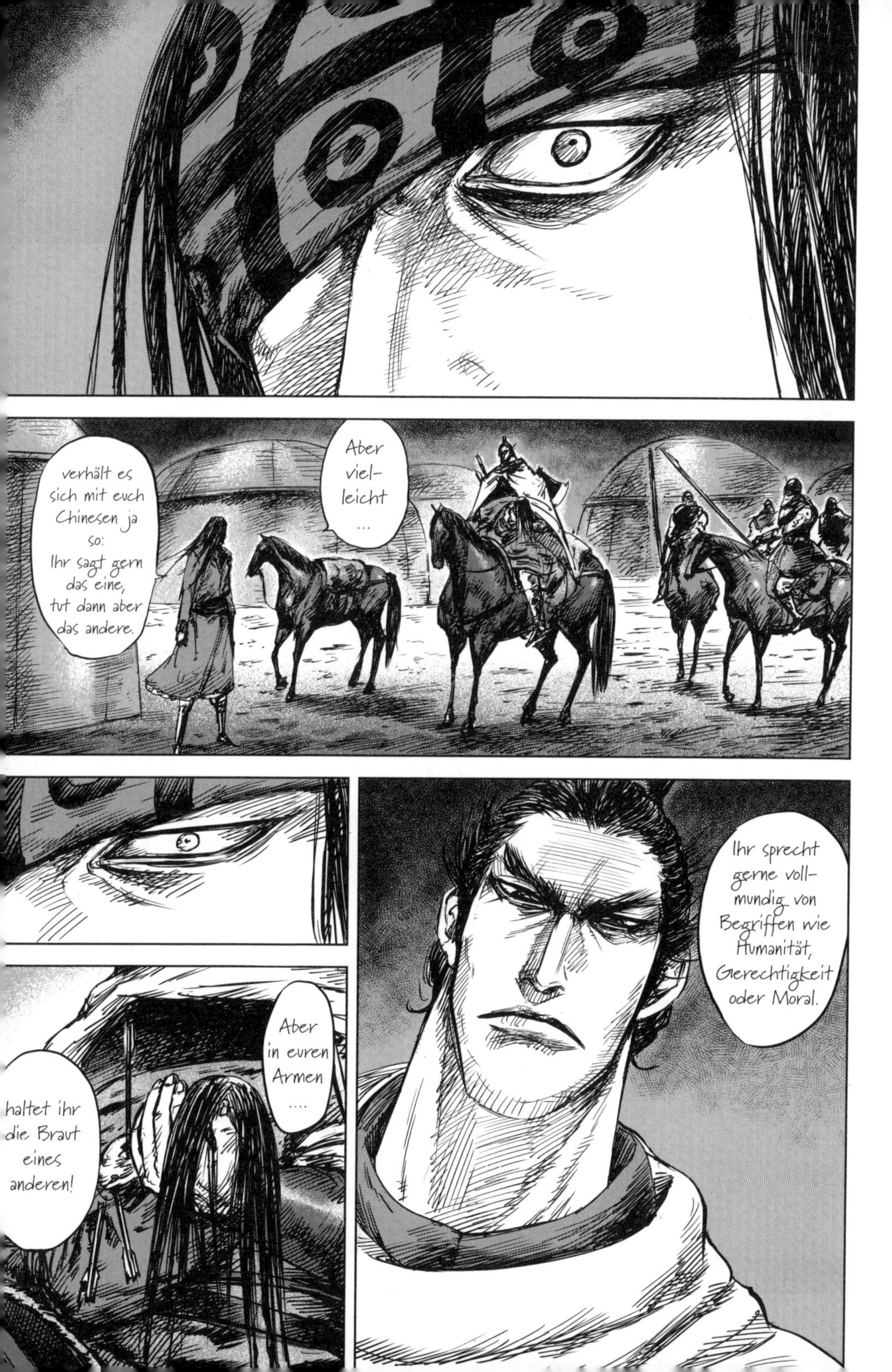
Aber vielleicht …
verhält es sich mit euch Chinesen ja so: Ihr sagt gern das eine, tut dann aber das andere.
Ihr sprecht gerne vollmundig von Begriffen wie Humanität, Gerechtigkeit oder Moral.
Aber in euren Armen ….
haltet ihr die Braut eines anderen!

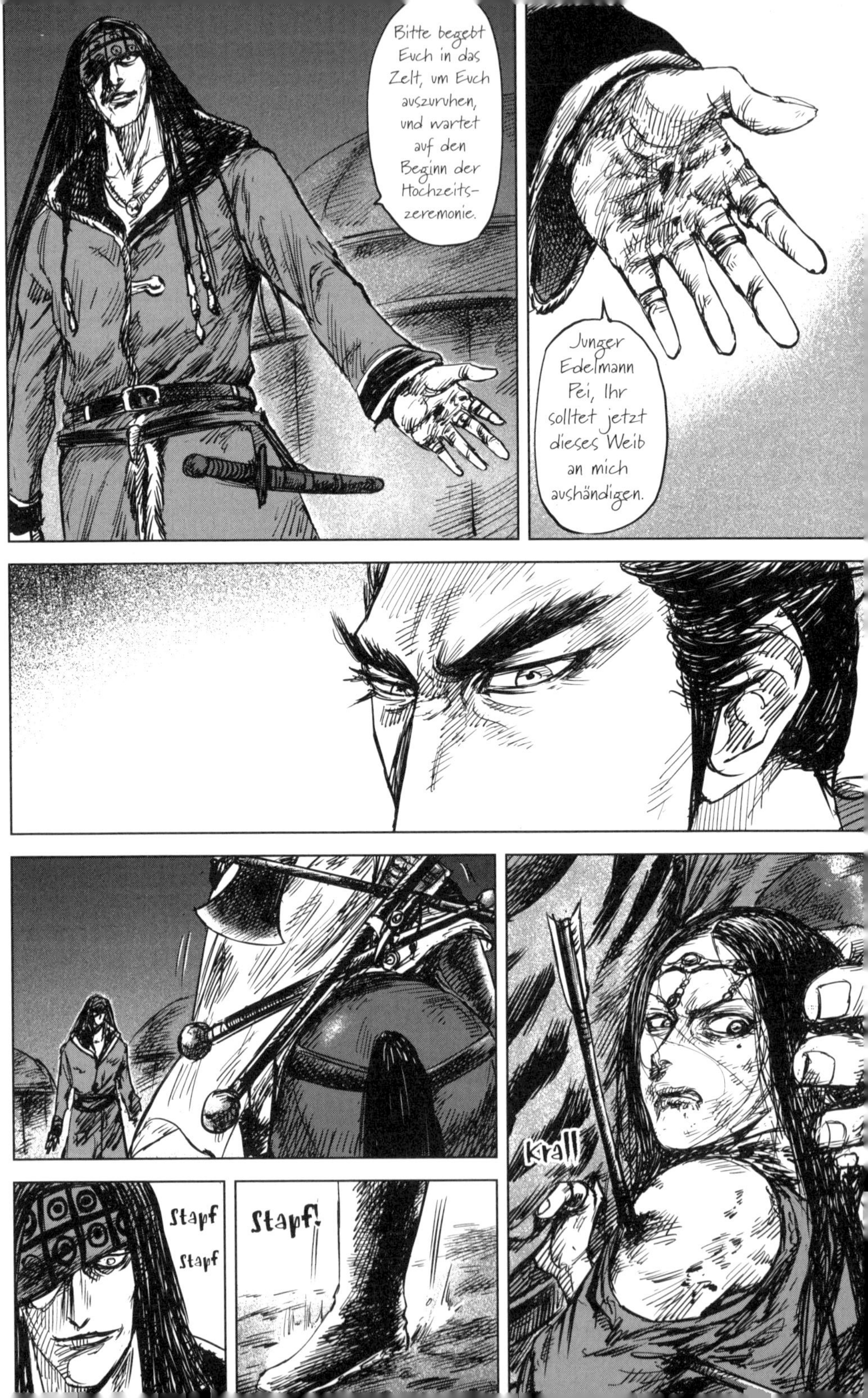

Bitte begebt Euch in das Zelt, um Euch auszuruhen, und wartet auf den Beginn der Hochzeitszeremonie.
Junger Edelmann Pei, Ihr solltet jetzt dieses Weib an mich aushändigen.
Krall
Stapf
Stapf
Stapf!

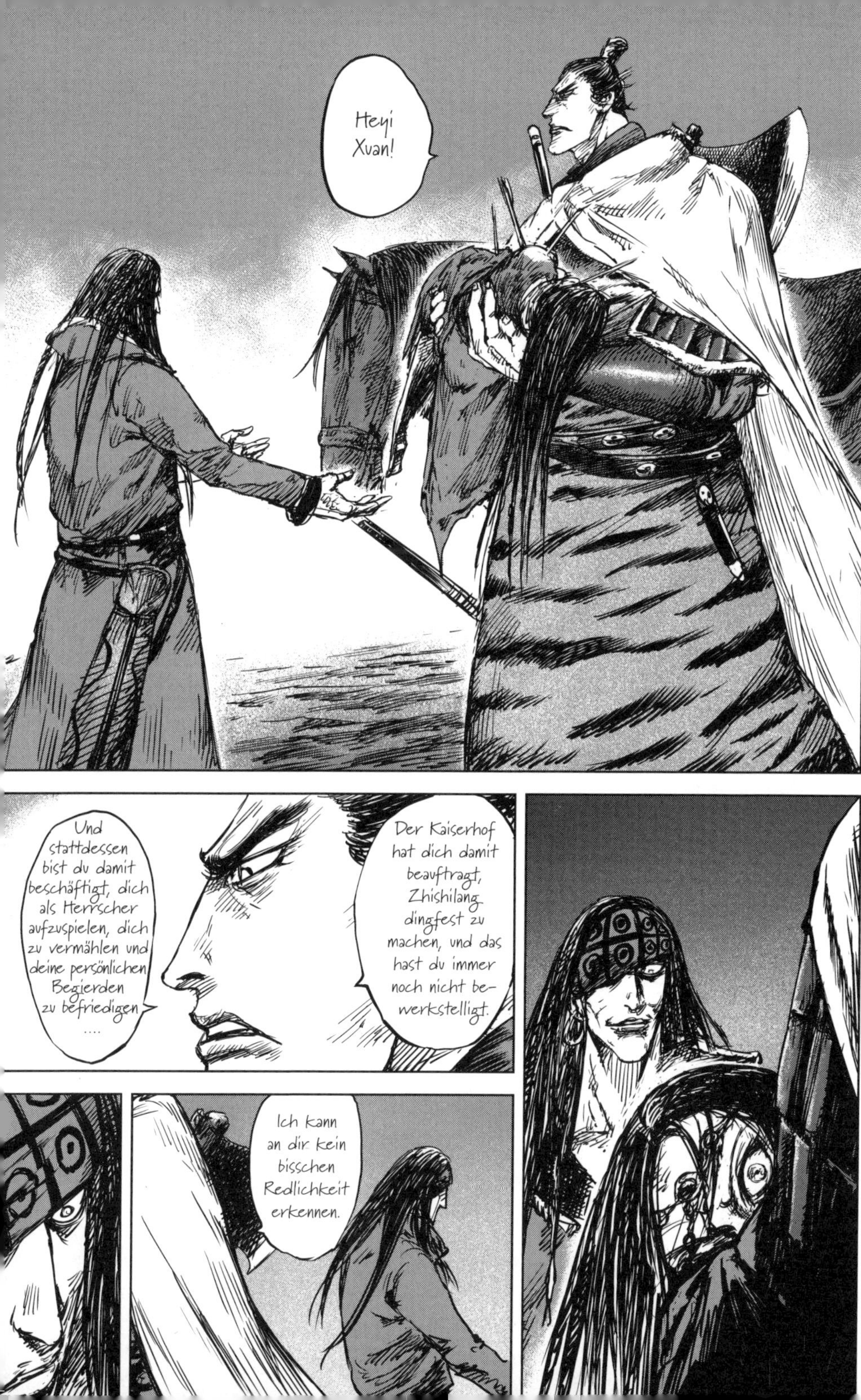

Heyi Xuan!
Der Kaiserhof hat dich damit beauftragt, Zhishilang dingfest zu machen, und das hast du immer noch nicht bewerkstelligt.
Und stattdessen bist du damit beschäftigt, dich als Herrscher aufzuspielen, dich zu vermählen und deine persönlichen Begierden zu befriedigen ....
Ich kann an dir kein bisschen Redlichkeit erkennen.

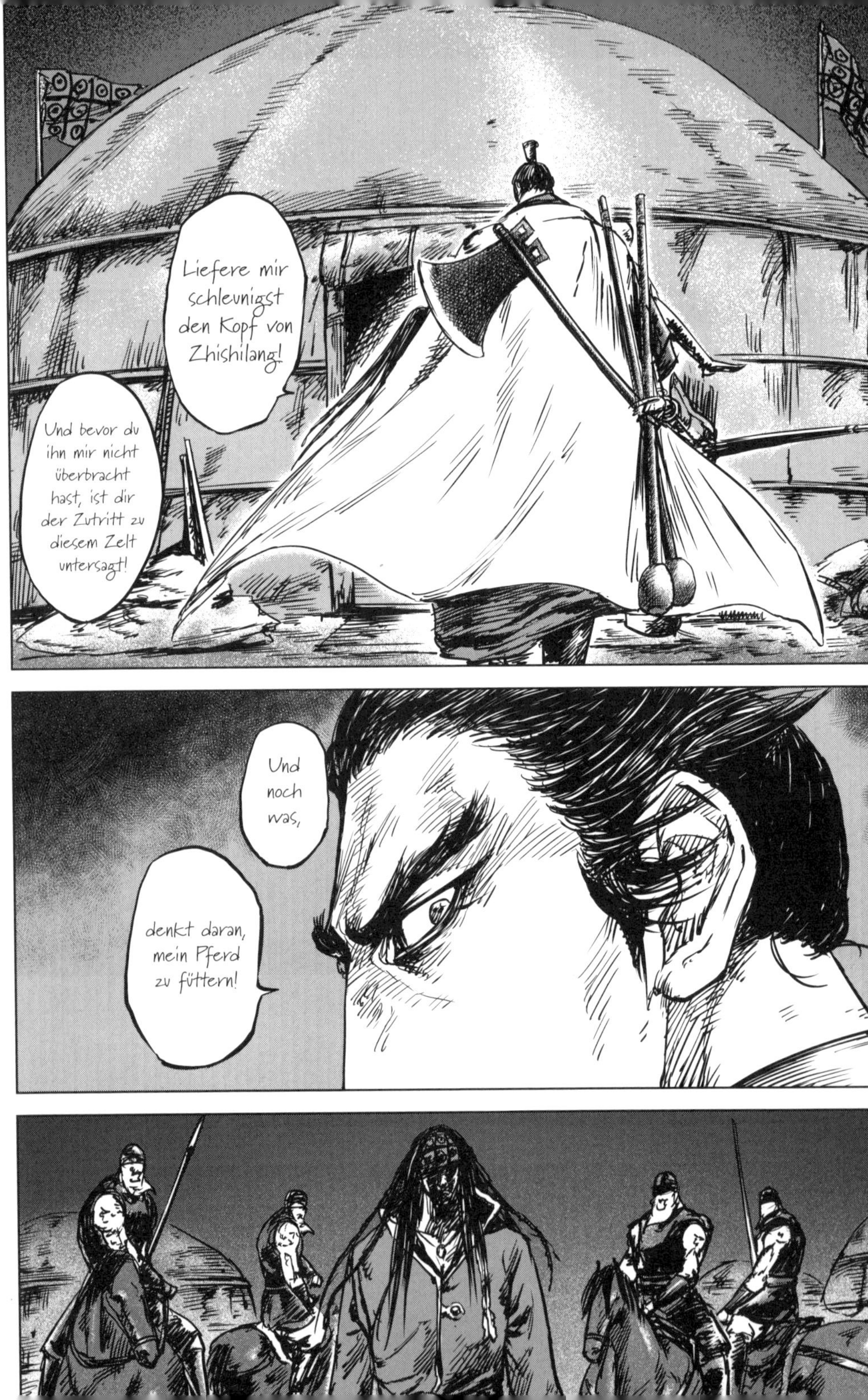
Liefere mir schleunigst den Kopf von Zhishilang!
Und bevor du ihn mir nicht überbracht hast, ist dir der Zutritt zu diesem Zelt untersagt!
Und noch was,
denkt daran, mein Pferd zu füttern!

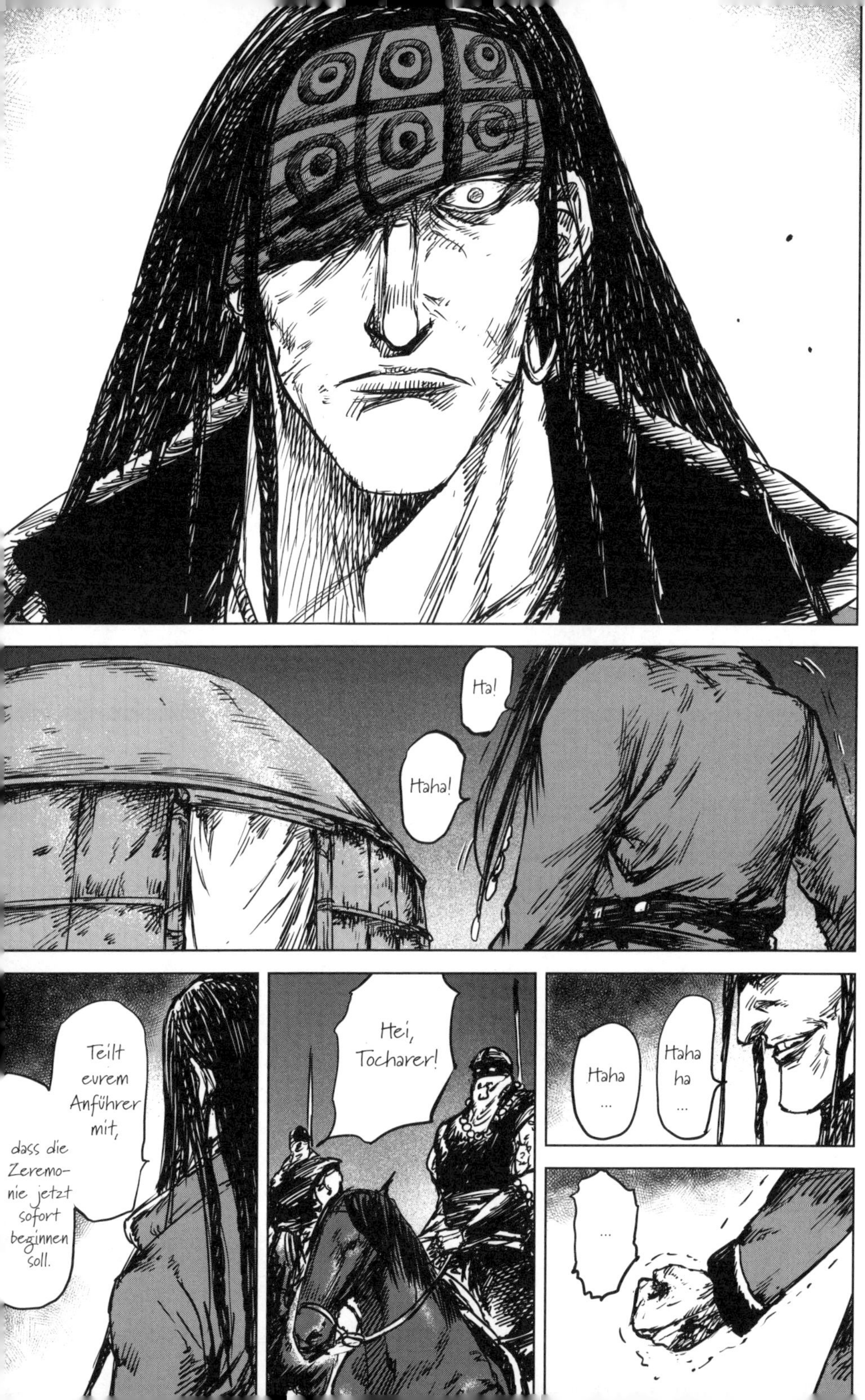

Ha!
Haha!
Haha ha ...
Haha ...
...
Hei, Tocharer!
Teilt eurem Anführer mit,
dass die Zeremonie jetzt sofort beginnen soll.

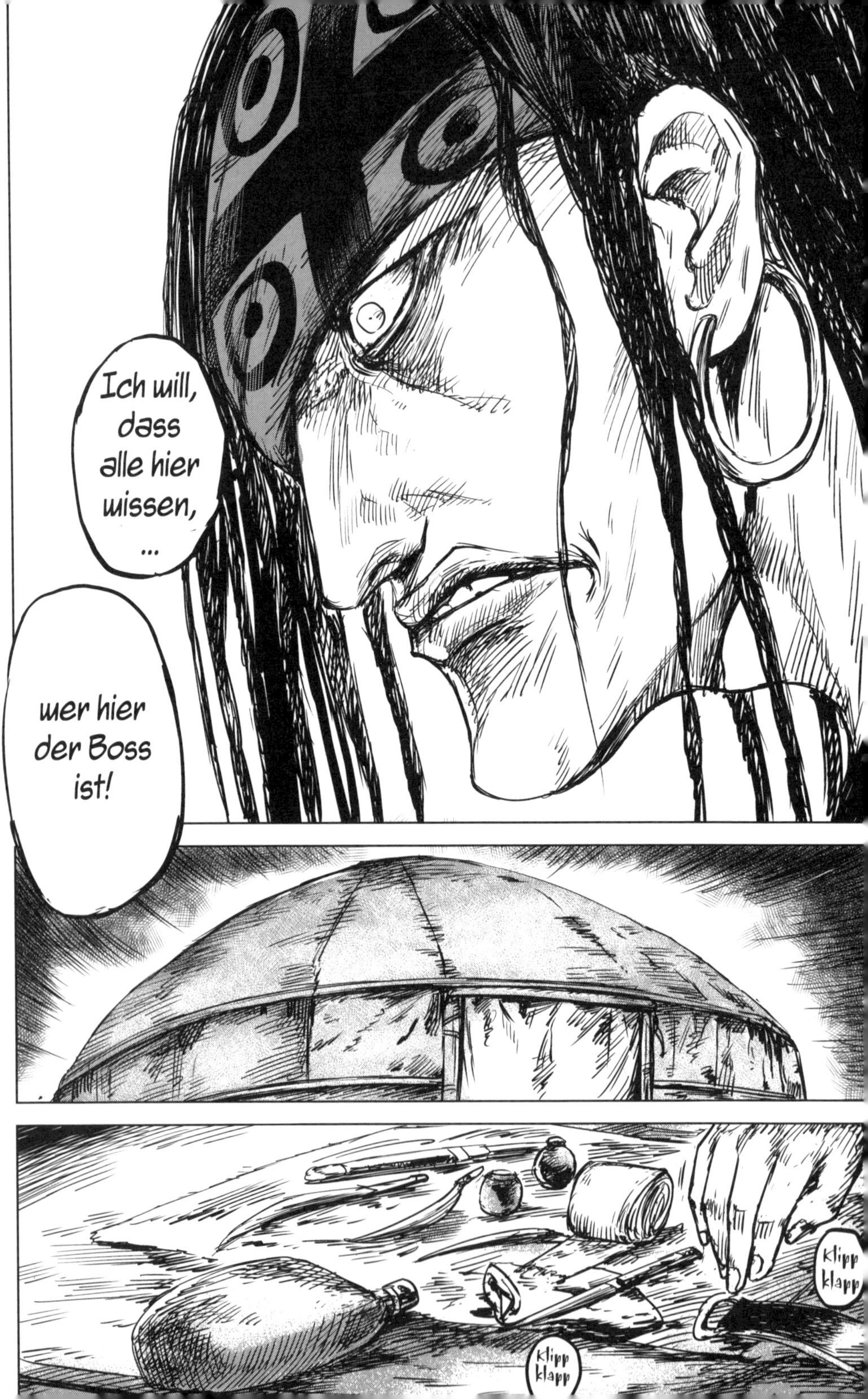
Ich will, dass alle hier wissen, ...
wer hier der Boss ist!
klipp klapp
klipp klapp

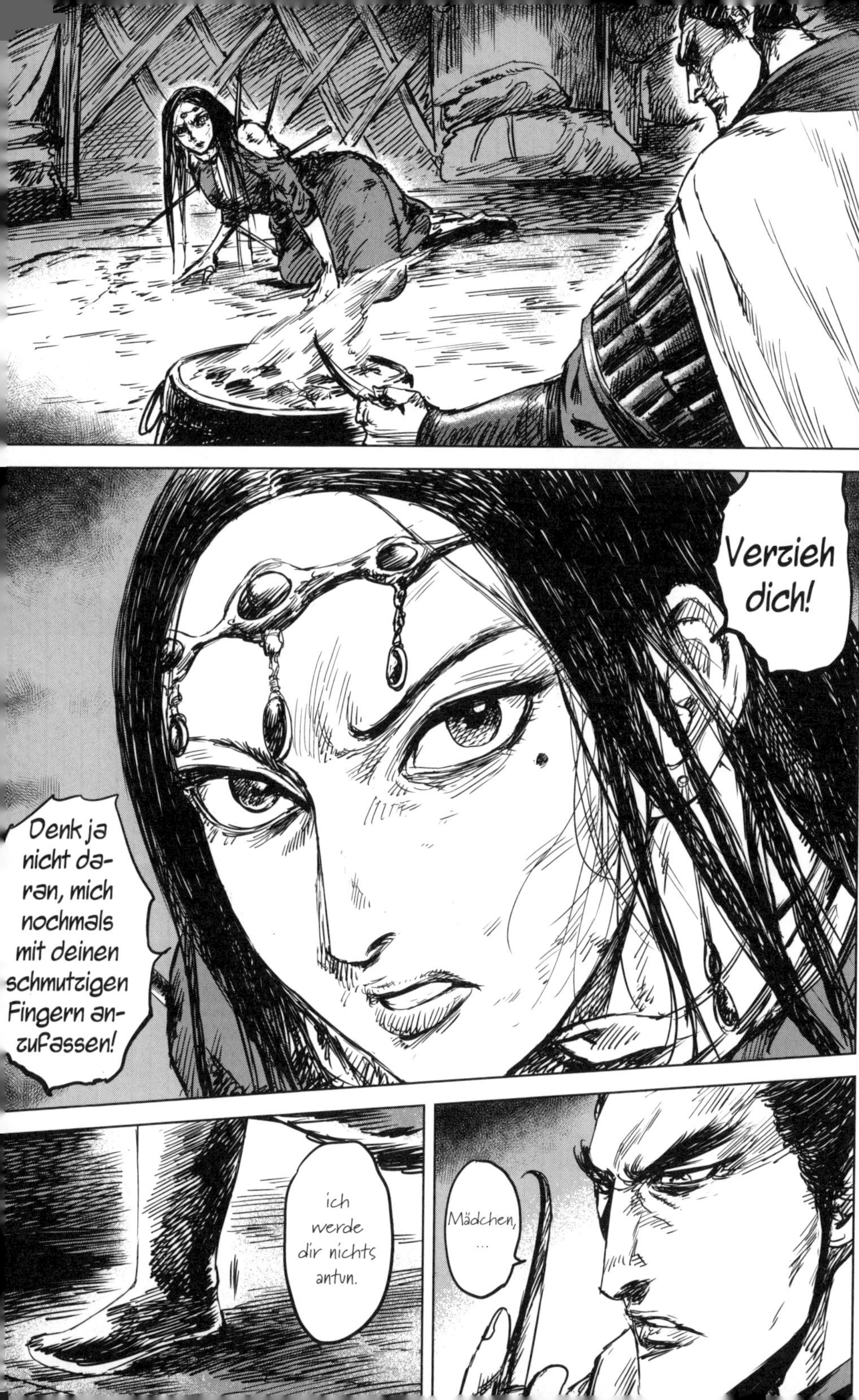
Verzieh dich!
Denk ja nicht daran, mich nochmals mit deinen schmutzigen Fingern anzufassen!
Mädchen, ...
ich werde dir nichts antun.

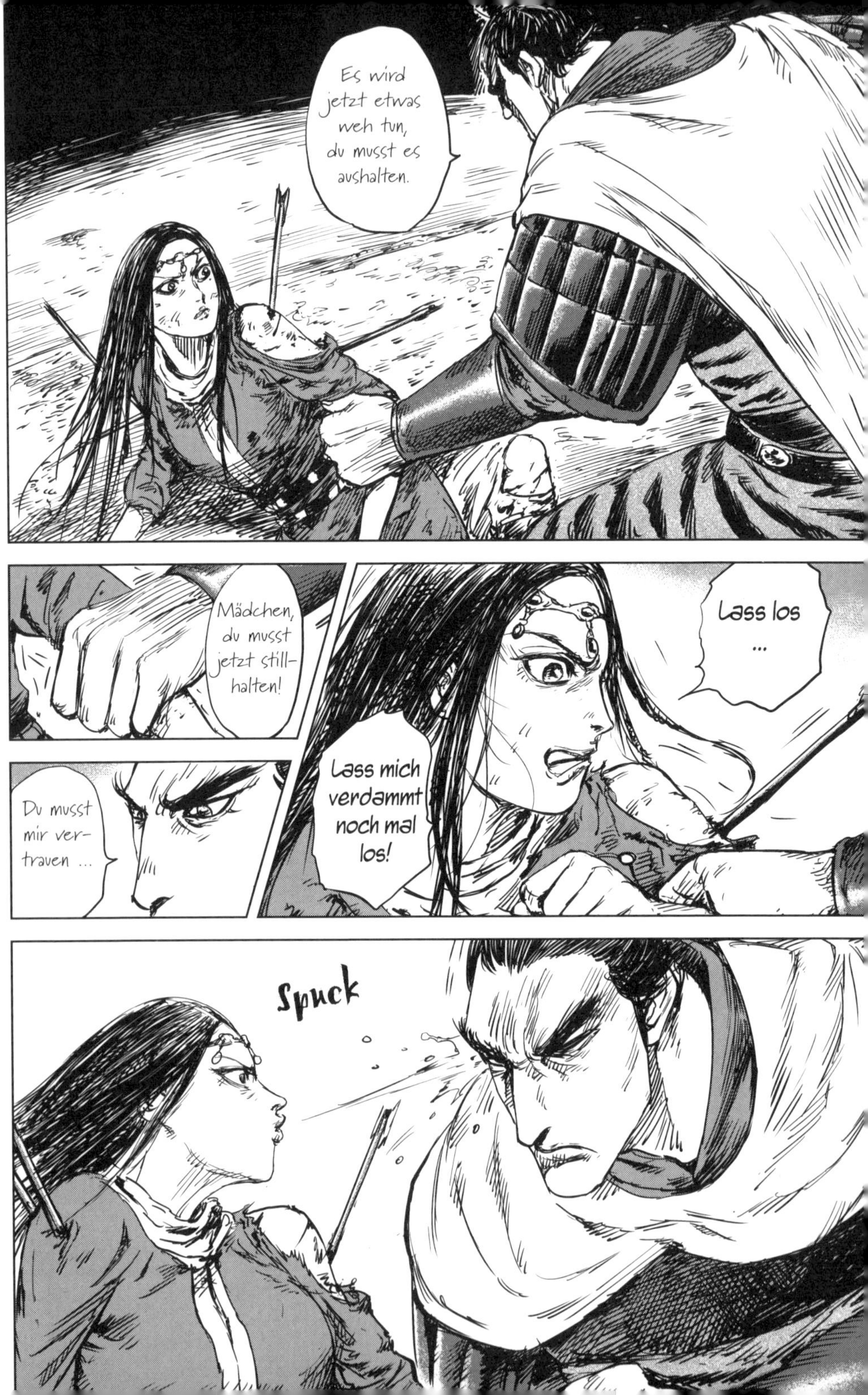
Es wird jetzt etwas weh tun, du musst es aushalten.
Mädchen, du musst jetzt still-halten!
Lass los ...
Du musst mir ver-trauen ...
Lass mich verdammt noch mal los!
Spuck

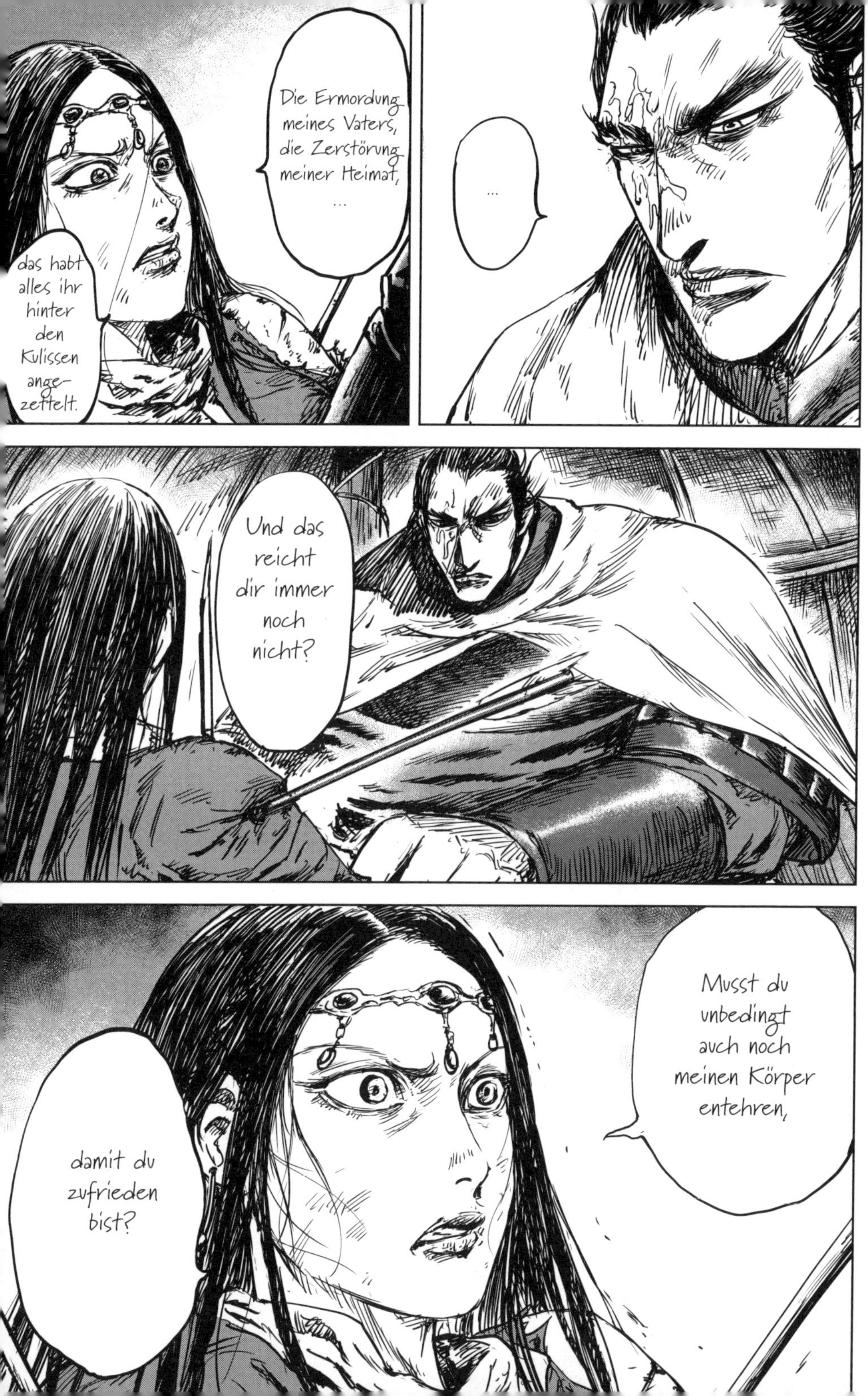
…
Die Ermordung meines Vaters, die Zerstörung meiner Heimat, …
das habt alles ihr hinter den Kulissen angezettelt.
Und das reicht dir immer noch nicht?
Musst du unbedingt auch noch meinen Körper entehren,
damit du zufrieden bist?

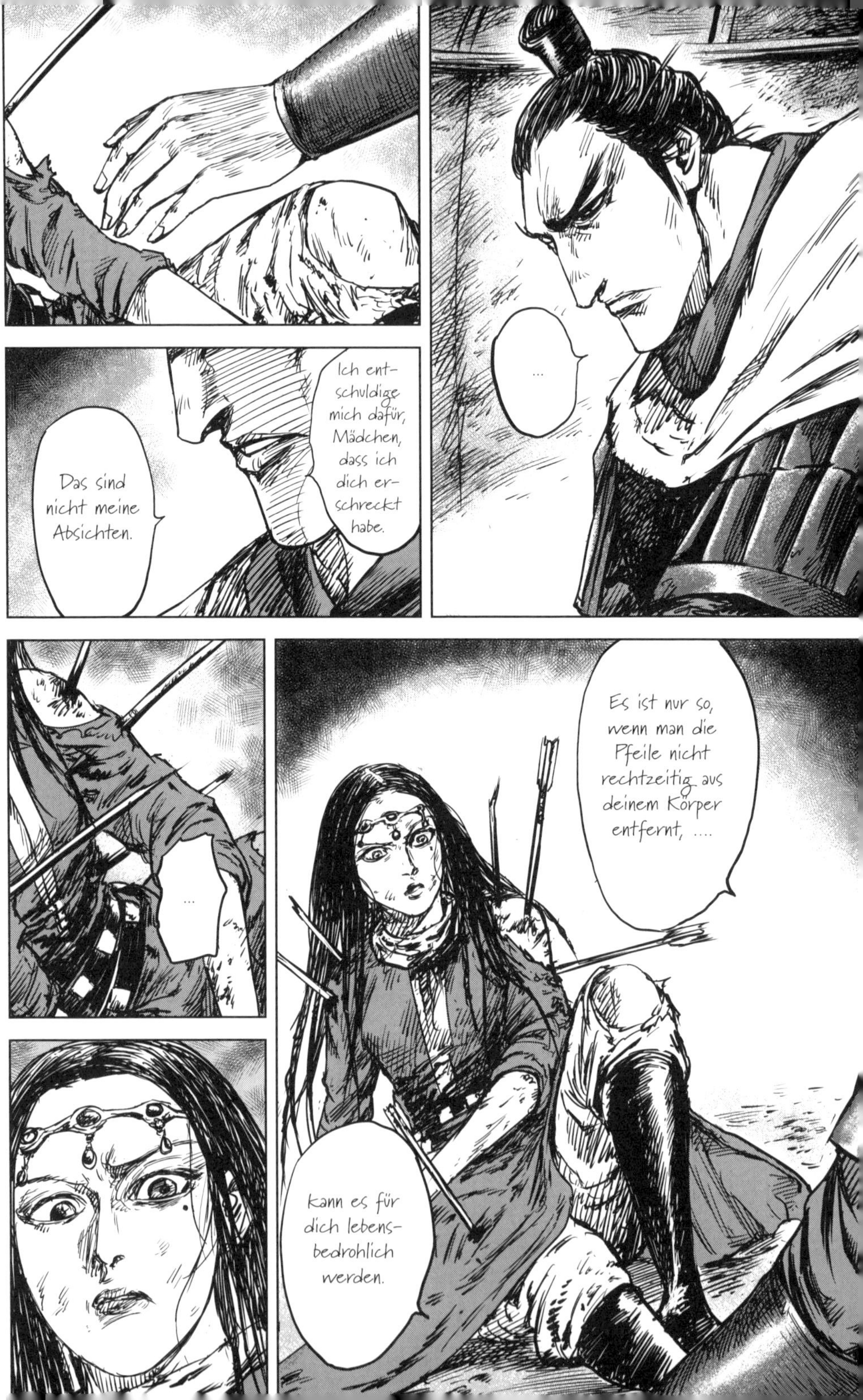
…
Ich entschuldige mich dafür, Mädchen, dass ich dich erschreckt habe.
Das sind nicht meine Absichten.
Es ist nur so, wenn man die Pfeile nicht rechtzeitig aus deinem Körper entfernt, ….
kann es für dich lebensbedrohlich werden.
…

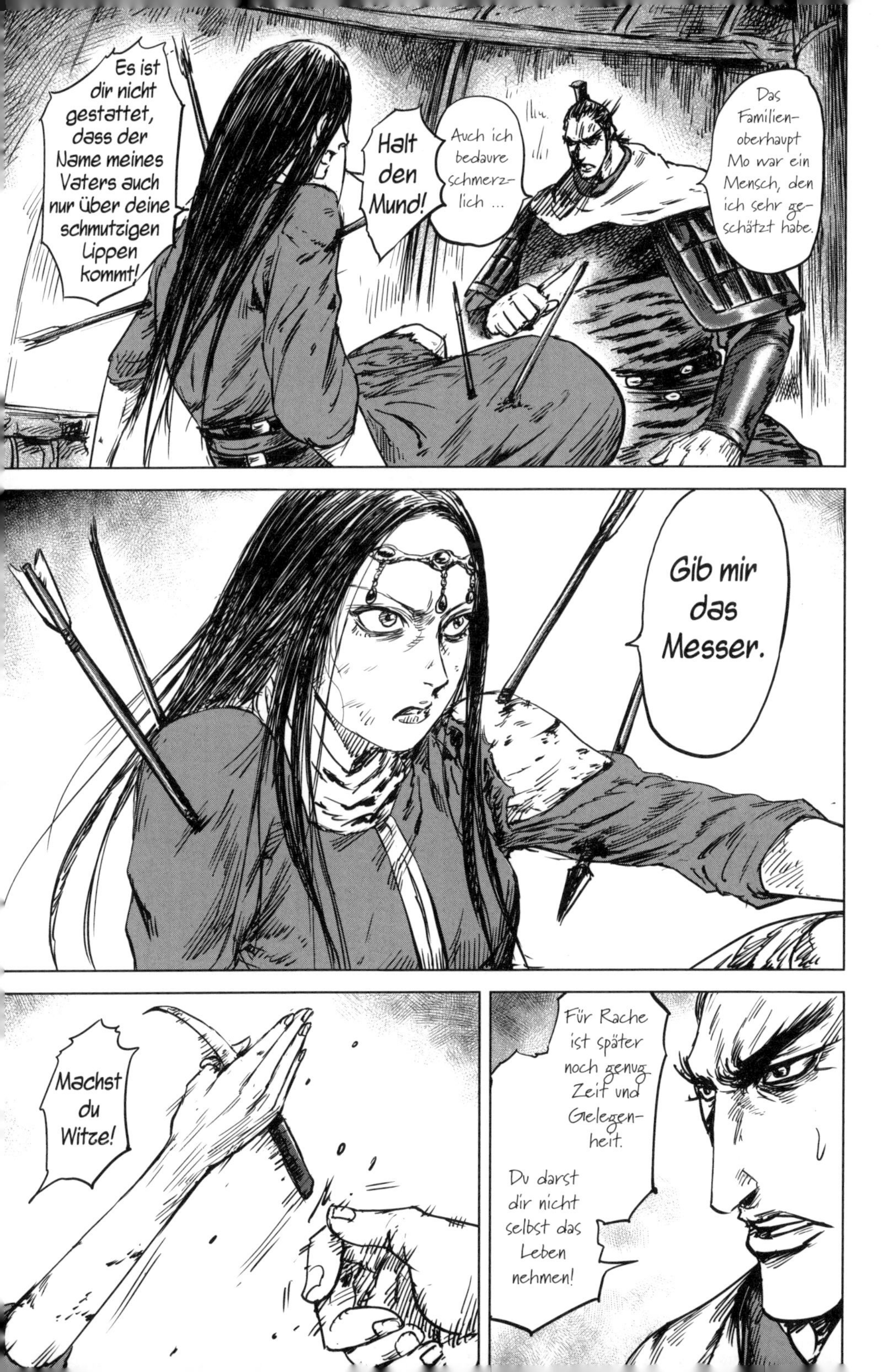
Das Familienoberhaupt Mo war ein Mensch, den ich sehr geschätzt habe.
Auch ich bedaure schmerzlich ...
Halt den Mund!
Es ist dir nicht gestattet, dass der Name meines Vaters auch nur über deine schmutzigen Lippen kommt!
Gib mir das Messer.
Für Rache ist später noch genug Zeit und Gelegenheit.
Du darfst dir nicht selbst das Leben nehmen!
Machst du Witze!

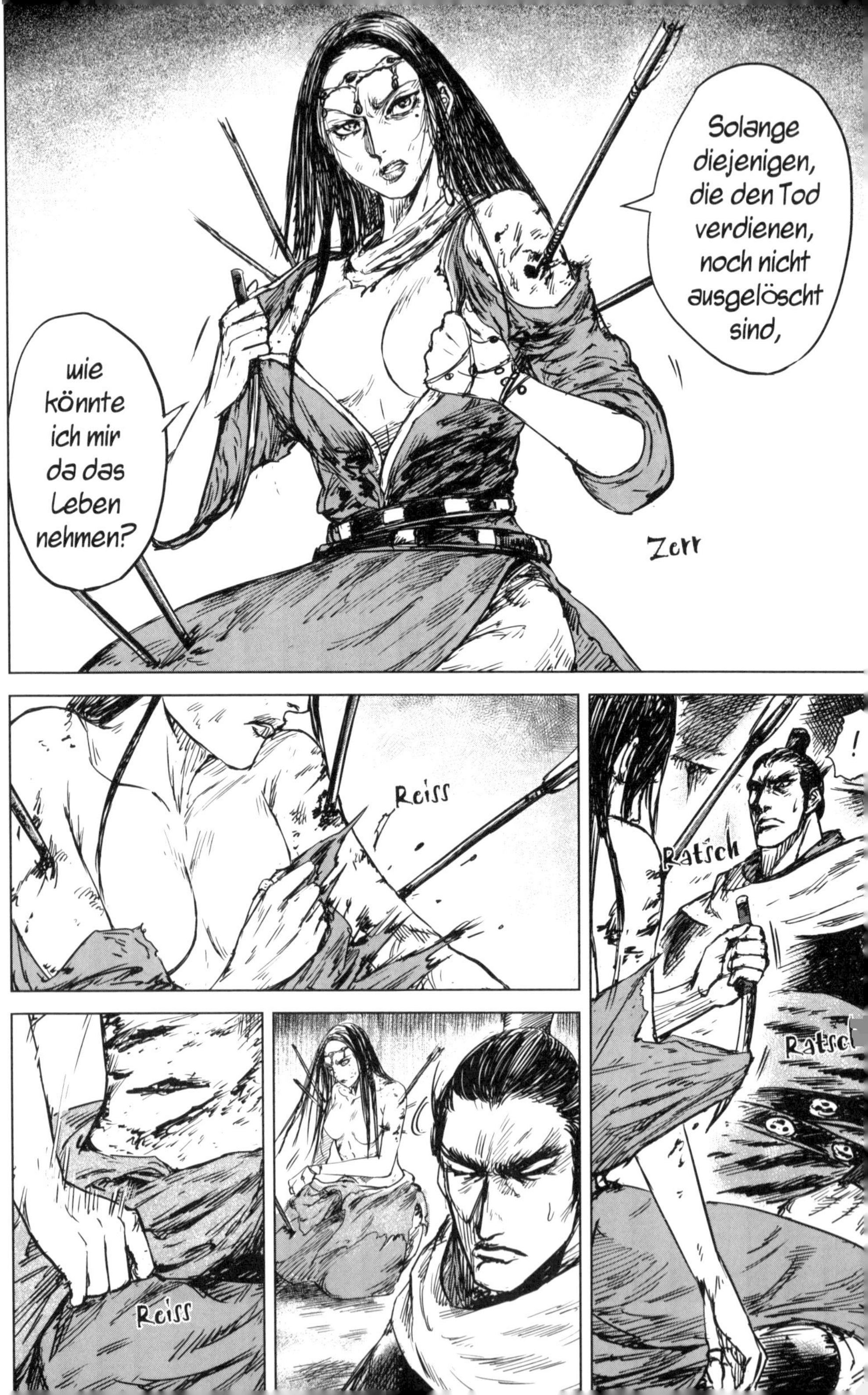
Solange diejenigen, die den Tod verdienen, noch nicht ausgelöscht sind,
wie könnte ich mir da das Leben nehmen?
Zerr
Ratsch
Ratsch
!
Reiss
Reiss

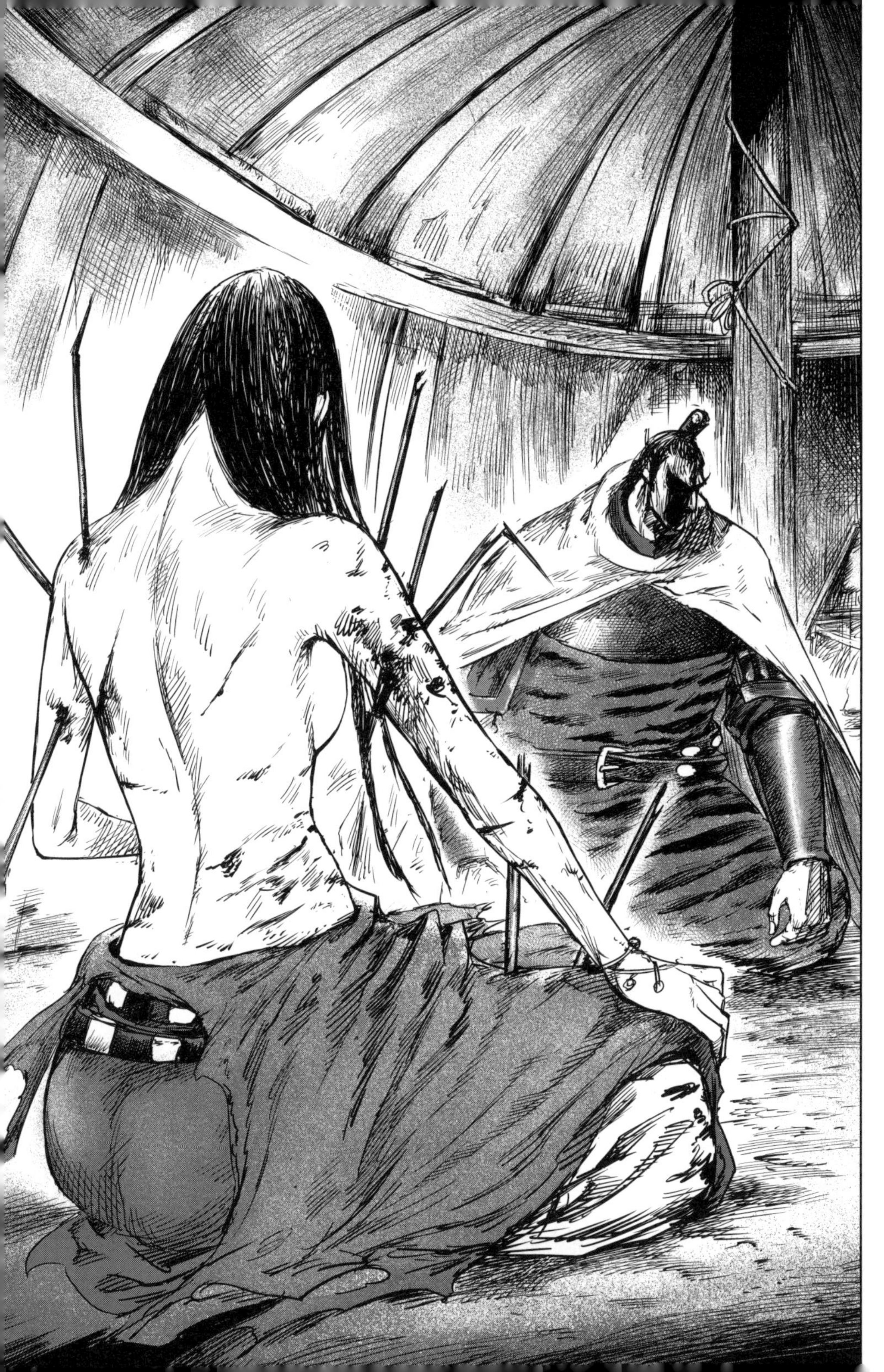

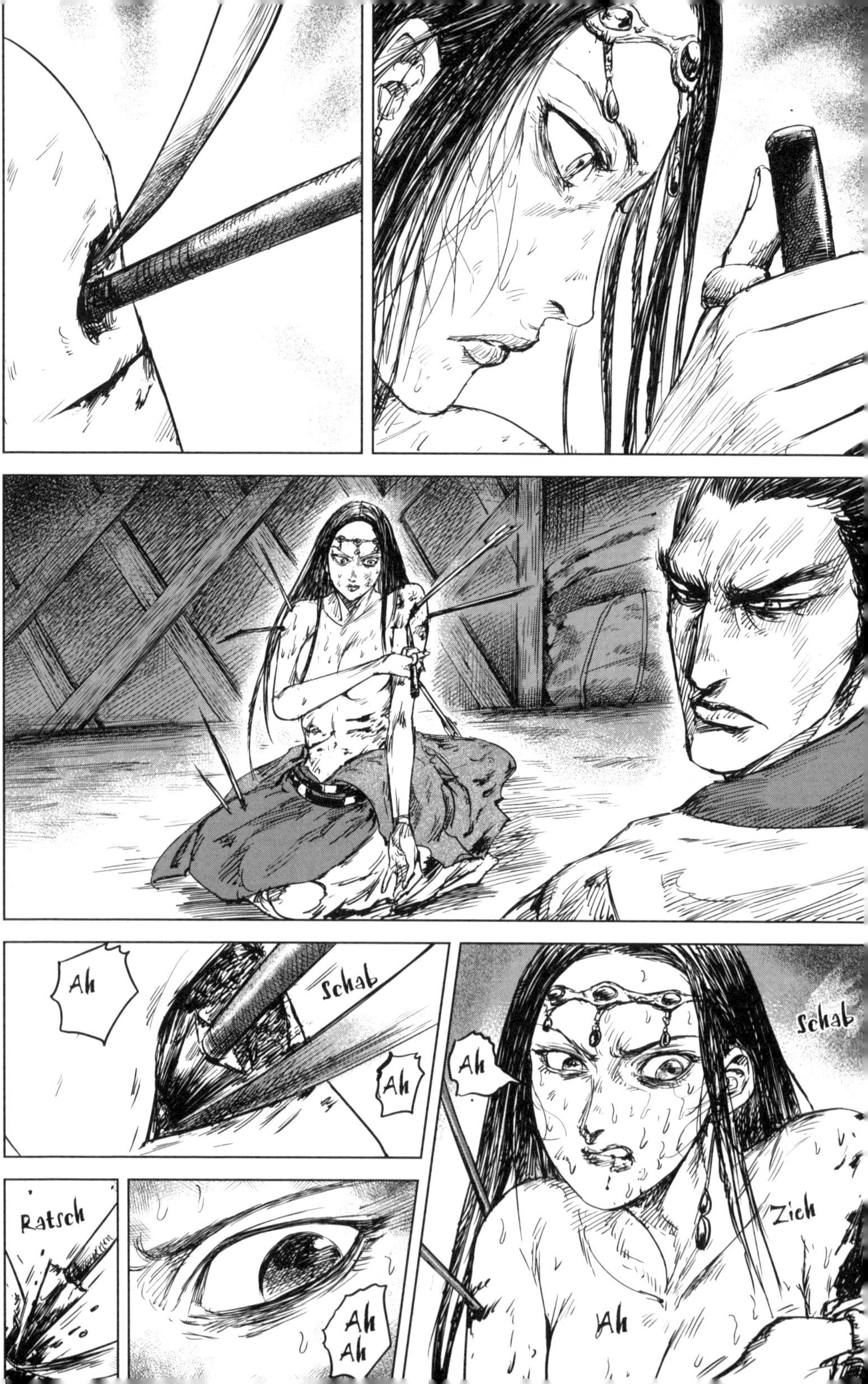
Schab
Ah
Schab
Ah
Ah
Zieh
Ah
Ah
Ah
Ratsch

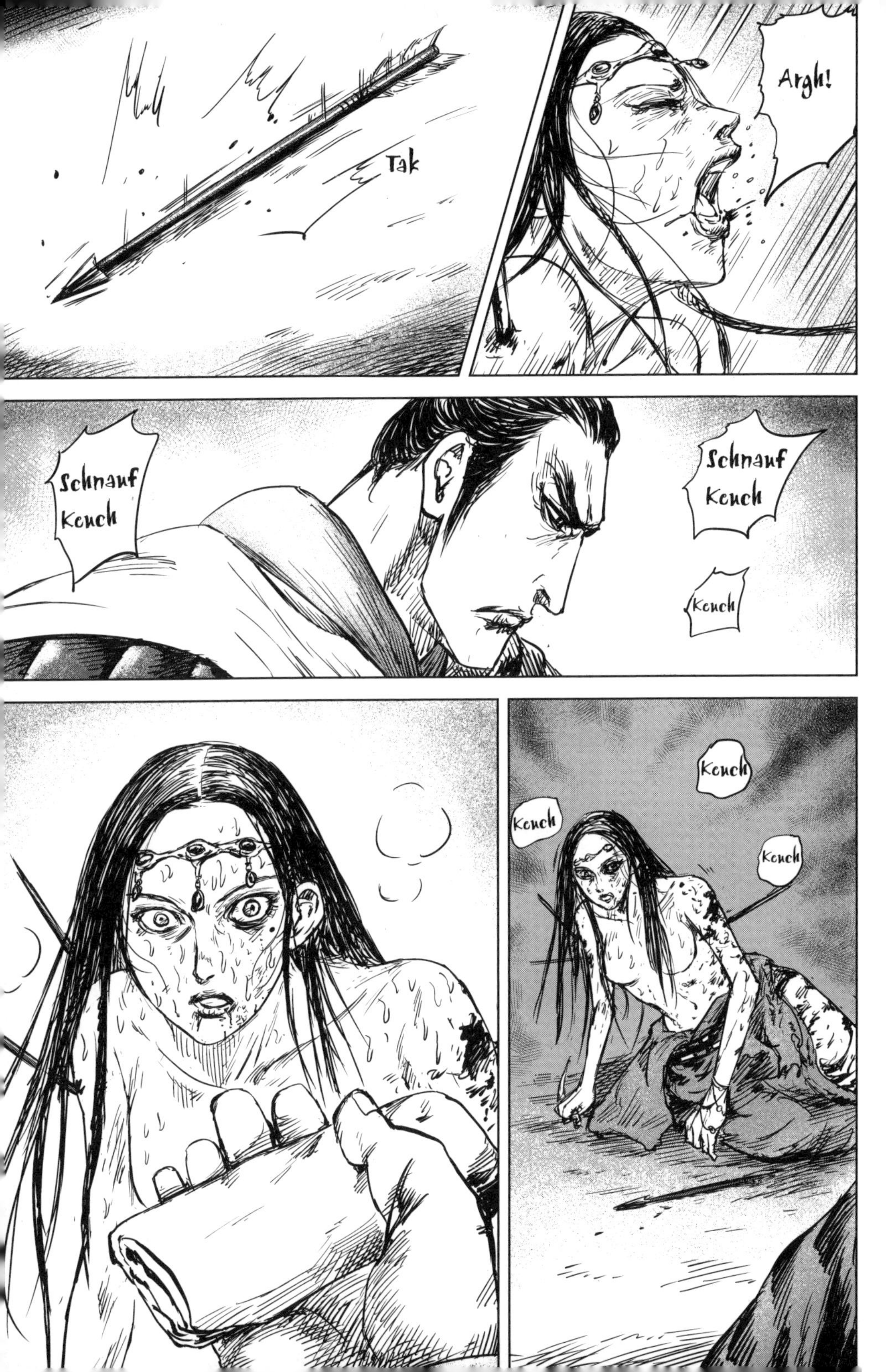

Tak
Argh!
Schnauf
Keuch
Schnauf
Keuch
Keuch
Keuch
Keuch
Keuch

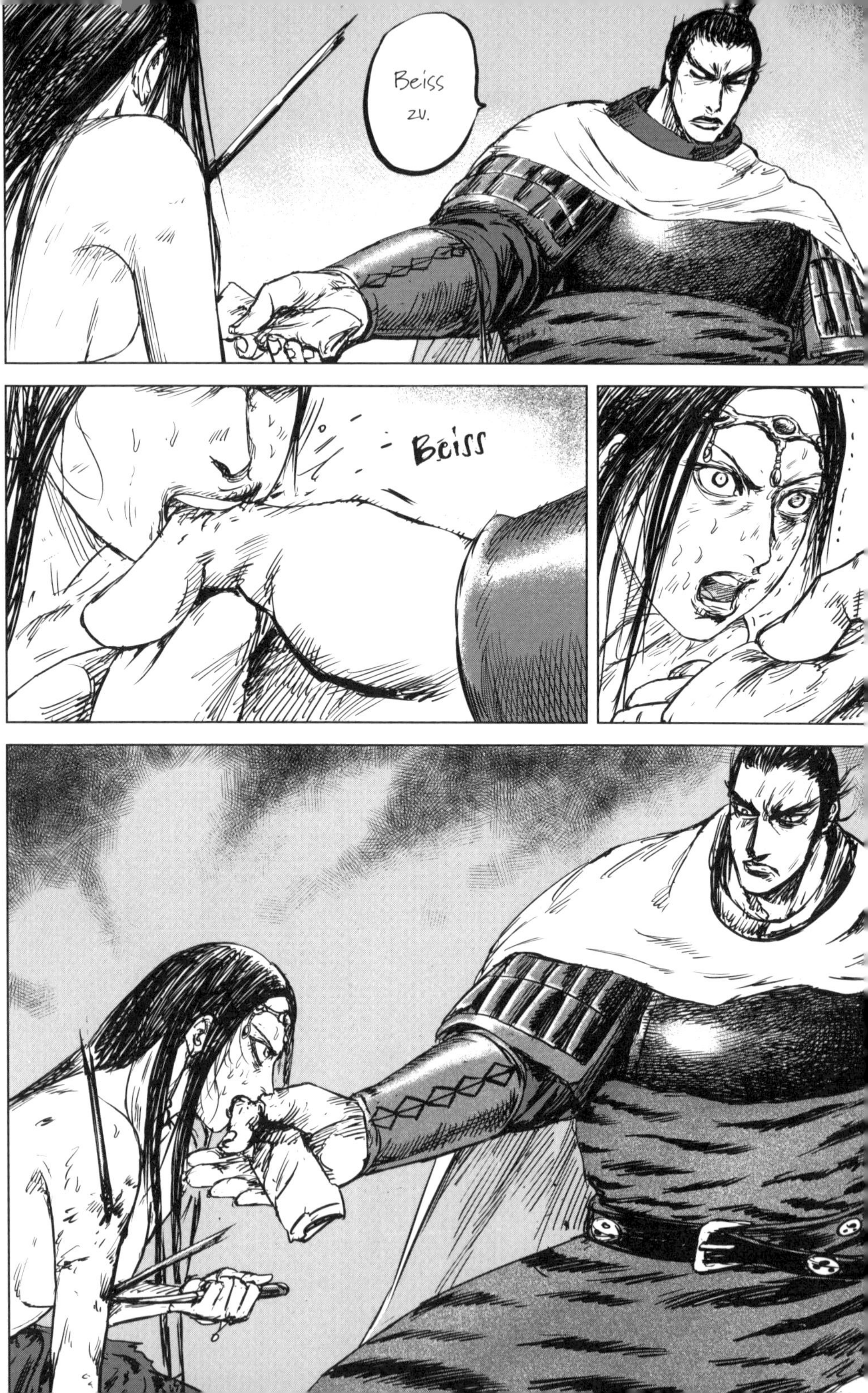
Beiss zu.
Beiss

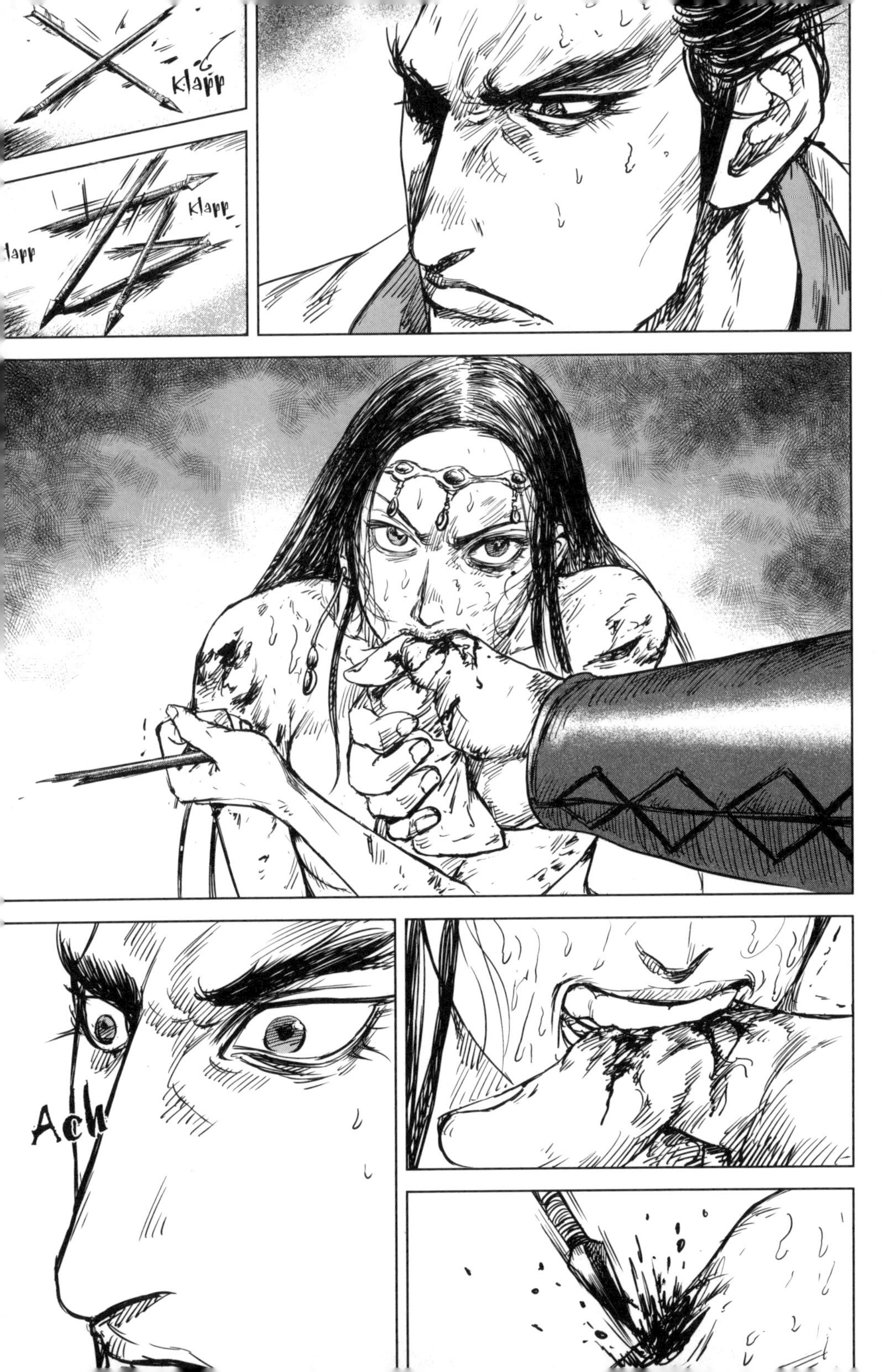

Klapp
Klapp
lapp
Ach

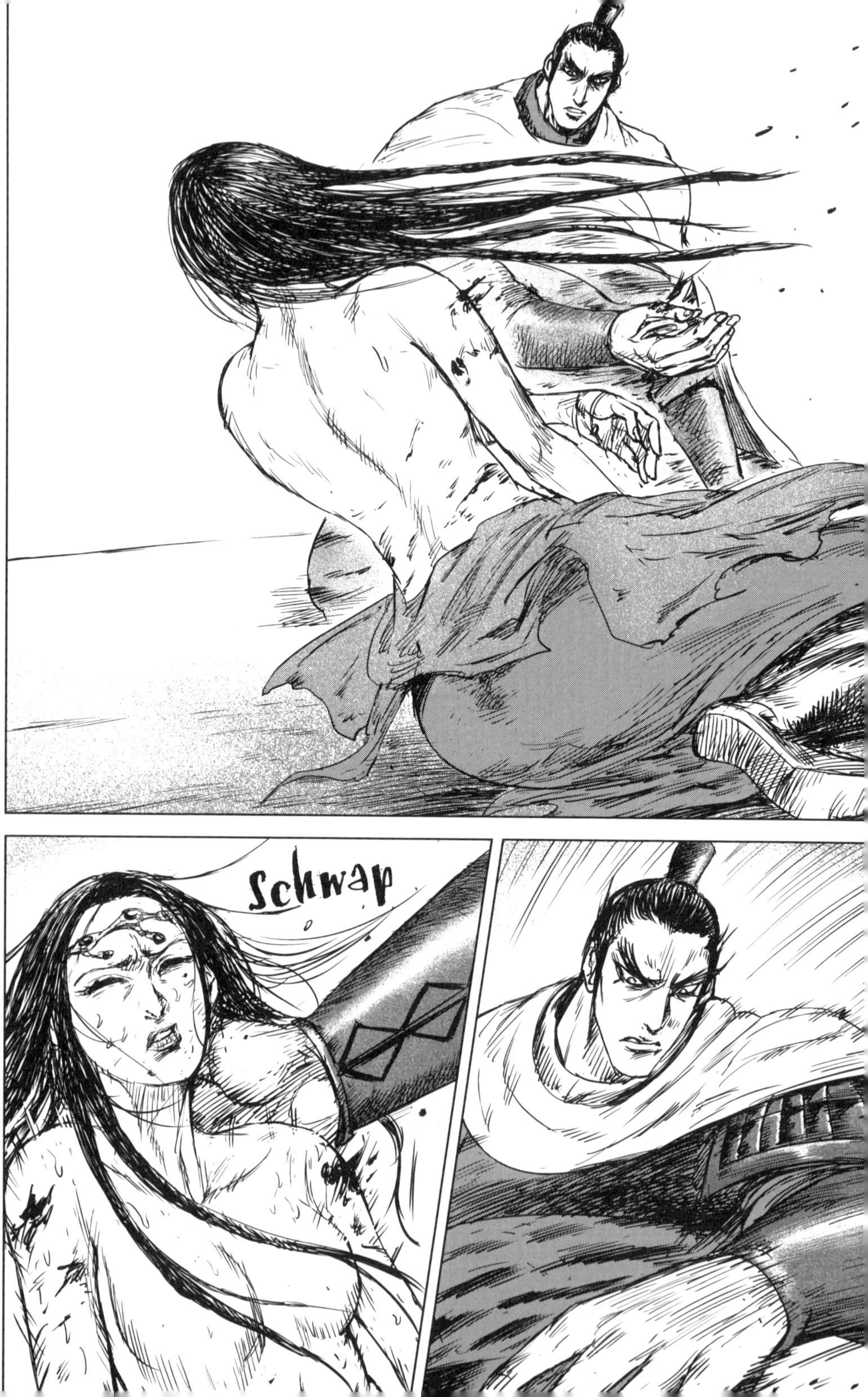
Schwap

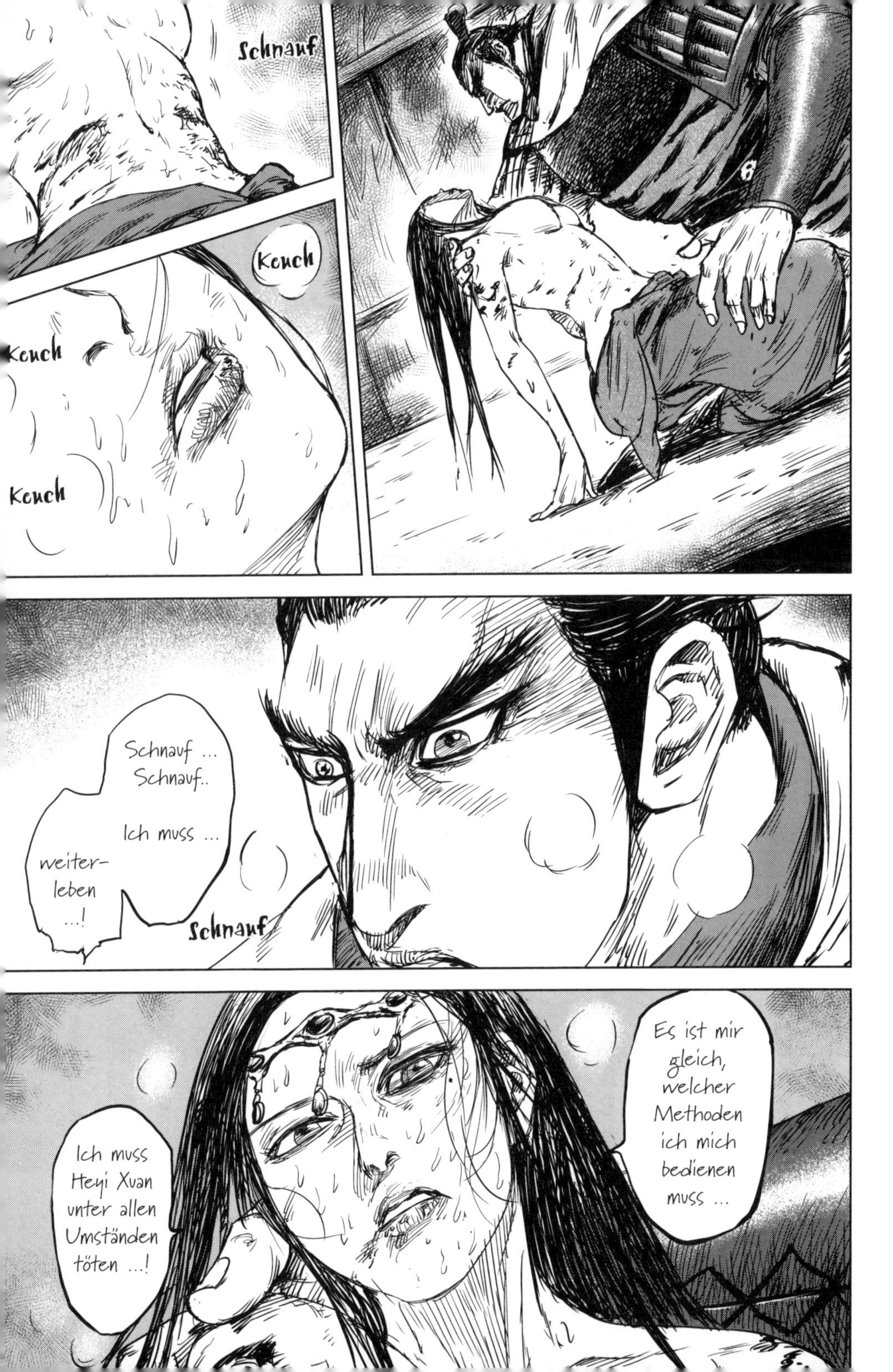
Schnauf
Keuch
Keuch
Keuch
Schnauf … Schnauf.. Ich muss … weiter-leben …!
Schnauf
Es ist mir gleich, welcher Methoden ich mich bedienen muss …
Ich muss Heyi Xuan unter allen Umständen töten …!

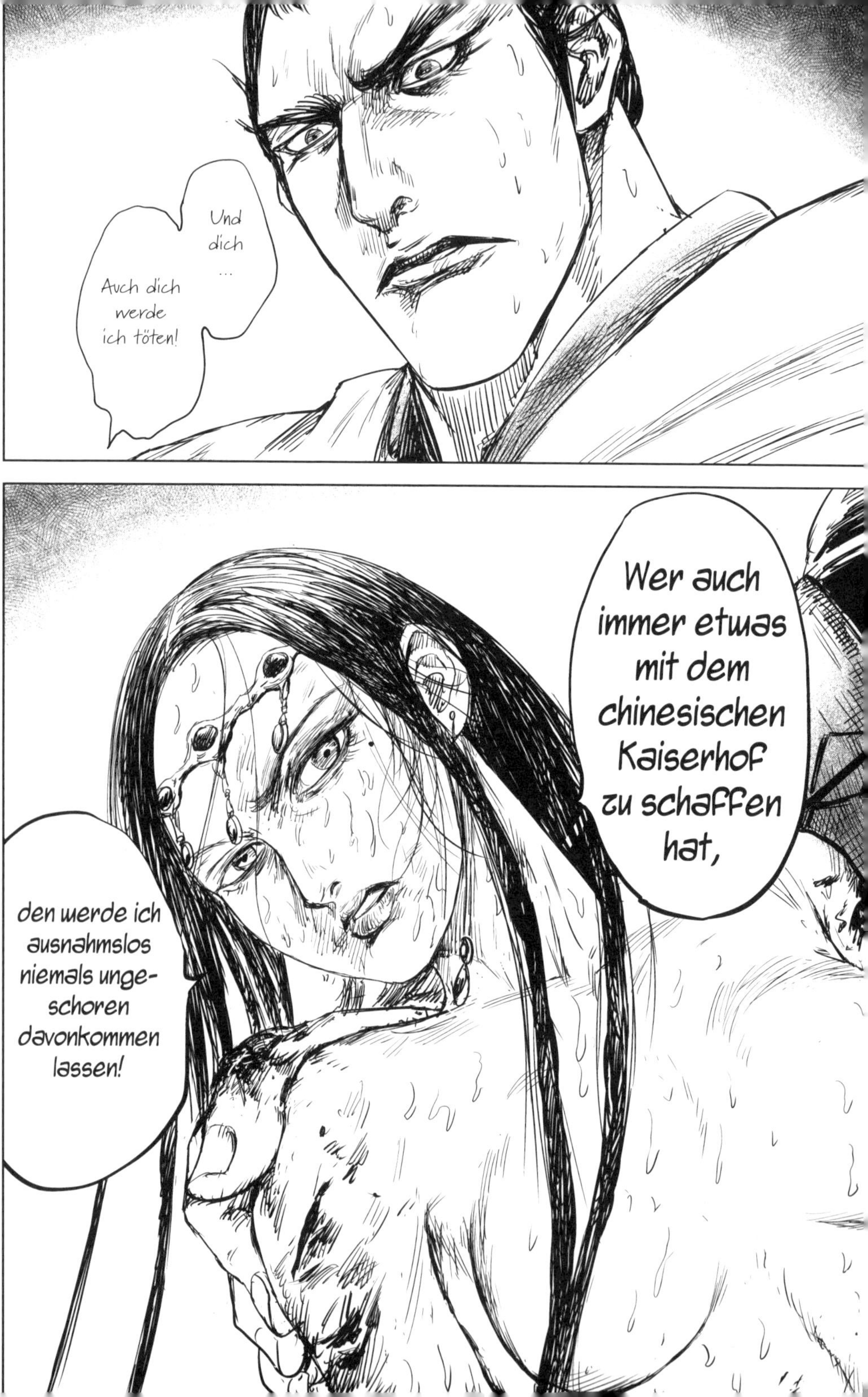
Und dich …
Auch dich werde ich töten!
Wer auch immer etwas mit dem chinesischen Kaiserhof zu schaffen hat,
den werde ich ausnahmslos niemals unge-schoren davonkommen lassen!

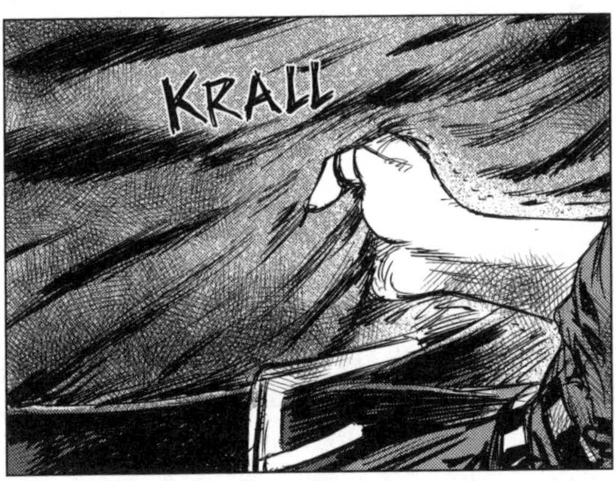
KRALL

Zweiter Akt:
Die weite Wüste

Kapitel 41:
Eine lange Nacht
(Vierter Teil)

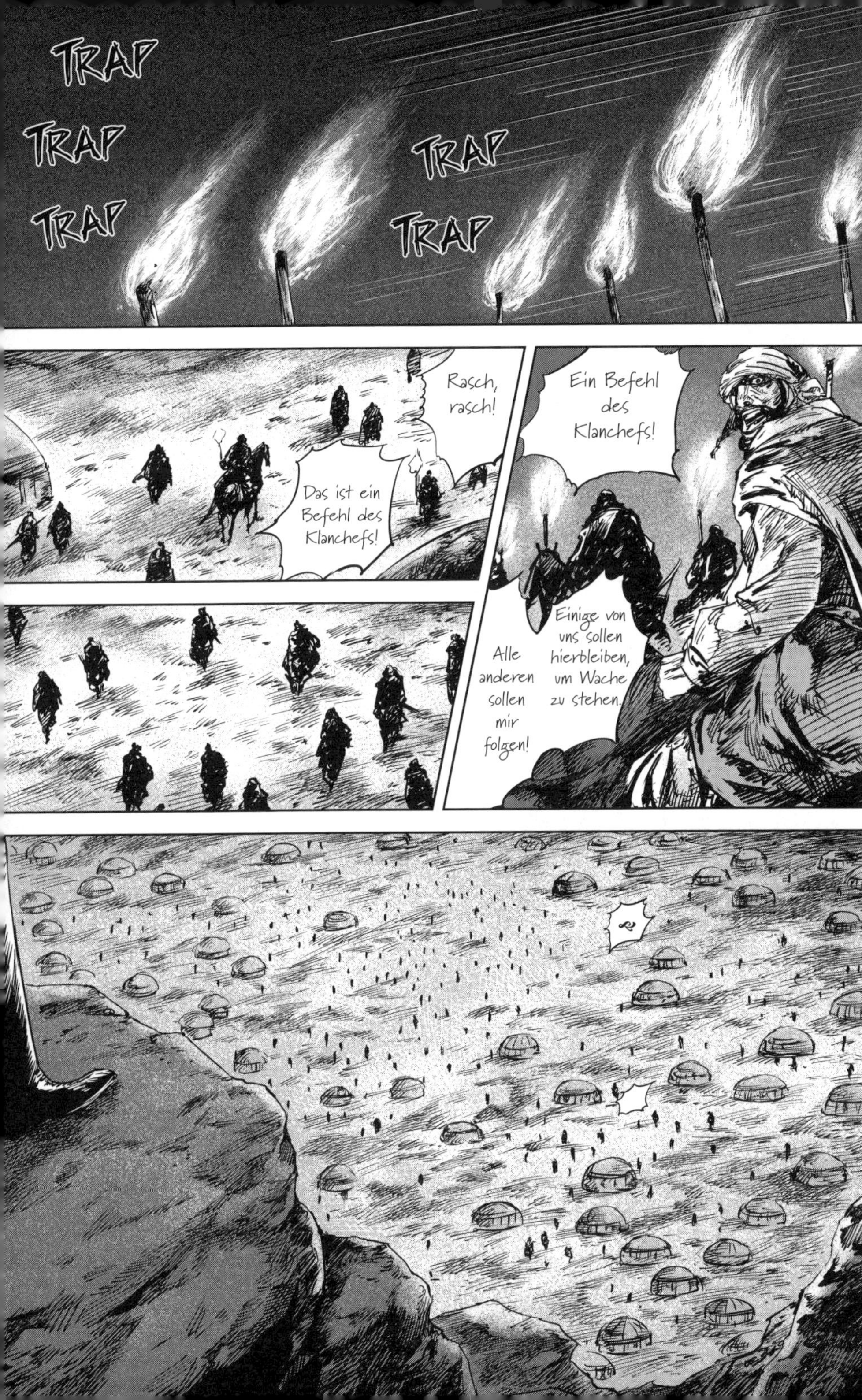
TRAP
TRAP
TRAP
TRAP
TRAP
Rasch, rasch!
Das ist ein Befehl des Klanchefs!
Ein Befehl des Klanchefs!
Einige von uns sollen hierbleiben, um Wache zu stehen.
Alle anderen sollen mir folgen!

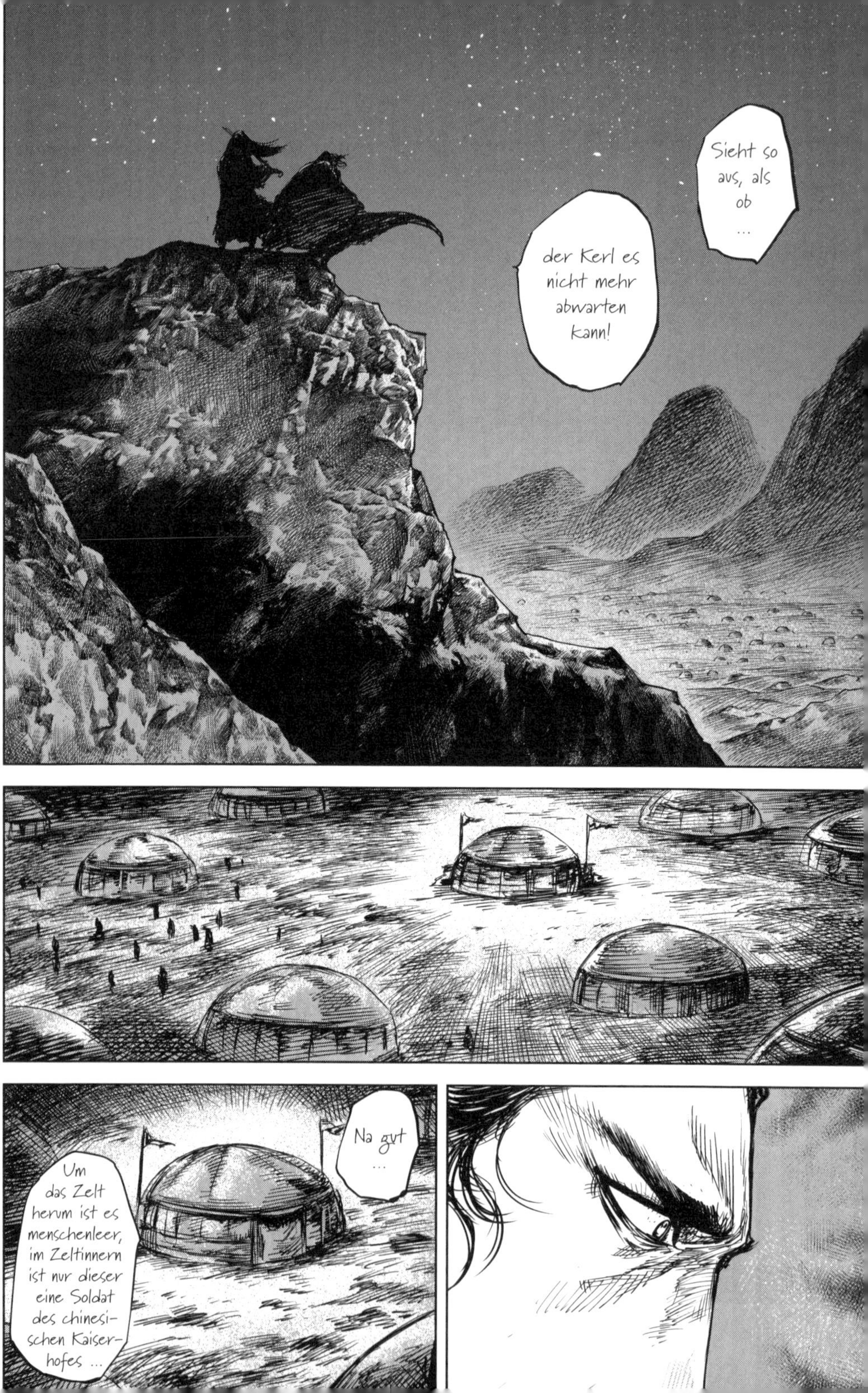
Sieht so aus, als ob …
der Kerl es nicht mehr abwarten kann!
Na gut …
Um das Zelt herum ist es menschenleer, im Zeltinnern ist nur dieser eine Soldat des chinesischen Kaiserhofes …

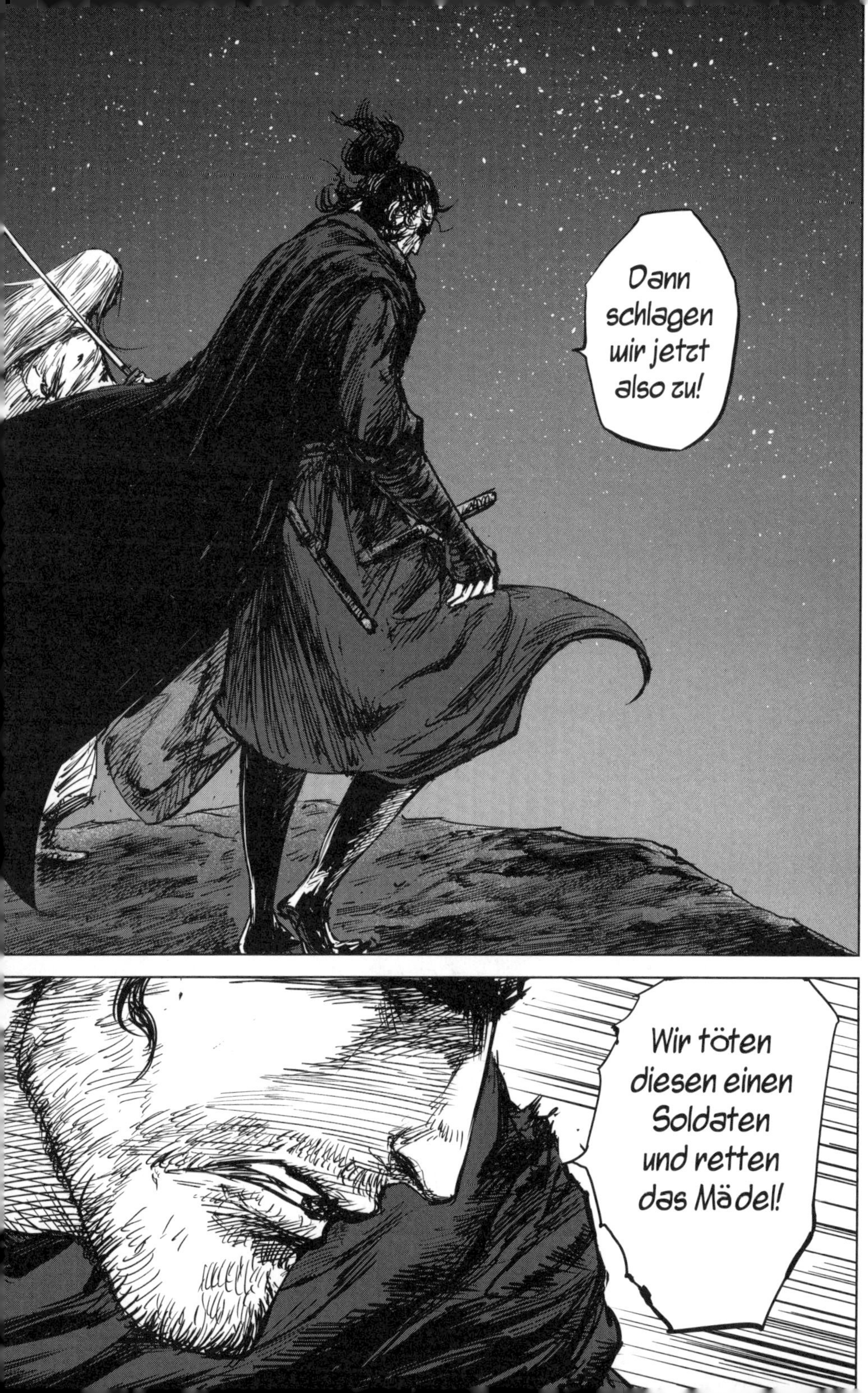
Dann schlagen wir jetzt also zu!
Wir töten diesen einen Soldaten und retten das Mädel!

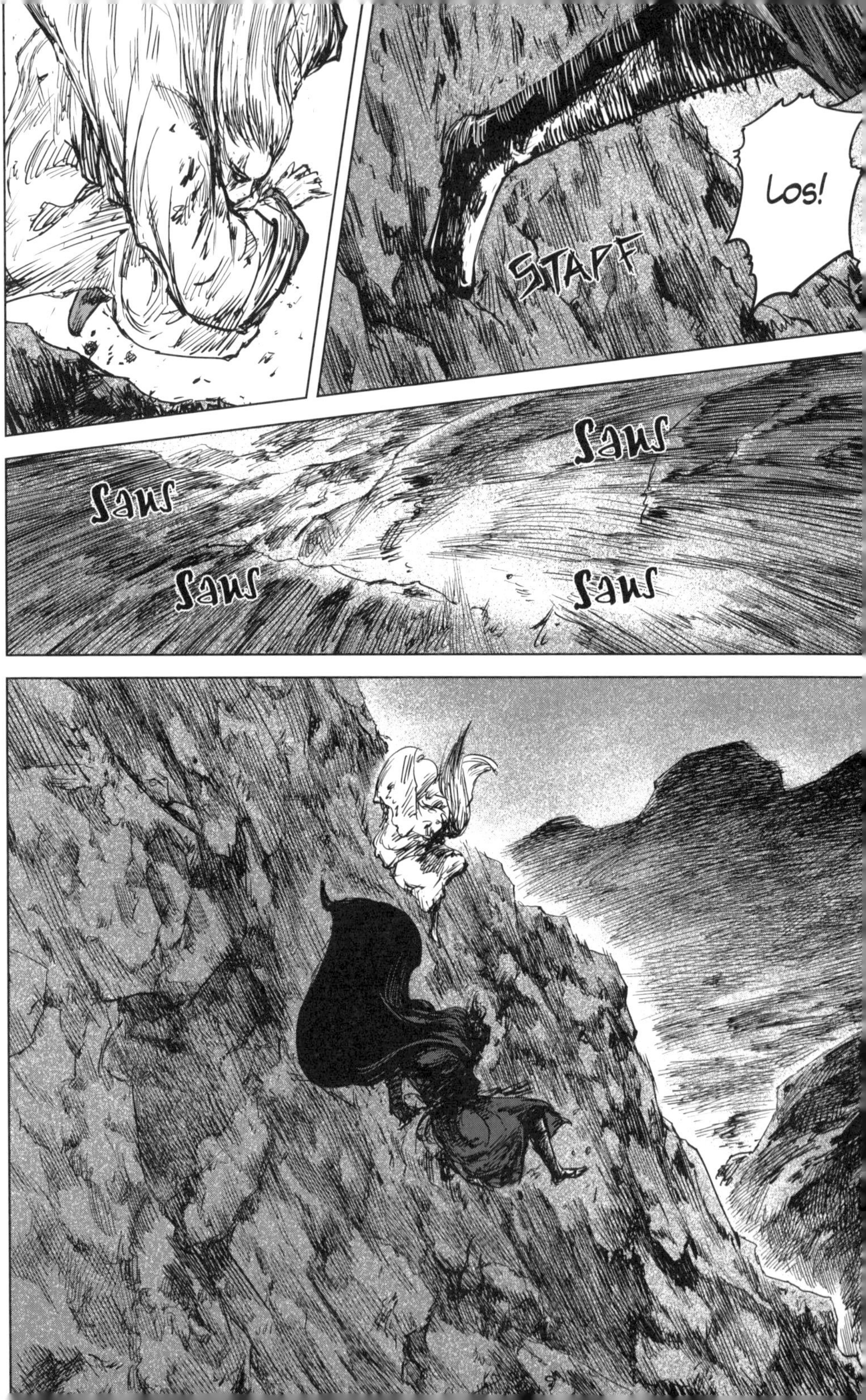
Los!
STAPF
Saus
Saus
Saus
Saus

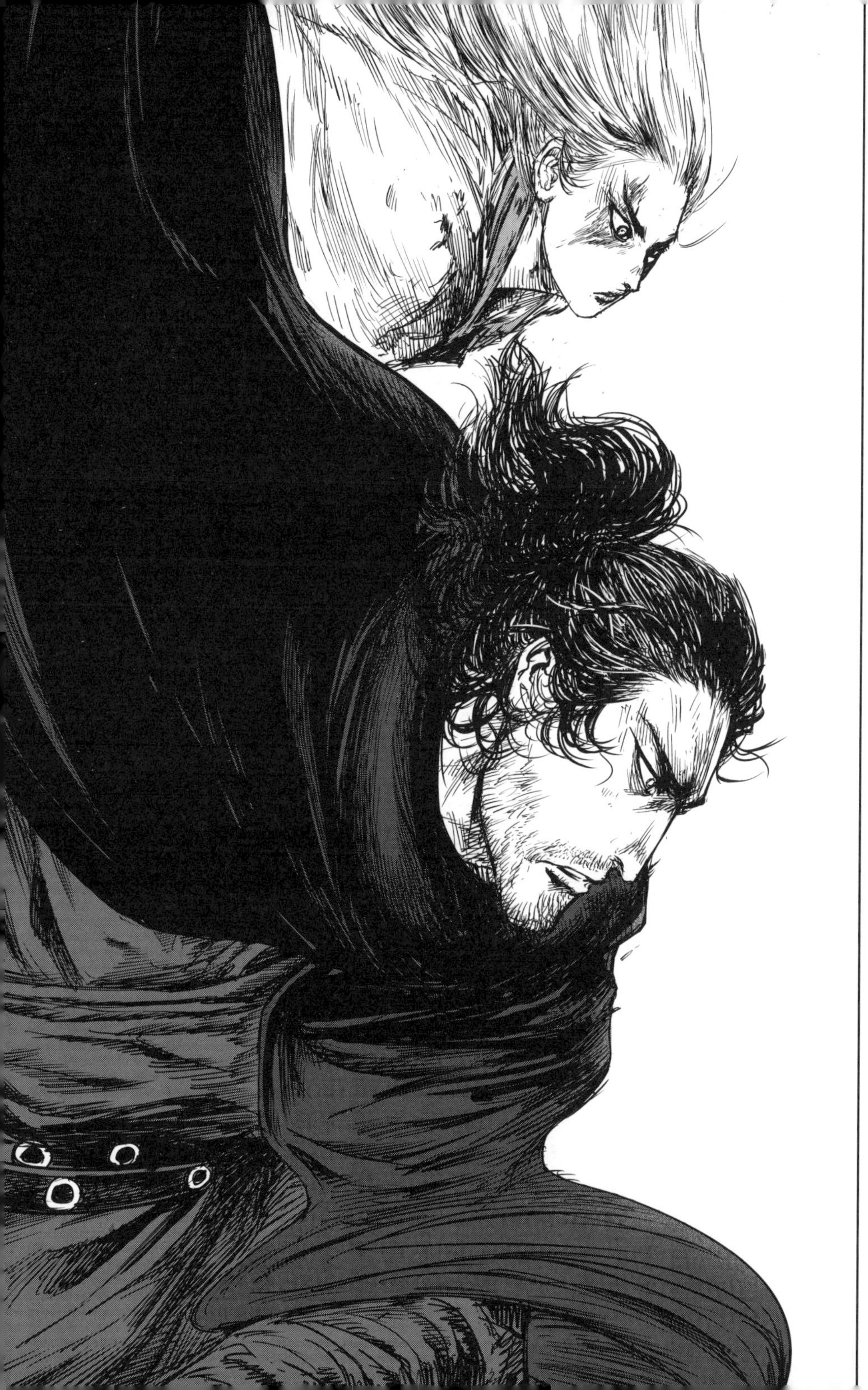

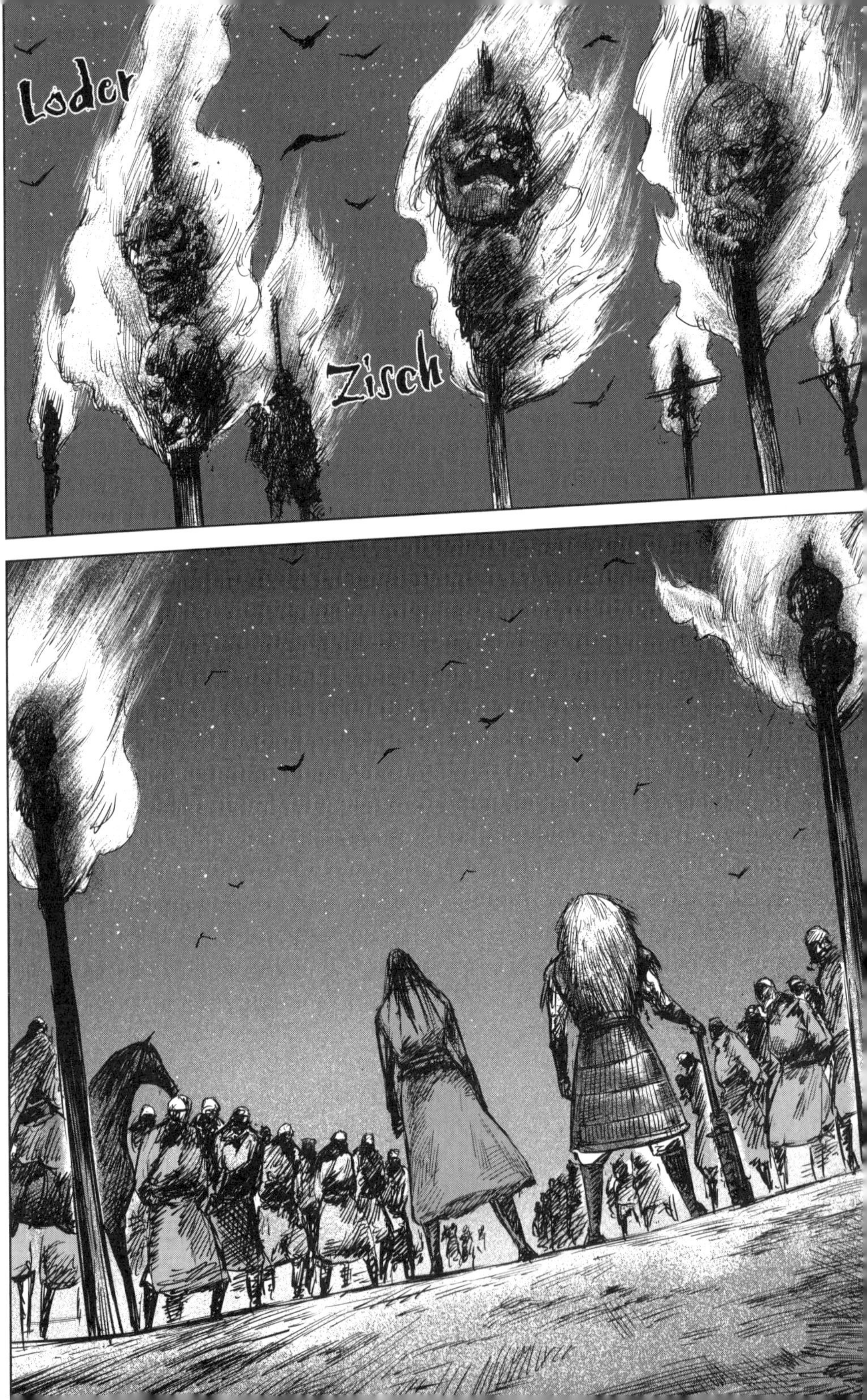
Loder
Zisch

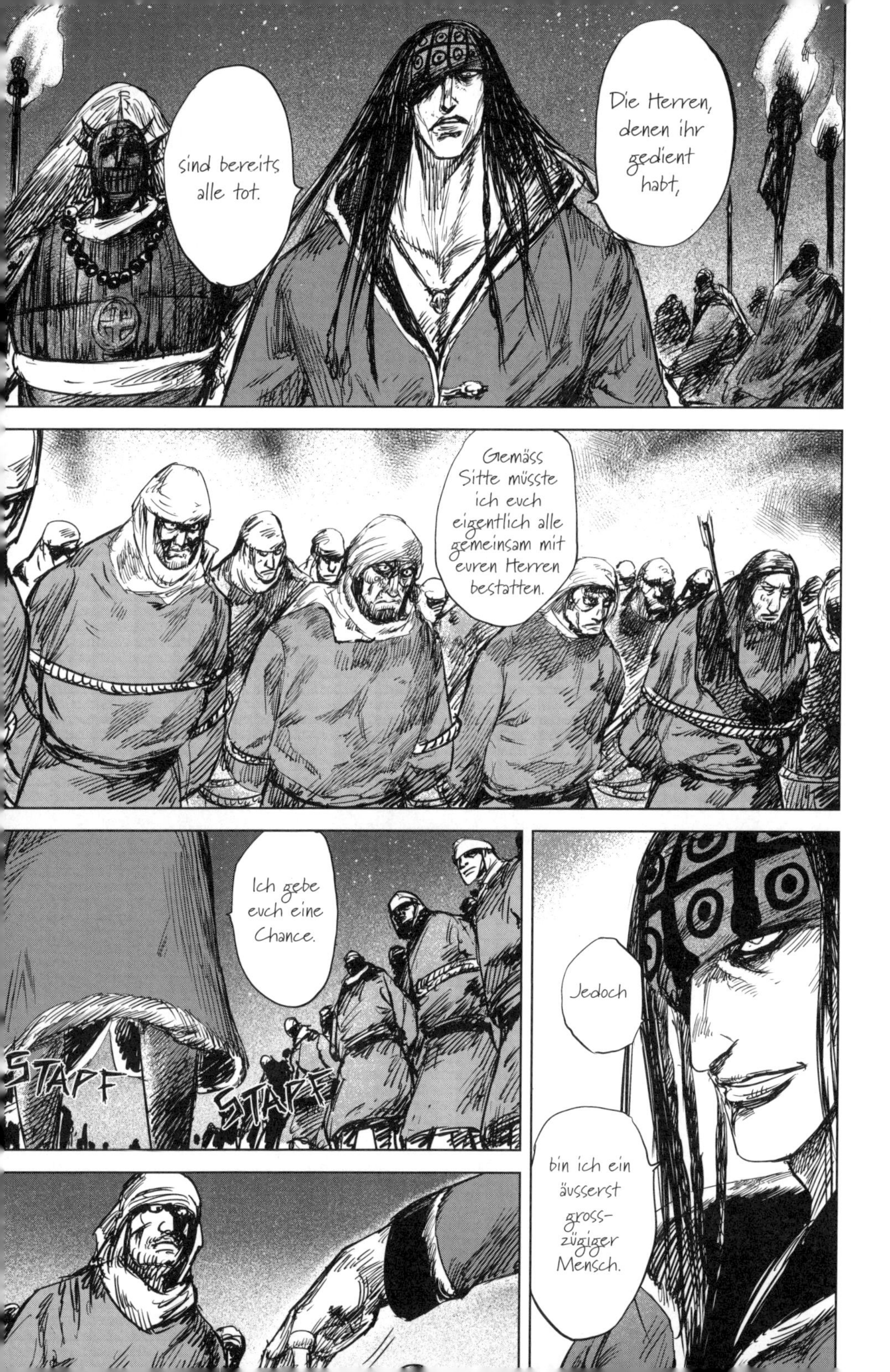
Die Herren, denen ihr gedient habt,
sind bereits alle tot.
Gemäss Sitte müsste ich euch eigentlich alle gemeinsam mit euren Herren bestatten.
Jedoch
bin ich ein äusserst gross-zügiger Mensch.
Ich gebe euch eine Chance.
STAPF
STAPF

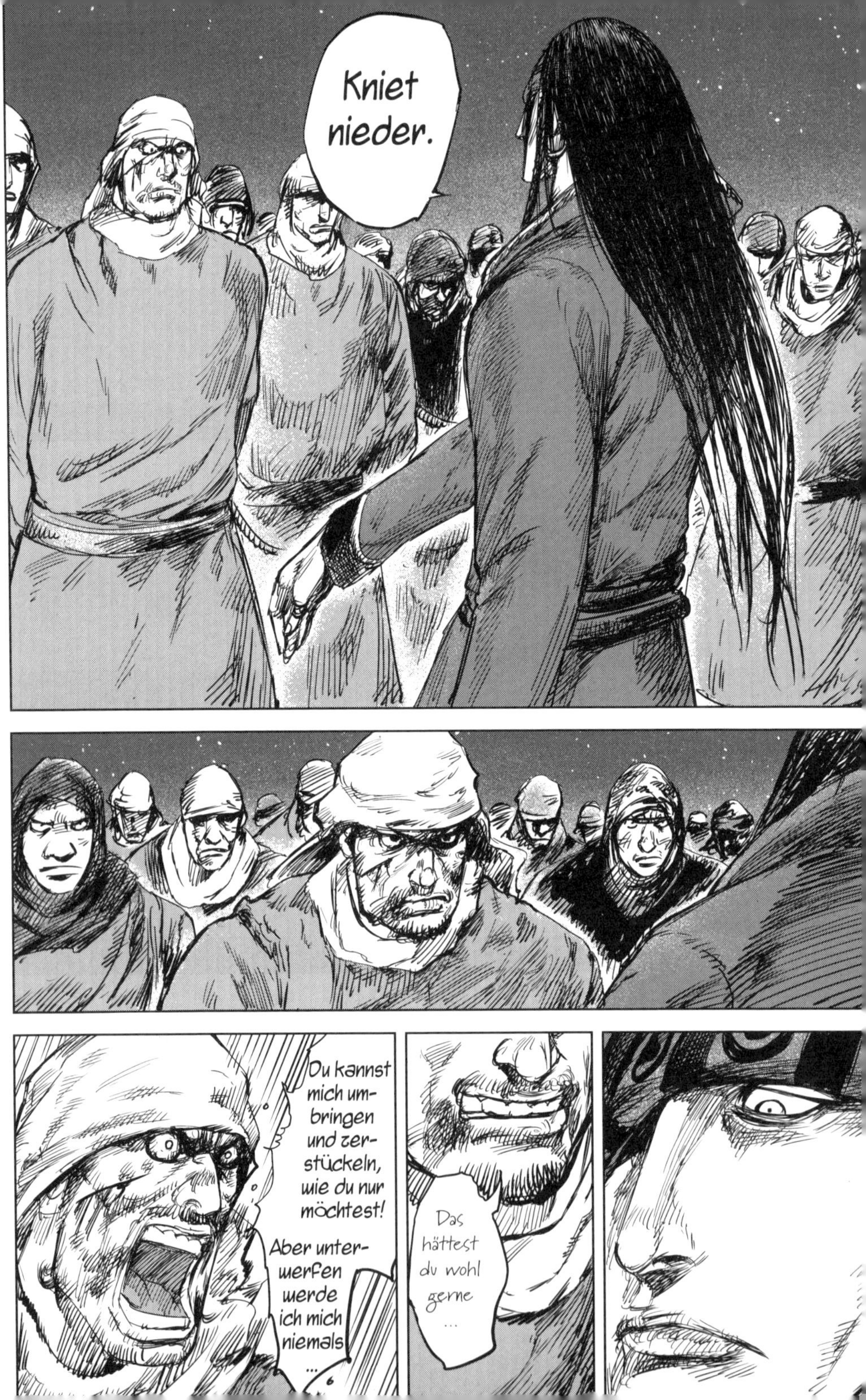
Kniet nieder.
Du kannst mich umbringen und zerstückeln, wie du nur möchtest!
Aber unterwerfen werde ich mich niemals ...
Das hättest du wohl gerne ...

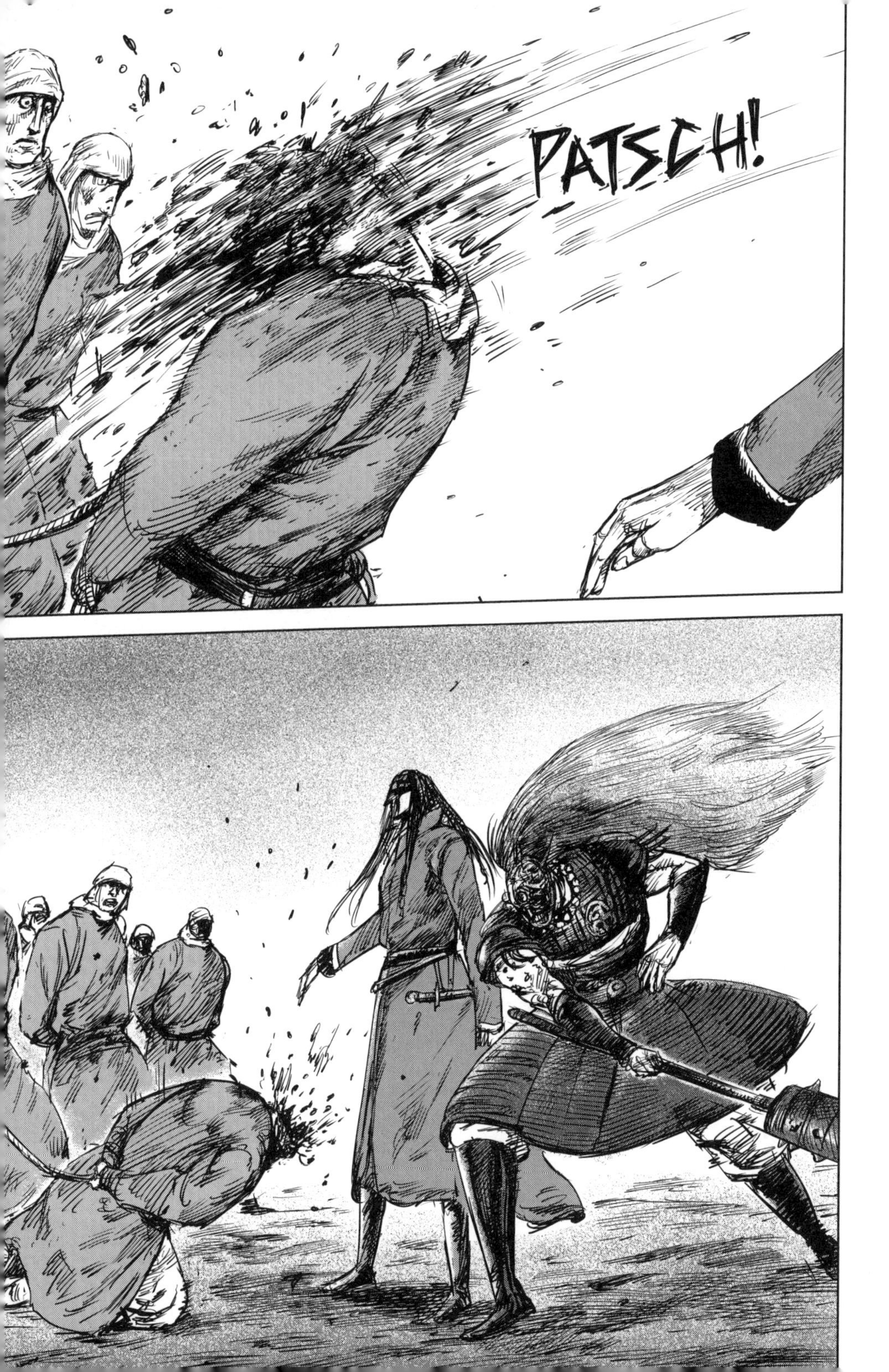
PATSCH!

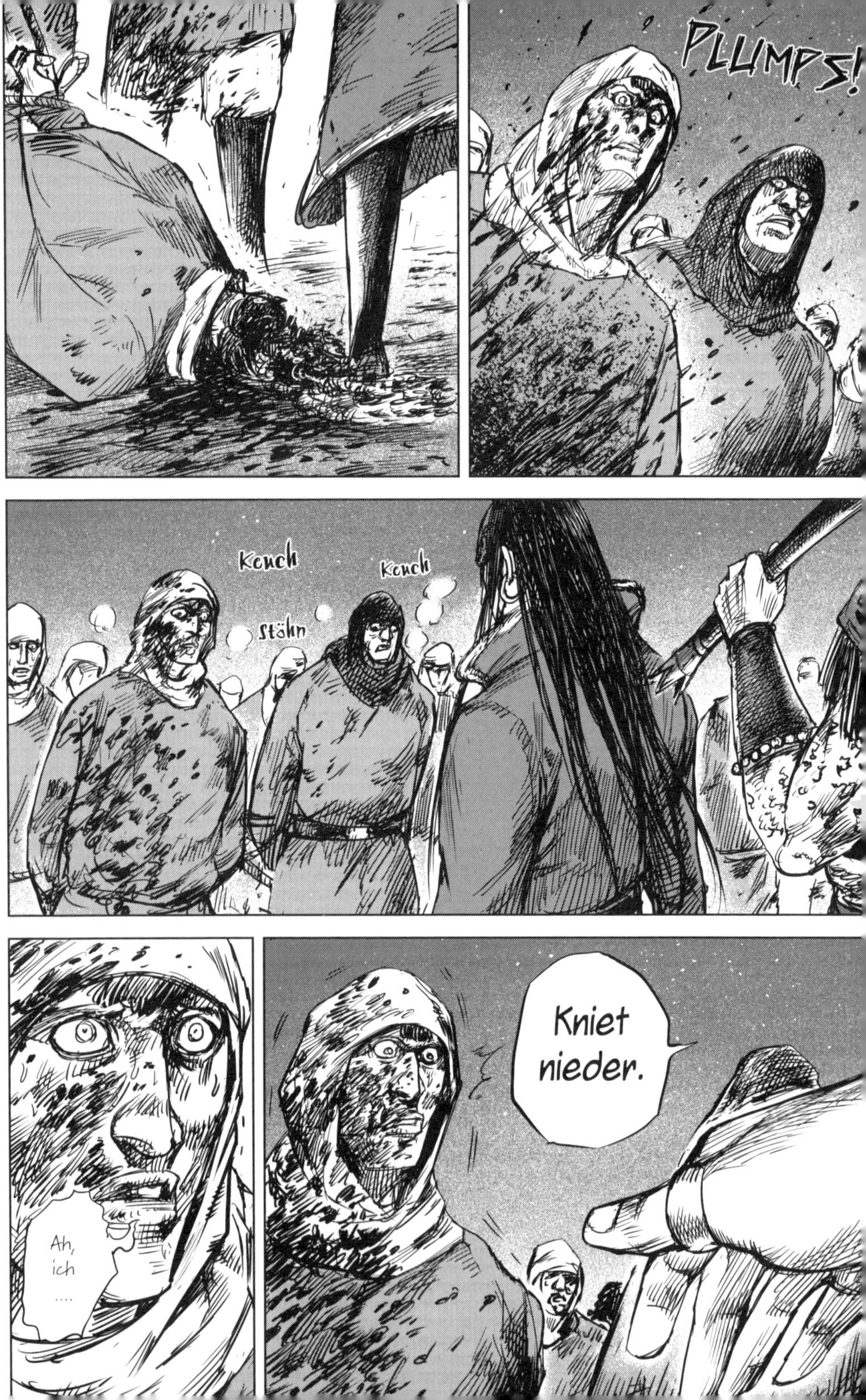

PLUMPS!
Keuch
Keuch
Stöhn
Kniet nieder.
Ah, ich ....

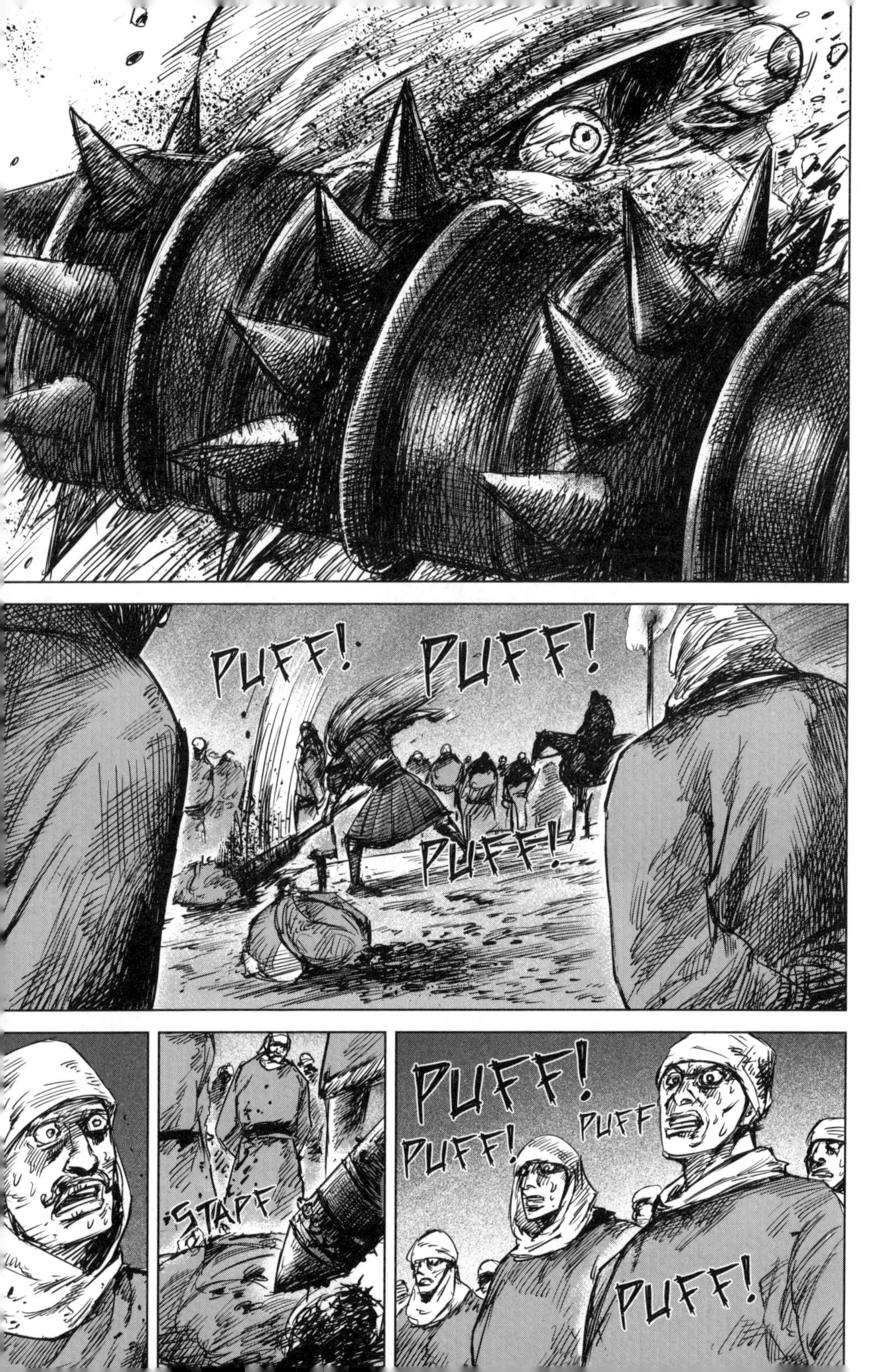
PUFF!
PUFF!
PUFF!
STAPF
PUFF!
PUFF
PUFF!
PUFF!

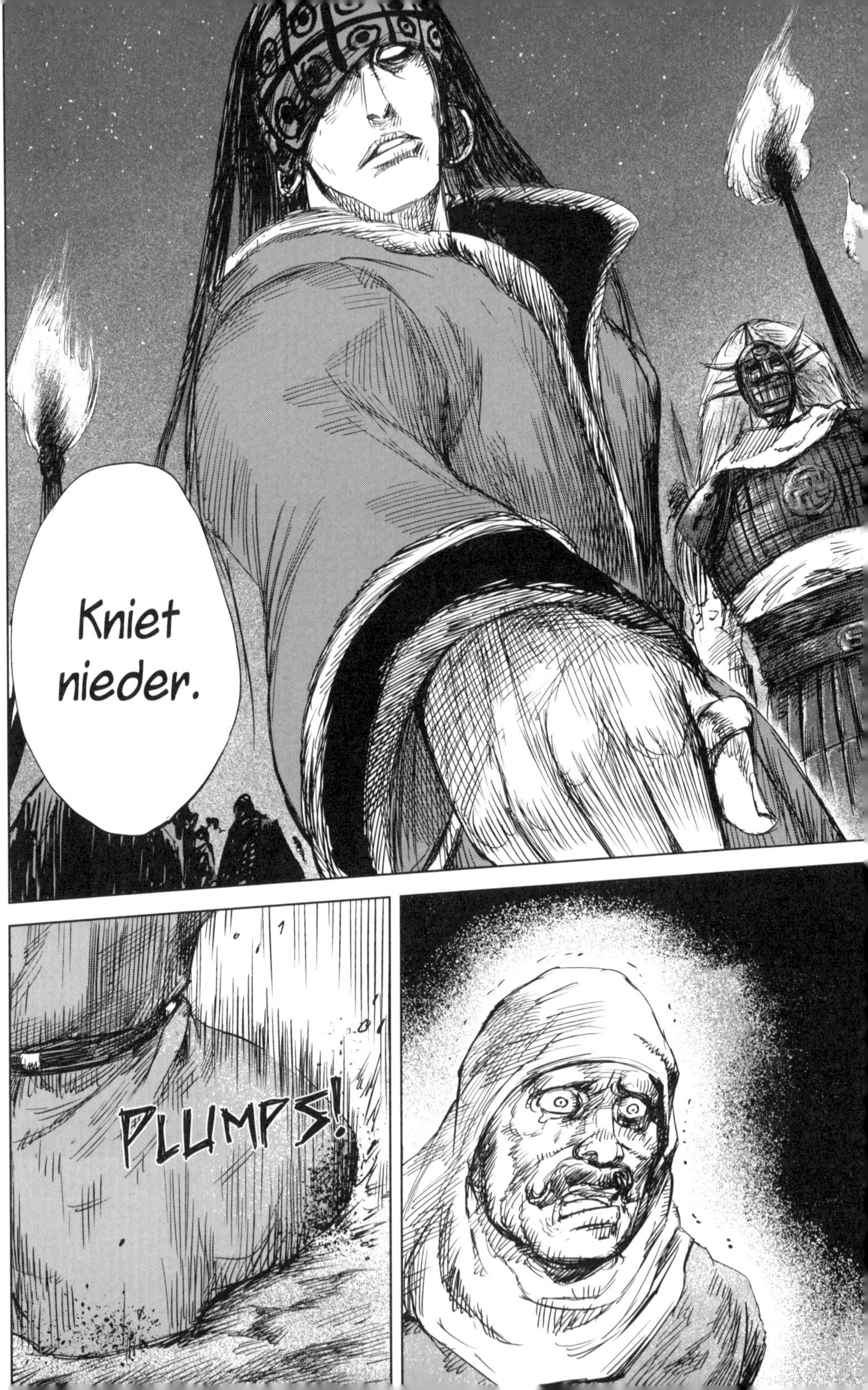
Kniet nieder.
PLUMPS!

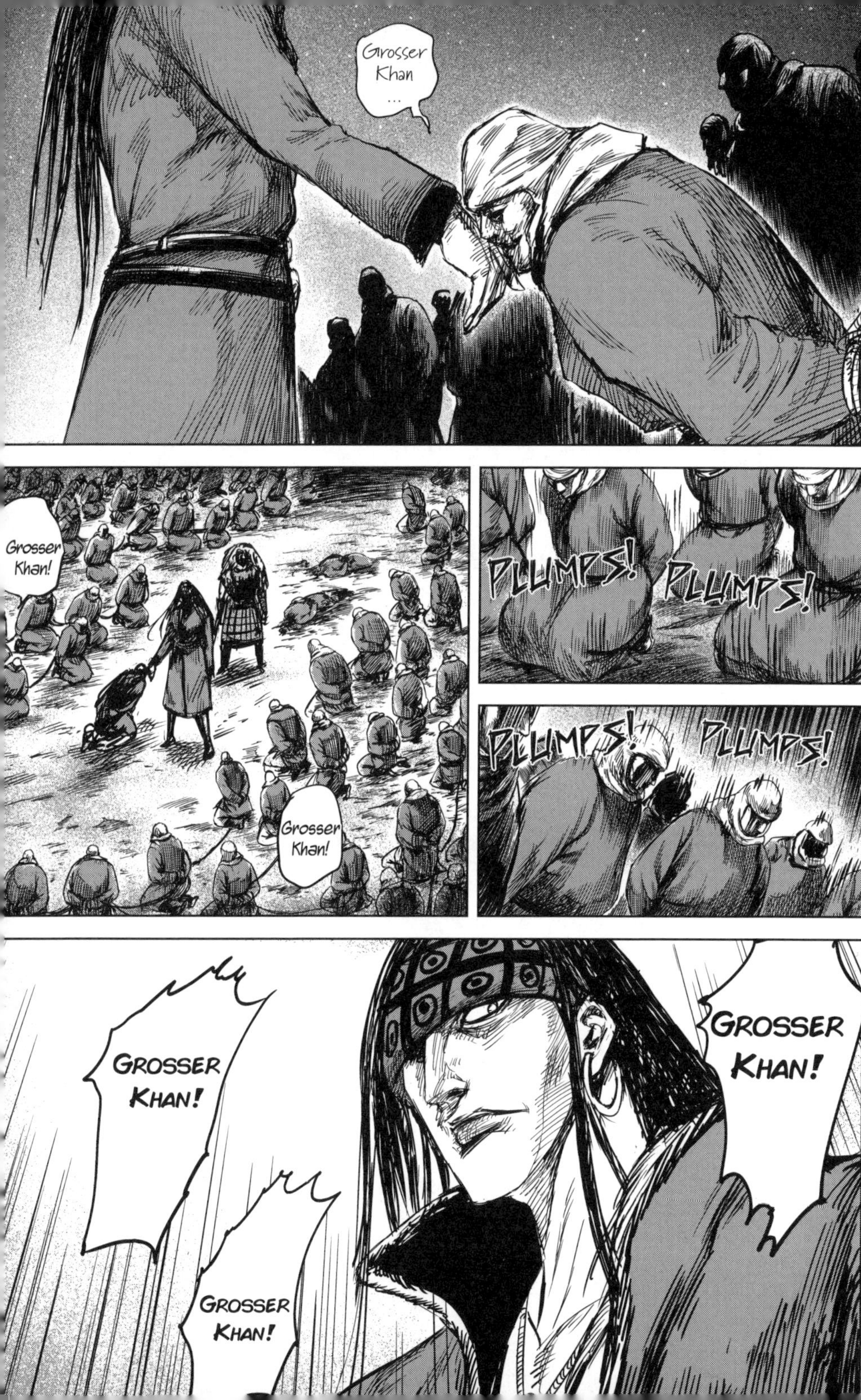

Grosser Khan ...
Grosser Khan!
Grosser Khan!
PLUMPS!
PLUMPS!
PLUMPS!
PLUMPS!
GROSSER KHAN!
GROSSER KHAN!
GROSSER KHAN!

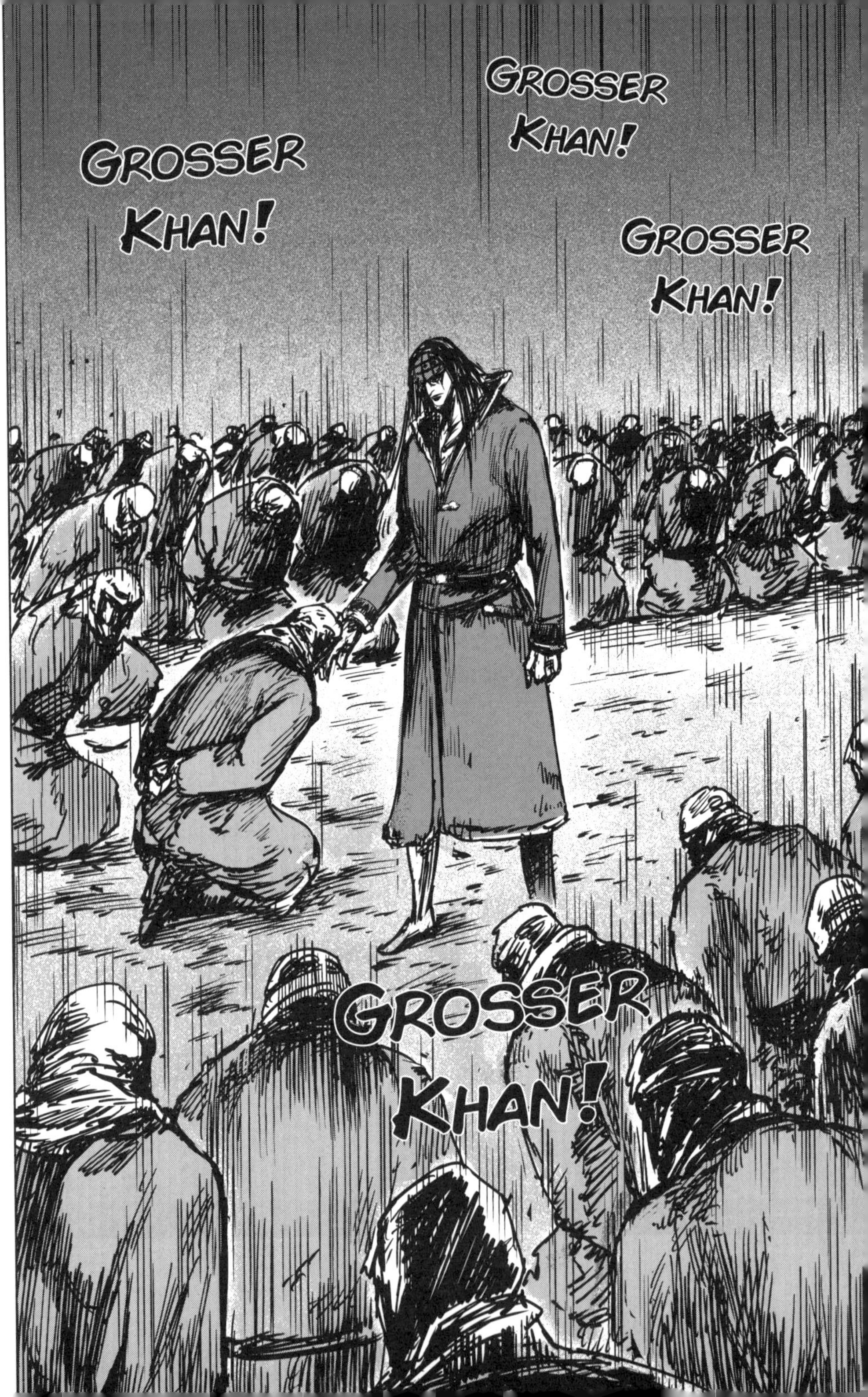

GROSSER KHAN!
GROSSER KHAN!
GROSSER KHAN!
GROSSER KHAN!

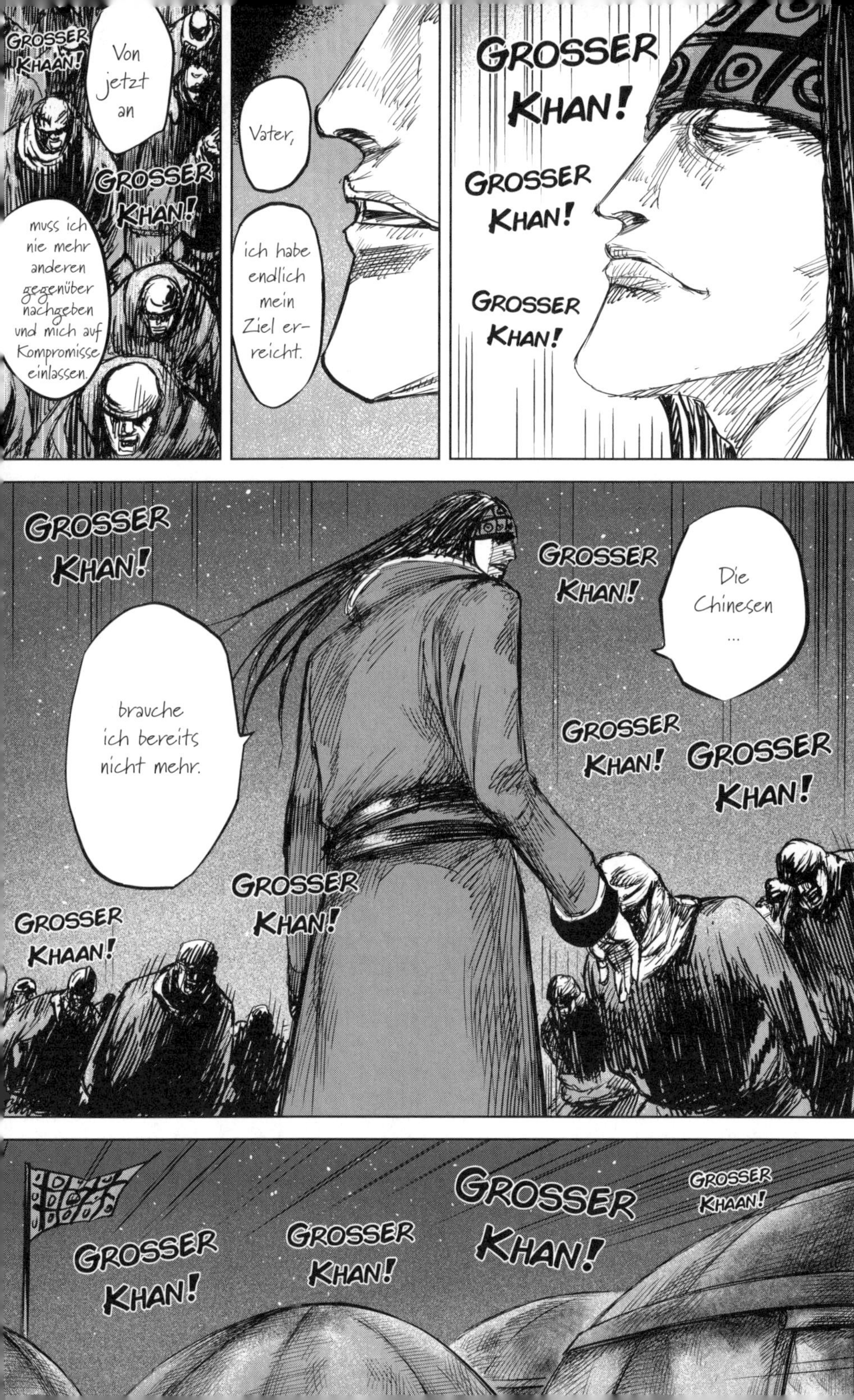
GROSSER KHAN!
GROSSER KHAN!
GROSSER KHAN!
Vater,
ich habe endlich mein Ziel erreicht.
GROSSER KHAAN!
Von jetzt an
GROSSER KHAN!
muss ich nie mehr anderen gegenüber nachgeben und mich auf Kompromisse einlassen.
GROSSER KHAN!
Die Chinesen ...
GROSSER KHAN!
GROSSER KHAN!
GROSSER KHAN!
brauche ich bereits nicht mehr.
GROSSER KHAN!
GROSSER KHAN!
GROSSER KHAAN!
GROSSER KHAAN!
GROSSER KHAN!
GROSSER KHAN!
GROSSER KHAN!

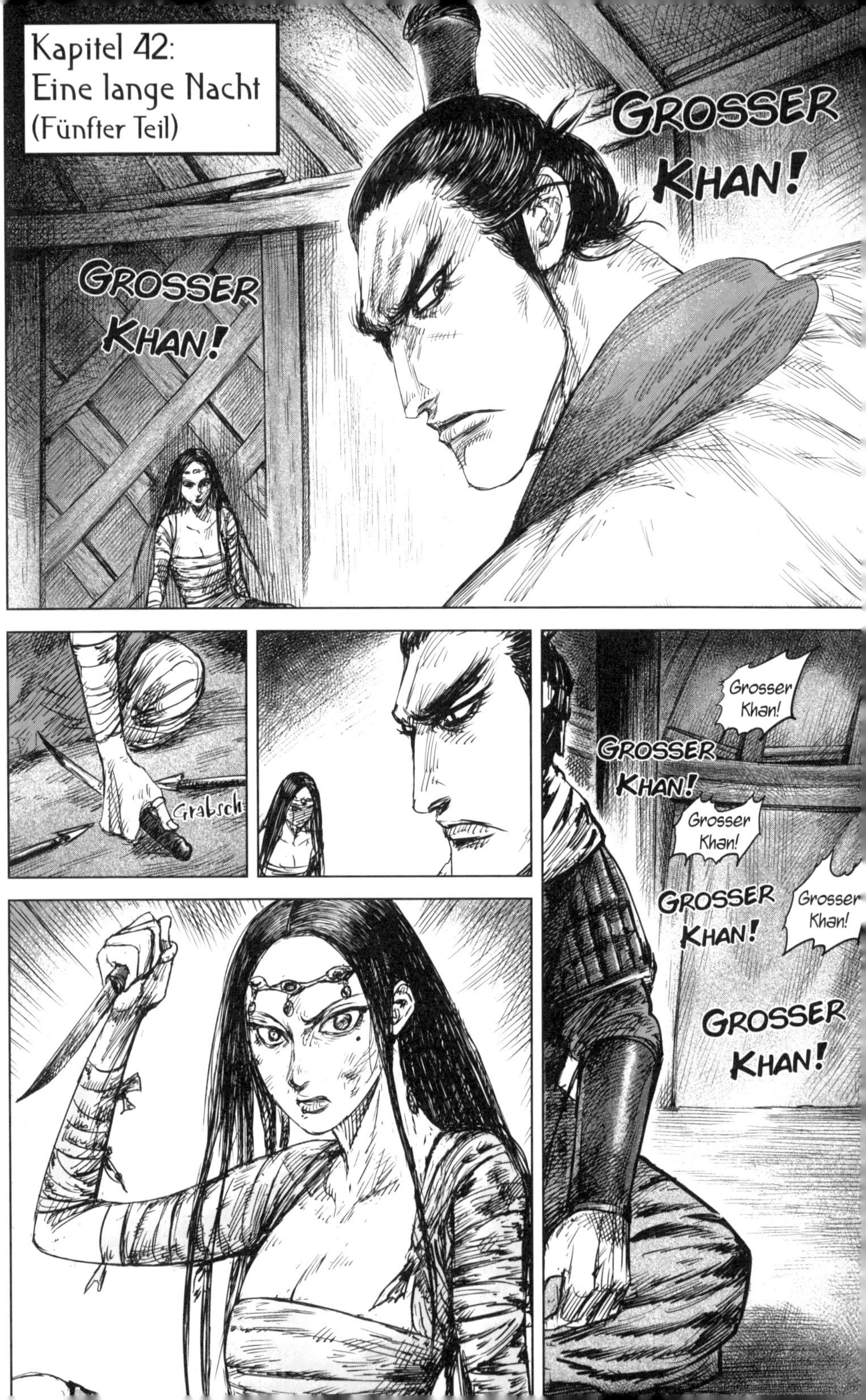
Kapitel 42: Eine lange Nacht (Fünfter Teil)
GROSSER KHAN!
GROSSER KHAN!
Grabsch
Grosser Khan!
GROSSER KHAN!
Grosser Khan!
GROSSER KHAN!
Grosser Khan!
GROSSER KHAN!

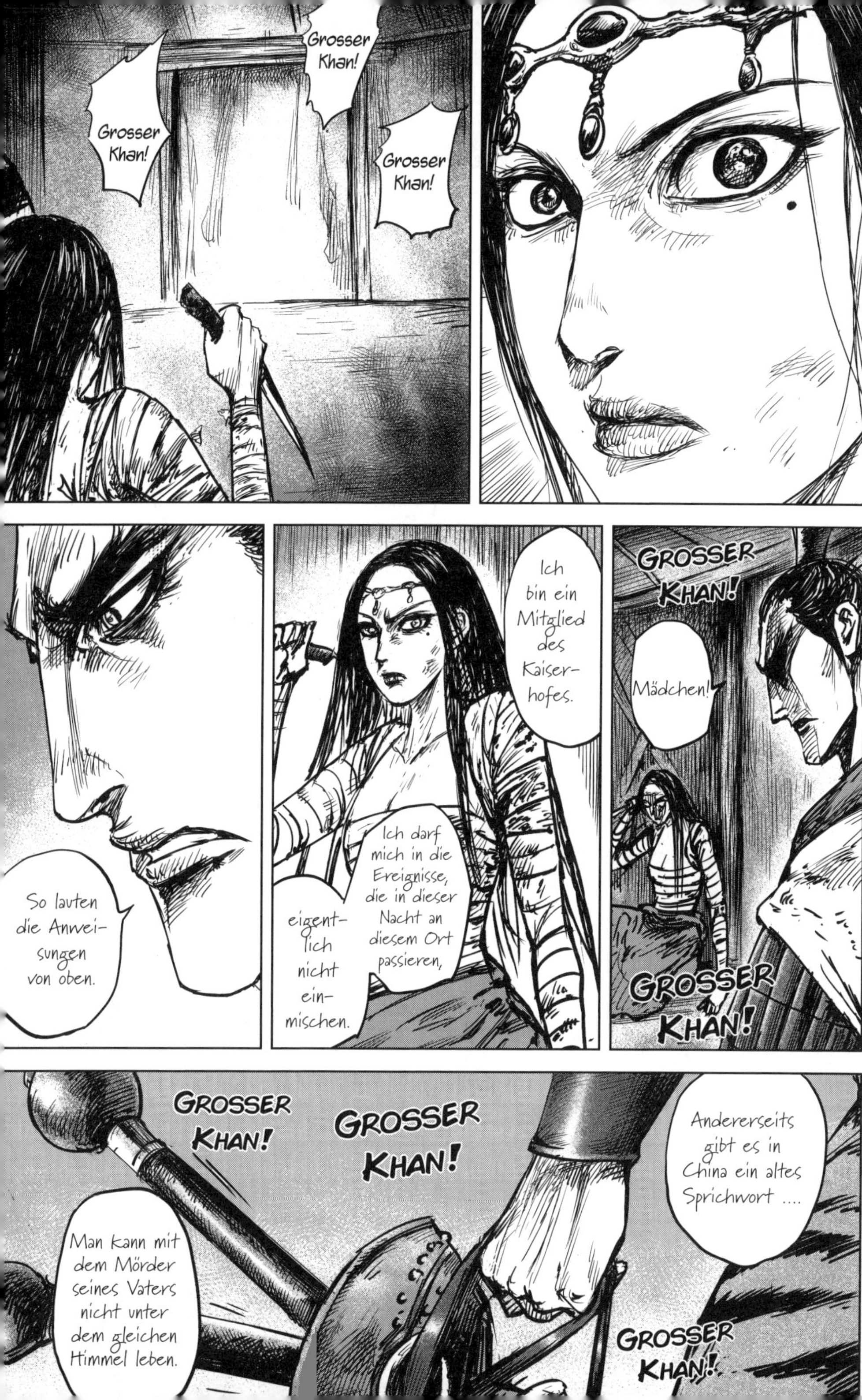
Grosser Khan!
Grosser Khan!
Grosser Khan!
So lauten die Anweisungen von oben.
Ich bin ein Mitglied des Kaiserhofes.
Ich darf mich in die Ereignisse, die in dieser Nacht an diesem Ort passieren,
eigentlich nicht einmischen.
GROSSER KHAN!
Mädchen!
GROSSER KHAN!
GROSSER KHAN!
GROSSER KHAN!
Andererseits gibt es in China ein altes Sprichwort ....
Man kann mit dem Mörder seines Vaters nicht unter dem gleichen Himmel leben.
GROSSER KHAN!

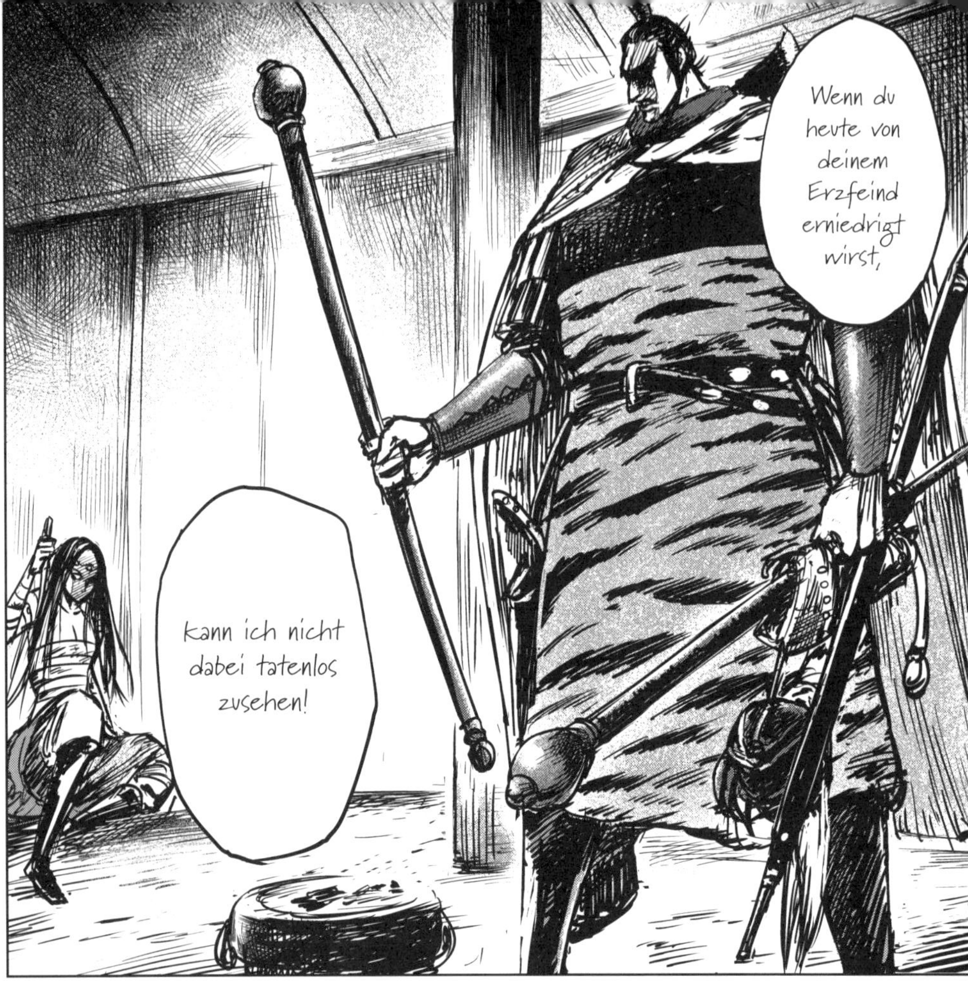
Wenn du heute von deinem Erzfeind erniedrigt wirst,
kann ich nicht dabei tatenlos zusehen!

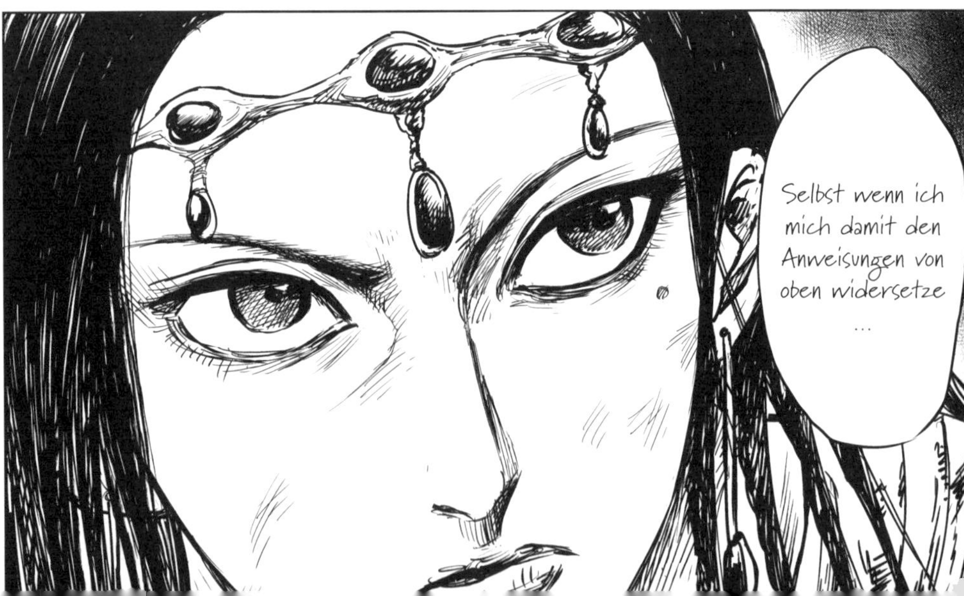
Selbst wenn ich mich damit den Anweisungen von oben widersetze …

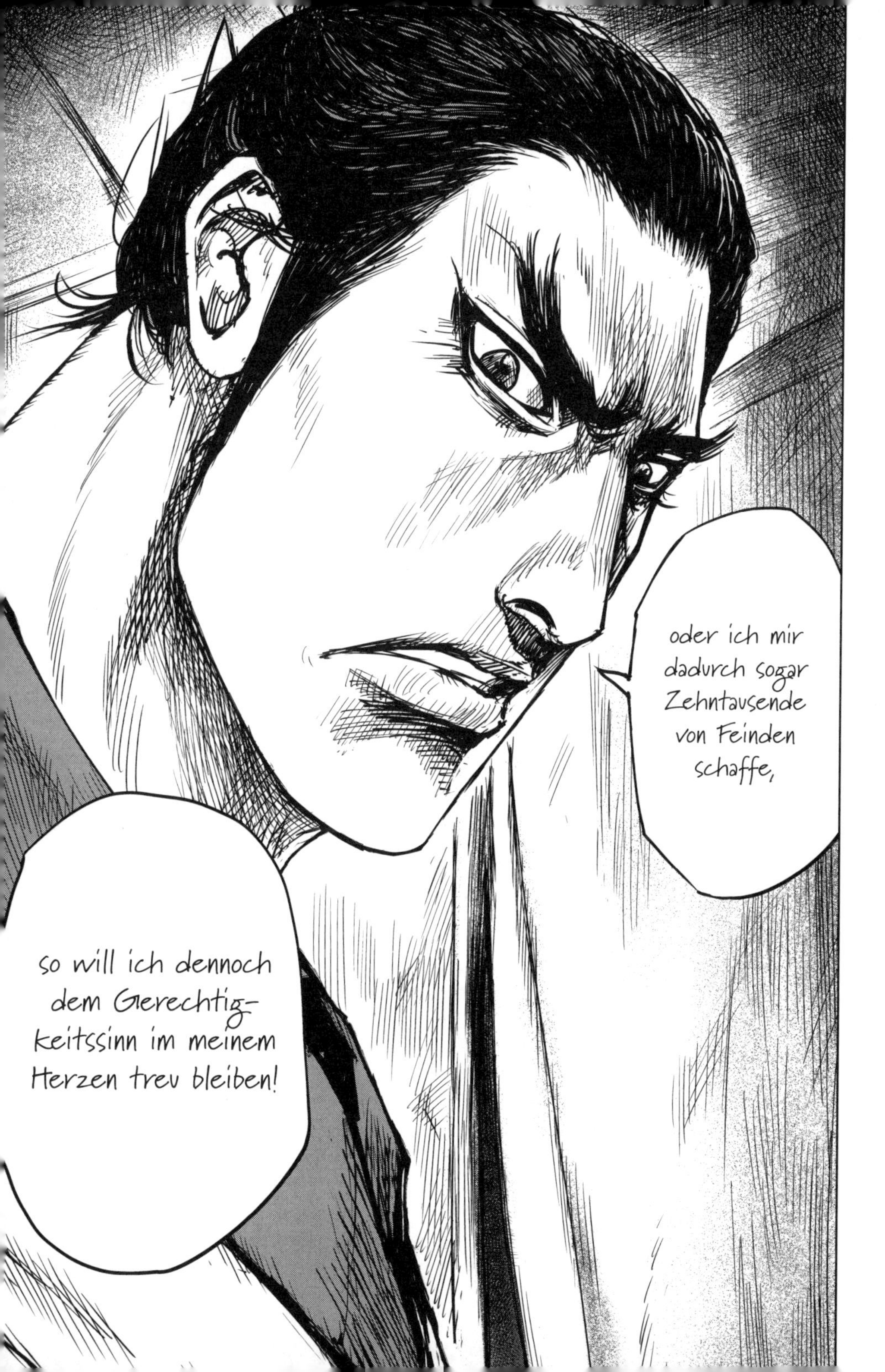
oder ich mir dadurch sogar Zehntausende von Feinden schaffe,
so will ich dennoch dem Gerechtig- keitssinn im meinem Herzen treu bleiben!

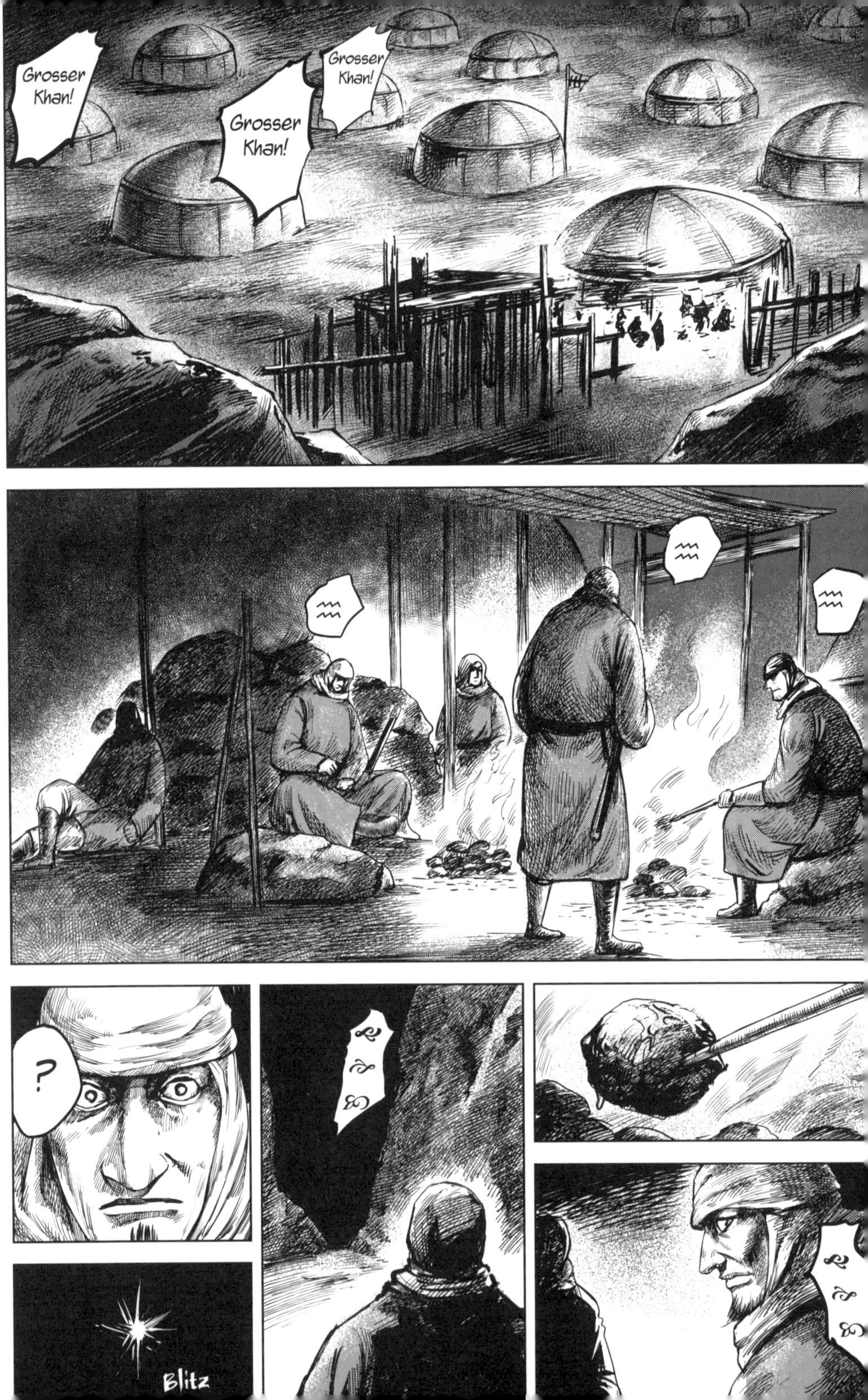

Grosser Khan!
Grosser Khan!
Grosser Khan!
?
Blitz

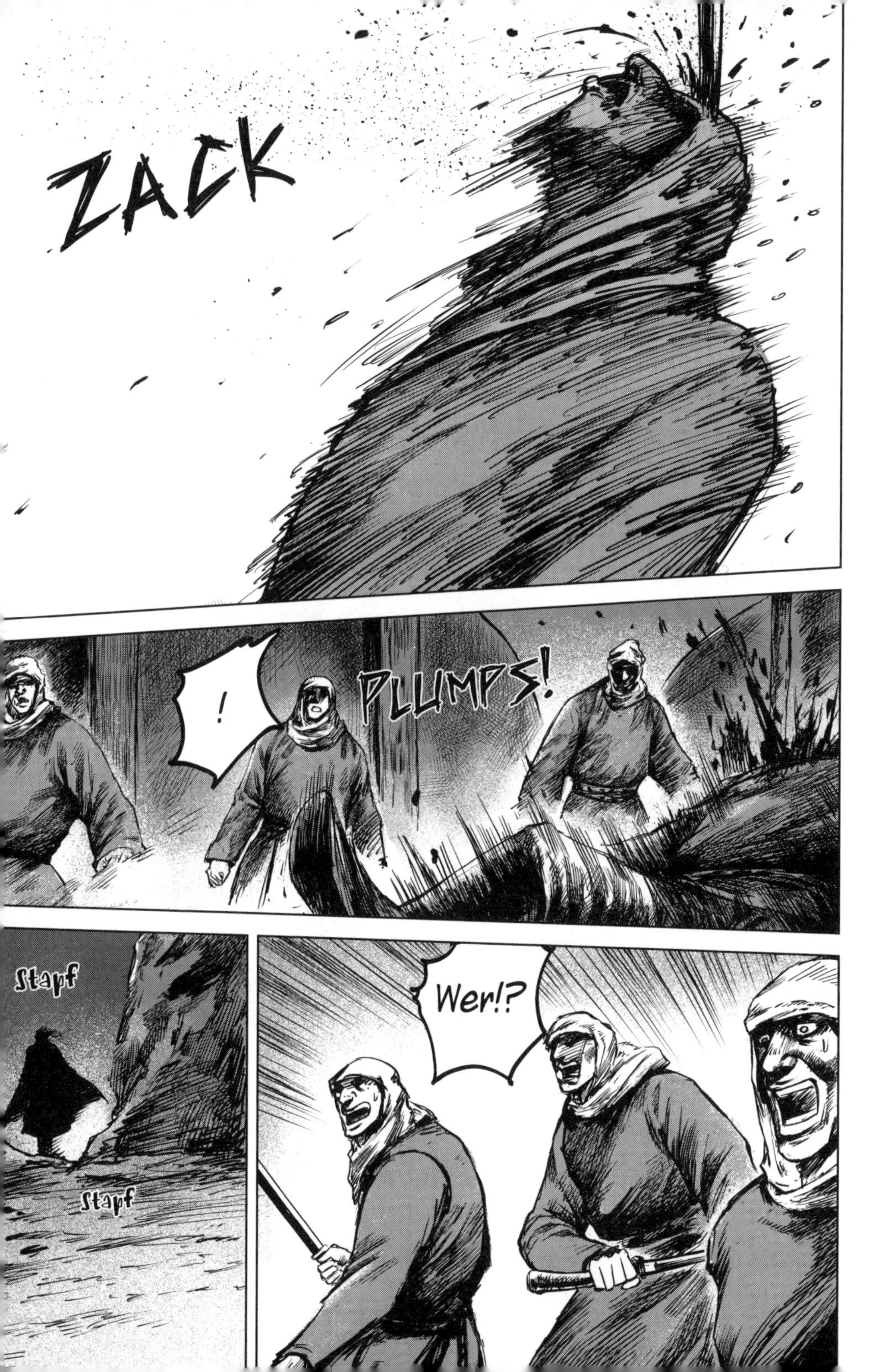
ZACK
!
PLUMPS!
Stapf
Stapf
Wer!?

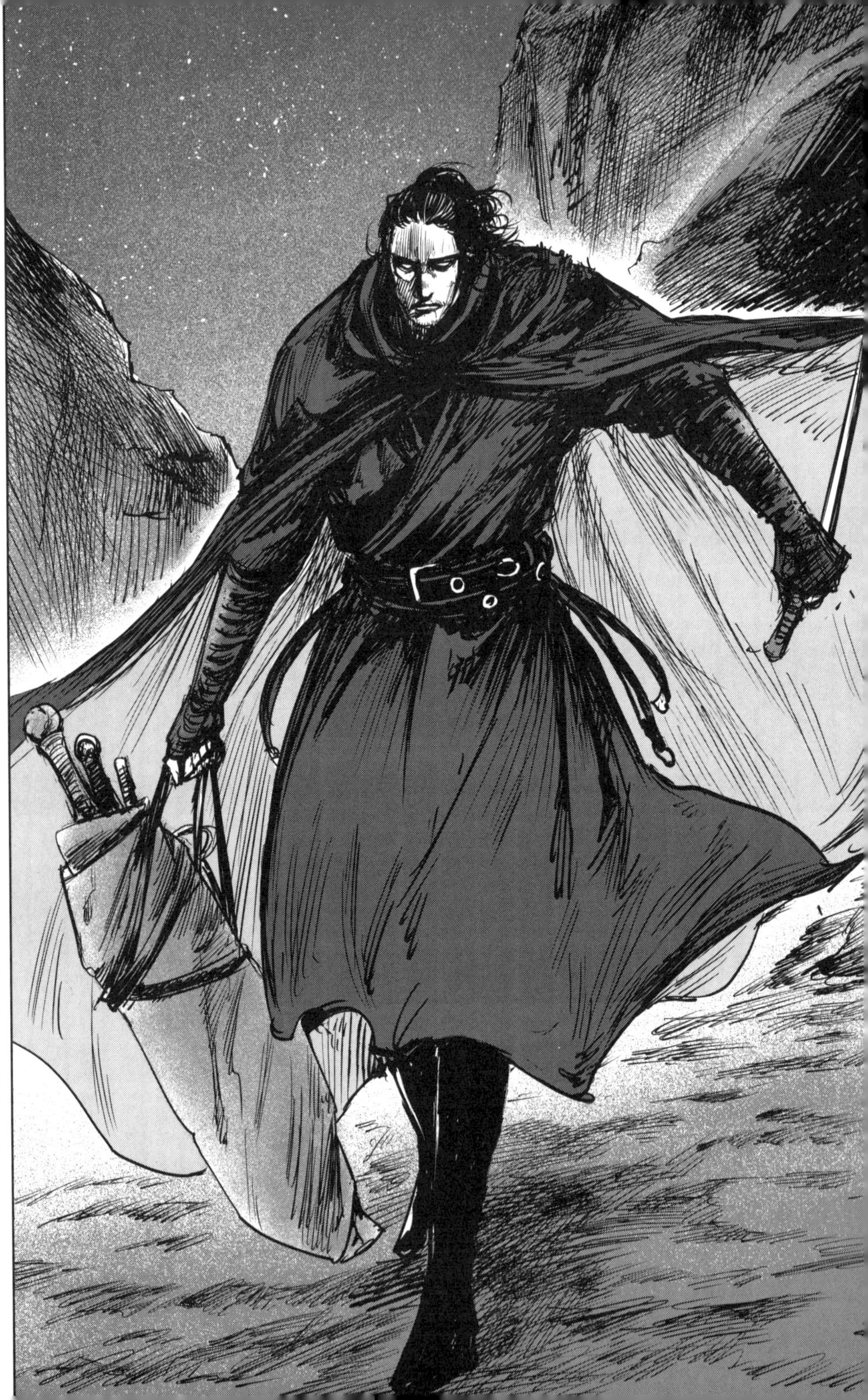

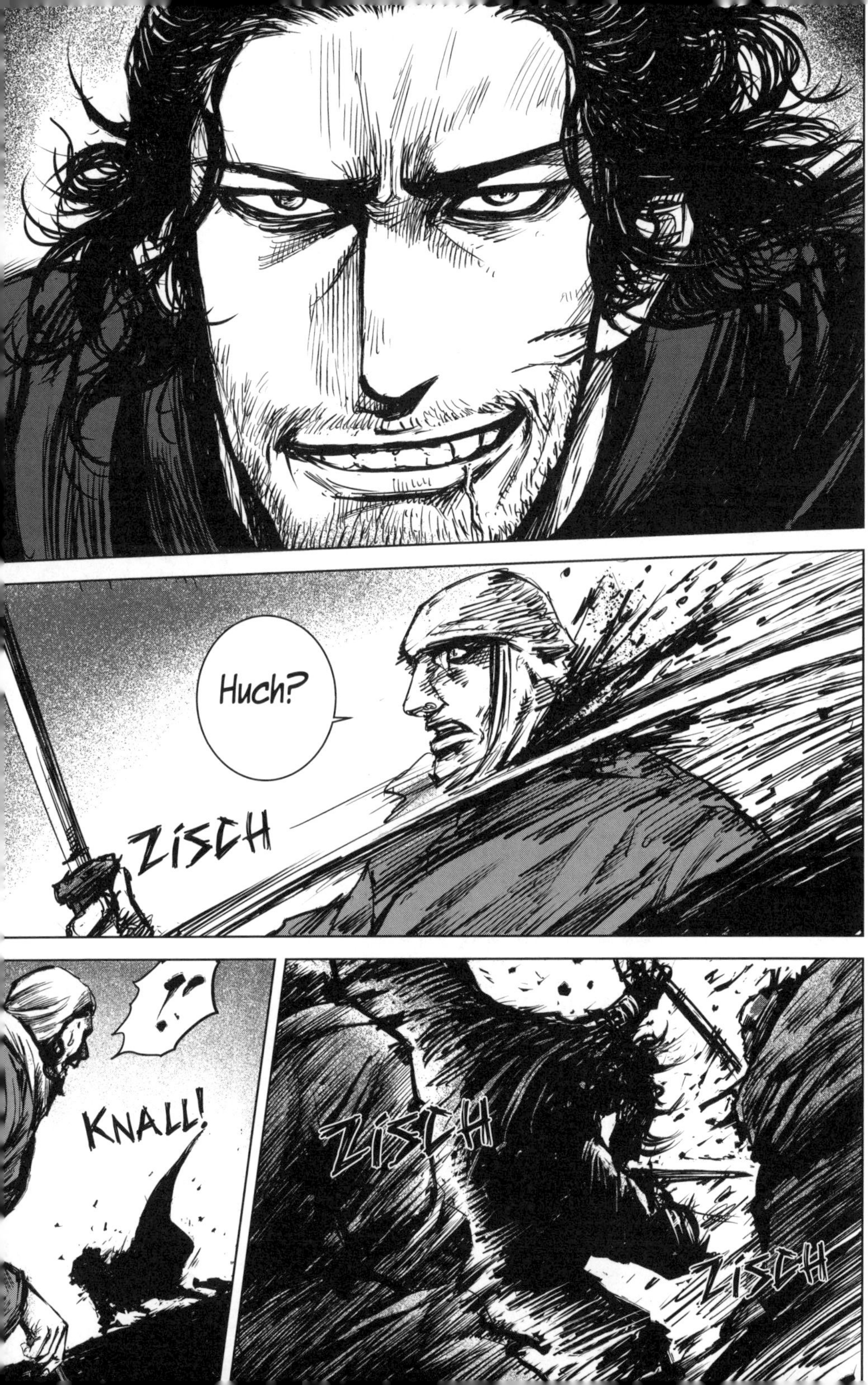
Huch?
ZISCH
ZISCH
ZISCH
!?
KNALL!

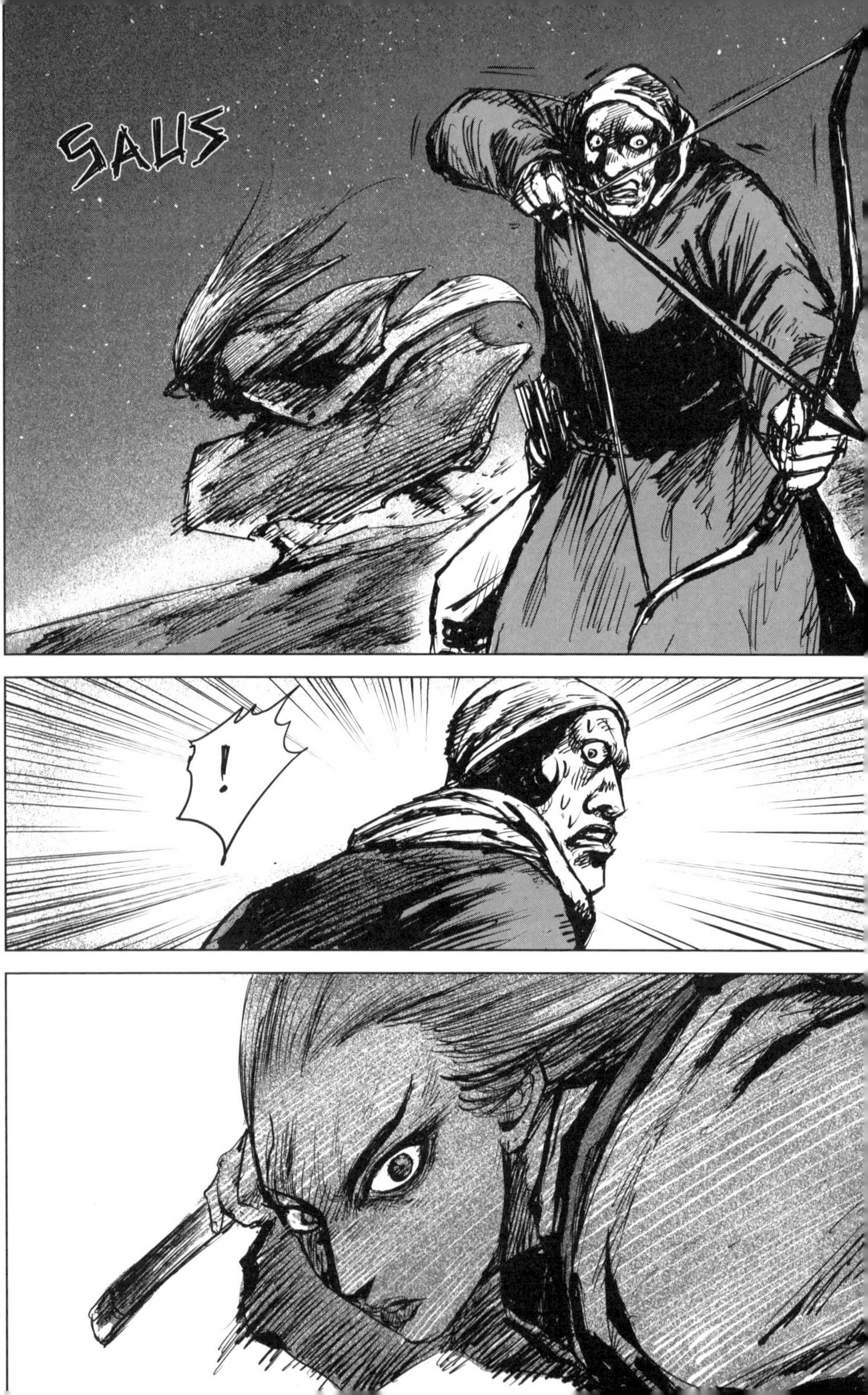
SAUS
!

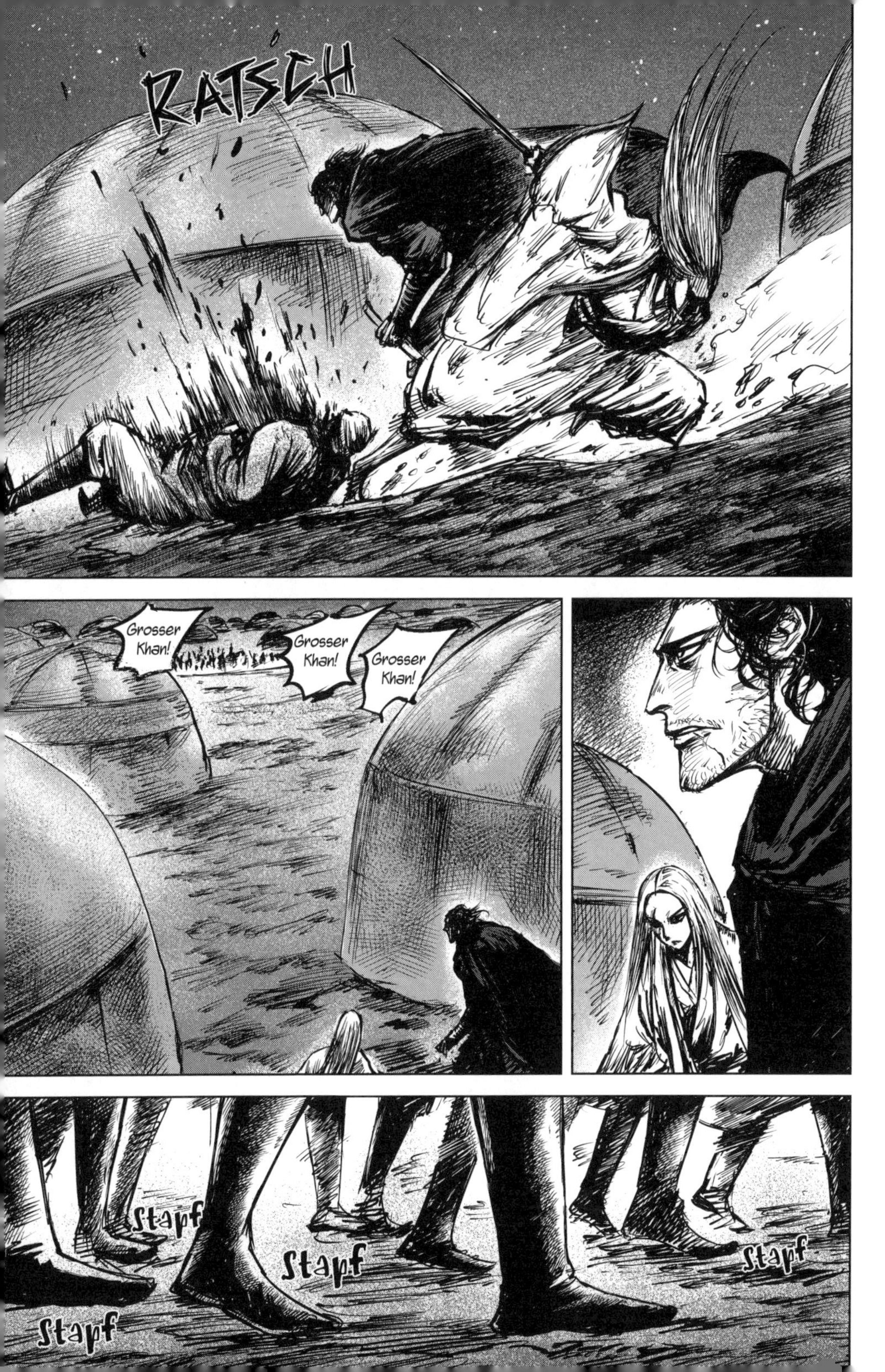
RATSCH
Grosser Khan!
Grosser Khan!
Grosser Khan!
Stapf
Stapf
Stapf
Stapf

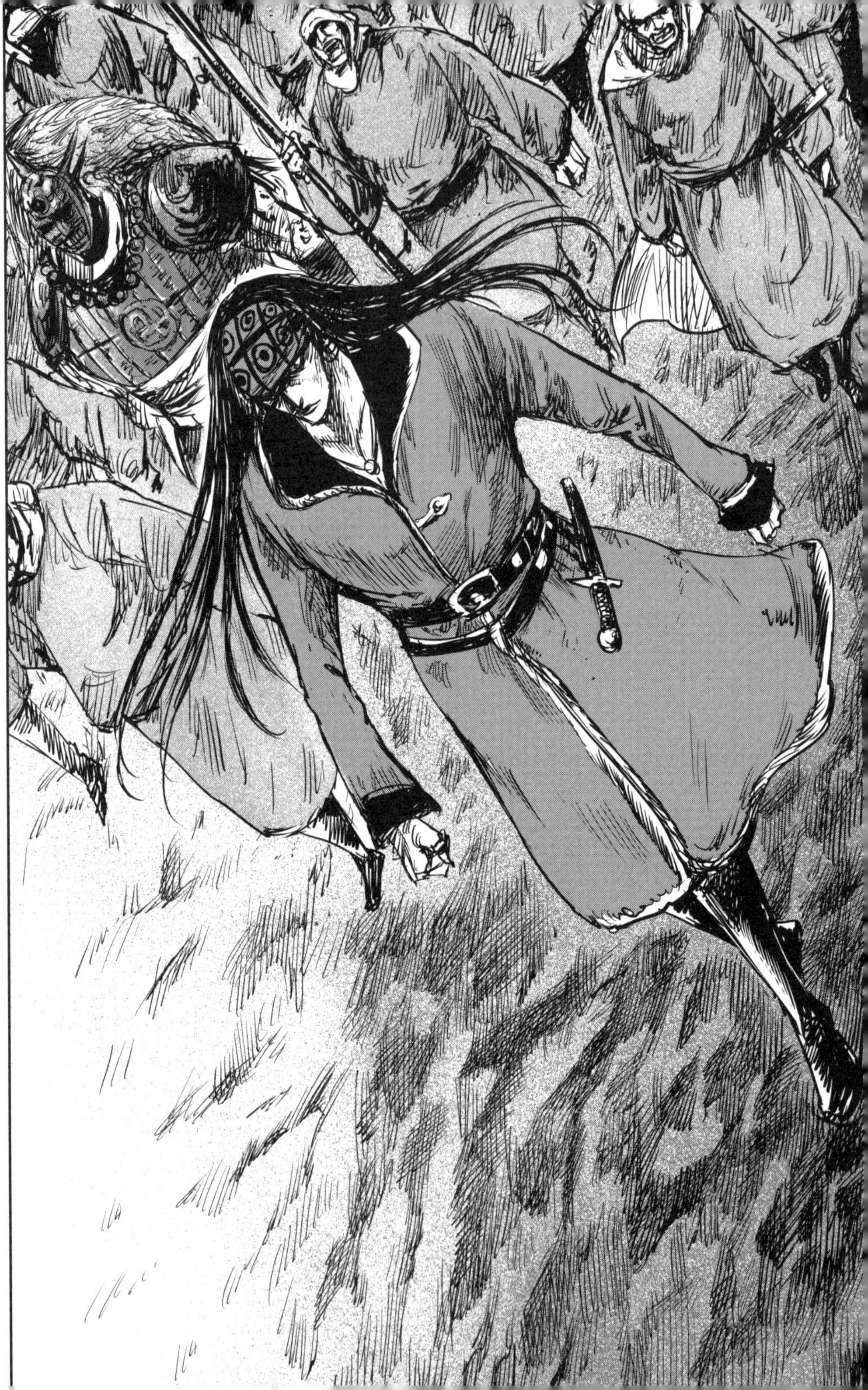

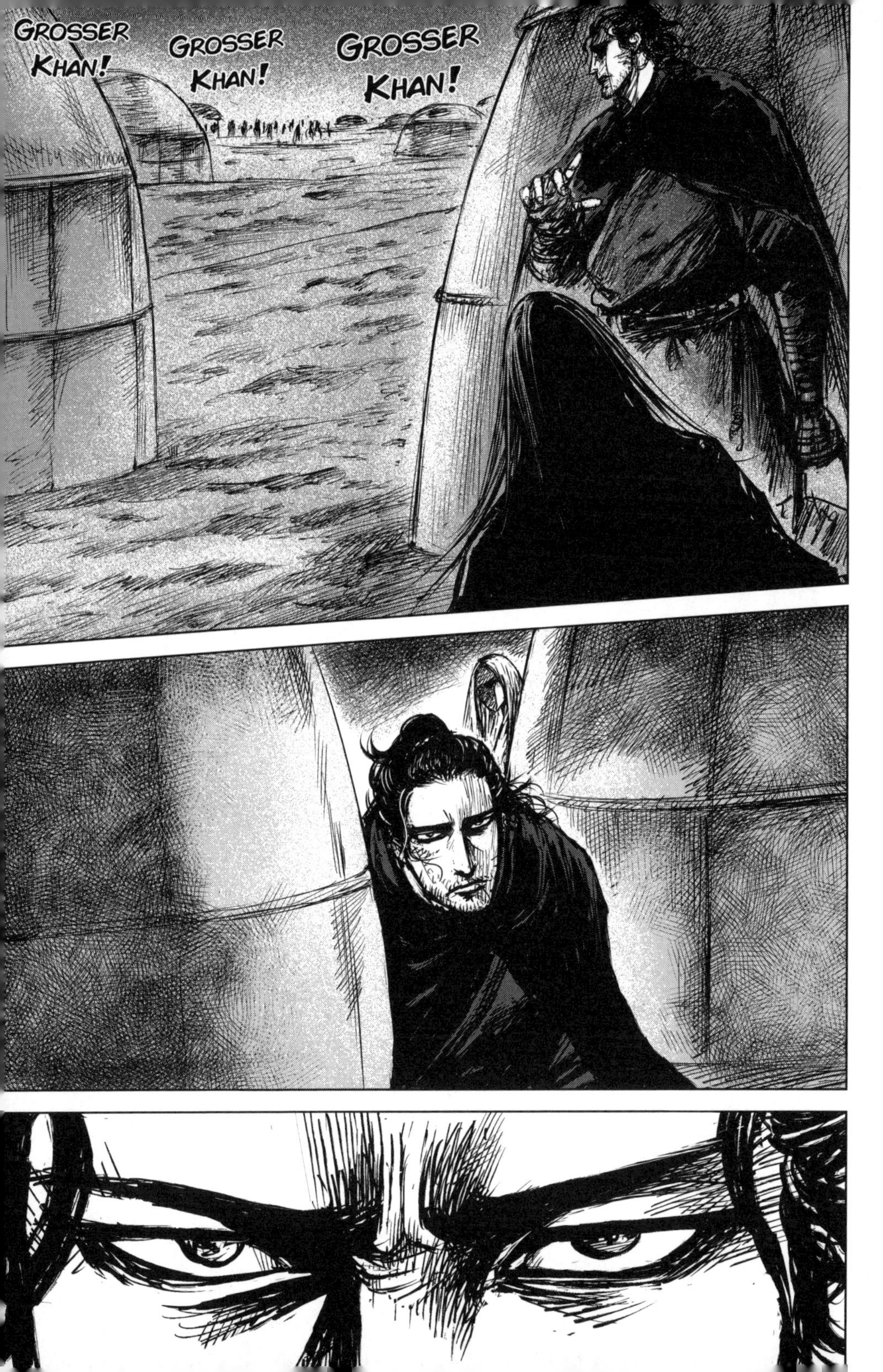

GROSSER KHAN!
GROSSER KHAN!
GROSSER KHAN!

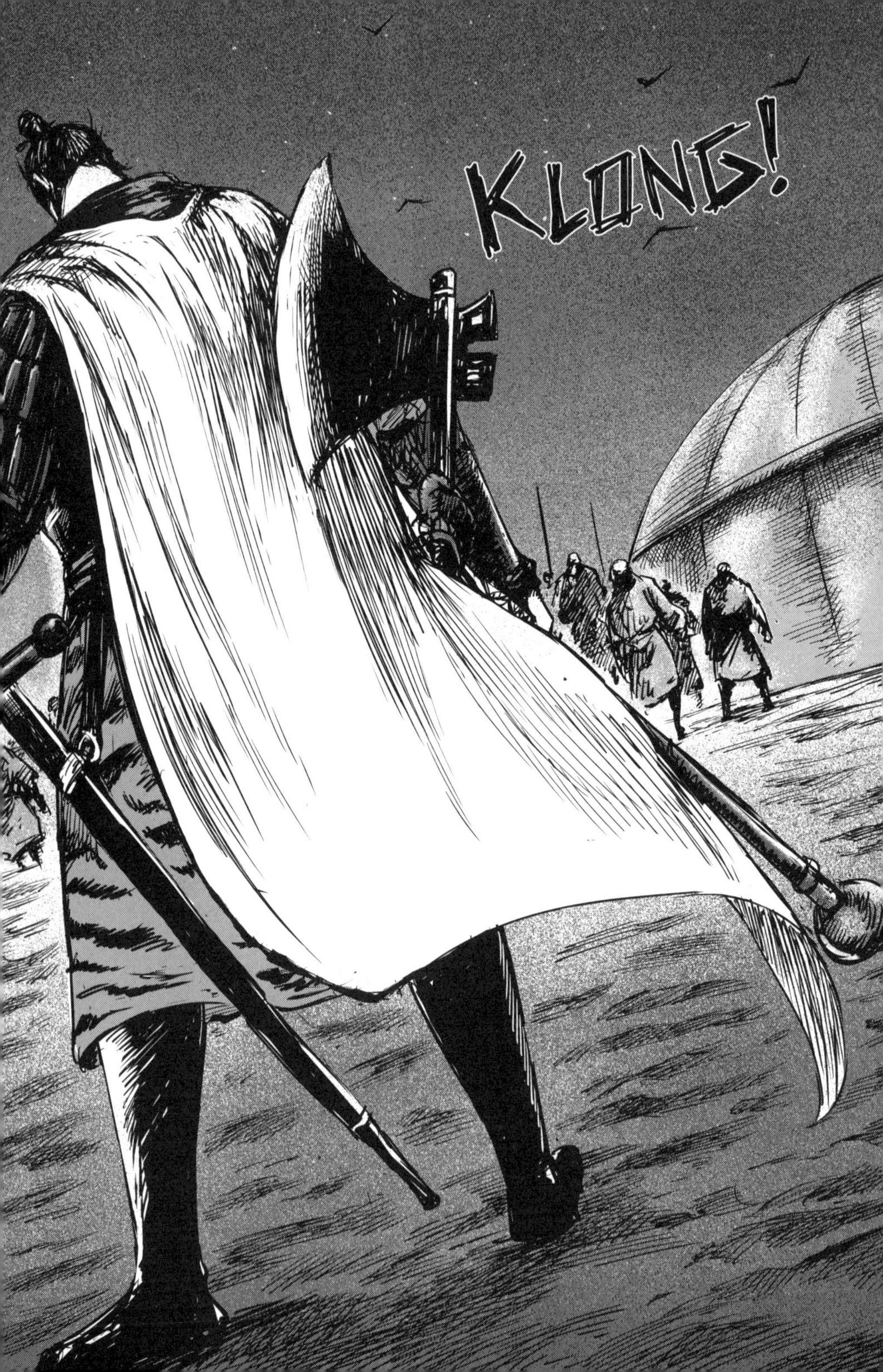
KLONG!

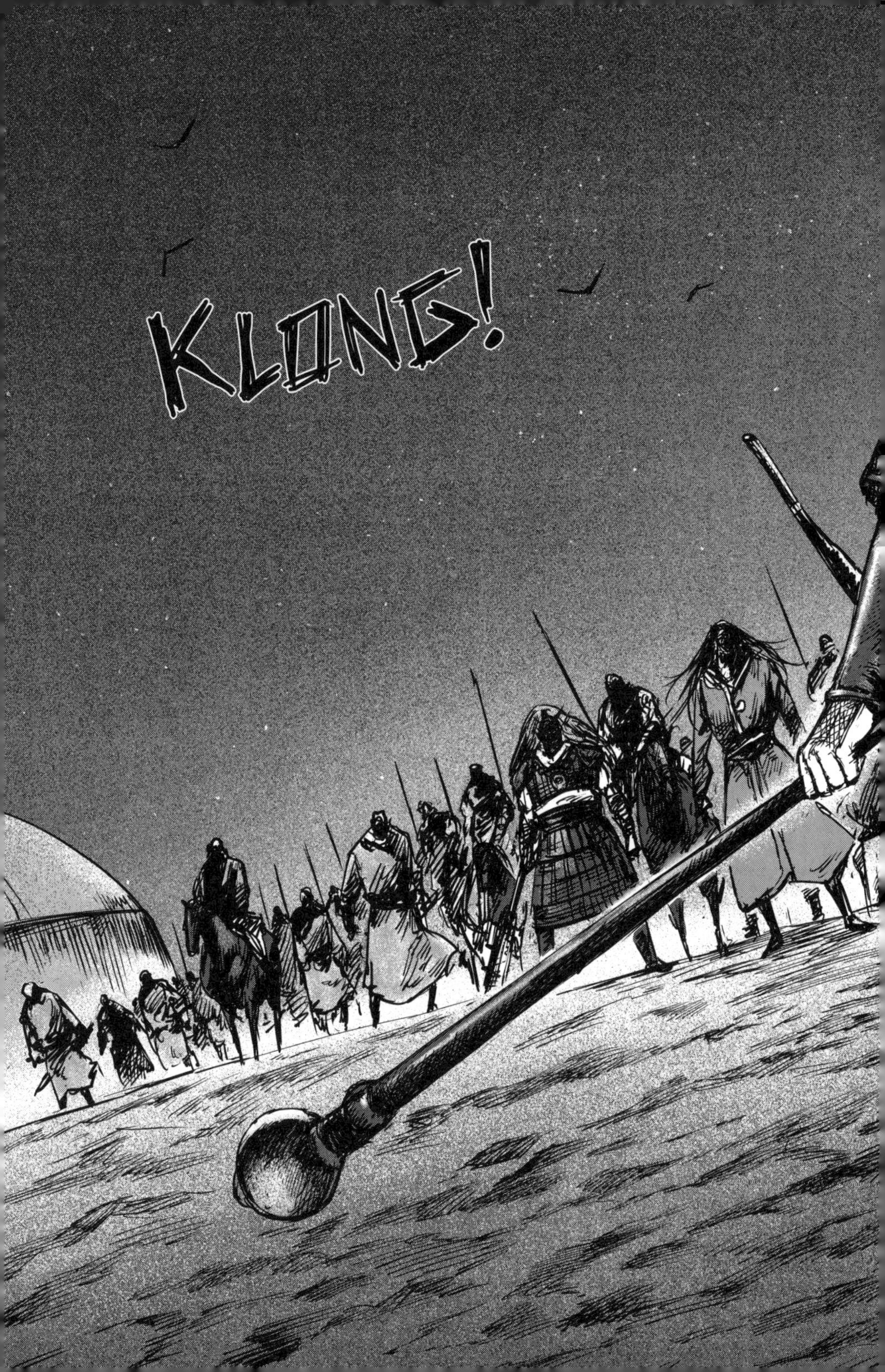
KLONG!

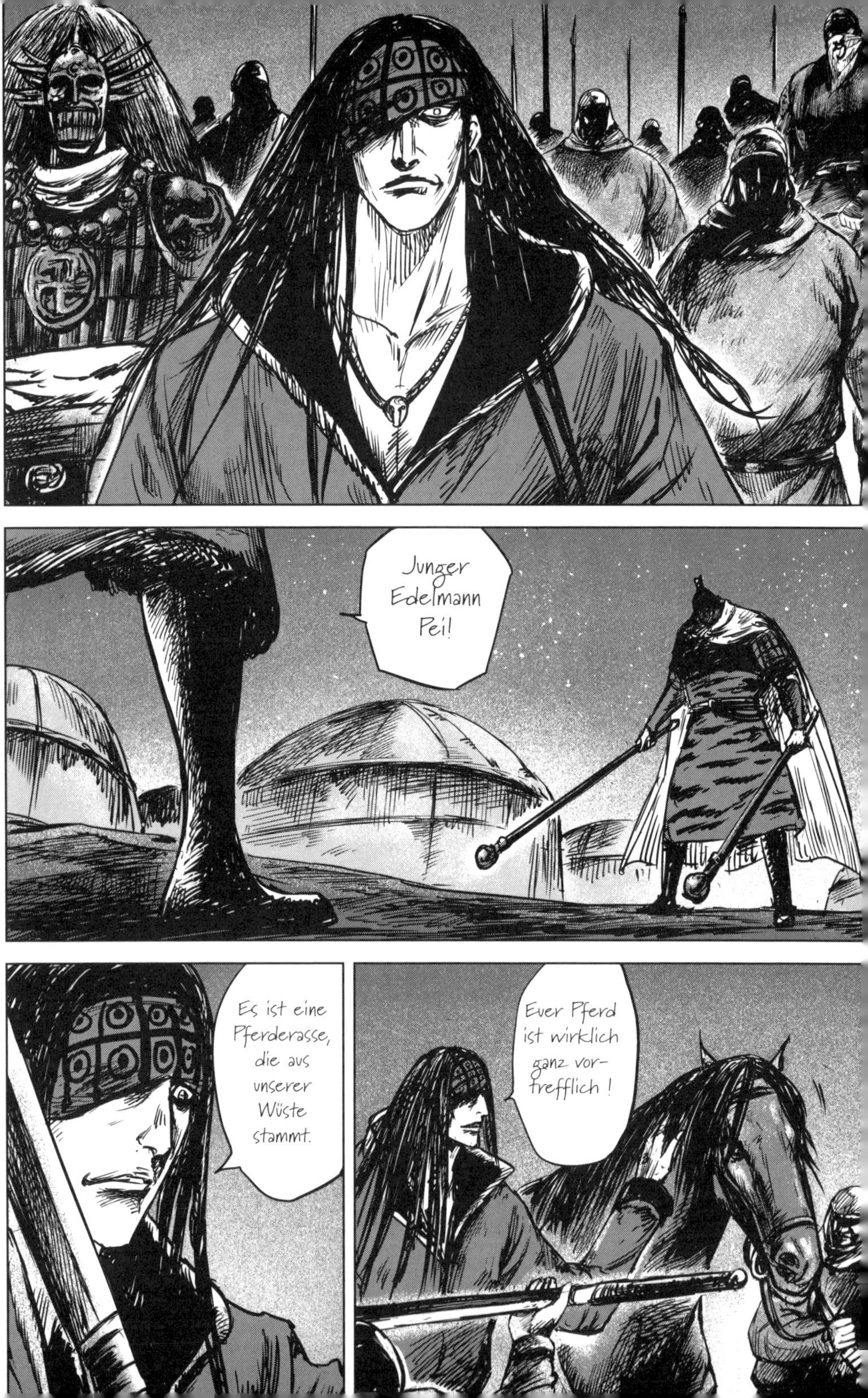

Junger Edelmann Pei!
Euer Pferd ist wirklich ganz vortrefflich!
Es ist eine Pferderasse, die aus unserer Wüste stammt.

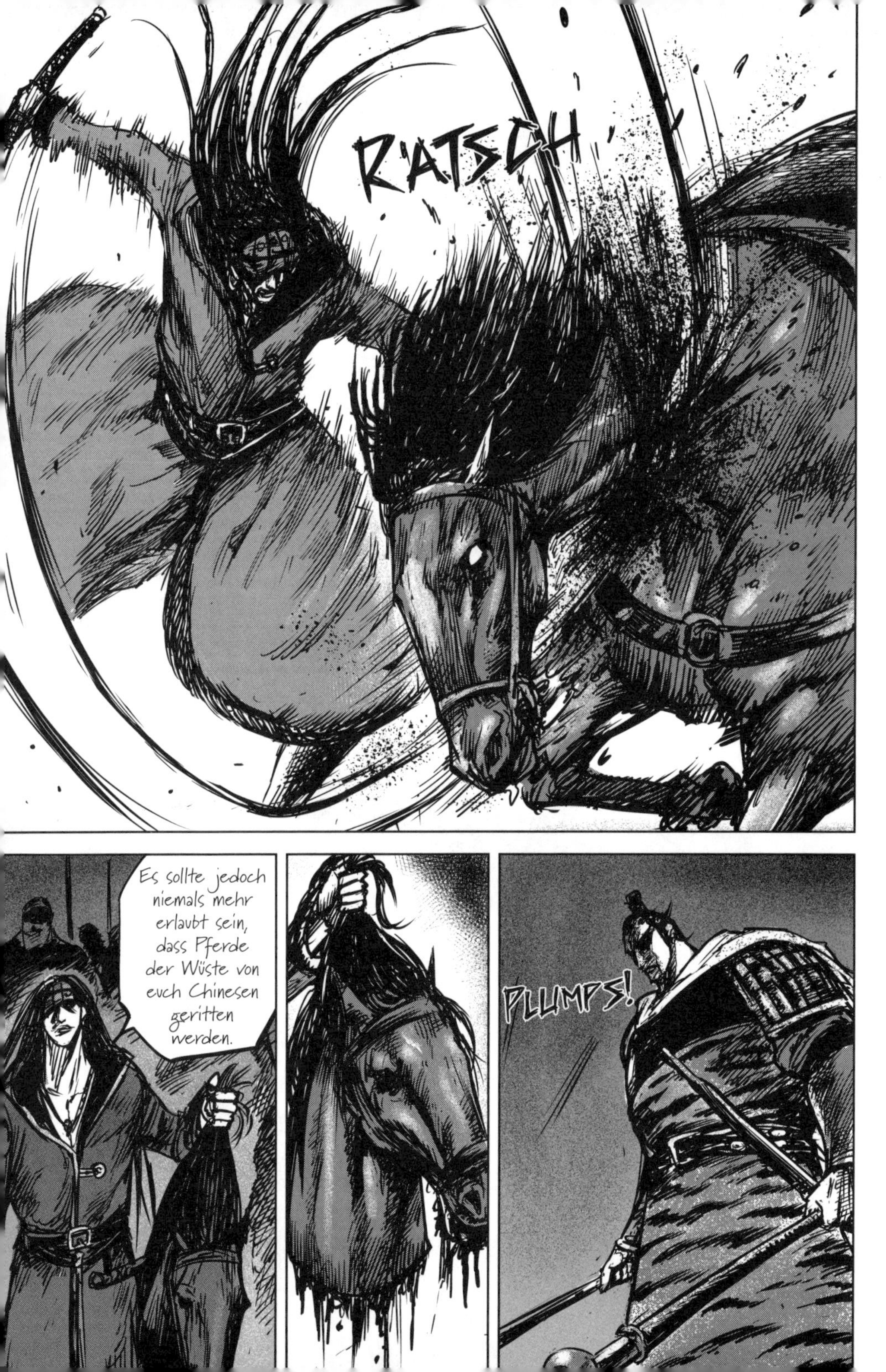
RATSCH
Es sollte jedoch niemals mehr erlaubt sein, dass Pferde der Wüste von euch Chinesen geritten werden.
PLUMPS!

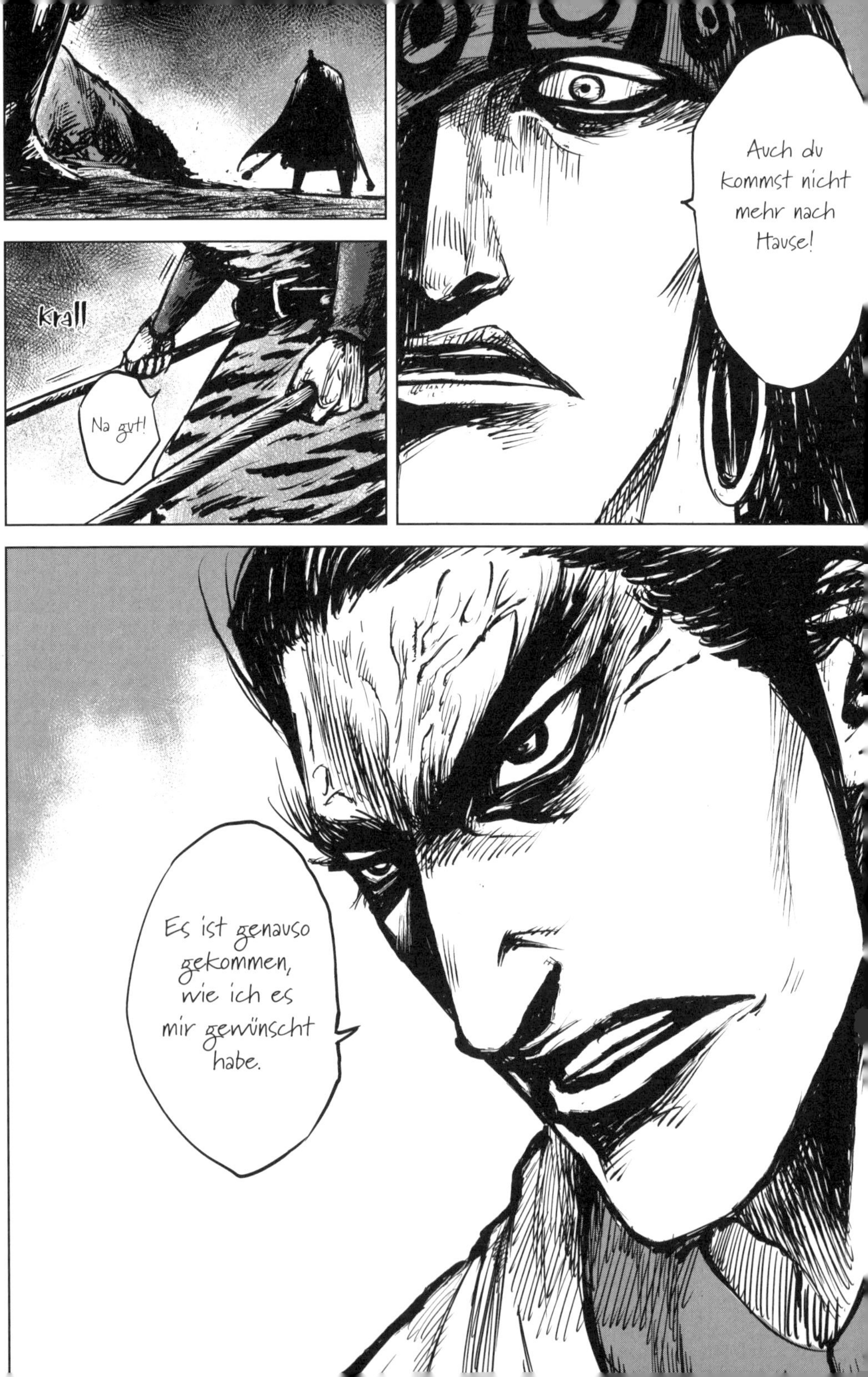
Auch du kommst nicht mehr nach Hause!
Krall
Na gut!
Es ist genauso gekommen, wie ich es mir gewünscht habe.

Bonuskapitel

Die Jugendjahre des Pei Xingyan

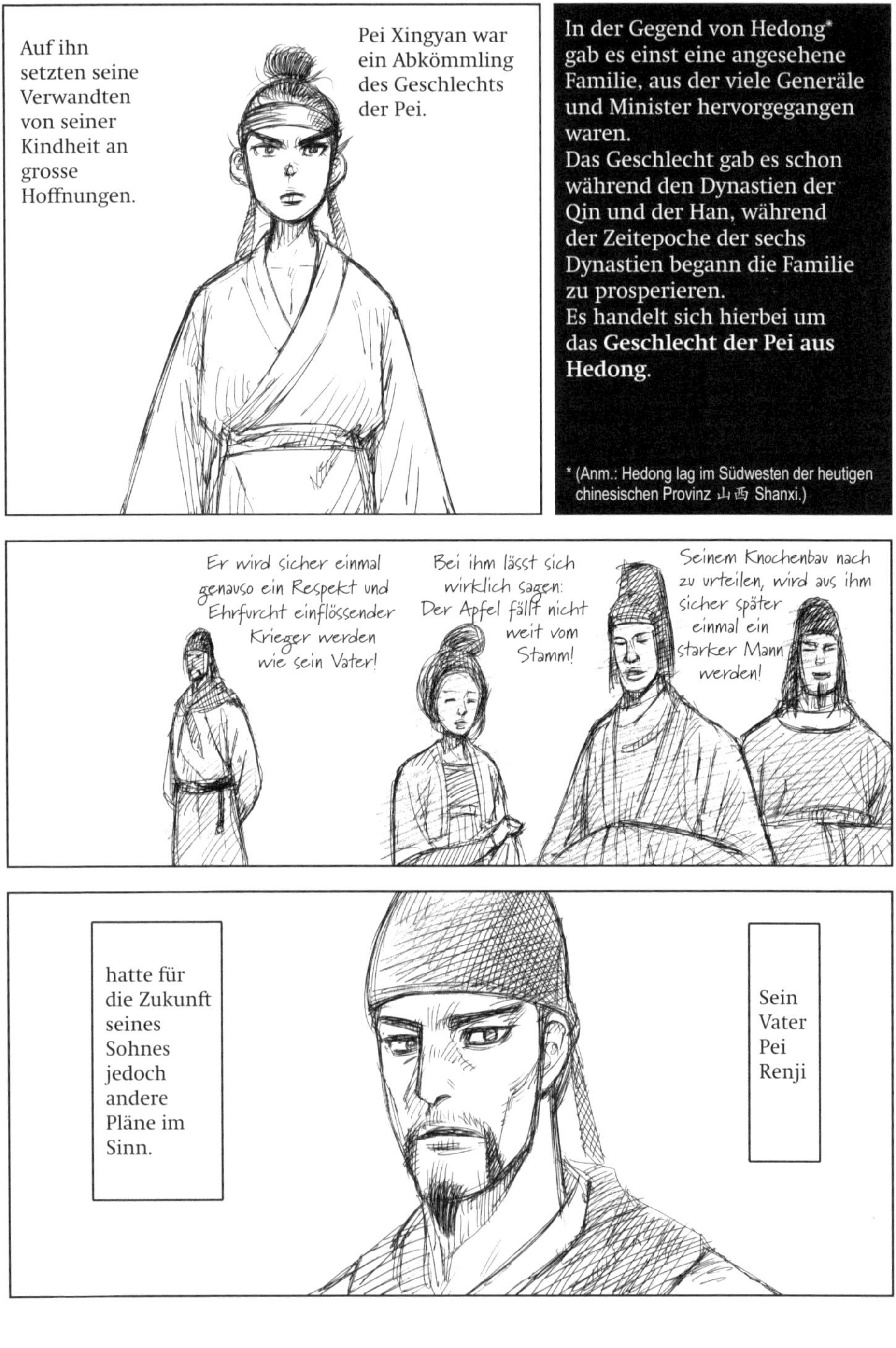
In der Gegend von Hedong* gab es einst eine angesehene Familie, aus der viele Generäle und Minister hervorgegangen waren.
Das Geschlecht gab es schon während den Dynastien der Qin und der Han, während der Zeitepoche der sechs Dynastien begann die Familie zu prosperieren.
Es handelt sich hierbei um das **Geschlecht der Pei aus Hedong**.
* (Anm.: Hedong lag im Südwesten der heutigen chinesischen Provinz 山西 Shanxi.)
Pei Xingyan war ein Abkömmling des Geschlechts der Pei.
Auf ihn setzten seine Verwandten von seiner Kindheit an grosse Hoffnungen.
Seinem Knochenbau nach zu urteilen, wird aus ihm sicher später einmal ein starker Mann werden!
Bei ihm lässt sich wirklich sagen: Der Apfel fällt nicht weit vom Stamm!
Er wird sicher einmal genauso ein Respekt und Ehrfurcht einflössender Krieger werden wie sein Vater!
Sein Vater Pei Renji
hatte für die Zukunft seines Sohnes jedoch andere Pläne im Sinn.

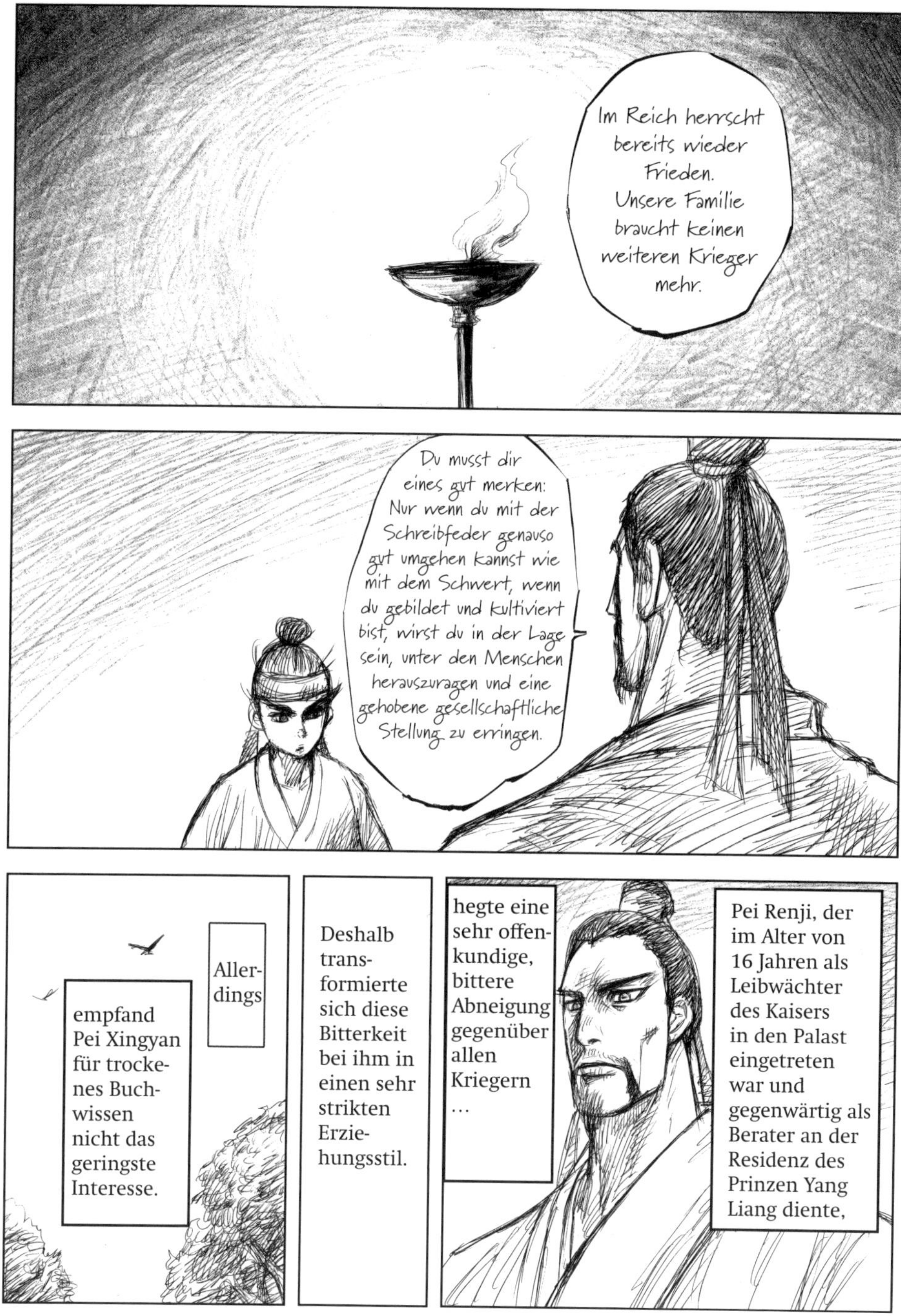
Im Reich herrscht bereits wieder Frieden. Unsere Familie braucht keinen weiteren Krieger mehr.
Du musst dir eines gut merken: Nur wenn du mit der Schreibfeder genauso gut umgehen kannst wie mit dem Schwert, wenn du gebildet und kultiviert bist, wirst du in der Lage sein, unter den Menschen herauszuragen und eine gehobene gesellschaftliche Stellung zu erringen.
Pei Renji, der im Alter von 16 Jahren als Leibwächter des Kaisers in den Palast eingetreten war und gegenwärtig als Berater an der Residenz des Prinzen Yang Liang diente,
hegte eine sehr offenkundige, bittere Abneigung gegenüber allen Kriegern …
Deshalb transformierte sich diese Bitterkeit bei ihm in einen sehr strikten Erziehungsstil.
Allerdings
empfand Pei Xingyan für trockenes Buchwissen nicht das geringste Interesse.

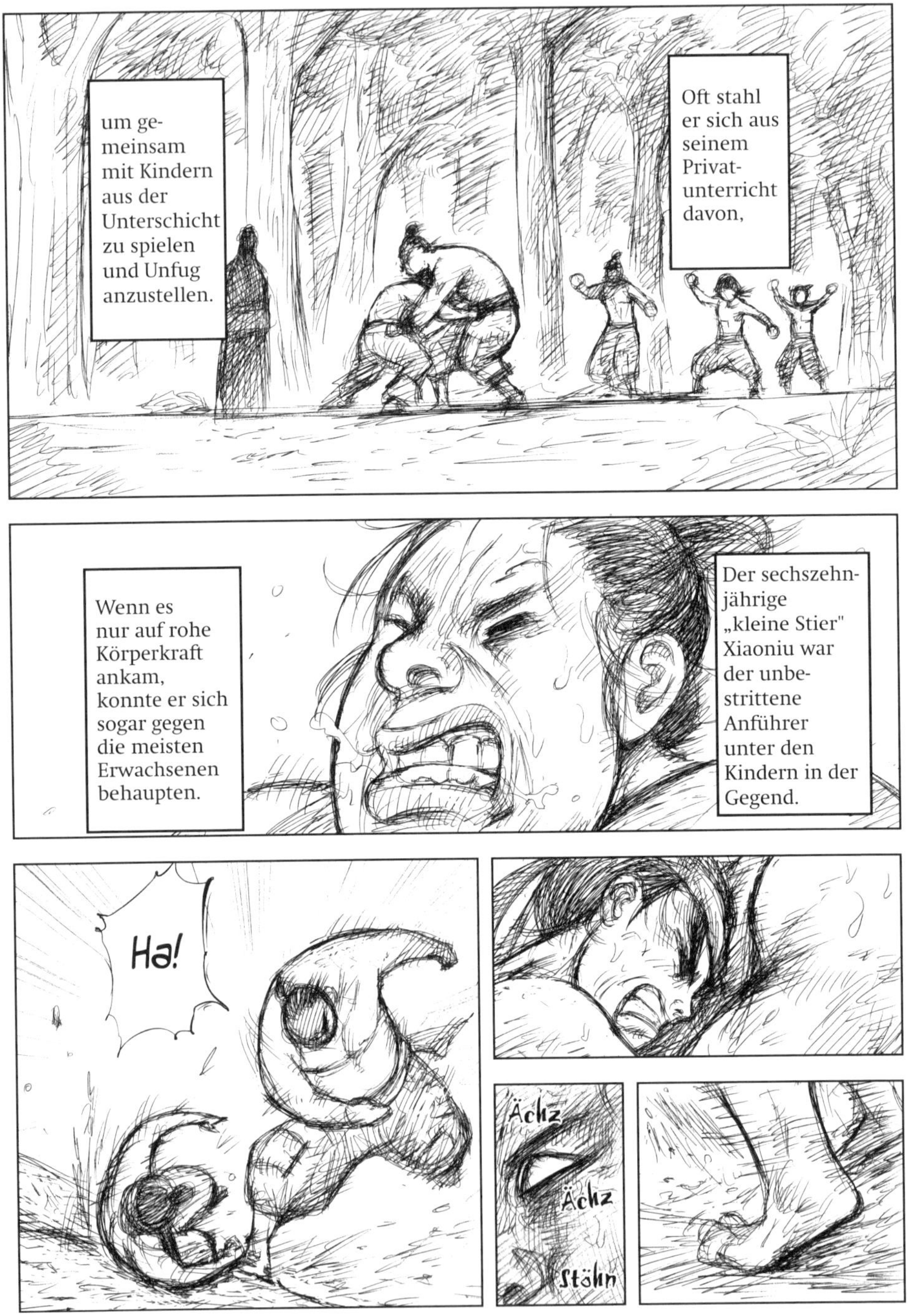
Oft stahl er sich aus seinem Privatunterricht davon,
um gemeinsam mit Kindern aus der Unterschicht zu spielen und Unfug anzustellen.
Der sechszehnjährige „kleine Stier" Xiaoniu war der unbestrittene Anführer unter den Kindern in der Gegend.
Wenn es nur auf rohe Körperkraft ankam, konnte er sich sogar gegen die meisten Erwachsenen behaupten.
Ha!
Ächz
Ächz
Stöhn

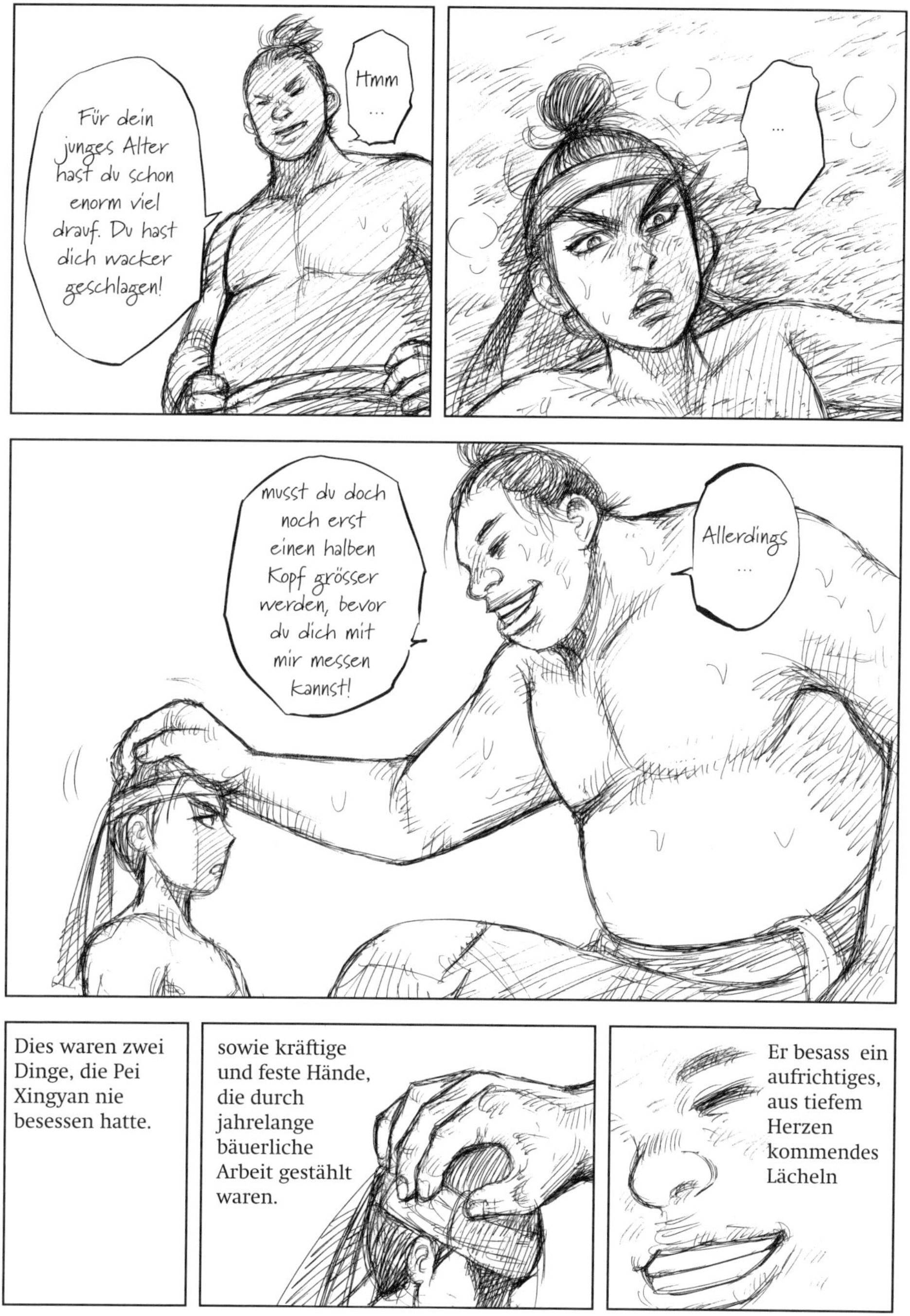
Für dein junges Alter hast du schon enorm viel drauf. Du hast dich wacker geschlagen!
Hmm …
…
Allerdings …
musst du doch noch erst einen halben Kopf grösser werden, bevor du dich mit mir messen kannst!
Dies waren zwei Dinge, die Pei Xingyan nie besessen hatte.
sowie kräftige und feste Hände, die durch jahrelange bäuerliche Arbeit gestählt waren.
Er besass ein aufrichtiges, aus tiefem Herzen kommendes Lächeln

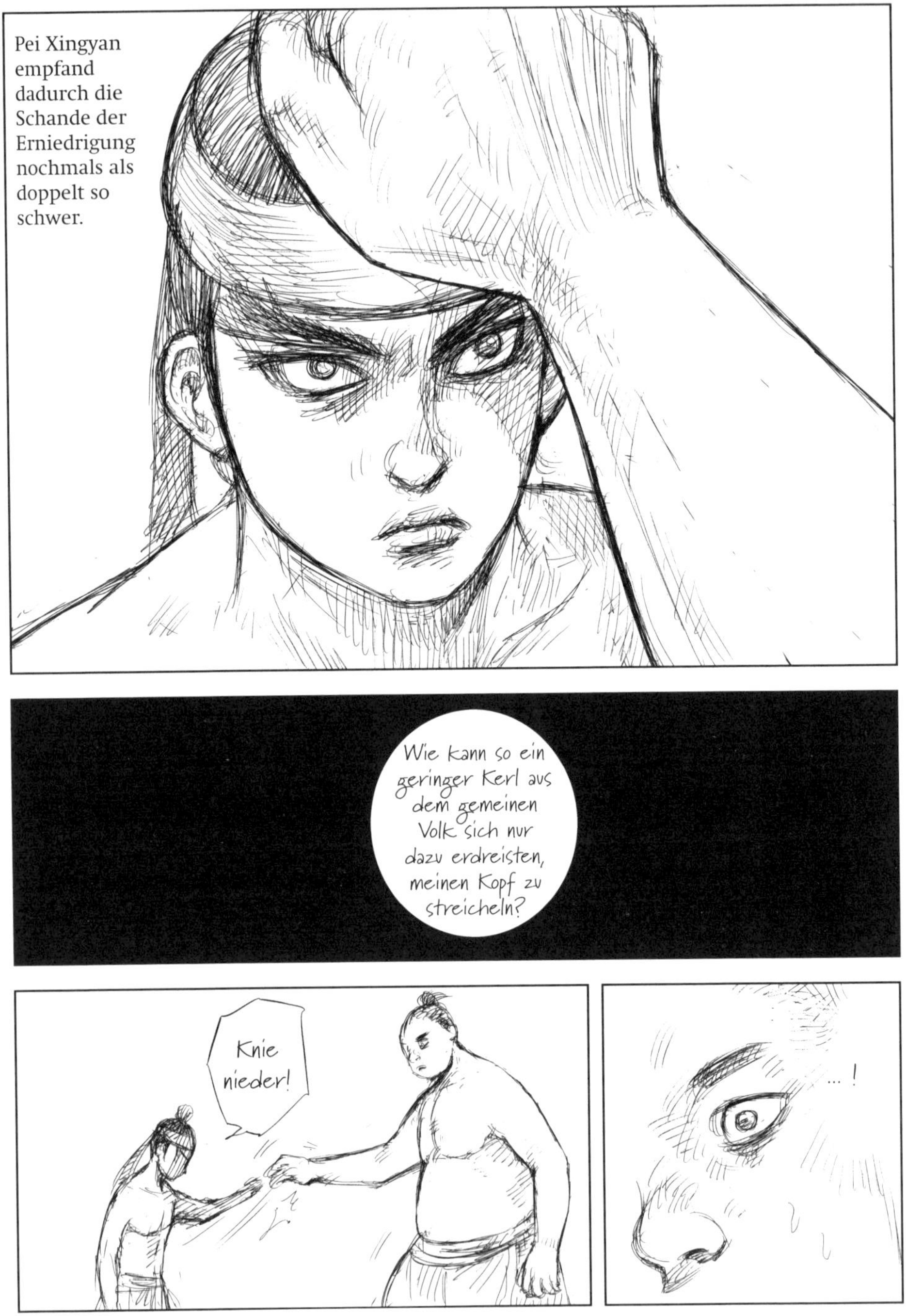
Pei Xingyan empfand dadurch die Schande der Erniedrigung nochmals als doppelt so schwer.
Wie kann so ein geringer Kerl aus dem gemeinen Volk sich nur dazu erdreisten, meinen Kopf zu streicheln?
Knie nieder!
... !

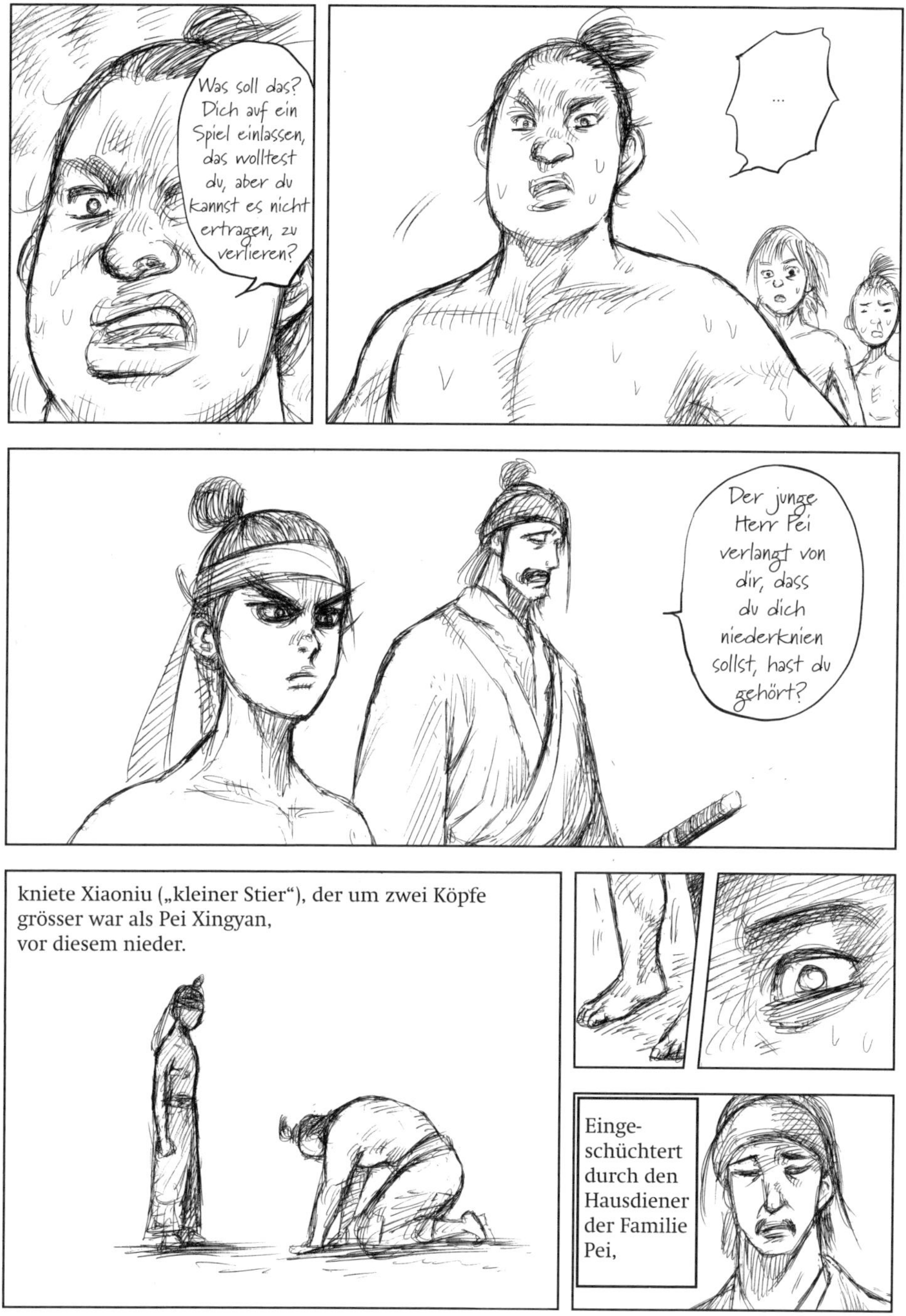
Was soll das? Dich auf ein Spiel einlassen, das wolltest du, aber du kannst es nicht ertragen, zu verlieren?
...
Der junge Herr Pei verlangt von dir, dass du dich niederknien sollst, hast du gehört?
Einge-schüchtert durch den Hausdiener der Familie Pei,
kniete Xiaoniu („kleiner Stier“), der um zwei Köpfe grösser war als Pei Xingyan, vor diesem nieder.

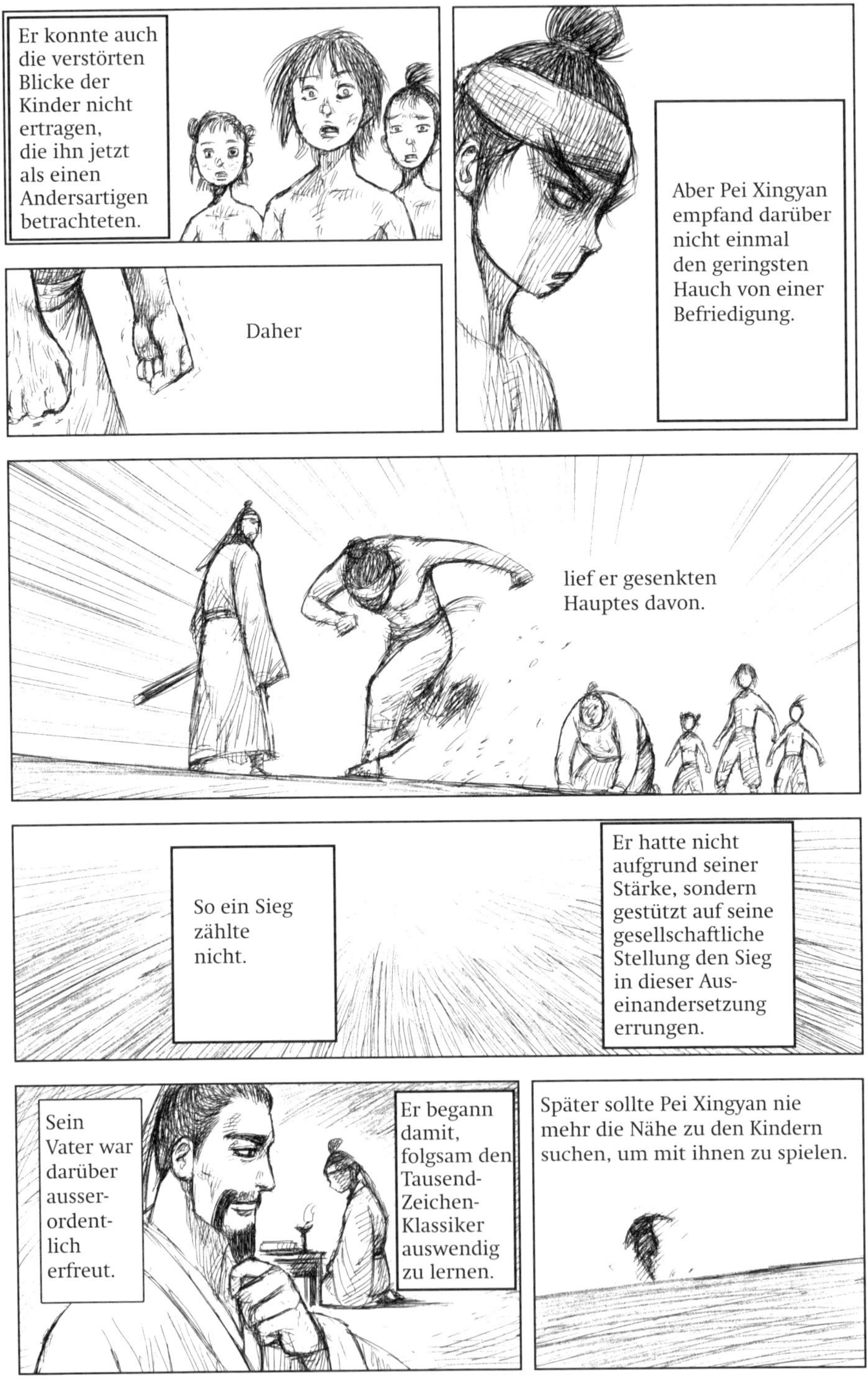
Er konnte auch die verstörten Blicke der Kinder nicht ertragen, die ihn jetzt als einen Andersartigen betrachteten.
Daher
Aber Pei Xingyan empfand darüber nicht einmal den geringsten Hauch von einer Befriedigung.
lief er gesenkten Hauptes davon.
So ein Sieg zählte nicht.
Er hatte nicht aufgrund seiner Stärke, sondern gestützt auf seine gesellschaftliche Stellung den Sieg in dieser Auseinandersetzung errungen.
Sein Vater war darüber ausserordentlich erfreut.
Er begann damit, folgsam den Tausend-Zeichen-Klassiker auswendig zu lernen.
Später sollte Pei Xingyan nie mehr die Nähe zu den Kindern suchen, um mit ihnen zu spielen.

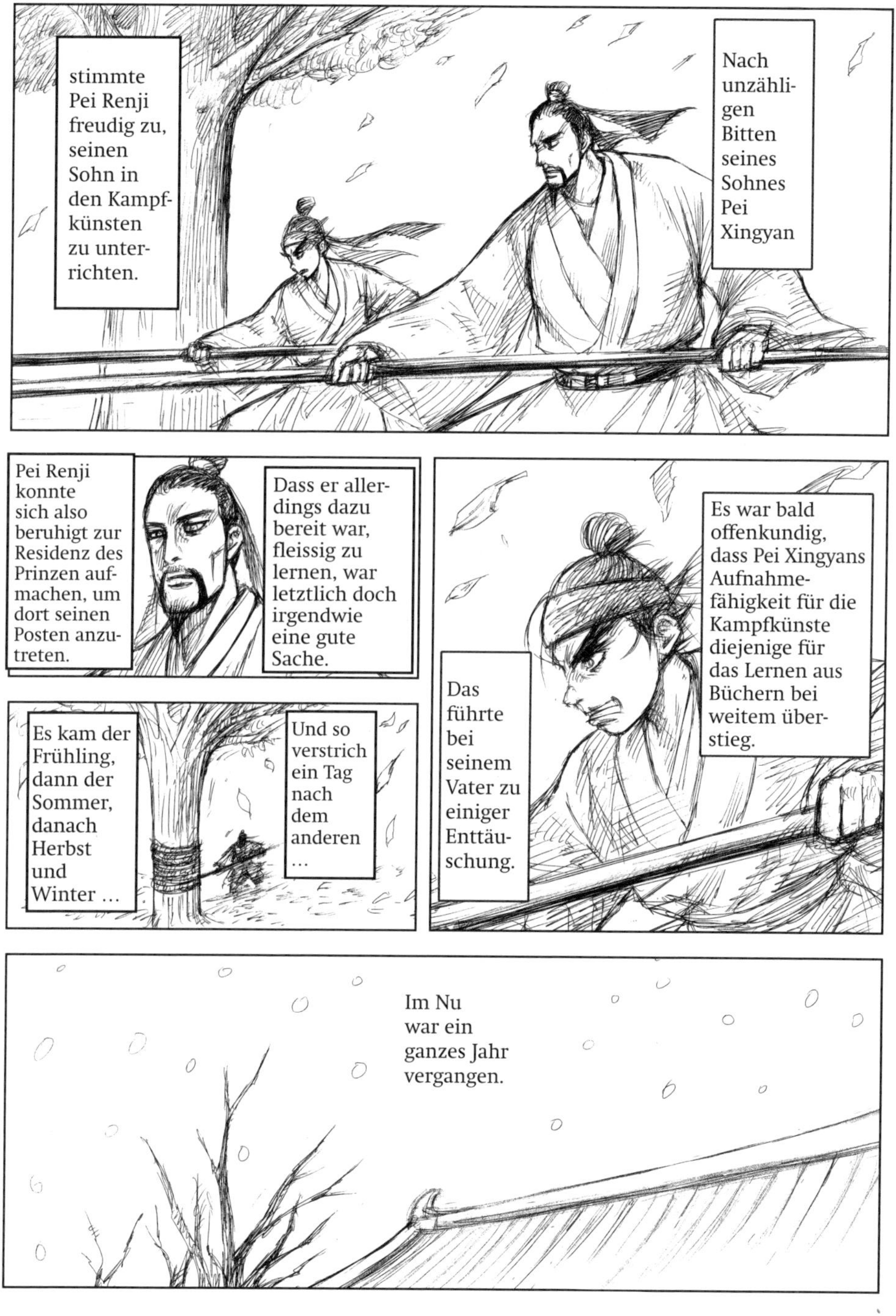
Nach unzähligen Bitten seines Sohnes Pei Xingyan
stimmte Pei Renji freudig zu, seinen Sohn in den Kampfkünsten zu unterrichten.
Pei Renji konnte sich also beruhigt zur Residenz des Prinzen aufmachen, um dort seinen Posten anzutreten.
Dass er allerdings dazu bereit war, fleissig zu lernen, war letztlich doch irgendwie eine gute Sache.
Es war bald offenkundig, dass Pei Xingyans Aufnahmefähigkeit für die Kampfkünste diejenige für das Lernen aus Büchern bei weitem überstieg.
Das führte bei seinem Vater zu einiger Enttäuschung.
Und so verstrich ein Tag nach dem anderen …
Es kam der Frühling, dann der Sommer, danach Herbst und Winter …
Im Nu war ein ganzes Jahr vergangen.

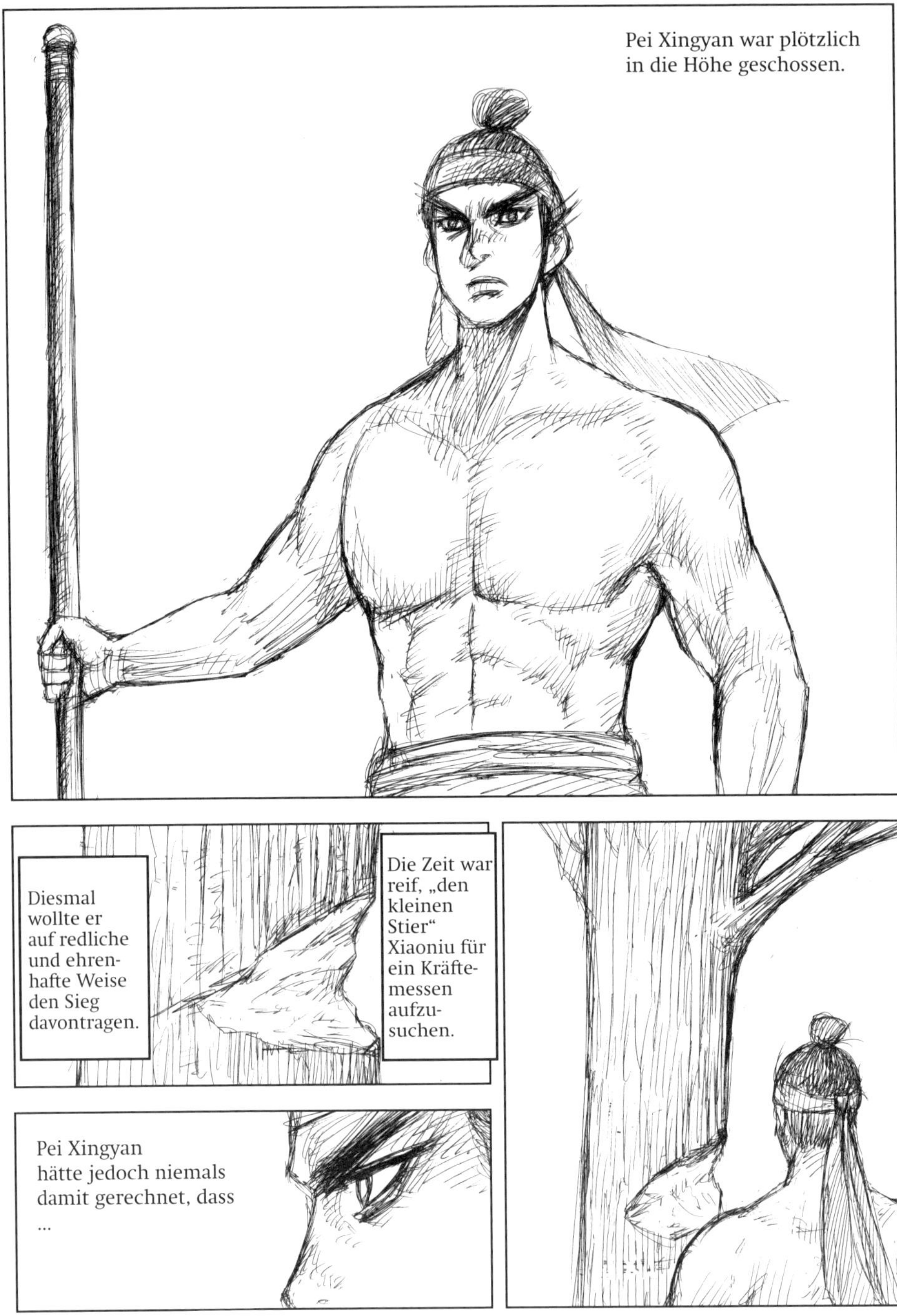
Pei Xingyan war plötzlich in die Höhe geschossen.
Diesmal wollte er auf redliche und ehrenhafte Weise den Sieg davontragen.
Die Zeit war reif, „den kleinen Stier" Xiaoniu für ein Kräftemessen aufzusuchen.
Pei Xingyan hätte jedoch niemals damit gerechnet, dass ...

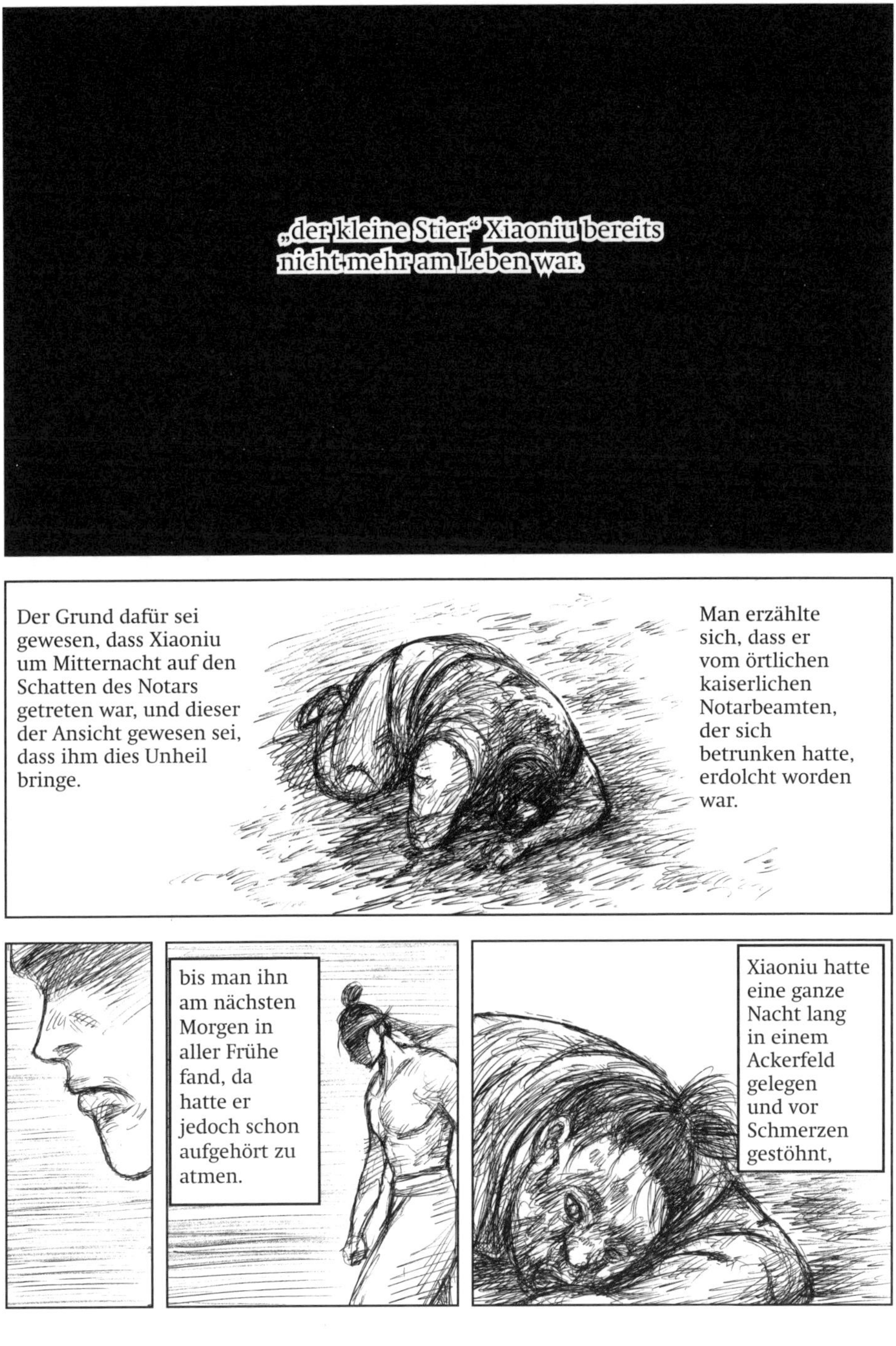
„der kleine Stier“ Xiaoniu bereits nicht mehr am Leben war.
Der Grund dafür sei gewesen, dass Xiaoniu um Mitternacht auf den Schatten des Notars getreten war, und dieser der Ansicht gewesen sei, dass ihm dies Unheil bringe.
Man erzählte sich, dass er vom örtlichen kaiserlichen Notarbeamten, der sich betrunken hatte, erdolcht worden war.
Xiaoniu hatte eine ganze Nacht lang in einem Ackerfeld gelegen und vor Schmerzen gestöhnt,
bis man ihn am nächsten Morgen in aller Frühe fand, da hatte er jedoch schon aufgehört zu atmen.

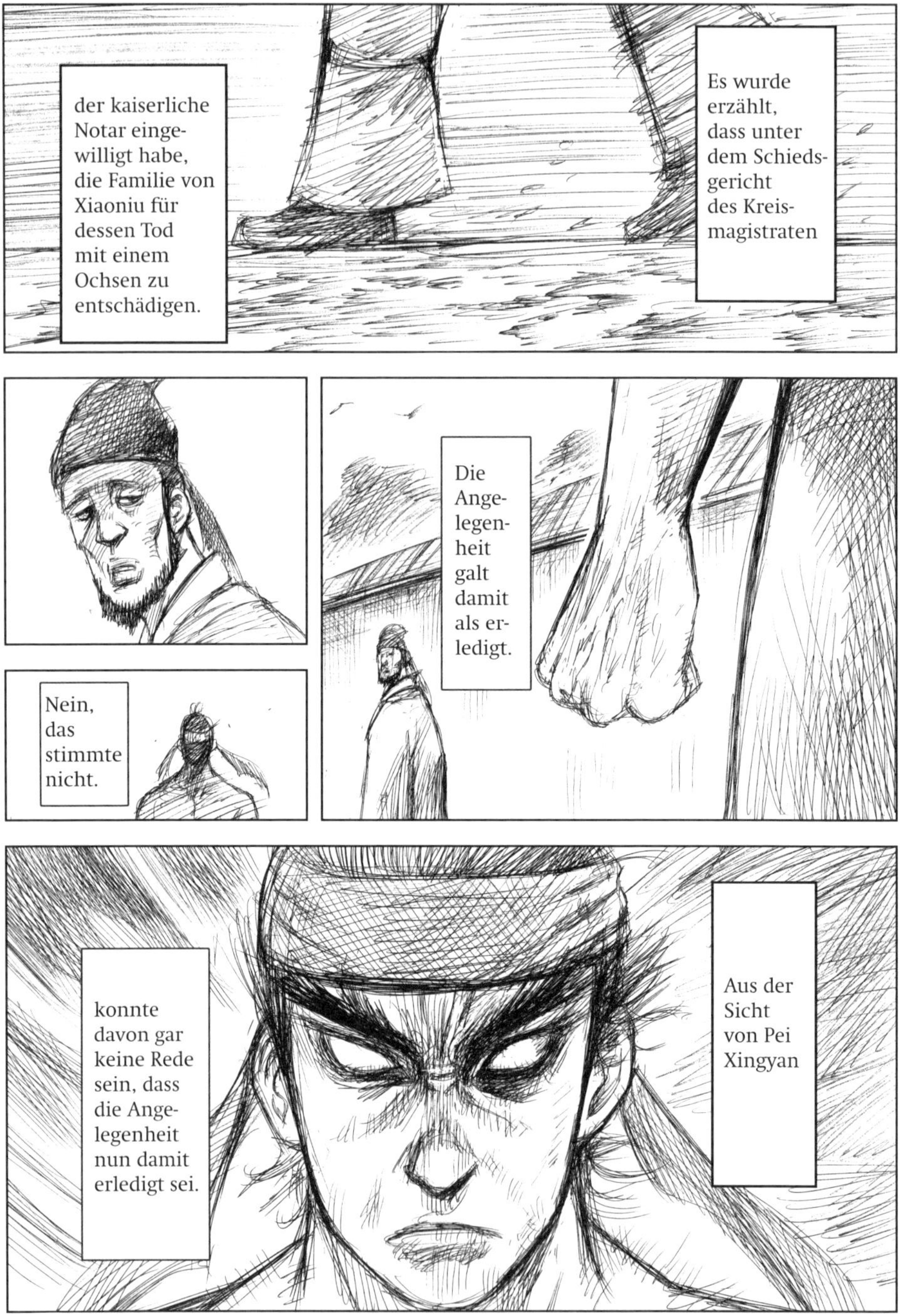
Es wurde erzählt, dass unter dem Schiedsgericht des Kreismagistraten
der kaiserliche Notar eingewilligt habe, die Familie von Xiaoniu für dessen Tod mit einem Ochsen zu entschädigen.
Die Angelegenheit galt damit als erledigt.
Nein, das stimmte nicht.
Aus der Sicht von Pei Xingyan
konnte davon gar keine Rede sein, dass die Angelegenheit nun damit erledigt sei.

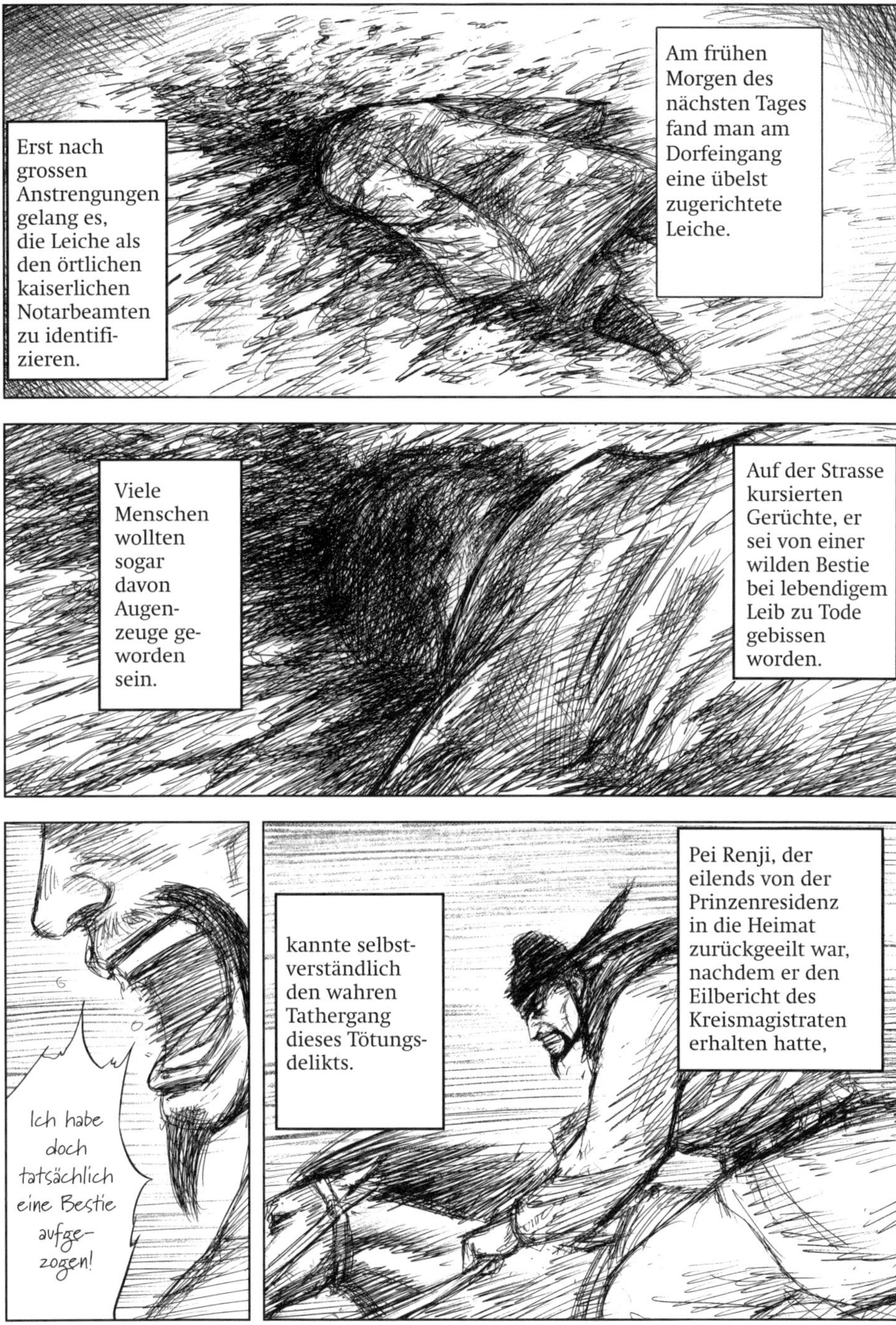
Am frühen Morgen des nächsten Tages fand man am Dorfeingang eine übelst zugerichtete Leiche.
Erst nach grossen Anstrengungen gelang es, die Leiche als den örtlichen kaiserlichen Notarbeamten zu identifizieren.
Auf der Strasse kursierten Gerüchte, er sei von einer wilden Bestie bei lebendigem Leib zu Tode gebissen worden.
Viele Menschen wollten sogar davon Augenzeuge geworden sein.
Pei Renji, der eilends von der Prinzenresidenz in die Heimat zurückgeeilt war, nachdem er den Eilbericht des Kreismagistraten erhalten hatte,
kannte selbstverständlich den wahren Tathergang dieses Tötungsdelikts.
Ich habe doch tatsächlich eine Bestie aufgezogen!

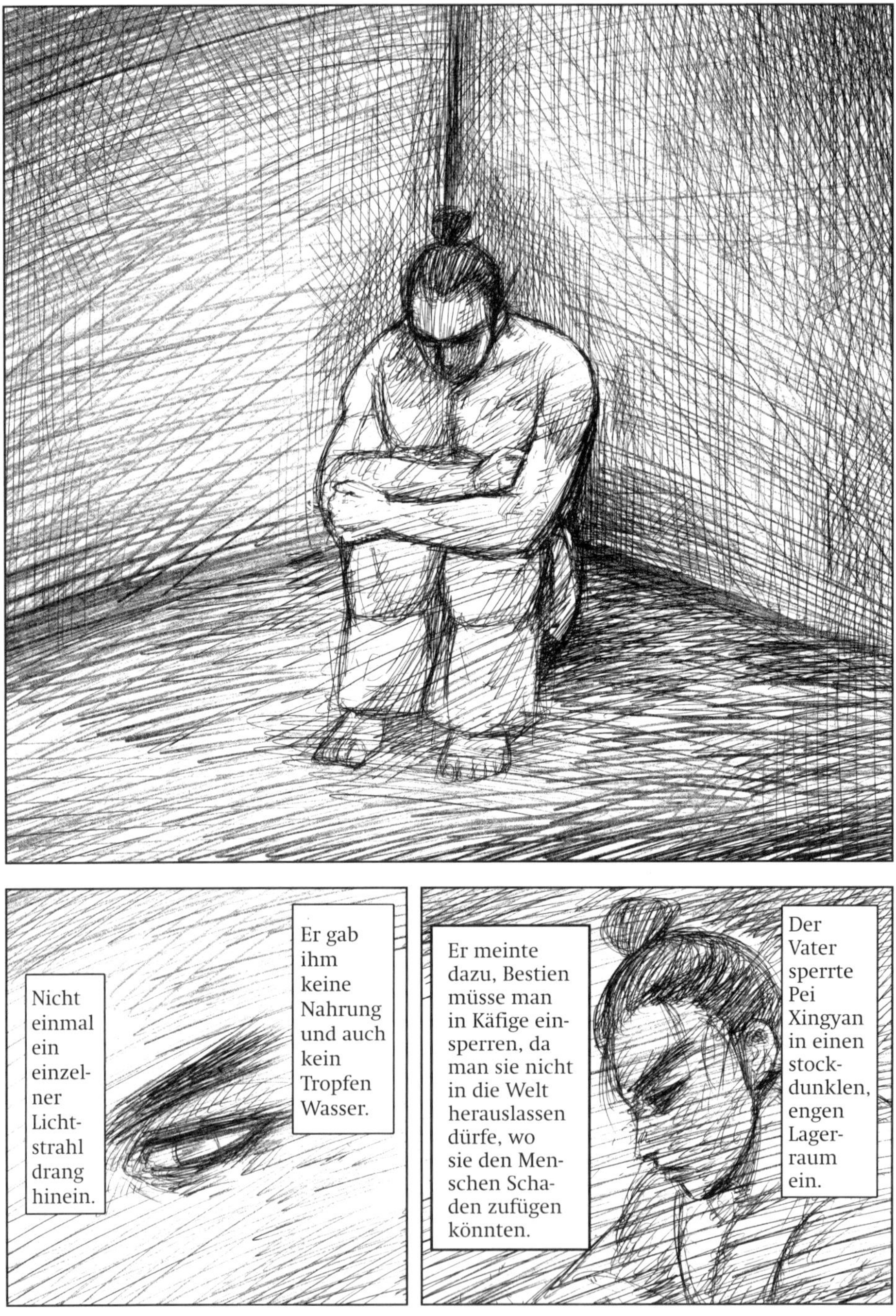
Der Vater sperrte Pei Xingyan in einen stockdunklen, engen Lagerraum ein.
Er meinte dazu, Bestien müsse man in Käfige einsperren, da man sie nicht in die Welt herauslassen dürfe, wo sie den Menschen Schaden zufügen könnten.
Er gab ihm keine Nahrung und auch kein Tropfen Wasser.
Nicht einmal ein einzelner Lichtstrahl drang hinein.

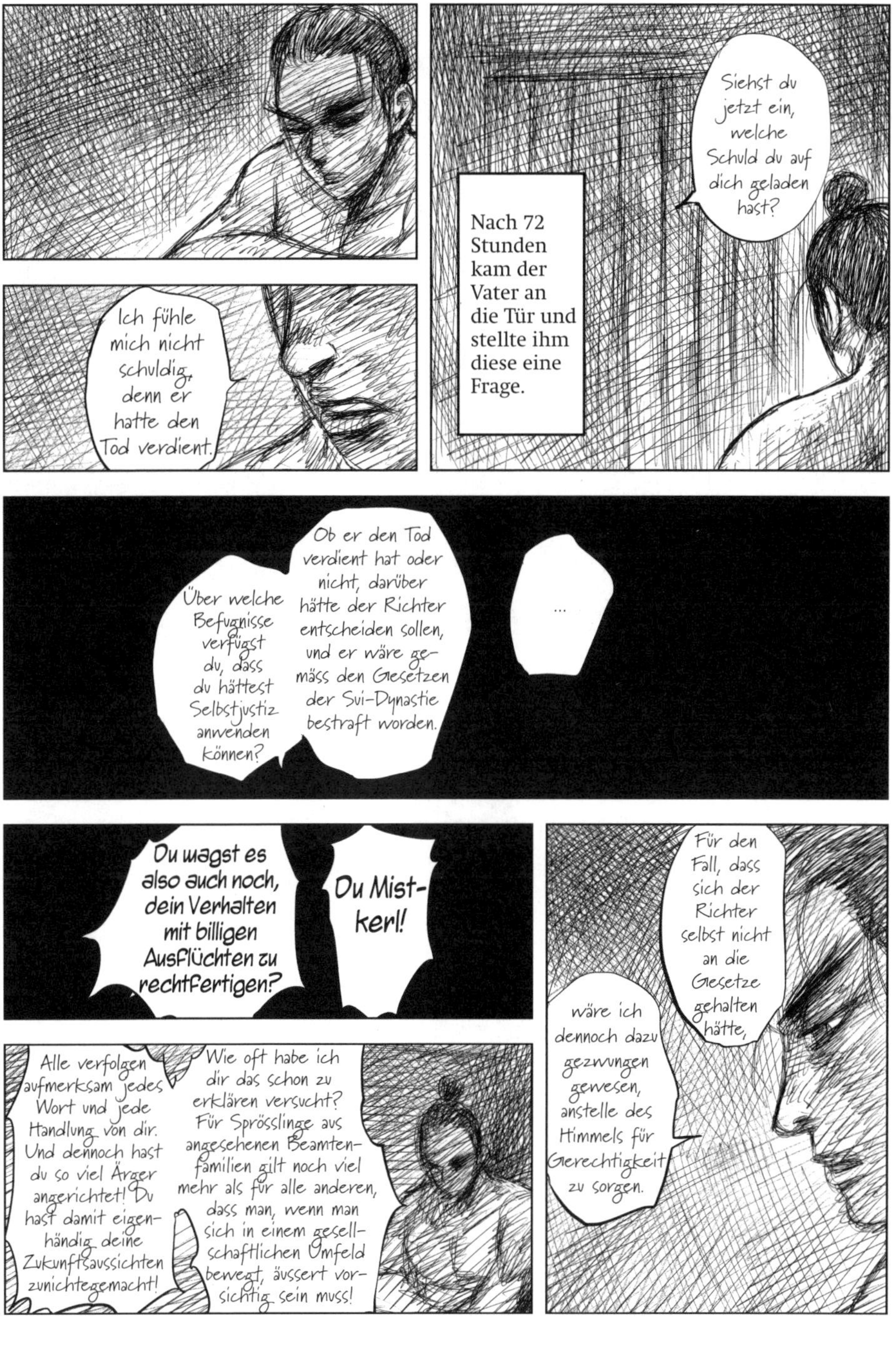
Nach 72 Stunden kam der Vater an die Tür und stellte ihm diese eine Frage.
Siehst du jetzt ein, welche Schuld du auf dich geladen hast?
Ich fühle mich nicht schuldig, denn er hatte den Tod verdient.
Über welche Befugnisse verfügst du, dass du hättest Selbstjustiz anwenden können?
Ob er den Tod verdient hat oder nicht, darüber hätte der Richter entscheiden sollen, und er wäre gemäss den Gesetzen der Sui-Dynastie bestraft worden.
...
Du wagst es also auch noch, dein Verhalten mit billigen Ausflüchten zu rechtfertigen?
Du Mistkerl!
Für den Fall, dass sich der Richter selbst nicht an die Gesetze gehalten hätte,
wäre ich dennoch dazu gezwungen gewesen, anstelle des Himmels für Gerechtigkeit zu sorgen.
Alle verfolgen aufmerksam jedes Wort und jede Handlung von dir. Und dennoch hast du so viel Ärger angerichtet! Du hast damit eigenhändig deine Zukunftsaussichten zunichtegemacht!
Wie oft habe ich dir das schon zu erklären versucht? Für Sprösslinge aus angesehenen Beamtenfamilien gilt noch viel mehr als für alle anderen, dass man, wenn man sich in einem gesellschaftlichen Umfeld bewegt, äussert vorsichtig sein muss!

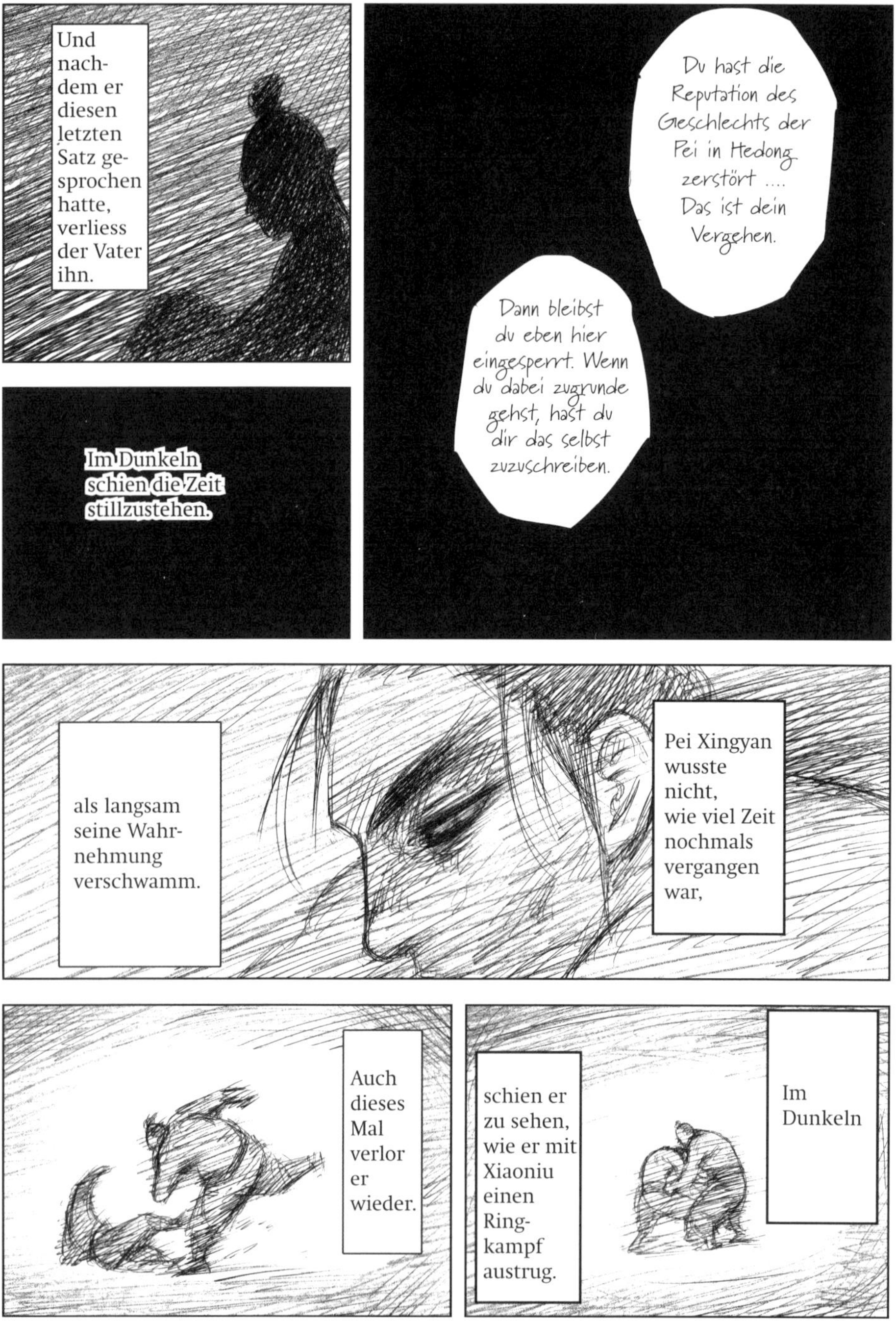
Und nachdem er diesen letzten Satz gesprochen hatte, verliess der Vater ihn.
Du hast die Reputation des Geschlechts der Pei in Hedong zerstört .... Das ist dein Vergehen.
Dann bleibst du eben hier eingesperrt. Wenn du dabei zugrunde gehst, hast du dir das selbst zuzuschreiben.
Im Dunkeln schien die Zeit stillzustehen.
Pei Xingyan wusste nicht, wie viel Zeit nochmals vergangen war,
als langsam seine Wahrnehmung verschwamm.
Im Dunkeln
schien er zu sehen, wie er mit Xiaoniu einen Ringkampf austrug.
Auch dieses Mal verlor er wieder.

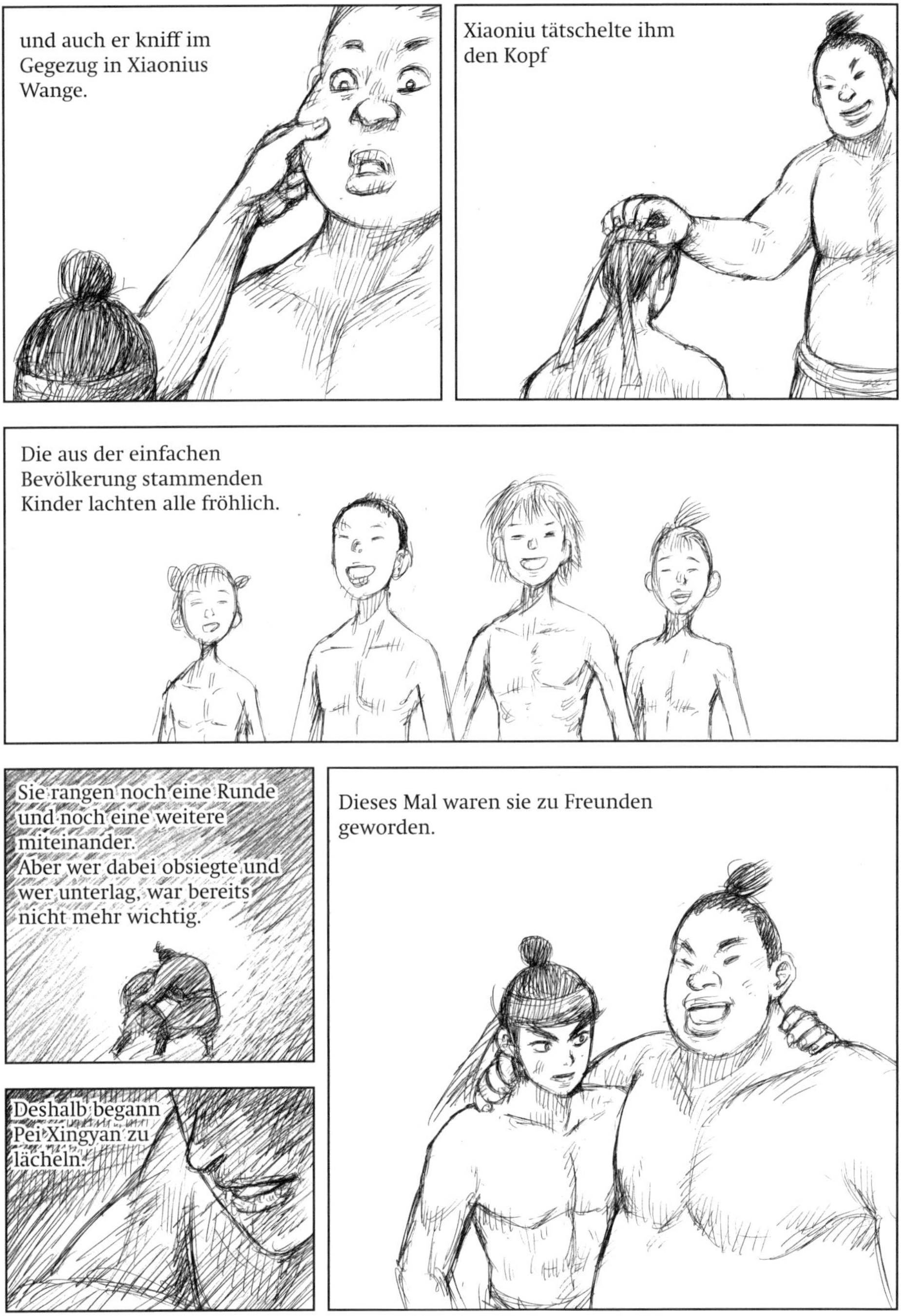
und auch er kniff im Gegezug in Xiaonius Wange.
Xiaoniu tätschelte ihm den Kopf
Die aus der einfachen Bevölkerung stammenden Kinder lachten alle fröhlich.
Sie rangen noch eine Runde und noch eine weitere miteinander.
Aber wer dabei obsiegte und wer unterlag, war bereits nicht mehr wichtig.
Deshalb begann Pei Xingyan zu lächeln.
Dieses Mal waren sie zu Freunden geworden.

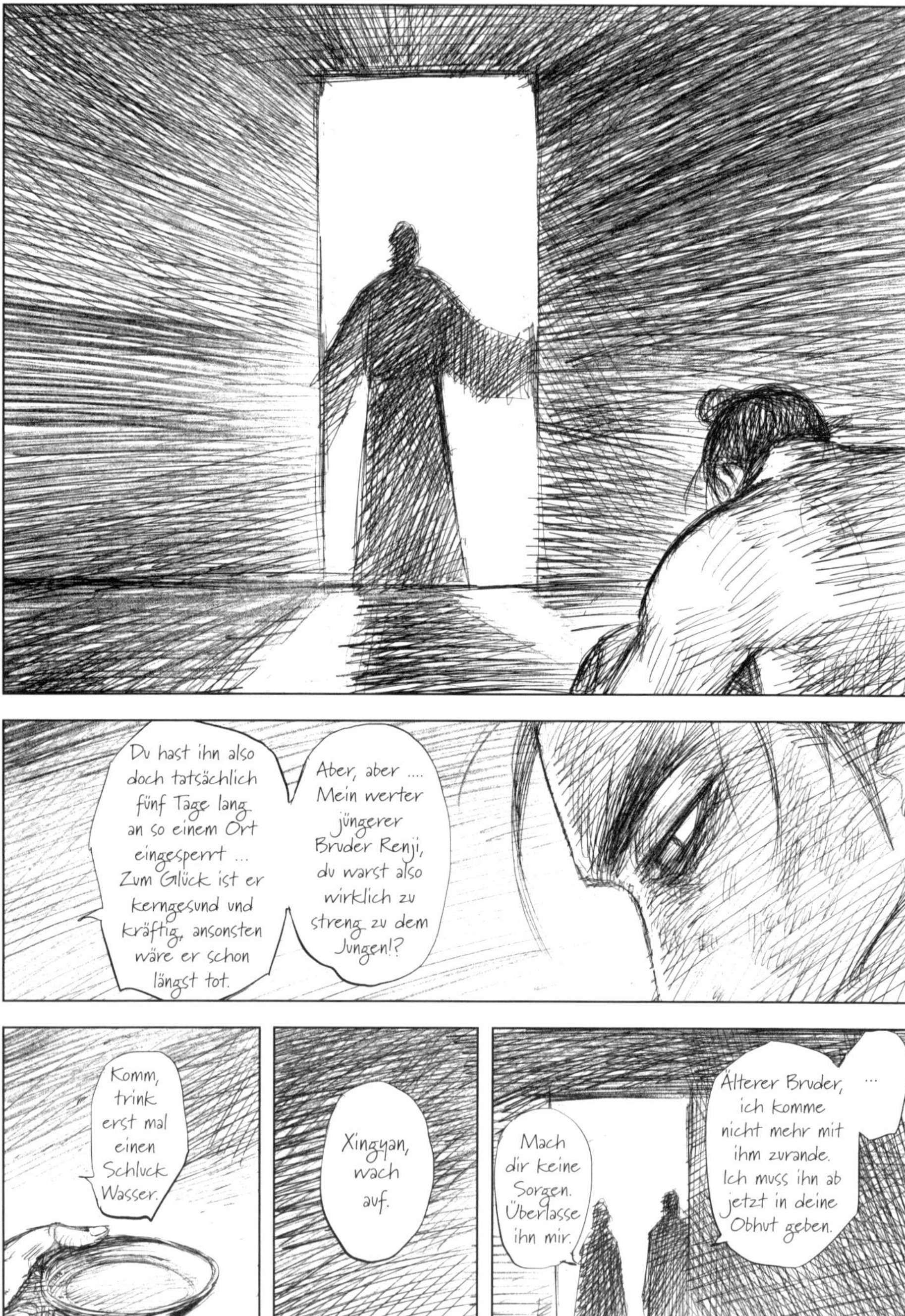
Du hast ihn also doch tatsächlich fünf Tage lang an so einem Ort eingesperrt ... Zum Glück ist er kerngesund und kräftig, ansonsten wäre er schon längst tot.
Aber, aber .... Mein werter jüngerer Bruder Renji, du warst also wirklich zu streng zu dem Jungen!?
Komm, trink erst mal einen Schluck Wasser.
Xingyan, wach auf.
Älterer Bruder, ich komme nicht mehr mit ihm zurande. Ich muss ihn ab jetzt in deine Obhut geben.
Mach dir keine Sorgen. Überlasse ihn mir.
...

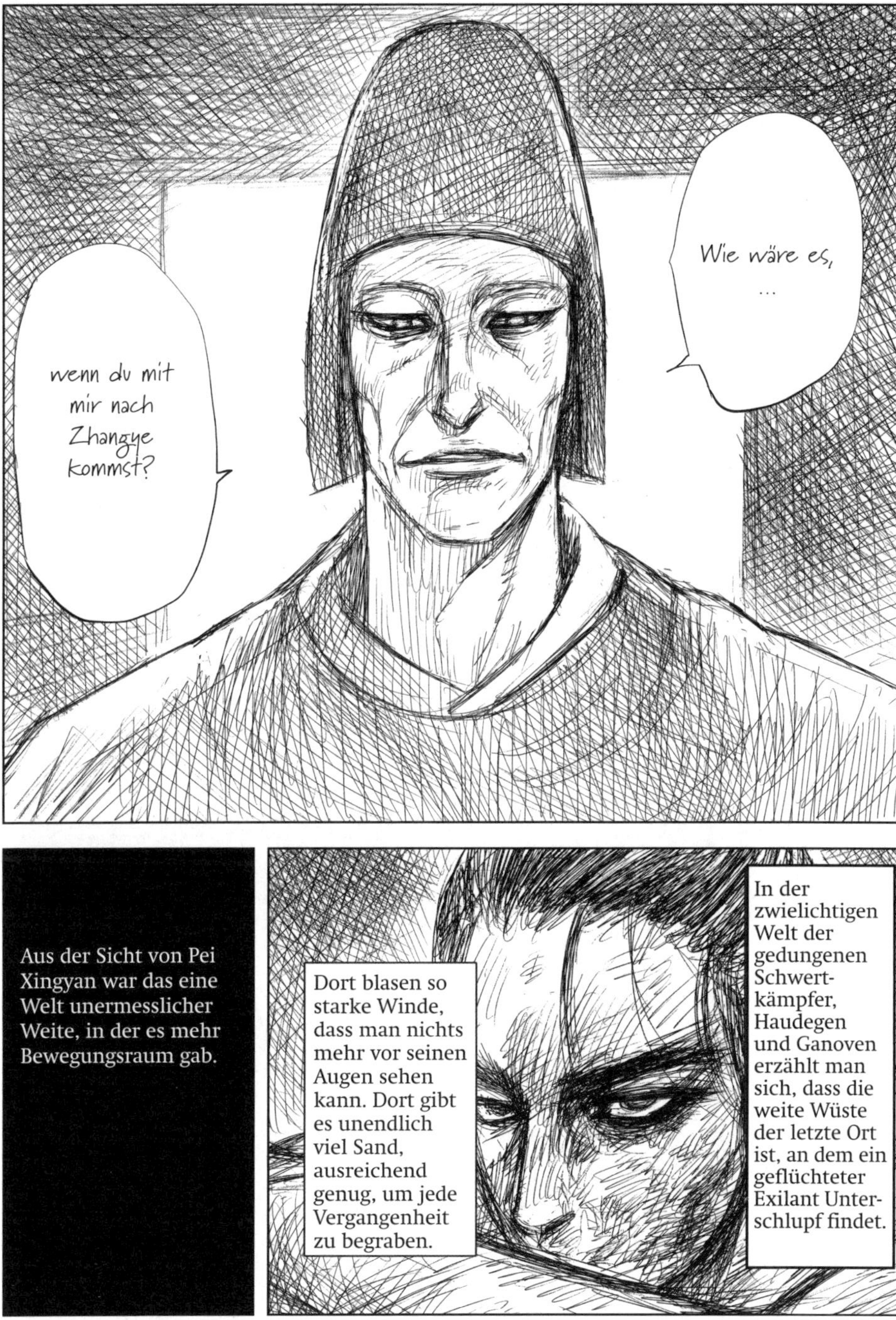
Wie wäre es, …
wenn du mit mir nach Zhangye kommst?
Aus der Sicht von Pei Xingyan war das eine Welt unermesslicher Weite, in der es mehr Bewegungsraum gab.
Dort blasen so starke Winde, dass man nichts mehr vor seinen Augen sehen kann. Dort gibt es unendlich viel Sand, ausreichend genug, um jede Vergangenheit zu begraben.
In der zwielichtigen Welt der gedungenen Schwertkämpfer, Haudegen und Ganoven erzählt man sich, dass die weite Wüste der letzte Ort ist, an dem ein geflüchteter Exilant Unterschlupf findet.

鏢人

Die Klingen der Wächter

Autor: 许先哲 Xu Xianzhe

Assistenten:
Zhou Peican, Lin Lin

Assistenz bei Band 1:
Wang Meng

Redaktion / Lektorat:
Kazuji Kurihara

Mit besonderem Dank an:
Piao Zhaoxia

Originaltitel: 镖人 第四卷 Biaoren,, Vol. 4

Szenario,Text, Zeichnungen: 许先哲 **Xu Xianzhe**

Übersetzung aus dem Chinesischen, Satz und Lettering: Elisabeth Wolf
Lektorat: Yingqun Stille, Nadja Liu, Filipe Tavares
Erläuternde Anmerkungen: Yingqun Stille
Bildretusche: Michael Möller

Verlag der deutschsprachigen Ausgabe:
Chinabooks E. Wolf und E. Wu, Bühlstrasse 6, CH-8142 Uitikon-Waldegg
www.chinabooks.de | www.chinabooks.ch | www.manhua.ch | www.facebook.com/chinabooks.ch
www.twitter.com/chinabooks_de | www.instagram.com/manhua_at_chinabooks
Tel. 0041 (0)43 540 40 77 | 0041 (0)76 518 45 26 | bestellen@chinabooks.ch

Vertrieb an den deutschen Buchhandel:
GVA Gemeinsame Verlagsauslieferung Göttingen GmbH & Co. KG
www.gva-verlage.de
Postfach 2021, D-37010 Göttingen
Tel. +49 (0) 551 384200 -0 | Fax. +49 (0) 551 384200 -10

Vertrieb an den österreichischen Buchhandel:
Mohr Morawa Buchvertrieb GmbH
Sulzengasse 2, A-1230 Wien
Telefon: +43 (1) 680 14-0 | Fax: +43 (1) 688 71 30 | Mail: momo@mohrmorawa.at

Vertrieb an den deutschen Comicfachhandel:
Comic Base Berlin
www.comic-base-berlin.de
Baruther Str. 10, D-10961 Berlin
Tel. +49 (0) 30 - 6 94 38 55

PPM Peter Poluda Medienvertrieb e.K.
www.ppm-vertrieb.de
Industriestraße 18, D-32694 Dörentrup
Tel. +49 - 5265 - 9 55 88 55

Erstauflage März 2021 – Printed in Germany

ISBN: 978-3-905816-97-6 (deutsche Ausgabe)

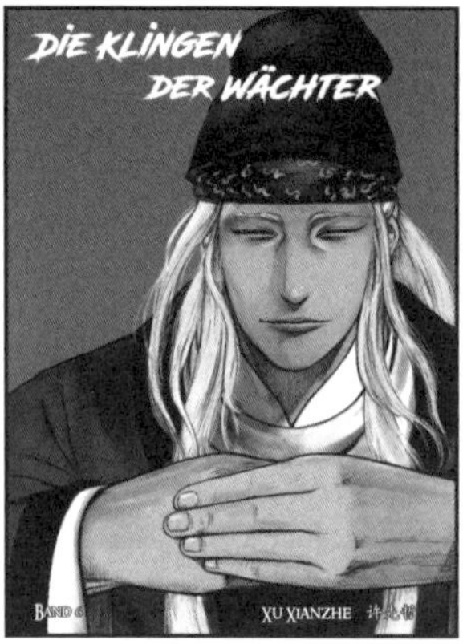

Band 6
ISBN: 9783038870081

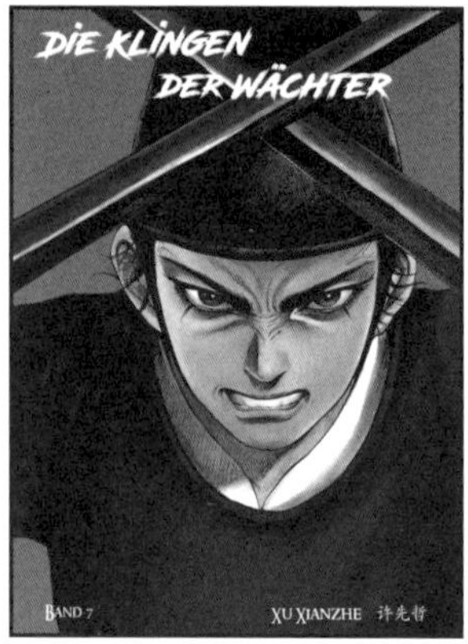

Band 7
ISBN: 9783038870098

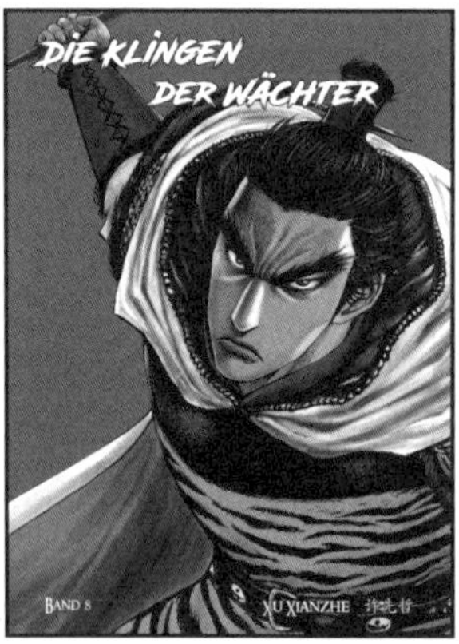

Band 8
ISBN: 9783038870104

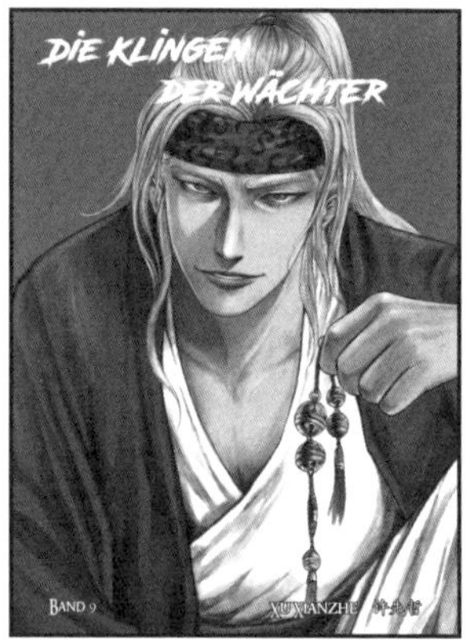

Band 9
ISBN: 9783038870111

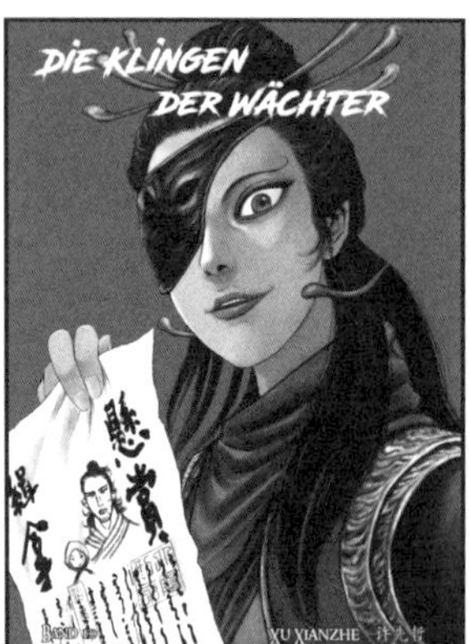

Band 10
ISBN: 9783038870128

Die Bände 6 und 7 erscheinen voraussichtlich Ende 2021, die Bände 8 bis 10 erscheinen im Verlauf des Jahres 2022.

DIE KLINGEN DER WÄCHTER

VON XU XIANZHE 许先哲

DIE SAGE GEHT WEITER

Vorbesteller der Bände 6 bis 10 in den Onlineshops www.chinabooks.de sowie www.chinabooks.ch erhalten nach Erscheinen gemeinsam mit der Lieferung ein Poster als Geschenk. Das Angebot gilt solange der Vorrat reicht und ohne Gewähr.
Genauere Infos werden beizeiten hier bekanntgegeben:
instagram.com/manhua_at_chinabooks
twitter.com/chinabooks_de | facebook.com/chinabooks.ch
www.manhua.ch

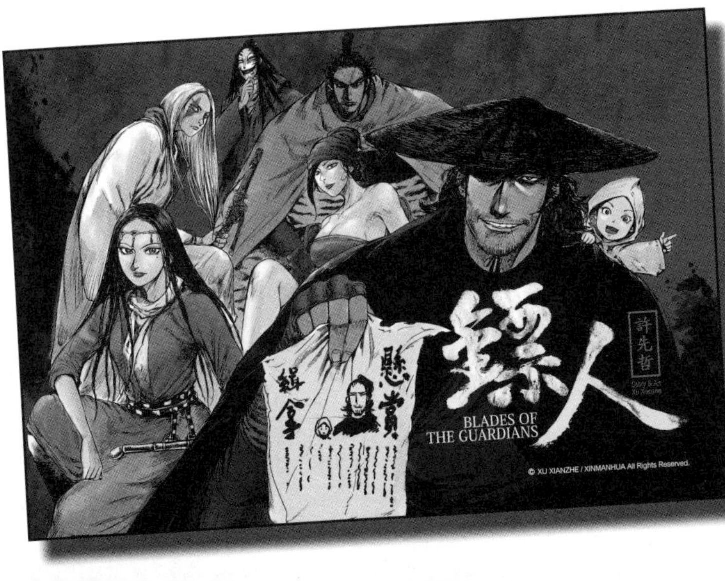

In tiefen Wäldern Träumen lauschen

VON ZHANG JING

Eine Erzählung in der Erzählung, eine ungewöhnliche Liebesgeschichte, ein eigenwilliger Genremix aus schriller Komödie, Mystery und Drama – von einer der talentiertesten Comic-Künstlerinnen Chinas!

In der Abgeschiedenheit eines alten Tempels in einer tief abgelegenen bewaldeten Gebirgsregion begegnen sich zwei Fremde – eine junge Frau und ein geheimnisvoller junger Mann, der sein Gesicht hinter einer Affenmaske verbirgt – als sie vor einem Unwetter Unterschlupf suchen. Um das Ausharren vor dem strömenden Regen im Tempel angenehmer zu gestalten, bittet die Frau den Mann, ihr eine Geschichte zu erzählen …

Eine grillenhafte Prinzessin in einem fiktiven chinesischen Königreich stiehlt sich eines Abends heimlich aus dem Palast, um einen Jahrmarkt zu besuchen. Dort begegnet sie zufällig einem jungen mysteriösen Mann, der eine ätherische, überirdische Schönheit besitzt, und verliebt sich auf den ersten Blick in ihn. Die Prinzessin ist es gewohnt, all ihre Wünsche erfüllt zu bekommen, und beschließt kurzerhand, dass dies ihr Gatte werden müsse. Der junge Mann ist stumm, wie sich später herausstellt, und es scheint, er birgt ein Geheimnis. Derweil bahnt sich eine gefährliche Konfrontation zwischen der Prinzessin und einem Halbbruder an, die seit Kindestagen einander spinnefeind sind...

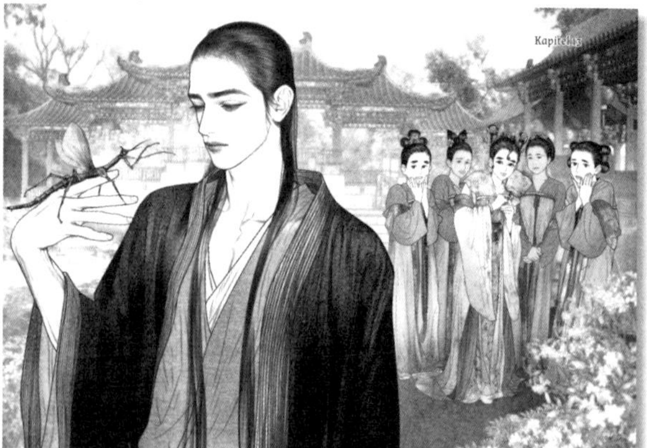

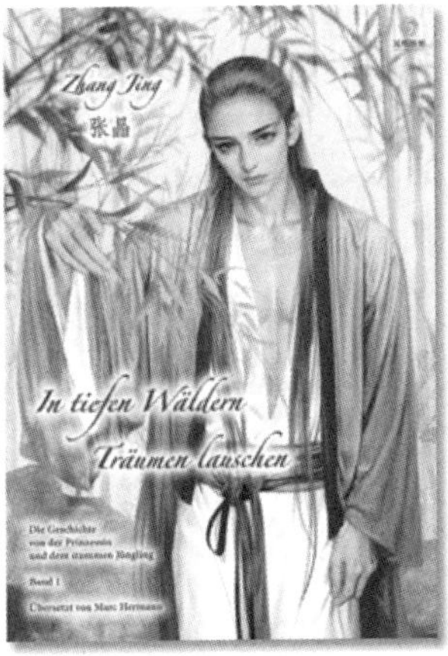

Band 1: 9783905816877

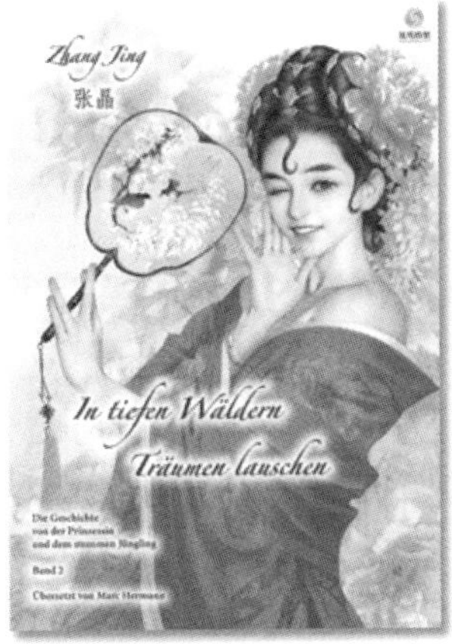

Band 2: 9783905816884

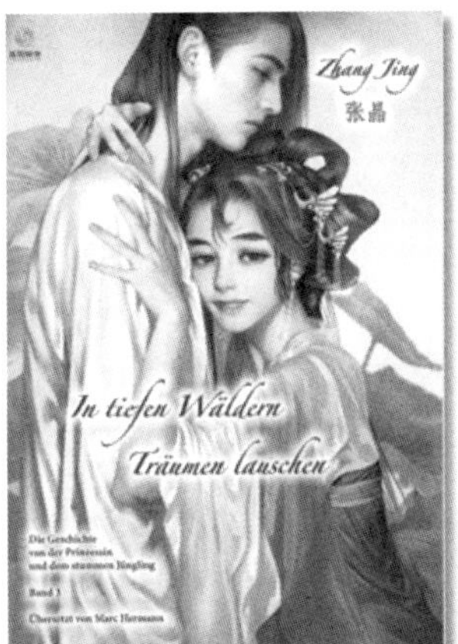

Band 3: 9783905816891

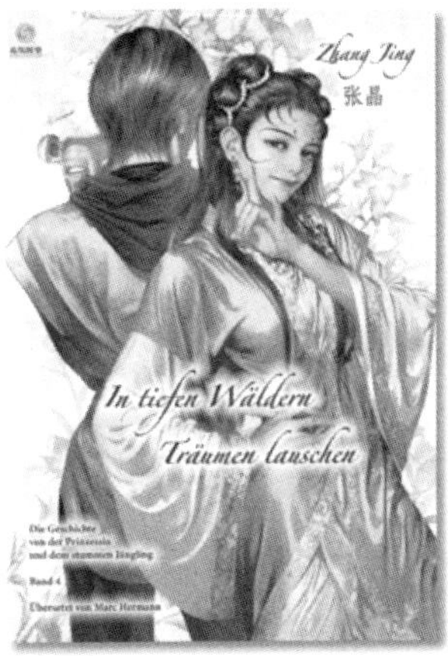

Band 4: 9783905816907

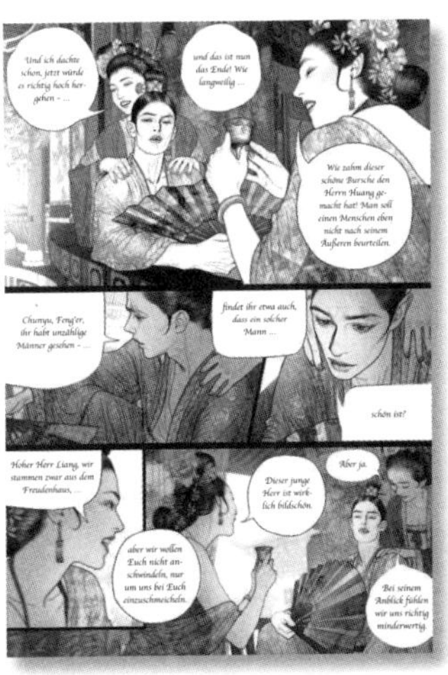

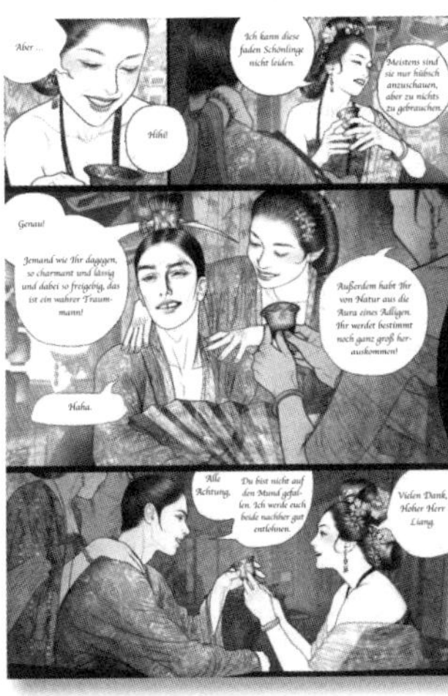

SEITEN AUS BAND 4

Achtung: Dieser Comic (chinesisch: Manhua) wird in der originalen Leserichtung von rechts nach links gelesen.

Man muss diesen Comic also hinten aufschlagen und Seite für Seite nach vorn weiterblättern. Auch die Bilder auf jeder Seite und die Sprechblasen innerhalb der Bilder werden von rechts oben nach links unten gelesen.

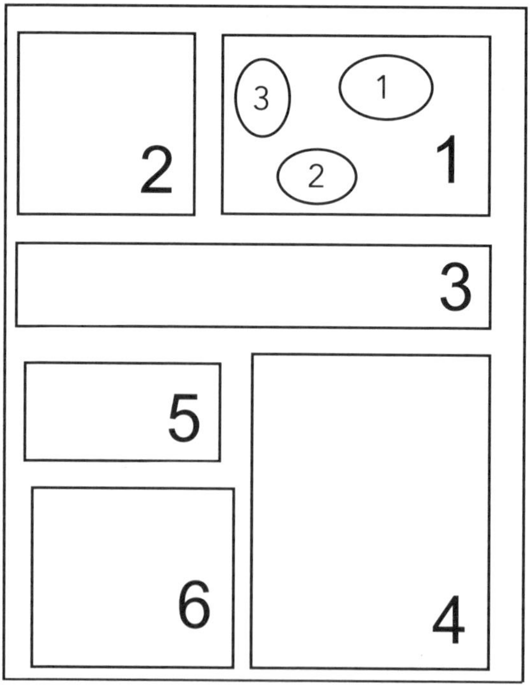